社會學超圖解

古今76名家×135概念
400幅可愛漫畫秒懂社會學
活出獨一無二的自我

田中正人——編著
香月孝史——著　連雪雅——譯

全世界的勞動者，團結起來！
1818～1883
馬克思

【推薦】

看漫畫真的可以學社會學哦！

——戴伯芬（輔仁大學社會學系教授）

理論對於大多數人來說，是聱牙詰屈、艱澀難懂、食古不化的代名詞，一般人避之唯恐不及。學生時期曾在社會理論課本上製作符號，嘗試以圖像來理解理論內容，碩一社會學理論課也曾交過社會學古典三大家漫畫報告，那時想著：「如果學社會理論像看漫畫該有多好！」

田中正人這本《社會學超圖解》實踐了我的夢想。雖然立緒出版社曾經出版過「思潮與大師經典漫畫」系列，將尼采、馬克思等思想以漫畫方式呈現，但針對社會理論進行全面性介紹的專書闕如，**這本書的出版不僅是莘莘學子的福音，也有助於一般人理解社會思想，大大降低進入社會科學理論的門檻。**

本書特色是以漫畫方式介紹社會學者與理論概念，引介範圍廣泛，不限狹隘的社會學家，更擴大到**哲學、人類學、經濟學、文化研究、性別研究、社會心理以及都市學**，依三個時間序列構成社會理論的人物系譜，理論學者與社會理論雙軸並行，可以看到個別理論家與思想之間的對照，也關照前、後不同理論觀點的差異。除了主導理論的歐美學者之外，也介紹「冷門」或後起之秀的學者，如基楚斯、史碧華克、巴特勒。值得一提的是，**書中的人物造型可愛，理論應用的場景活潑有趣，各單元可以獨立閱讀**，完全符合現代人淺嘗而止、短小輕薄的學習需求，值得玩家反覆品味，或做為辭典收藏。

送禮與回禮
促成社會的
發展。
1872～1950
牟斯

【推薦】

不只可愛，還很「內行」

——朱嘉漢（作家、臺北藝術大學通識教育中心兼任講師）

在認識社會學的過程中，有好的入門及介紹書籍，與閱讀經典本身一樣重要。畢竟，社會學知識的概念多樣又細緻，不僅與許多鄰近學科相互影響（哲學、人類學、語言學、歷史學等），本身也有許多不同分科、流派與發展，初學時往往猶如墮入迷霧裡。《社會學超圖解》首先吸引人的地方在於，**繪圖的風格可愛，圖解也清晰，可讓入門者感到親切，也易於理解。**此外，作為引介性作品，當中所論及的**社會學思想家**、**名詞解釋**等，也有驚人的**豐富性**與**全面性**，讓人感到相當「內行」。對於接觸這門學科有一定程度者，也是有重新整理、擴展視野的功用。簡單來說，《社會學超圖解》不僅讓人可以「得其門而入」，也同時可作為簡易的地圖，作為探索這門學科的行前備忘錄。

興趣是刻印在階級當中。
1930～2002
布赫迪厄

【推薦】

擁有絕對不會後悔！

——曹家榮（世新大學社心系助理教授）

這是一本**所有社會學初學者擁有了都不會後悔的索引書**。社會學是一門眾家爭鳴的學科，因此大概也鮮少有人可以在腦袋裡完整地記下各家路數、理論概念與經典文獻。本書作為一種**索引式的圖鑑**，正能夠幫助初學者探索社會學的世界。更令人驚豔的是，本書涵蓋了許多可能不被認為是社會學家，但卻曾對社會現象提出重要分析與觀察的學者。此外，本書在規劃上也相當實用，人物介紹部分除了簡介學者生平外，也列出主要的著作，讓讀者可以掌握進一步閱讀的方向。在介紹**社會學概念**時，同樣也提供了與概念相關的**重要著作**。更棒的是，在**人物介紹**與**概念說明**之間還可透過圖片註記的頁碼相互索引，讓讀者在交相對照中獲得更完整的理解與資訊。

人不是
生為女人，
而是
成為女人。
1908～1986
西蒙波娃

【推薦】

言簡意賅，生動活潑

——彭如婉（景美女中公民與社會科教師）

《社會學超圖解》利用有趣又邏輯的方式，將近代以來的社會學家以及重要的社會學理論圖製化且體系化，精闢的引用社會學家的名言佳句標誌出其所主張的理論，像是「生活的第一課題就是生存」、「炫耀性的消費是有閒階級的生存之道」……等，對於想要快速一窺社會學究竟的國、高中學生來說，**本書絕對是一本超級精簡易懂的工具書！**

如果想要進一步探索人文社會科學的領域，《社會學超圖解》所收錄的相關概念，像是顧里的**鏡中自我**、米德的**主我客我**、探討社會階級的**功能論**、**衝突論**，以及其所隱含的**文化資本**、**社會資本**……等，不但含括高中「公民與社會」的學科知識，也論及其它密切相關而教科書因限於篇幅無法提到的內容，讀者可以由歷史脈絡綜觀近代社會學的發展過程，又能微觀各種社會學的理論以及各個重要社會學家的主張，**非常推薦想要進一步探索人文社會科學的高中學生閱讀！**

在越來越緊湊的課堂時間裡，如何言簡意賅地詮釋社會學科的相關概念，又能引起學生的學習動機，《社會學超圖解》一書提供了當代教師一個生動又活潑的教學策略！此外，對於想要進行社會科「加深加廣」以及「探究與實作」課程的高中教師，《社會學超圖解》則是一本有趣又好用的參考書！

以全球規模
實現民主的
可能性
逐漸浮現。
1960～
哈德

【推薦】

社會學改變了我看世界的方式

——鄭國威（泛科知識公司知識長）

在二十歲時讀研究所，接觸了社會學，**永遠地改變了我看世界的方式。**爾後一直在想，為什麼我不是在念小學就學到這些事呢？真是相見恨晚。

不過，自己投入科學傳播近十年，我也常被問「為什麼不做社會學的科普呢？」這矛盾是我一直難以排除的，只能告訴自己等待機會，還有其他人可以做得更好。

儘管詮釋世界的方式很多，社會學只是其中一種，但可能是最欠缺普及的一種。因此我很高興能讀到並推薦這一本**不唬人**、**不嚇人**，**很可愛**，而且**很精準**的社會學科普書。

藉由這本書開始認識社會學，你將更能冷靜面對社會上各種紛擾，也可能會更熱血地想改變社會，不管怎樣，你都會擁有更清澈的新視角，我相信這是每個人都值得具備的素養。

目錄

現代的揭幕

現代到當代

▶社會學家介紹

▶社會學概念解說

朝向未來

▶社會學家介紹

▶社會學概念解說

本書使用說明

本書可隨意翻閱，但每章前半部介紹的解說用語也會出現在後文中，建議各位先閱讀前半部會更容易理解。從頭開始閱讀，就能大概瞭解始於現代的社會學歷史是如何變化至當代。另外，利用書末的索引查閱社會學的概念也很方便。

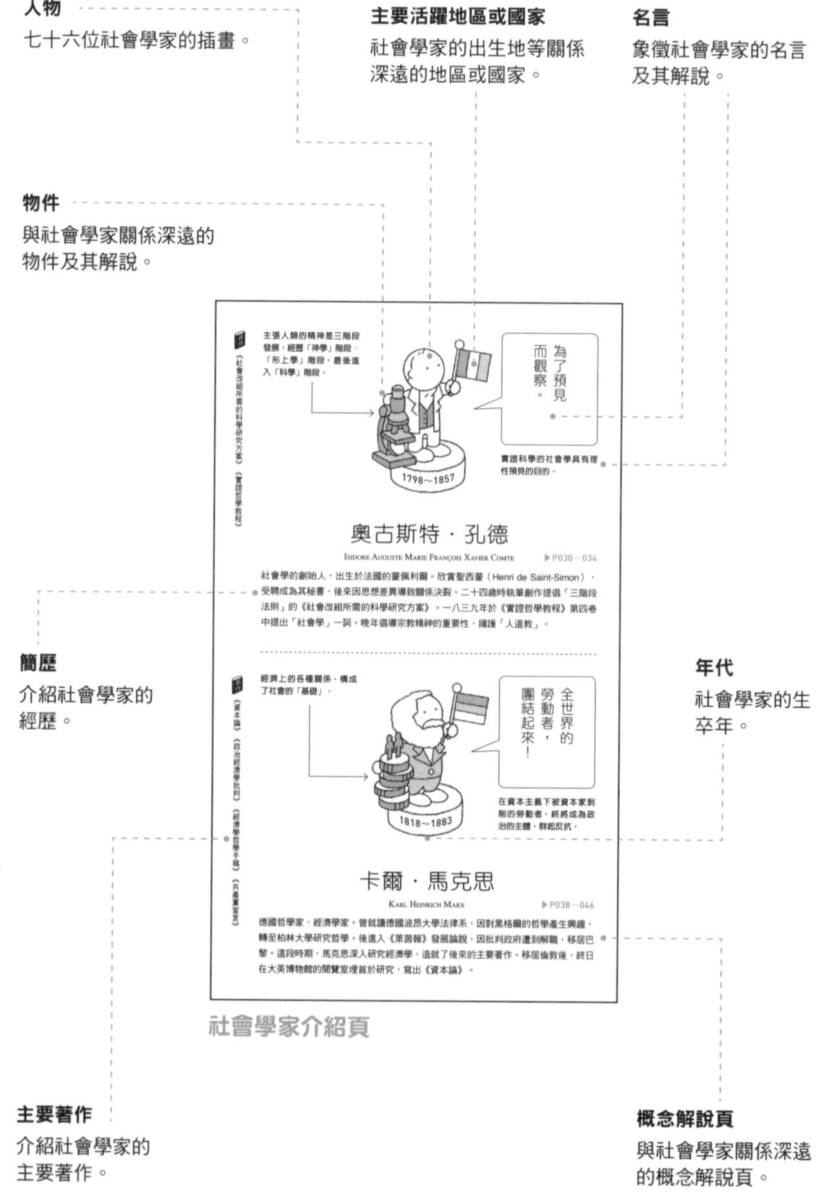

人物
七十六位社會學家的插畫。
主要活躍地區或國家
社會學家的出生地等關係深遠的地區或國家。
名言
象徵社會學家的名言及其解說。
物件
與社會學家關係深遠的物件及其解說。
《社會改組所需的科學研究方案》《實證哲學教程》
主張人類的精神是三階段發展，經歷「神學」階段、「形上學」階段，最後進入「科學」階段。
為了預見而觀察。
實證科學的社會學具有理性預見的目的。
1798～1857
奧古斯特・孔德
Isidore Auguste Marie François Xavier Comte
▶P030～034
社會學的創始人，出生於法國的蒙佩利爾。欣賞聖西蒙（Henri de Saint-Simon），受聘成為其秘書，後來因思想差異導致關係決裂。二十四歲時執筆創作提倡「三階段法則」的《社會改組所需的科學研究方案》。一八三九年於《實證哲學教程》第四卷中提出「社會學」一詞。晚年倡導宗教精神的重要性，擁護「人道教」。
簡歷
介紹社會學家的經歷。
年代
社會學家的生卒年。
《資本論》《政治經濟學批判》《經濟學哲學手稿》《共產黨宣言》
經濟上的各種關係，構成了社會的「基礎」。
全世界的勞動者，團結起來！
在資本主義下被資本家剝削的勞動者，終將成為政治的主體，群起反抗。
1818～1883
卡爾・馬克思
Karl Heinrich Marx
▶P038～046
德國哲學家、經濟學家。曾就讀德國波昂大學法律系，因對黑格爾的哲學產生興趣，轉至柏林大學研究哲學。後進入《萊茵報》發展論說，因批判政府遭到解職，移居巴黎。這段時期，馬克思深入研究經濟學，造就了後來的主要著作。移居倫敦後，終日在大英博物館的閱覽室埋首於研究，寫出《資本論》。
社會學家介紹頁
主要著作
介紹社會學家的主要著作。
概念解說頁
與社會學家關係深遠的概念解說頁。

社會學概念標題

相關社會學家介紹頁

介紹相關社會學家的頁碼。

相關社會學家

與標題概念關係深遠的社會學家插畫。

分類

本書將所有標題概念分為十項，各自以小圖標示。

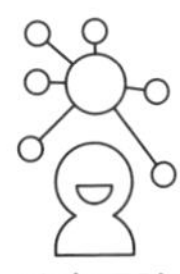
社會理論

媒介與媒體

秩序與權力

空間與都市

階級與階層

文化與消費社會

公共領域與共同體

自我與互動

國家與全球化

性與性別

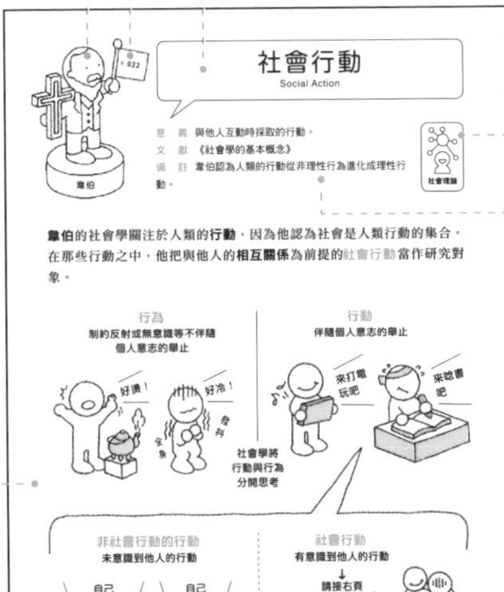
社會行動
Social Action

意義 與他人互動時採取的行動。
文獻 《社會學的基本概念》
備註 韋伯認為人類的行動從非理性行為進化成理性行動。

社會理論

韋伯

韋伯的社會學關注於人類的**行動**，因為他認為社會是人類行動的集合。在那些行動之中，他把與他人的**相互關係**為前提的社會行動當作研究對象。

行為
制約反射或無意識等不伴隨個人意志的舉止
好燙！
好冷！
全身發抖
行動
伴隨個人意志的舉止
來打電玩吧
來唸書吧
社會學將行動與行為分開思考
非社會行動的行動
未意識到他人的行動
自己打電玩吧
自己畫畫
不過，若是與別人對戰的練習，就是社會行動
社會行動
有意識到他人的行動
↓
請接右頁
律師
為了幫忙別人而唸書
即使是獨自進行的行動，若是有意識到他人的行動，就是社會行動

不向任何人公開的行動和**社會行動**有著極大差異。**韋伯**試著去理解**社會行動**的個人動機或**意義**，並分析社會事象的成立。這個方法稱為詮釋社會學。

社會學概念解說頁

資料

〔意義〕
以一句話簡單解說概念意義。

〔文獻〕
以此概念為中心展開討論的文獻。

〔備註〕
解說有助於進一步理解此概念的有用知識。

解說

解說標題概念。

其他重要用語

不同於標題概念的其他社會學概念，重要度與標題概念相同。

社會理論的進展

社會學的誕生 → 社會學的確立

巨觀社會學

P140

方法論的集體主義
社會實在論
功能主義
社會系統論

孔德 P018
三階段定律 P035

馬克思 P018
歷史唯物論 P047

史賓賽 P019
社會達爾文主義 P037

涂爾幹 P021
社會學主義 P052

滕尼斯 P020
禮俗社會
法理社會
P050

牟斯 P024
禮物論 P083

阿布瓦希 P024
集體記憶 P108

微觀社會學

P141

方法論的個人主義
方法論的關係主義
社會唯名論
符號互動論

韋伯 P022
詮釋社會學 P074

齊美爾 P021
形式社會學 P065

米德 P022
主我與客我 P087

芝加哥學派 P088

帕克 P023

伯吉斯 P026

批判理論

P101

法蘭克福學派 P100

霍克海默 P028

T·阿多諾 1903～1969

班雅明 P027

各種理論的進展

帕森斯 P120
結構功能論 P129

達倫道夫 P125
衝突理論 P131

莫頓 P122
中距理論 P139

詮釋學派 P141

舒茲 P118
現象學社會學 P145

葛芬柯 P125
俗民方法學 P147

沃斯 P029
都市性 P090

布魯默 P119
符號互動論 P143

高夫曼 P176
劇場理論 P198

貝克爾 P180
標籤理論 P194

佛洛姆 P029
權威性格 P102

結構主義
P159

李維史陀 P121
結構主義

今日的社會學

布赫迪厄 P182
文化再製 P215

魯曼 P180
自我再製 P254

貝克 P190
風險社會 P278

喬克・楊 P188
排斥社會 P265

華勒斯坦 P183
世界體系理論 P221

包曼 P178
液態現代性 P266

紀登斯 P186
結構化理論 P275

建構論 P209

柏格 P181

T・盧克曼 1927～2016

基楚斯 P177

M・B・斯佩克特 1943～

巴特勒 P193

哈伯瑪斯 P182
（系統造成的）生活世界的殖民化 P203

後結構主義※ ｜ 後現代 P235

李歐塔 P178
後現代 P234

傅柯 P179
全景敞視監獄 P206

布希亞 P181
超現實 P247

薩伊德 P185
東方主義 P212

※後結構主義：批判並傳承李維史陀結構主義的思想潮流。

現代的揭幕

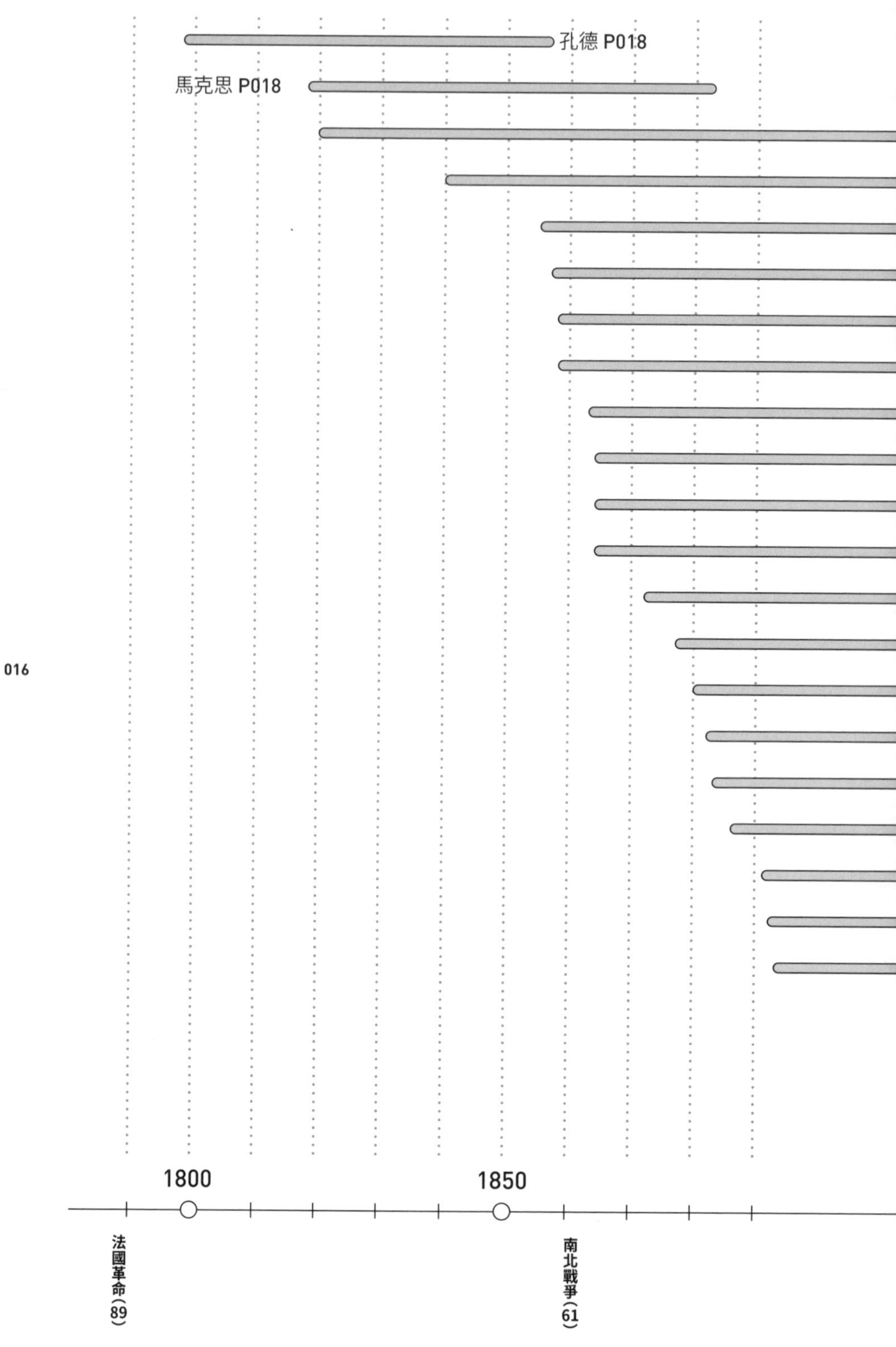
孔德 P018
馬克思 P018
1800
1850
法國革命(89)
南北戰爭(61)

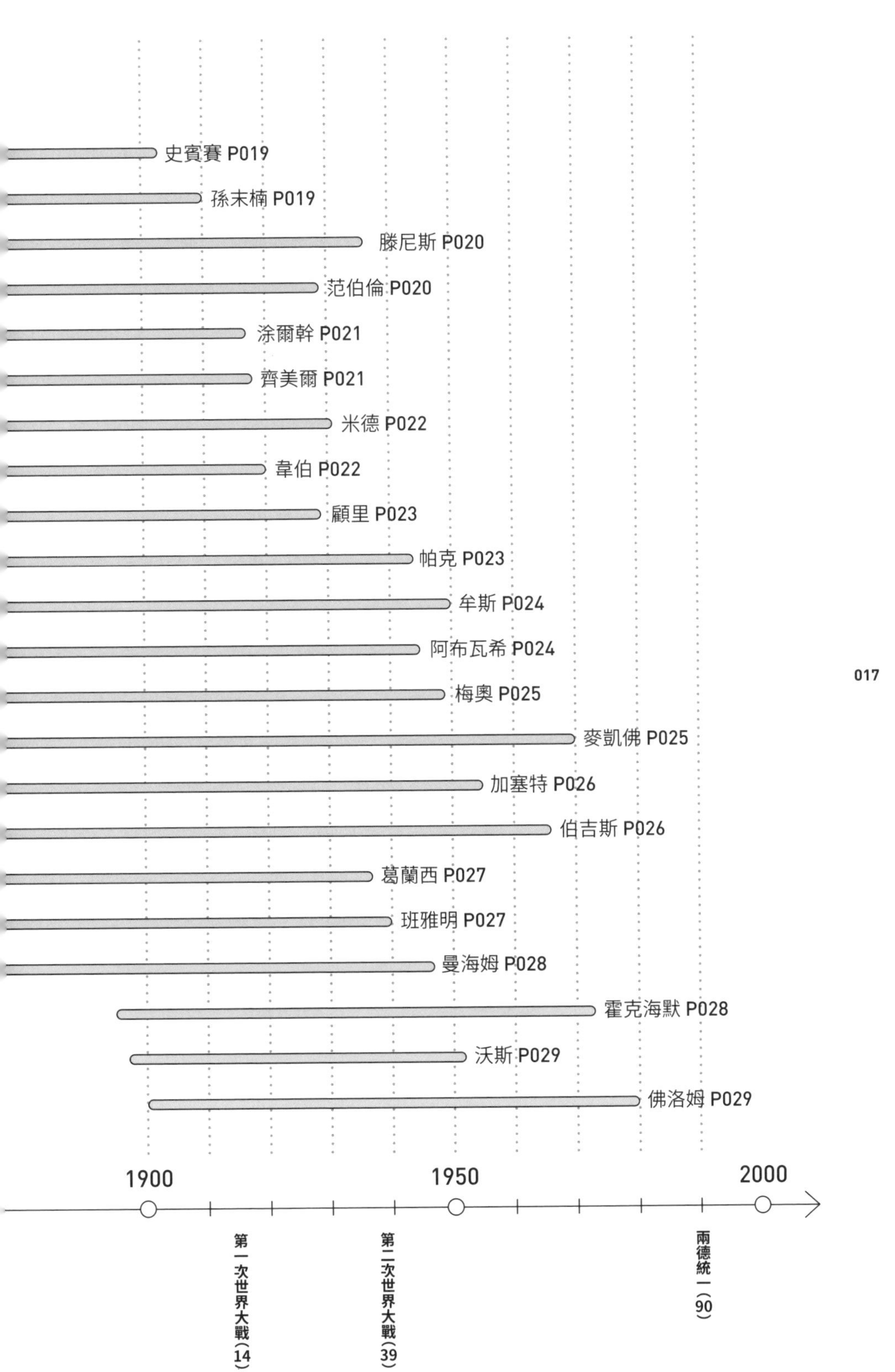
史賓賽 P019
孫末楠 P019
滕尼斯 P020
范伯倫 P020
涂爾幹 P021
齊美爾 P021
米德 P022
韋伯 P022
顧里 P023
帕克 P023
牟斯 P024
阿布瓦希 P024
梅奧 P025
麥凱佛 P025
加塞特 P026
伯吉斯 P026
葛蘭西 P027
班雅明 P027
曼海姆 P028
霍克海默 P028
沃斯 P029
佛洛姆 P029
1900
1950
2000
第一次世界大戰(14)
第二次世界大戰(39)
兩德統一(90)

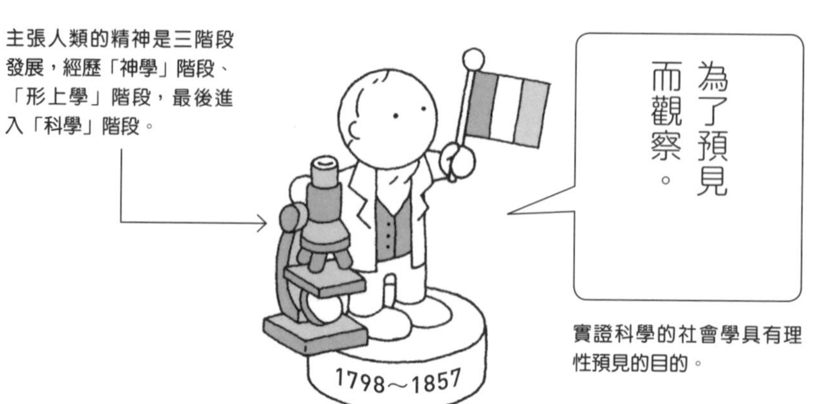
主張人類的精神是三階段發展，經歷「神學」階段、「形上學」階段，最後進入「科學」階段。
為了預見而觀察。
1798～1857
實證科學的社會學具有理性預見的目的。

奧古斯特・孔德

ISIDORE AUGUSTE MARIE FRANÇOIS XAVIER COMTE

▶P030～034

社會學的創始人，出生於法國的蒙佩利爾。受到聖西蒙賞識，受聘成為其祕書，後來因思想差異導致關係決裂。二十四歲時創作《實證哲學教程》，提倡「三階段定律」。一八三九年於《實證哲學教程》第四卷中提出「社會學」一詞。晚年倡導宗教精神的重要性，擁護「人道教」。

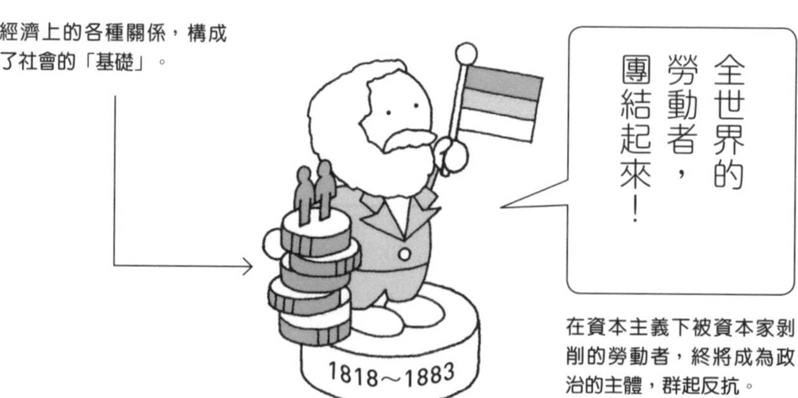
經濟上的各種關係，構成了社會的「基礎」。
全世界的勞動者，團結起來！
1818～1883
在資本主義下被資本家剝削的勞動者，終將成為政治的主體，群起反抗。

卡爾・馬克思

KARL HEINRICH MARX

▶P038～046

德國哲學家、經濟學家。曾就讀德國波昂大學法律系，因對黑格爾的哲學產生興趣，轉至柏林大學研究哲學。後進入《萊茵報》發展論說，因批判政府遭到解職，移居巴黎，這段時期，馬克思深入研究經濟學，形成了後來的主要著作。移居倫敦後，終日在大英博物館的閱覽室埋首於研究，寫出《資本論》。

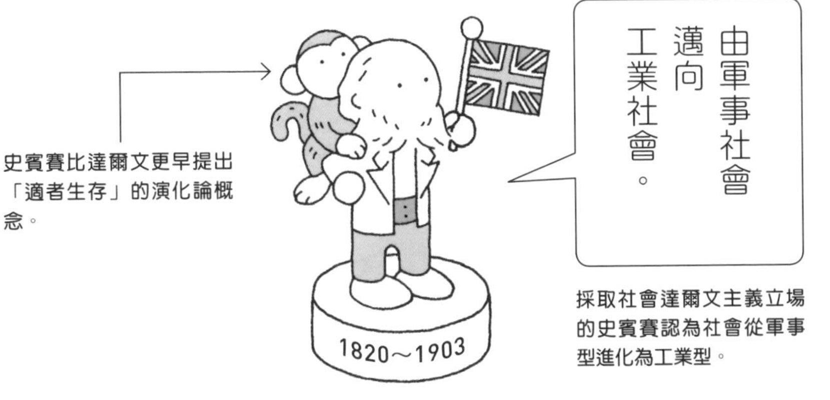
史賓賽比達爾文更早提出「適者生存」的演化論概念。
由軍事社會邁向工業社會。
1820～1903
採取社會達爾文主義立場的史賓賽認為社會從軍事型進化為工業型。

著作
《綜合哲學體系》《社會靜力學》《發展假說》

赫伯特・史賓賽

HERBERT SPENCER

▶P036

英國哲學家、社會學家。出生於英國德比，一八三〇年代從事鐵道技師工作，同時進行寫作，一八四八年擔任雜誌《經濟學人》的副總編輯。一八五三年辭職後，晚年仍持續發表論說。明治時期，史賓賽的著作傳入日本而被廣泛閱讀，為自由民權運動帶來影響。

團體內的習慣性行為樣式，稱為「民俗」。
生活的第一課題就是生存。
1840～1910
求生存的行為優先於思考，孫末楠的議論基於這種現實發想。

著作
《民俗論》

威廉・G・孫末楠

WILLIAM GRAHAM SUMNER

▶P048

美國社會科學家，出生於紐澤西州派特森市。曾以聖公會牧師的身分傳教，後來成為耶魯大學政治學、社會科學的教授。也以經濟學評論家的身分展開活動，批判社會主義與大政府，提倡自由放任主義。一九〇八年繼萊斯特・法蘭・沃德之後就任美國社會學協會第二任主席。

著作《禮俗社會與法理社會》

將人類社會的基本形式分為兩種，禮俗社會與法理社會。血緣或村落、民族等稱為「禮俗社會」。
禮俗社會是真實的共同生活。
1855～1936
禮俗社會是本質的結合，法理社會是虛有其表的暫時關係。

斐迪南・滕尼斯

FERDINAND TÖNNIES

▶P050

德國社會學家，出生於德國的什勒斯維希—霍爾斯坦。就讀史特拉斯堡大學後，輾轉至耶拿大學、柏林洪堡大學、圖賓根大學等處學習。一八八七年，三十二歲時發表《禮俗社會與法理社會》。曾任漢堡大學和基爾大學的教授，擔任德國社會學會的首任會長。一九三〇年代因批判納粹主義，被撤除學會會長一職。

著作《有閒階級論》

范伯倫主張妻子等女性經常「代理」炫耀性消費。
炫耀性消費是有閒階級的生存之道。
1857～1929
有閒階級的「浪費」，就是炫耀性消費與炫耀性閒暇。

托斯丹・范伯倫

THORSTEIN BUNDE VEBLEN

▶P049

美國經濟學家、社會學家。出生於美國威斯康辛州的挪威移民家庭。在耶魯大學接受孫末楠的教導，接觸到社會達爾文主義。取得博士學位後，曾經回到故鄉的農場，三十四歲時重返大學就讀。一九〇〇年成為芝加哥大學的助理教授，後來輾轉任職於不同的大學，一九〇六年至史丹佛大學，一九一〇年至密蘇里大學。

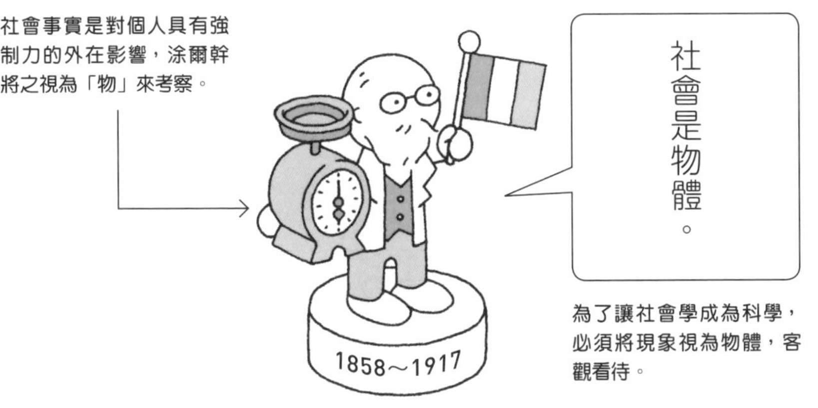
社會事實是對個人具有強制力的外在影響，涂爾幹將之視為「物」來考察。
社會是物體。
為了讓社會學成為科學，必須將現象視為物體，客觀看待。
1858～1917

著作
《社會學方法的規則》《社會分工論》《自殺論》

艾彌爾・涂爾幹

ÉMILE DURKHEIM

▶P052～062

法國社會學家，出生於法國洛林大區的埃皮納勒。曾在高中教導哲學，後任職於波爾多大學。發行《社會學年鑑》時，侄子馬歇・牟斯等人集結成立「涂爾幹學派」。其子安德烈也是受到注目的社會語言學家，但第一次世界大戰時從軍戰死，安德烈死後兩年，五十九歲的涂爾幹也離開人世。

社會是「互動」的「線」組成的「織物」。

諸多個人進入交互作用時，社會才得以存在。

人類與他人的交互作用（互動）創造出社會。

1858～1918

著作
《社會學》《社會學基本問題》《貨幣哲學》

格奧爾格・齊美爾

GEORG SIMMEL

▶P064

德國社會學家，出生於當時普魯士王國的首都柏林。進入柏林大學修讀哲學與心理學。長期在柏林大學擔任編制外講師，因為猶太人的身分與相對主義的宗教態度，始終無法獲聘為教授。一九一四年，五十六歲時終於成為史特拉斯堡大學的教授，一九一八年逝世。

著作

《心靈、自我與社會》

將自我比喻為「社會潮流中的小漩渦」。

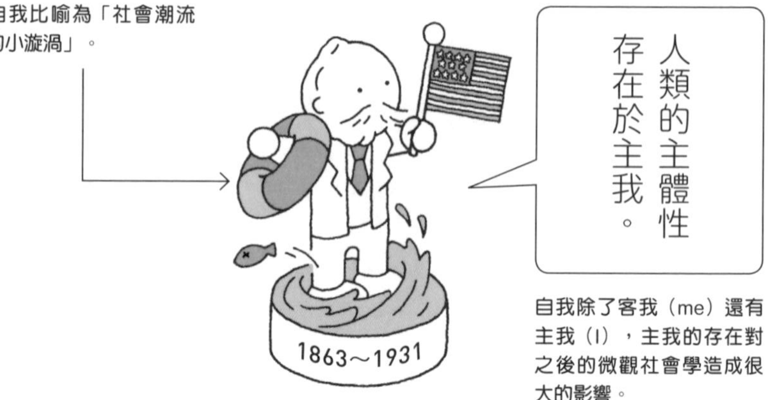
人類的主體性存在於主我。
1863～1931

自我除了客我（me）還有主我（I），主我的存在對之後的微觀社會學造成很大的影響。

喬治・赫伯特・米德

GEORGE HERBERT MEAD

▶P086

美國哲學家、社會心理學家，出生於美國麻省。自歐柏林學院畢業後，從事鐵道測量等工作，後來進入哈佛大學就讀。二十八歲赴任密西根大學時，結識了實用主義的思想家約翰・杜威，終生受其影響。米德的成就後來由布魯默等人發展成符號互動論。

著作

《社會學的基本概念》《新教倫理與資本主義精神》

韋伯的代表性貢獻之一為考察宗教對現代資本主義造成的影響。

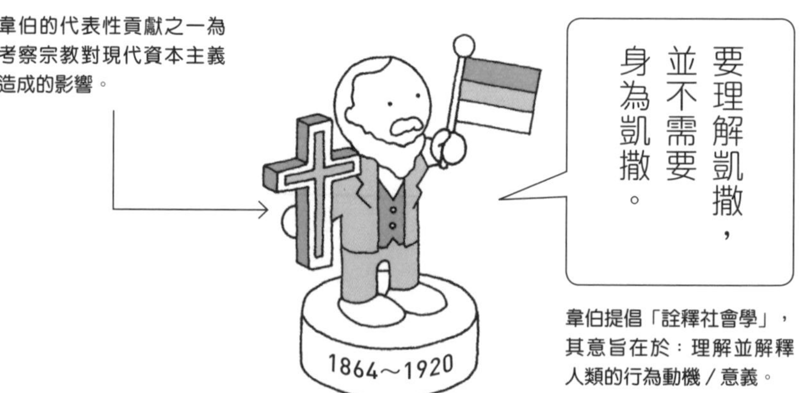
要理解凱撒，並不需要身為凱撒。
1864～1920

韋伯提倡「詮釋社會學」，其意旨在於：理解並解釋人類的行為動機／意義。

馬克斯・韋伯

MAX WEBER

▶P066～080

德國的經濟學家、社會學家、政治學家。出生於德國埃爾福特，三十歲時成為佛萊堡大學的經濟學教授，因罹患精神疾病辭去教職。恢復健康後未重返教壇，而是朝社會政策及社會學擴展研究領域。韋伯持續在新聞業發表政治言論，第一次世界大戰後曾參與起草《威瑪憲法》。

以「鏡中自我」表現社會與自我的關係。

人無法思考缺乏與社會團體互動的自我。

個人與社會是相互滲透的關係，無法分開思考。

1864～1929

著作 《人性與社會秩序》《社會組織》

查爾斯・顧里

CHARLES HORTON COOLEY

▶P085

美國社會學家，出生於密西根州，畢業於密西根大學，後來也在密西根大學教導經濟學與社會學，於家鄉累積經歷。一九〇五年成為美國社會學會的創立者之一，一九一八年擔任第八任會長。提出「初級群體」與「社會自我」等基礎概念。

帕克將身處數個社會夾縫，不屬於任何一處的人稱為「邊緣人」。

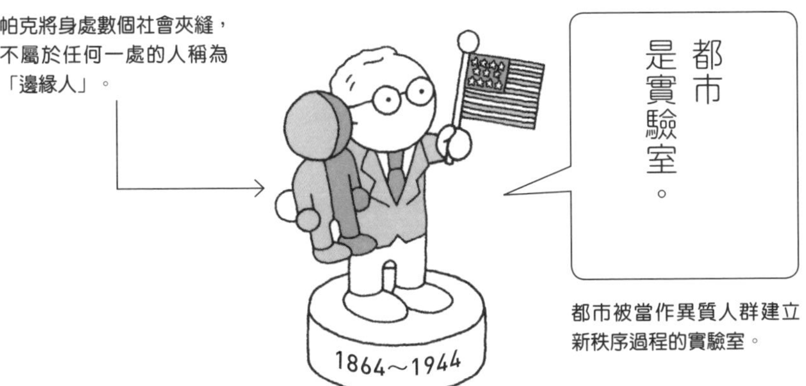
都市是實驗室。
1864～1944

都市被當作異質人群建立新秩序過程的實驗室。

著作

《都市》

羅伯特・E・帕克

ROBERT EZRA PARK

▶P092

美國社會學家，出生於賓夕法尼亞州。大學畢業後從事新聞記者工作，後來進入哈佛大學修讀哲學與心理學。之後在德國師事齊美爾而接觸到社會學。一九一四年，五十歲時被延攬至芝加哥大學社會學系，成為奠定都市社會學「芝加哥學派」基礎的代表人物。

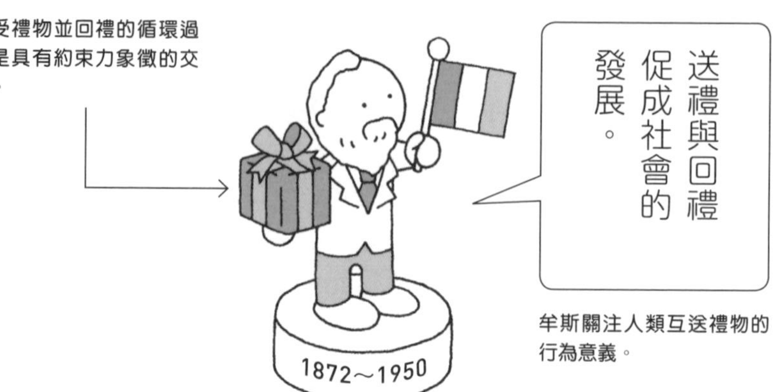
著作
《禮物論》
接受禮物並回禮的循環過程是具有約束力象徵的交換。
送禮與回禮促成社會的發展。
1872～1950
牟斯關注人類互送禮物的行為意義。

馬歇・牟斯

MARCEL MAUSS

▶P082～084

法國社會學家、文化人類學家，出生於法國孚日省埃皮納勒，是艾彌爾・涂爾幹的侄子。在波爾多大學接受涂爾幹與阿爾弗雷德・埃斯比納斯的指導後，成為涂爾幹學派的一員。牟斯的禮物論對克勞德・李維史陀的結構主義人類學造成很大的影響。

著作
《集體記憶》
人類的「記憶」是在集團中由社會構成，並非個人的內在。
memory
過去不存在於內心，而是外部的空間。
1877～1945
某個場所或該場所的事物等空間要素，對記憶是很重要的事。

莫里斯・阿布瓦希

MAURICE HALBWACHS

▶P108

法國社會學家，涂爾幹學派的一員。出生於法國漢斯，向亨利・柏格森學習後，接受涂爾幹的指導。五十八歲時成為巴黎大學教授，一九四四年六十七歲時，受聘擔任法國權威學術機構法蘭西公學院的社會心理學教授。隔年，身為社會主義者的阿布瓦希在納粹占領的巴黎遭到逮捕，死於強制收容所。

著作
《工業文明中人的問題》

進行霍桑實驗的工廠是製造電話和打字機等電力機器的公司。

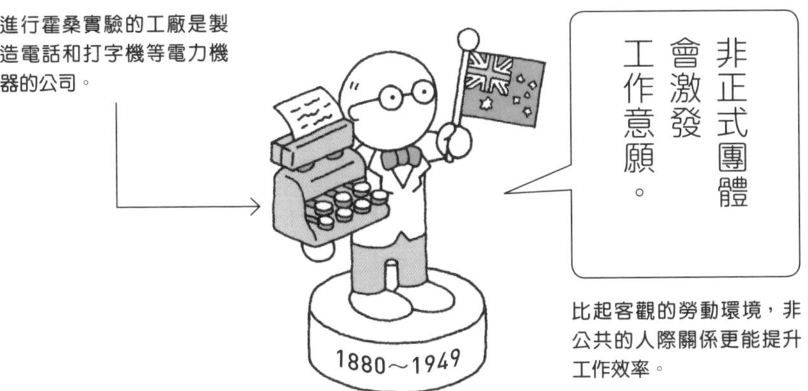
非正式團體會激發工作意願。
1880～1949

比起客觀的勞動環境，非公共的人際關係更能提升工作效率。

喬治・埃爾頓・梅奧

GEORGE ELTON MAYO

▶P093

澳洲心理學家、工業社會學家。成為澳洲昆士蘭大學教授後，被延攬至美國哈佛大學商學院，與弗里茨·羅斯利斯伯格等人在芝加哥的工廠進行霍桑實驗，得到的結論是，人類的滿足感會影響工作效率。創立工業社會學的梅奧等人，被稱為哈佛學派。

著作
《共同體》

「共同體」一詞除了村落或都市，也適用於國家規模。

共同體擁有共同的社會特徵。
1882～1970

「共同體」一詞包含共同的社會觀念或習慣、歸屬感等意義。

羅伯特・M・麥凱佛

ROBERT MORRISON MACIVER

▶P096

美國社會學家，出生於蘇格蘭的路易斯島斯托諾韋。在愛丁堡大學、牛津大學修讀後，一九一五年成為加拿大多倫多大學的教授，後來擔任巴納德學院教授，至哥倫比亞大學執教。提出「共同體」、「結社」、「社會集合」三種類型的概念，發展國家論與權力論。

加塞特兒時已經能夠背誦《唐吉訶德》的一章。
今日，大眾已登上社會權力之座。
1883～1955
加塞特認為，無法指導自己的大眾站上指導地位是一種危機。

何塞・奧特嘉・伊・加塞特

JOSÉ ORTEGA Y GASSET

▶P098

西班牙哲學家，出生於西班牙馬德里，身為新聞記者之子，後來也在其父任職的《公正報》投書評論。相較於系統性的著作，投注更多心力在散文或以記者身分發表的評論。一九三一年西班牙建立第二共和國後，成為國會議員，對新憲法的制定有所貢獻。

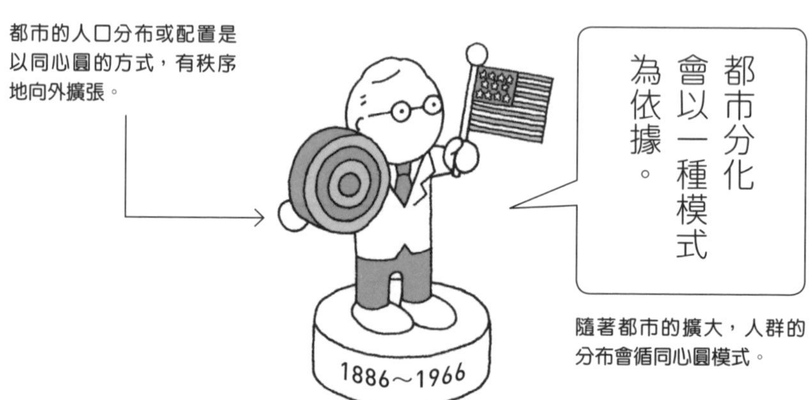
都市的人口分布或配置是以同心圓的方式，有秩序地向外擴張。
都市分化會以一種模式為依據。
1886～1966
隨著都市的擴大，人群的分布會循同心圓模式。

歐內斯特・伯吉斯

ERNEST WATSON BURGESS

▶P091

美國都市社會學家，出生於加拿大安大略省。自翠鳥大學畢業後，赴芝加哥大學修讀，在該大學取得教職。與芝加哥大學社會學系的帕克共同推動將芝加哥市當作「實驗室」的都市社會學，成為「芝加哥學派」的中心人物。伯吉斯也致力於家庭社會學與社會解組的研究。

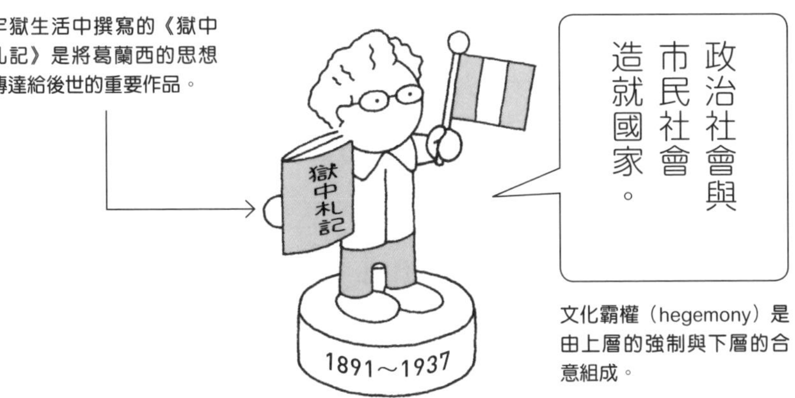
牢獄生活中撰寫的《獄中札記》是將葛蘭西的思想傳達給後世的重要作品。
獄中札記
政治社會與市民社會造就國家。
文化霸權（hegemony）是由上層的強制與下層的合意組成。
1891～1937

安東尼奧·葛蘭西

ANTONIO GRAMSCI

▶P094～095

義大利思想家，是義大利薩丁尼亞島的阿爾巴尼亞裔移民子孫。就讀都靈大學後，加入義大利社會黨都靈分部，參與機關報的執筆、編輯。曾是義大利共產黨創始人之一，一九二四年當選國會議員，一九二六年被墨索里尼政府逮捕。在獄中仍持續研究，留下大量手札，後來因為病情惡化，四十六歲時死於腦溢血。

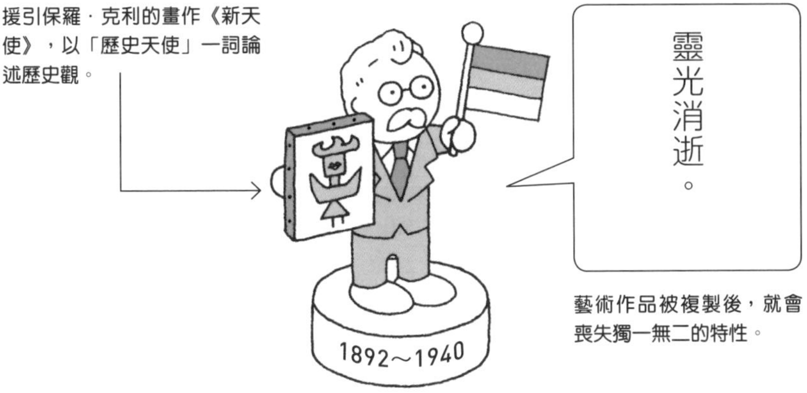
援引保羅·克利的畫作《新天使》，以「歷史天使」一詞論述歷史觀。
靈光消逝。
藝術作品被複製後，就會喪失獨一無二的特性。
1892～1940

華特·班雅明

WALTER BENJAMIN

▶P104～106

德國思想家，出生於德國柏林的猶太裔家庭，是家中長子。在弗萊堡大學、柏林大學、慕尼黑大學修讀哲學，至瑞士伯恩大學取得博士學位。以評論家的身分展開活動。一九三三年因納粹奪取政權，逃亡到巴黎。第二次世界大戰開戰後，為逃離納粹而越過德西邊界時，被西班牙政府拒絕入境，最後服用嗎啡自殺身亡。

著作
《意識形態與烏托邦》

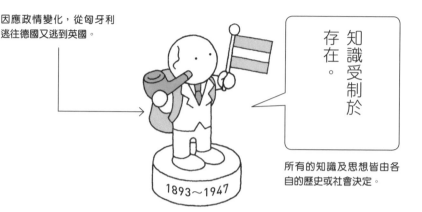

因應政情變化，從匈牙利逃往德國又逃到英國。

知識受制於存在。

1893～1947

所有的知識及思想皆由各自的歷史或社會決定。

卡爾・曼海姆

KARL MANNHEIM

▶P110～112

匈牙利社會學家，出生於布達佩斯的猶太裔家庭。後移居德國，接受阿爾弗雷德・韋伯等人的社會學指導。一九三〇年成為法蘭克福大學教授，但與該大學的法蘭克福學派保持距離。納粹掌握政權後，逃亡前往英國，在倫敦大學執教。

著作
《啟蒙的辯證》

霍克海默主導的法蘭克福學派持續引導德國的當代思想。
人類為何會陷入野蠻狀態？
1895～1973
試圖釐清理性或啟蒙為何不是帶來和平，而是帶來野蠻。

馬克斯・霍克海默

MAX HORKHEIMER

▶P100

德國哲學家、社會學家，出生於斯圖加特郊外的猶太裔德國家庭。在法蘭克福大學成為社會哲學教授，並擔任「社會研究所」所長，是「法蘭克福學派」的代表性研究者。納粹掌握政權後，逃亡至美國，在哥倫比亞大學展開活動。與狄奧多・阿多諾的共同著作《啟蒙的辯證》是逃亡時發表的作品。

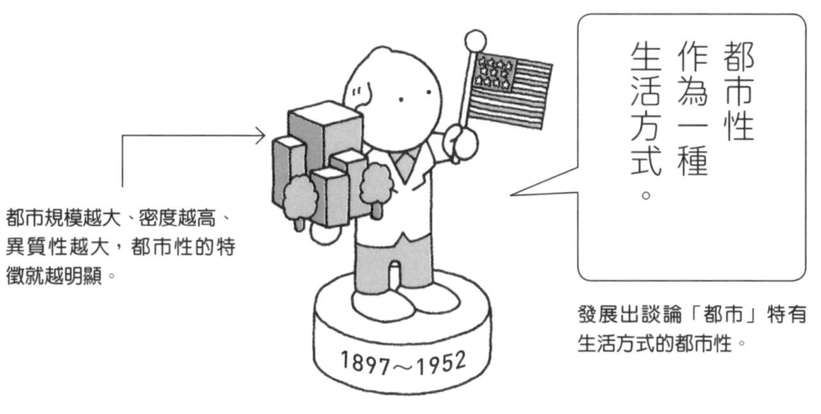
都市規模越大、密度越高、異質性越大，都市性的特徵就越明顯。
都市性作為一種生活方式。
1897～1952
發展出談論「都市」特有生活方式的都市性。

路易斯・沃斯

LOUIS WIRTH

▶P088～090

美國都市社會學家，出生於德國萊茵－洪斯呂克縣的小村落。移居美國，在芝加哥大學接受帕克與伯吉斯的指導，成為繼帕克等人之後，承接芝加哥學派的人物。因為生於猶太教家庭，致力於猶太區（ghetto）的相關研究。

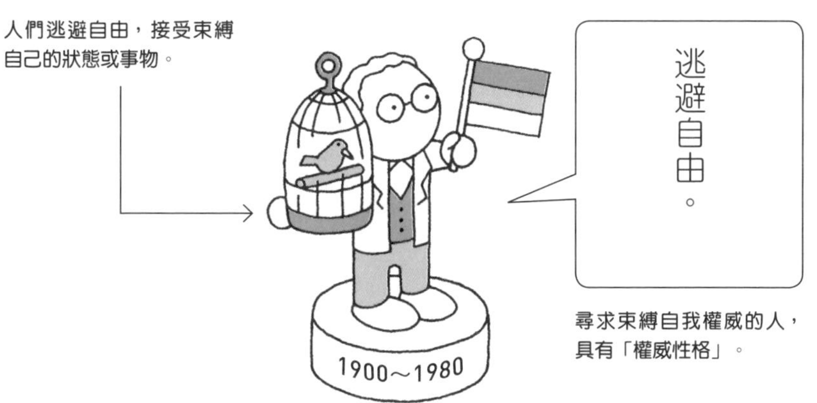
人們逃避自由，接受束縛自己的狀態或事物。
逃避自由。
1900～1980
尋求束縛自我權威的人，具有「權威性格」。

埃里希・佛洛姆

ERICH FROMM

▶P102

德國社會心理學家，出生於法蘭克福的猶太區。在海德堡大學接受阿爾弗雷德・韋伯的指導，也受過精神分析醫學的教育，進入法蘭克福精神分析研究所後，接觸到法蘭克福學派。因納粹勢力崛起逃亡至美國，戰後在美國與墨西哥生活，同時從事研究、執筆。

社會學

Sociology

文　獻　《實證哲學教程》

備　註　社會學一般是指考察**現代**（封建主義之後出現的資本主義時代，也包含當代）社會的學問。主要是為了瞭解庶民的動向。

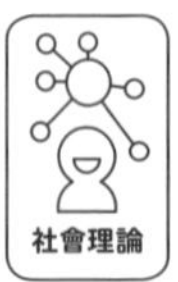
社會理論

法國大革命引起的
混亂
真令人
頭大
孔德

法國革命之後，法國社會陷入混亂。對此感到憂心的**孔德**觀察現實，追究混亂的原因，欲找出能夠實際證明的客觀社會法則。以**原因與結果的法則（因果關係）**為基礎的方法，也就是利用**科學**方法，**預測**應該怎麼做才能建立法國社會的新秩序。

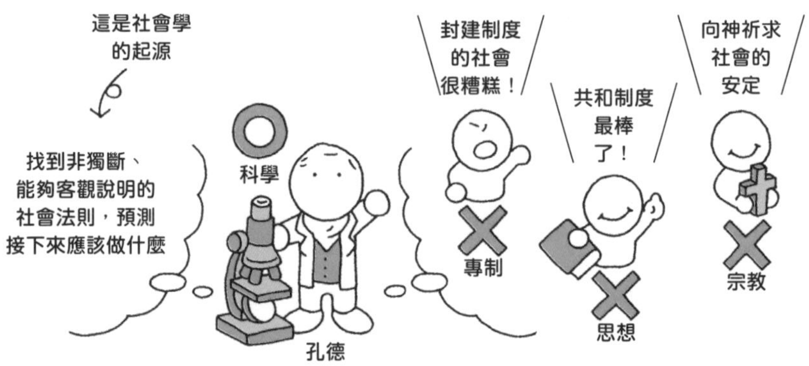
這是社會學
的起源
找到非獨斷、
能夠客觀說明的
社會法則，預測
接下來應該做什麼
科學
孔德
封建制度
的社會
很糟糕！
專制
共和制度
最棒
了！
思想
向神祈求
社會的
安定
宗教

孔德將利用**科學**方法**實證**考察社會的學問，稱作**社會學**。一般認為這是**社會學**的起源，日後透過**涂爾幹**、**韋伯**、**齊美爾**等人發展起來。

利用科學方法，
實證考察社會的學問，
稱為社會學
孔德
P018

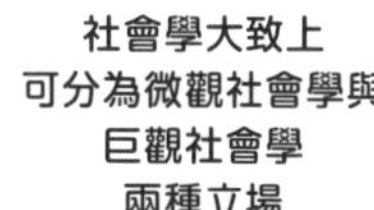
社會學大致上
可分為微觀社會學與
巨觀社會學
兩種立場

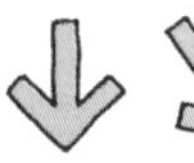

我們認為社會
是朝著某個目的
而改變
史賓賽
P019

馬克思
P018
滕尼斯
P020

社會實在論 P063
社會確實存在
社會唯名論 P063
社會只是人類或
人際關係的集合

巨觀社會學
P140
微觀社會學
P141

社會像物體般
實際存在
（社會事實P052）
涂爾幹
P021

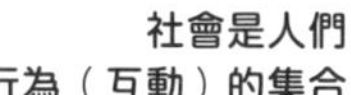

社會是人們
行為（互動）的集合
（詮釋社會學P074）
韋伯
P022

社會決定
人類的行為
（結構功能論P129）
帕森斯
P120

社會是人們
心理關係（人際關係）
的集合
（形式社會學P065）
齊美爾
P021

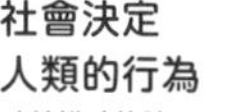

社會像生物一樣
自我再製
（自我再製P254）
魯曼
P180

人類的主體性
創造了社會
（主我P087）
米德與
詮釋學派
P022・P141

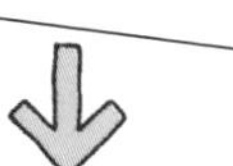
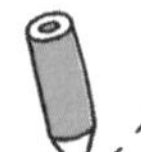

018
孔德

實證主義

Positivism

意　義　以實際見聞的事實為根據的學術立場。

文　獻　《實證哲學教程》

備　註　孔德將科學分類、序列化，構想出從數學到天文學、物理學、科學、生物學至社會學的發展圖式。

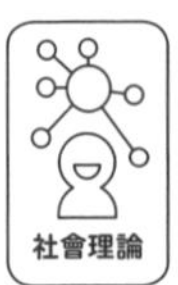
社會理論

十九世紀初的英國將科技導入工業，使工業有了飛躍性的發展（工業革命）。

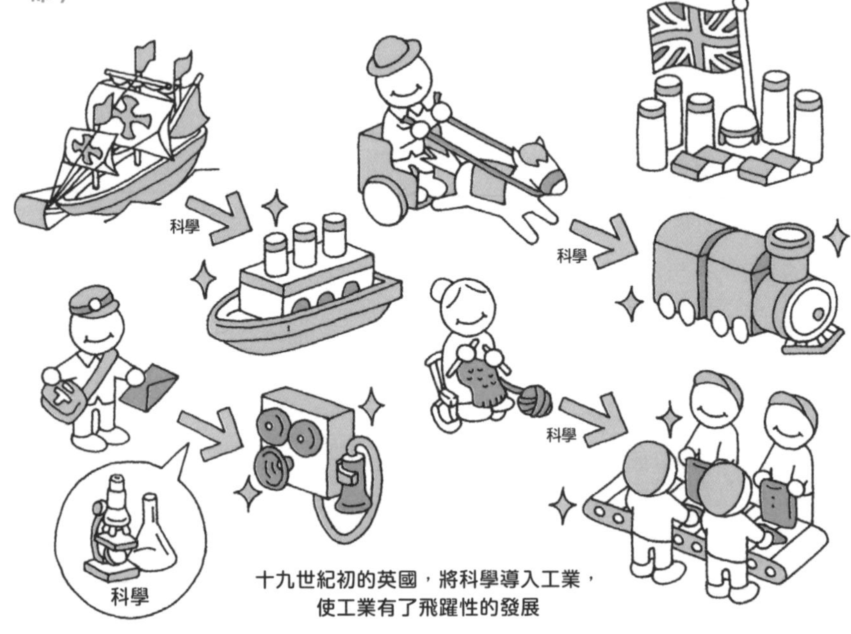
科學
科學
科學
科學
十九世紀初的英國，將科學導入工業，
使工業有了飛躍性的發展

此時的法國受到法國革命的影響，社會陷入混亂。

我的國家法國正陷入無秩序的狀態
孔德

孔德認為要讓無秩序化狀態的法國社會重組，除了將科學導入工業，也要導入社會的考察。只要找出能夠以科學實證的社會法則，便可**預測**重組應該採取的行動。這樣的想法稱為**實證主義**。

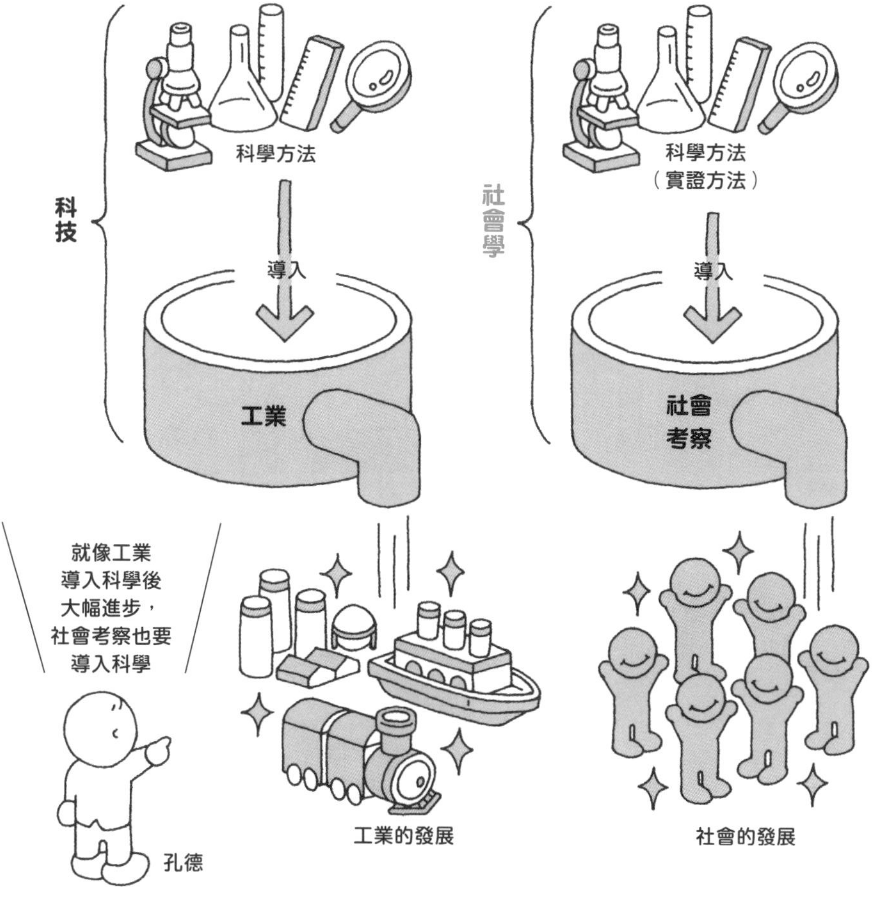

科技
科學方法
導入
工業
工業的發展

社會學
科學方法（實證方法）
導入
社會考察
社會的發展

就像工業導入科學後大幅進步，社會考察也要導入科學
孔德

孔德將遵從**實證主義**考察社會的學問命名為**社會學**（P030），日後透過**涂爾幹、韋伯、齊美爾**等人發揚光大（請一併參閱 P012）。

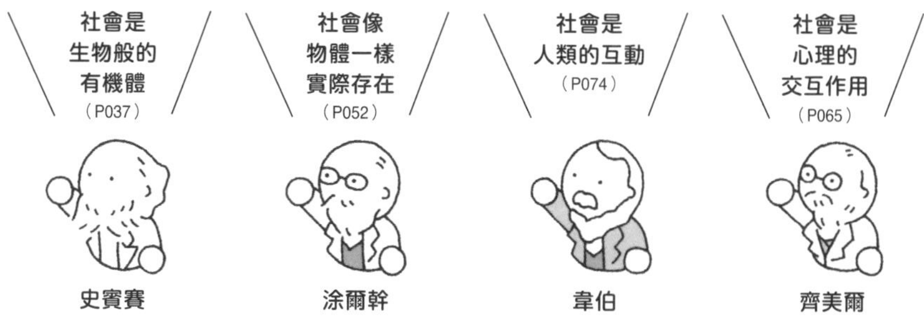

社會是生物般的有機體（P037）
史賓賽
社會像物體一樣實際存在（P052）
涂爾幹
社會是人類的互動（P074）
韋伯
社會是心理的交互作用（P065）
齊美爾

018
孔德

三階段定律

The Law of Three Stages

意　義　人類精神狀態變化的法則。

文　獻　《實證哲學教程》

備　註　孔德將三階段定律的第三階段「實證科學」命名為社會學。

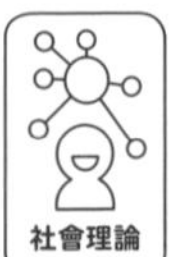
社會理論

三階段定律

法學家或思想家支配的階段

法學階段

神職人員或軍人支配的階段

軍事階段

文明的三狀態

文明（社會）狀態

決定

形上學階段

主觀

思想

神無所不知

決定

決定

神學階段

抽象思維

理性

本質

以（無法實證的）主觀抽象的思維說明所有事實的階段

結合所有事實、神話或虛構存在的階段

精神的三狀態

人類的精神（理智）狀態

人類追求自由的意志推動人類世界進步

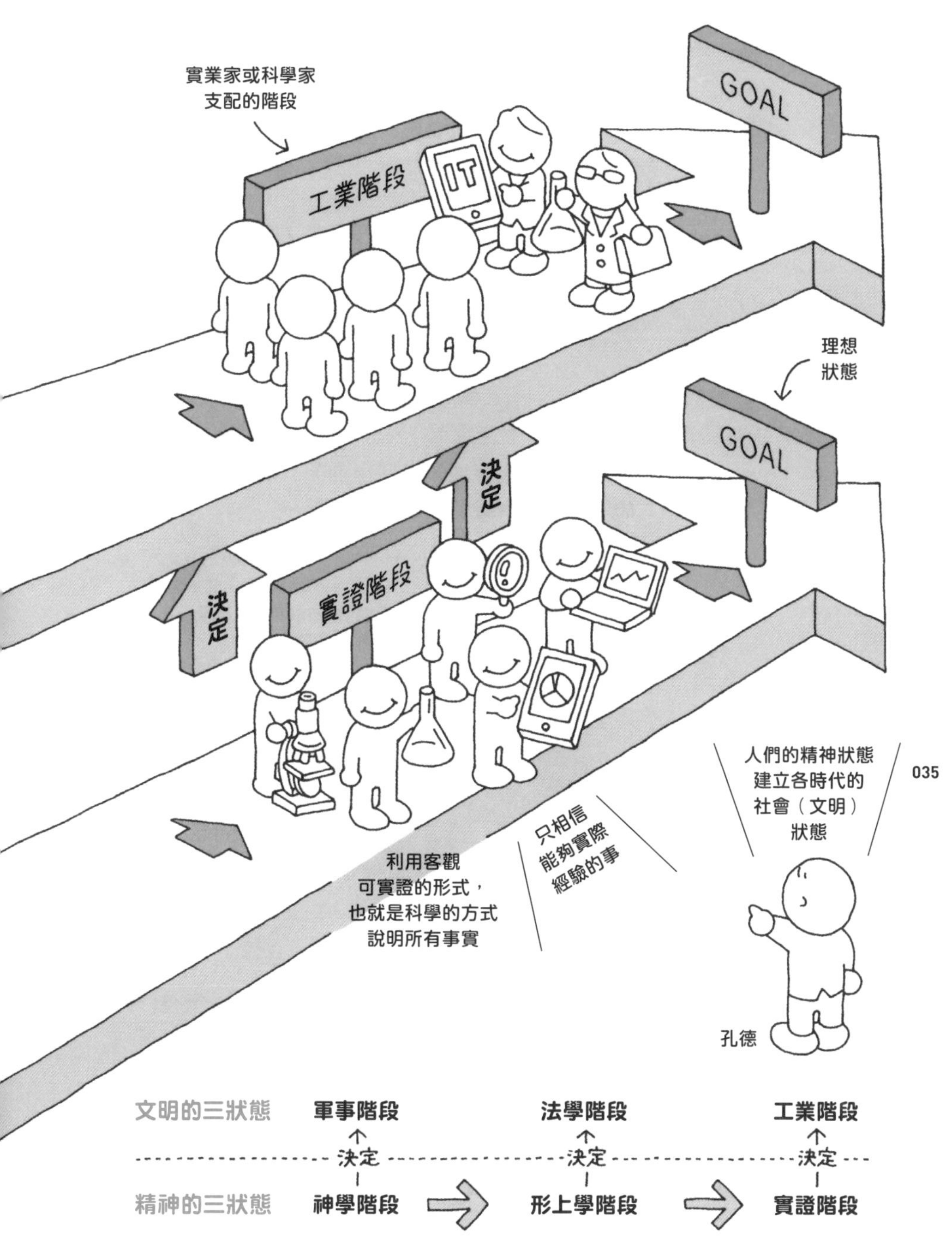

實業家或科學家
支配的階段
工業階段
IT
GOAL
理想
狀態
GOAL
決定
決定
實證階段
人們的精神狀態
建立各時代的
社會（文明）
狀態
只相信
能夠實際
經驗的事
利用客觀
可實證的形式，
也就是科學的方式
說明所有事實
孔德
文明的三狀態
軍事階段
法學階段
工業階段
決定
決定
決定
精神的三狀態
神學階段
形上學階段
實證階段

最早提出**社會學**（P30）一詞的**孔德**認為，人類的**社會**（文明）狀態取決於各時代人們的**精神狀態**（知性）。他主張人類的精神狀態從**神學**（宗教）**階段**經歷**形上學**（理性卻抽象）**階段**，發展成**實證**（科學）**階段**。配合**三階段定律**的社會（文明）也從**軍事階段**經歷**法學階段**，發展成**工業階段**。

▶019
史賓賽

社會達爾文主義

Social Darwinism

文　獻《綜合哲學體系》

備　註 孔德(P018)將分析社會結構的社會有機體論等，稱為**社會靜力學**；而考察社會動向的三階段定律(P035)、社會達爾文主義等，稱為**社會動力學**。

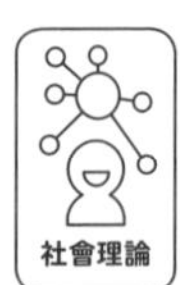
社會理論

經濟學之父**亞當斯密**(一七二三～一七九〇)認為，人類自由追求利益，最終將帶來社會整體的利益(**自由放任主義**)。另外，生物學家**達爾文**(一八〇九～一八八二)也提出只有在生存競爭中勝出的一方能夠生存的**天擇說(演化論)**。這兩人的學說對**史賓賽**造成很大的影響。

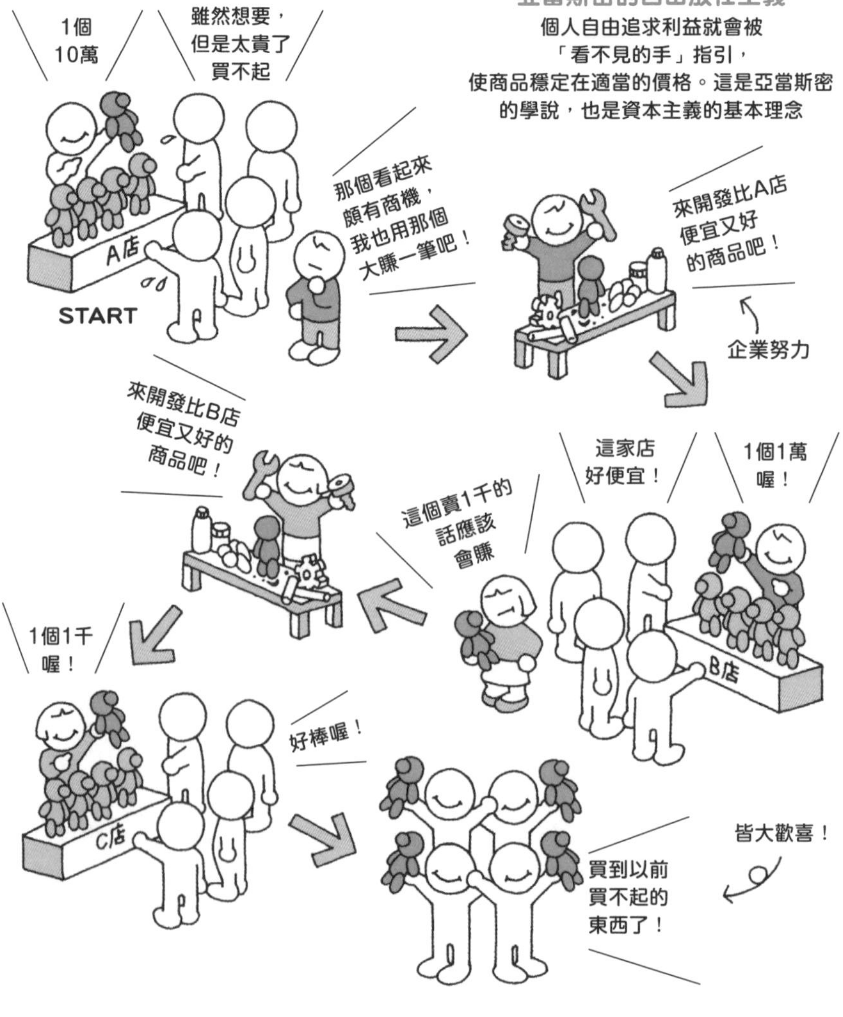

1個
10萬

雖然想要，
但是太貴了
買不起

A店

START

那個看起來
頗有商機，
我也用那個
大賺一筆吧！

亞當斯密的自由放任主義

個人自由追求利益就會被
「看不見的手」指引，
使商品穩定在適當的價格。這是亞當斯密
的學說，也是資本主義的基本理念

來開發比A店
便宜又好
的商品吧！

企業努力

這家店
好便宜！

1個1萬
喔！

B店

這個賣1千的
話應該
會賺

來開發比B店
便宜又好的
商品吧！

1個1千
喔！

C店

好棒喔！

皆大歡喜！

買到以前
買不起的
東西了！

孔德（P18）和**史賓賽**認為，社會是像生物一樣的有機體（**社會有機體論**）。史賓賽受到**達爾文演化論**的影響，認為社會的進化也是依循只有在經濟競爭中勝出的一方能夠生存的適者生存原理（**社會達爾文主義**）。

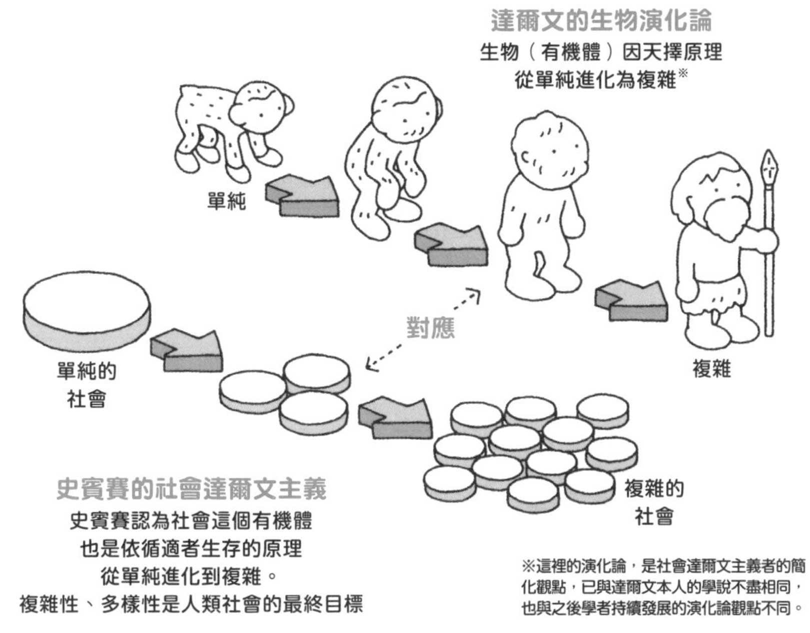
達爾文的生物演化論
生物（有機體）因天擇原理
從單純進化為複雜※
單純
複雜
對應
單純的
社會
複雜的
社會
史賓賽的社會達爾文主義
史賓賽認為社會這個有機體
也是依循適者生存的原理
從單純進化到複雜。
複雜性、多樣性是人類社會的最終目標
※這裡的演化論，是社會達爾文主義者的簡化觀點，已與達爾文本人的學說不盡相同，也與之後學者持續發展的演化論觀點不同。

根據**史賓賽**的**社會達爾文主義**，**人類社會**從軍事社會進化為工業社會。基於**自由放任主義**的**工業社會**正是**史賓賽**心中理想的社會。

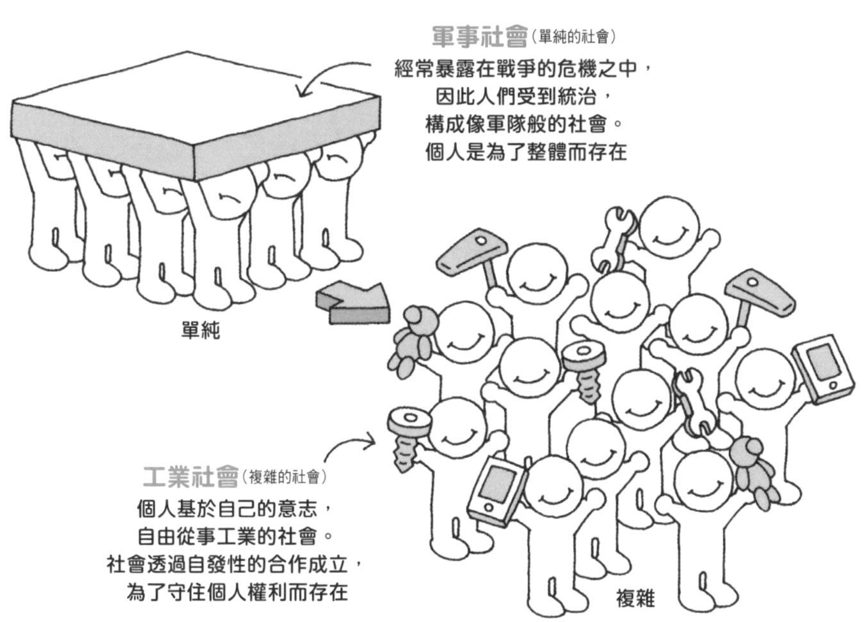
軍事社會（單純的社會）
經常暴露在戰爭的危機之中，
因此人們受到統治，
構成像軍隊般的社會。
個人是為了整體而存在
單純
工業社會（複雜的社會）
個人基於自己的意志，
自由從事工業的社會。
社會透過自發性的合作成立，
為了守住個人權利而存在
複雜

▶018
馬克思

生產關係

Relations of Production

意　義　人與人之間為了生產而締結的關係。

文　獻　《政治經濟學批判》

備　註　下層建築（P044）的生產關係決定上層建築（P044）人們的意識形態。

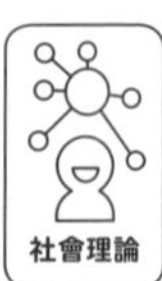
社會理論

食衣住行是人類生存的必要條件。**馬克思**將生產食衣住行所需之物的土地或材料等，稱為**生產資料**。為了生產而締結的人際關係稱為**生產關係**。擁有／沒有**生產資料**的人之間形成支配與服從的**生產關係**，好比**封建制度**的領主與佃農，**資本主義制度**的資本家與工人。

各時代的生產關係

奴隸制度
統治階級＝主人
被統治階級＝奴隸

鐵製農具
的發展

封建制度
統治階級＝封建領主
被統治階級＝佃農

工業化

資本主義制度
統治階級＝資本家
被統治階級＝勞工

生產關係取決於各時代的**技術水準**。技術水準進步，**生產力**（產物的供給能力）提升，**被支配階級**開始擁有能力。於是**被支配階級**脫離**支配階級**，移轉至下一個時代的**生產關係**。

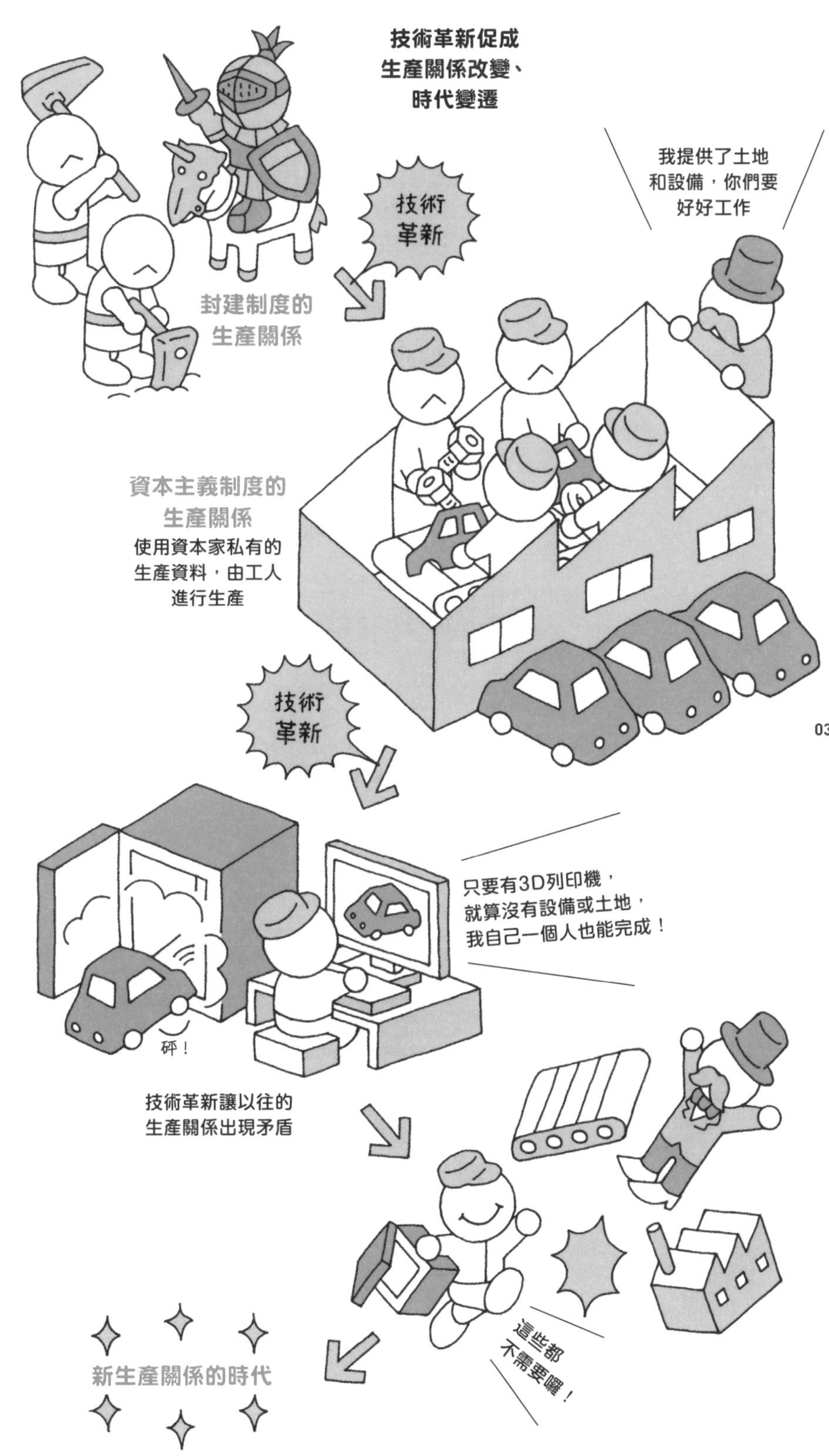
技術革新促成
生產關係改變、
時代變遷
封建制度的
生產關係
技術
革新
我提供了土地
和設備，你們要
好好工作
資本主義制度的
生產關係
使用資本家私有的
生產資料，由工人
進行生產
技術
革新
只要有3D列印機，
就算沒有設備或土地，
我自己一個人也能完成！
砰！
技術革新讓以往的
生產關係出現矛盾
這些都
不需要囉！
新生產關係的時代

▶018
馬克思

資產階級｜無產階級

Bourgeoisie｜Proletariat

文　獻　《共產黨宣言》（馬克思／恩格斯）

備　註　在俄羅斯，列寧提出無產階級專政，成立了蘇維埃社會主義共和國聯盟。

階級與
階層

封建制度宣告結束後，領主與佃農的**生產關係**（P038）消失。但**馬克思**說，後來的**資本主義制度**又產生了**資產階級**與**無產階級**的**新生產關係**。

資本主義產生的
資產階級與無產階級的支配關係

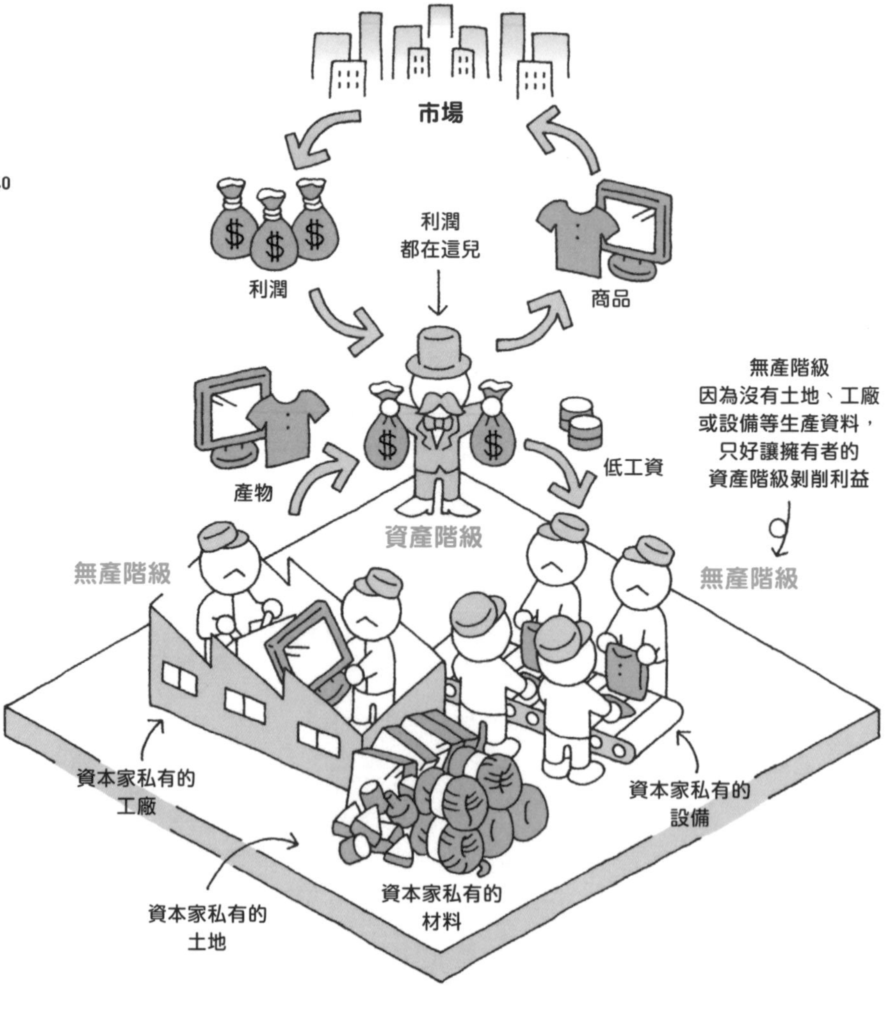

市場

利潤

利潤
都在這兒

商品

產物

資產階級

低工資

無產階級
因為沒有土地、工廠
或設備等生產資料，
只好讓擁有者的
資產階級剝削利益

無產階級

無產階級

資本家私有的
工廠

資本家私有的
設備

資本家私有的
材料

資本家私有的
土地

馬克思認為根據資本主義提出的**自由競爭**（自由放任主義 P036），會演變成只有資本家追求利潤，使工人持續受到剝削。他主張為了避免這種情況，土地、工廠或設備等**生產資料**（P038）不該**私有化**，應該**公共化**。

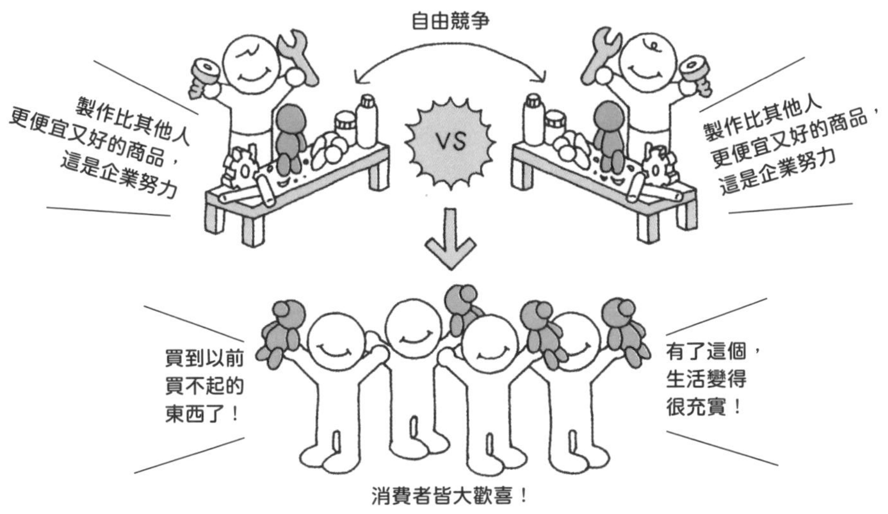
資本主義主張自由競爭（自由放任主義P036）
自由競爭
製作比其他人更便宜又好的商品，這是企業努力
VS
製作比其他人更便宜又好的商品，這是企業努力
買到以前買不起的東西了！
有了這個，生活變得很充實！
消費者皆大歡喜！

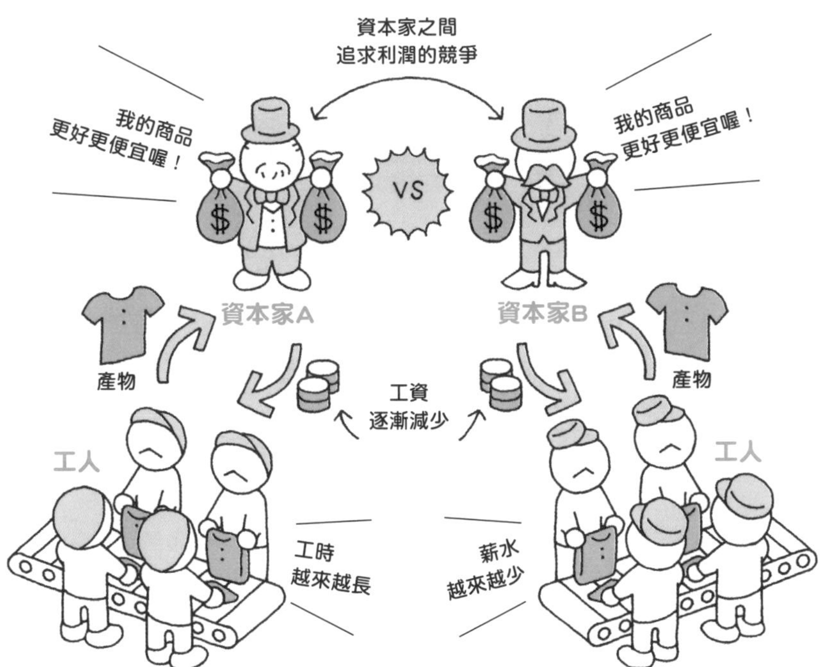
馬克思認為的自由競爭
資本家之間追求利潤的競爭
我的商品更好更便宜喔！
VS
我的商品更好更便宜喔！
資本家A
資本家B
產物
產物
工資逐漸減少
工人
工人
工時越來越長
薪水越來越少

▶018

異化

Alienation

馬克思

文　獻《經濟學哲學手稿》

備　註 馬克思將勞動的異化分為三種：「生產物的異化」、「生產活動的異化」、「類本質的異化」。

階級與
階層

在**資本主義制度**下，工人因為沒有**生產資料**（P038），自己付出勞力生產的產物及付出的勞力都不屬於自己。工人被產物或勞力**異化**（被排除在外）。此外，**馬克思**認為**生產活動**（勞動）與生產物，原本是和人們**連帶產生**（**類本質**）的東西，被生產活動或產物**異化**後，那樣的連帶感也跟著消失。

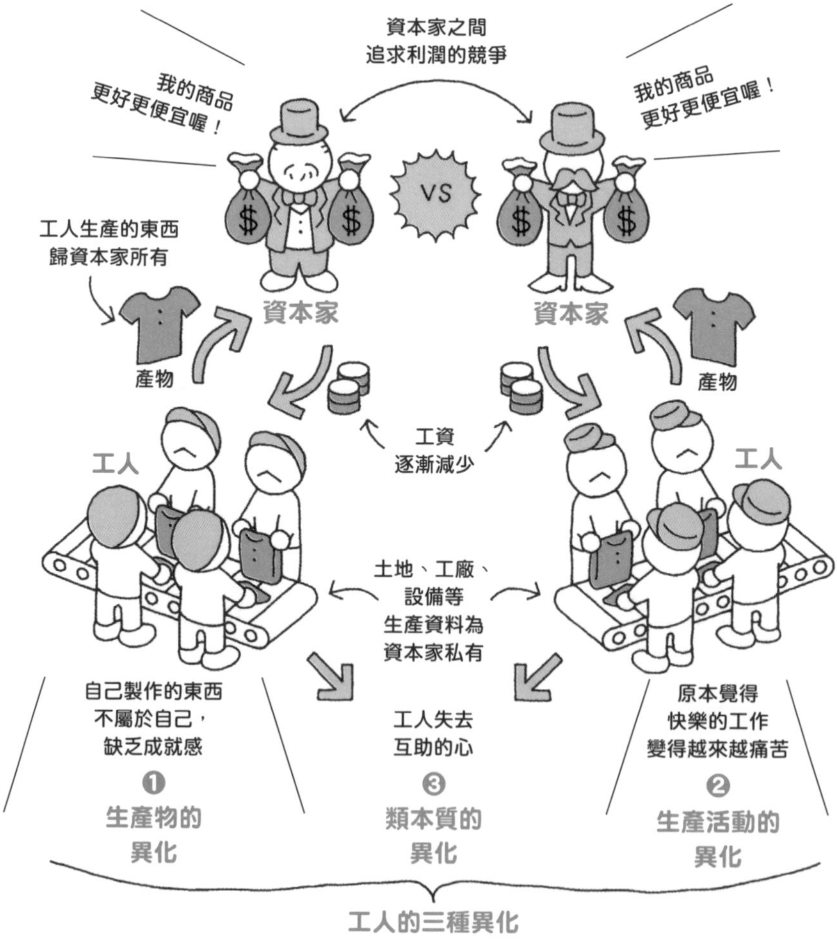

資本家之間
追求利潤的競爭

我的商品
更好更便宜喔！

我的商品
更好更便宜喔！

VS

工人生產的東西
歸資本家所有

資本家

資本家

產物

產物

工資
逐漸減少

工人

工人

土地、工廠、
設備等
生產資料為
資本家私有

自己製作的東西
不屬於自己，
缺乏成就感

❶
生產物的
異化

工人失去
互助的心

❸
類本質的
異化

原本覺得
快樂的工作
變得越來越痛苦

❷
生產活動的
異化

工人的三種異化

▶018
馬克思

階級鬥爭

Class Struggle

文　獻　《共產黨宣言》（馬克思／恩格斯）

備　註　馬克思認為人類的歷史是階級鬥爭的歷史，藉由階級鬥爭，社會發展進步。最終，階級將會消失。

階級與
階層

馬克思認為**支配階級**與**被支配階級**的**生產關係**（P038）一旦形成，支配階級為了維持制度就會**固定化**。但技術的進步提升了**生產力**（產物的供給能力），使現有的**生產關係**出現問題，引發**階級鬥爭**，最後新**生產關係**的時代誕生。

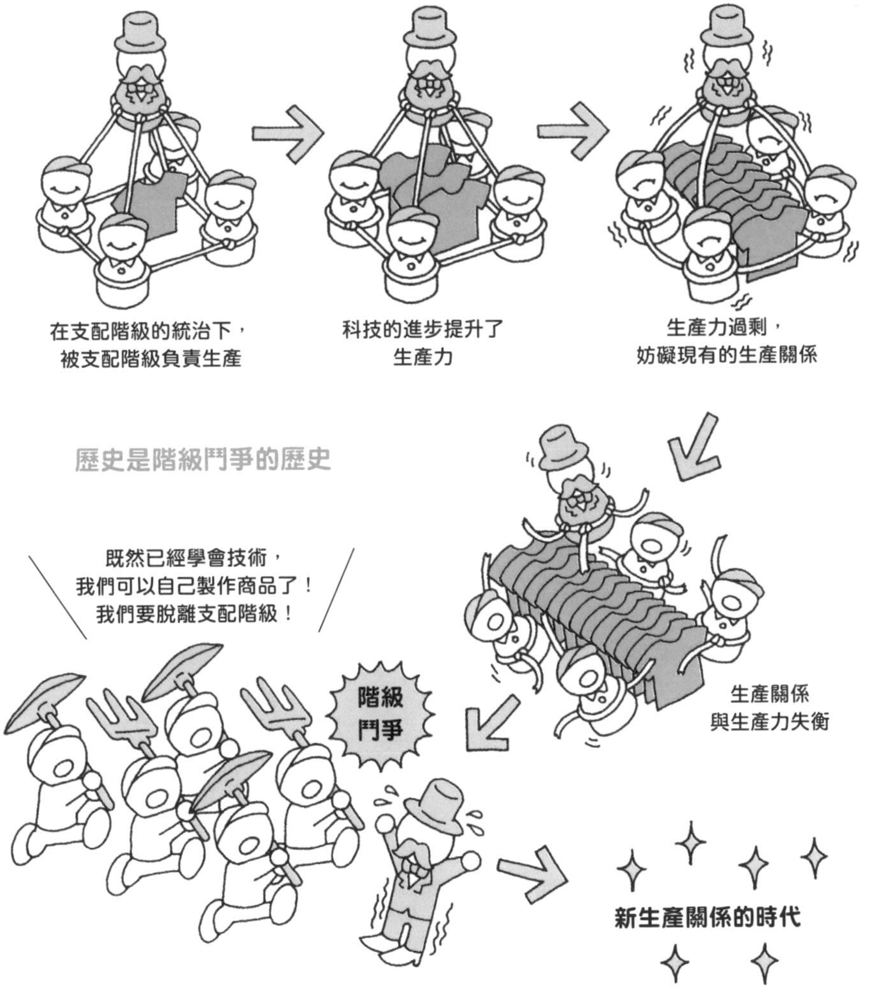

在支配階級的統治下，
被支配階級負責生產

科技的進步提升了
生產力

生產力過剩，
妨礙現有的生產關係

歷史是階級鬥爭的歷史

生產關係
與生產力失衡

既然已經學會技術，
我們可以自己製作商品了！
我們要脫離支配階級！

階級
鬥爭

新生產關係的時代

▶018
馬克思

上層建築｜下層建築

Superstructure ｜ Base

文　獻 《政治經濟學批判》

備　註 以日本為例，下層建築的經濟結構是資本主義，上層建築的意識形態是民主主義。

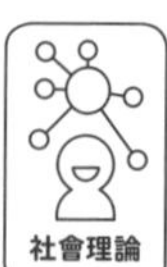
社會理論

馬克思將各時代的**生產關係**（P038）構成的經濟結構視為社會**基礎**的**下層建築**，在此基礎上成立了法律、政治制度或宗教、藝術、學術等文化的**上層建築**。人類意識形態的**上層建築**取決於經濟基礎的**下層建築**，**生產力**的發展讓經濟基礎改變的話，**上層建築**也會產生變化。

上層建築（人們的意識形態）

法律、政治、道德、文化等意識形態

上層建築
思想
哲學
倫理
宗教
習慣
道德
法律
政治制度
學問
藝術
流行
文化
下層建築

下層建築（經濟結構）

各時代的生產關係構成的經濟結構，包括封建制度、資本主義或社會主義等下層建築決定了人類思維的上層建築。例如人們對「奢侈」的意識，在中世紀封建制度是被嚴格禁止，社會主義認為是侮辱平等，資本主義則是崇尚，也就是說，並非人的意識建立經濟結構，而是經濟結構建立人的意識。

▶018
馬克思

意識形態

Ideology

意　義　在共通的社會條件下共有的觀念。

文　獻　《德意志意識形態》（馬克思／恩格斯）

備　註　馬克思認為法律、政治、道德、文化等上層建築都是意識形態。

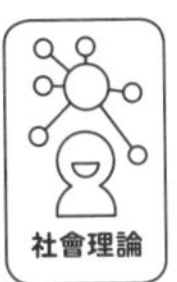

社會理論

馬克思認為自我的**思想**或**信念**並不是由自己的意識產生，而是取決於該時代的**下層建築**（P044）。例如，奢侈在**中世紀封建制度**是壞事，在**資本主義制度**卻非如此，像這樣在社會條件下共有的觀念稱為**意識形態**。

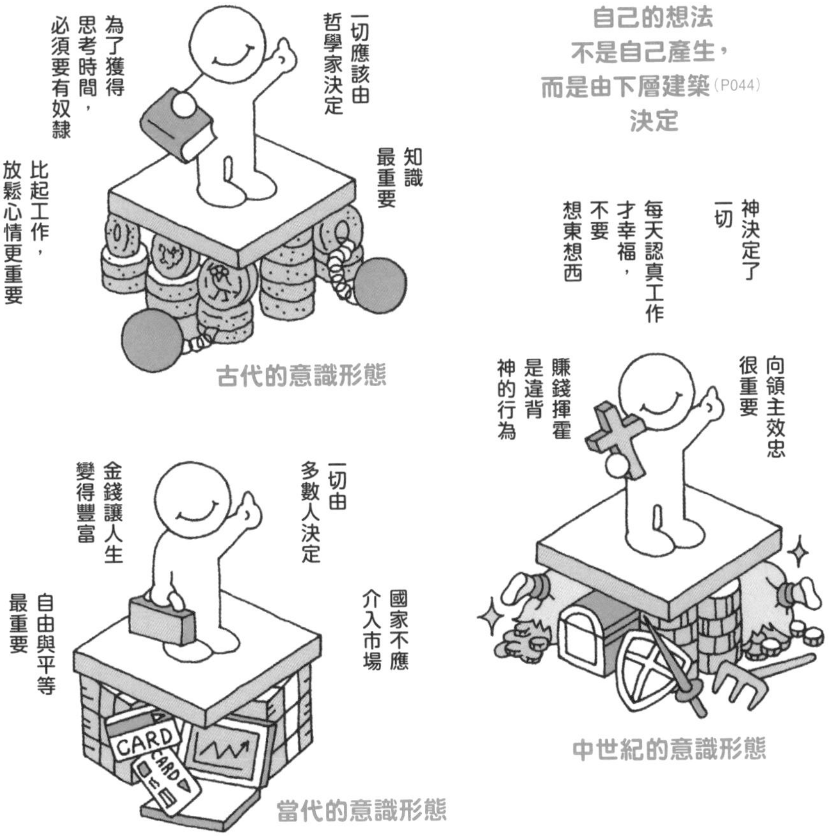

自己的想法不是自己產生，而是由下層建築（P044）**決定**

一切應該由哲學家決定

知識最重要

為了獲得思考時間，必須要有奴隸

比起工作，放鬆心情更重要

古代的意識形態

神決定了一切

每天認真工作才幸福，不要想東想西

向領主效忠很重要

賺錢揮霍是違背神的行為

中世紀的意識形態

一切由多數人決定

金錢讓人生變得豐富

國家不應介入市場

自由與平等最重要

CARD

當代的意識形態

忽視自己生存時代的**生產關係**（P038），自認為是獨立的思考，卻被一些與真實生存狀況不符的想法所蒙蔽，這樣的想法被**馬克思**批評為**虛假意識**。

018
馬克思

歷史唯物論

Historical Materialism

文　獻《政治經濟學批判》

備　註 馬克思的歷史唯物論主張，精神也要隨著經濟發展而發展，如同孔德（P018）認為文明也會隨著精神發展而發展（三階段定律 P034）。

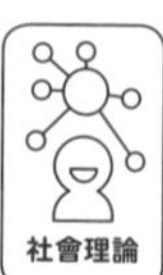
社會理論

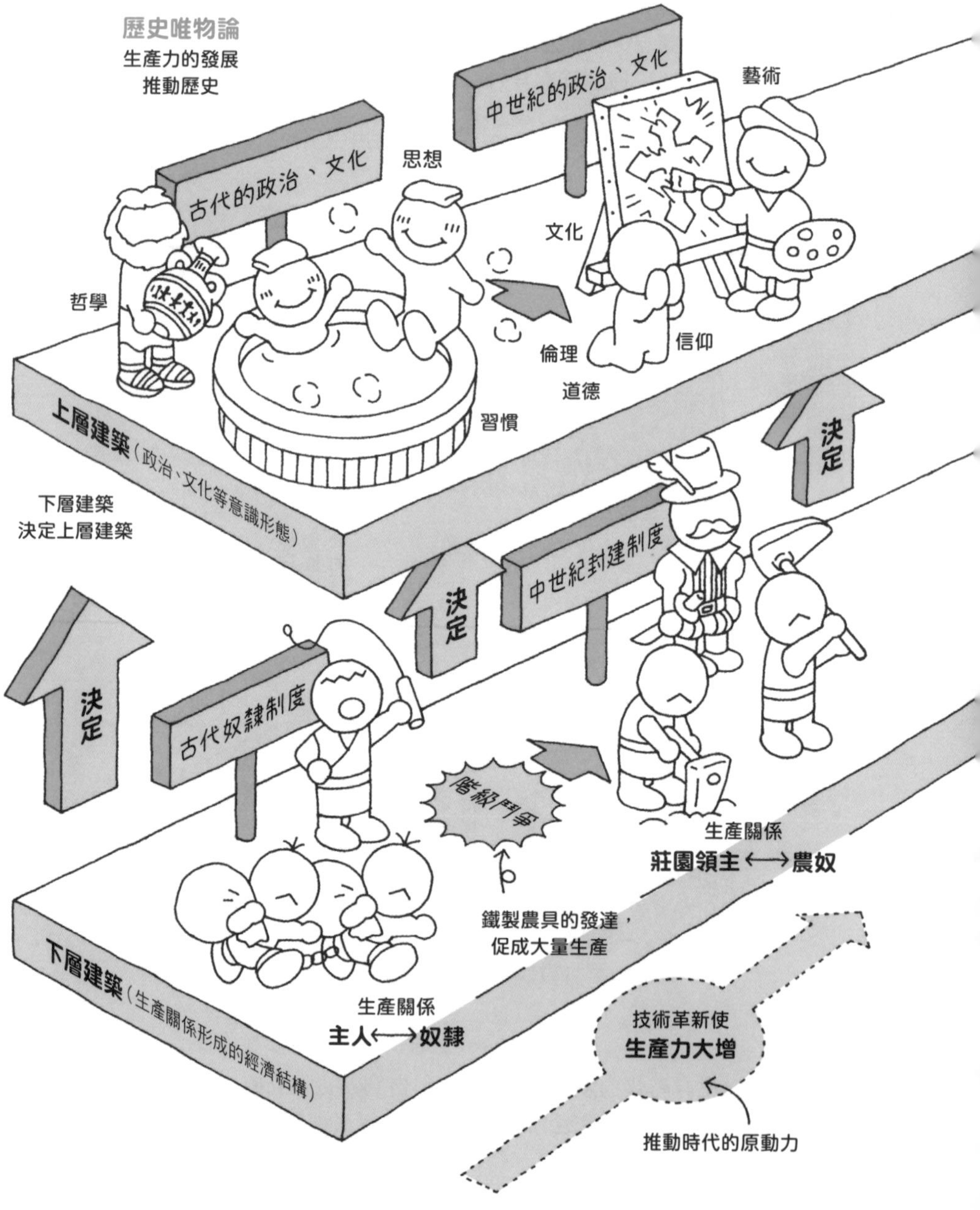

歷史唯物論
生產力的發展
推動歷史

古代的政治、文化
中世紀的政治、文化
藝術
思想
文化
哲學
倫理
信仰
道德
習慣

上層建築（政治、文化等意識形態）

下層建築
決定上層建築

決定
決定
決定

中世紀封建制度
古代奴隸制度

階級鬥爭

生產關係
莊園領主⟷農奴

鐵製農具的發達，
促成大量生產

下層建築（生產關係形成的經濟結構）

生產關係
主人⟷奴隸

技術革新使
生產力大增

推動時代的原動力

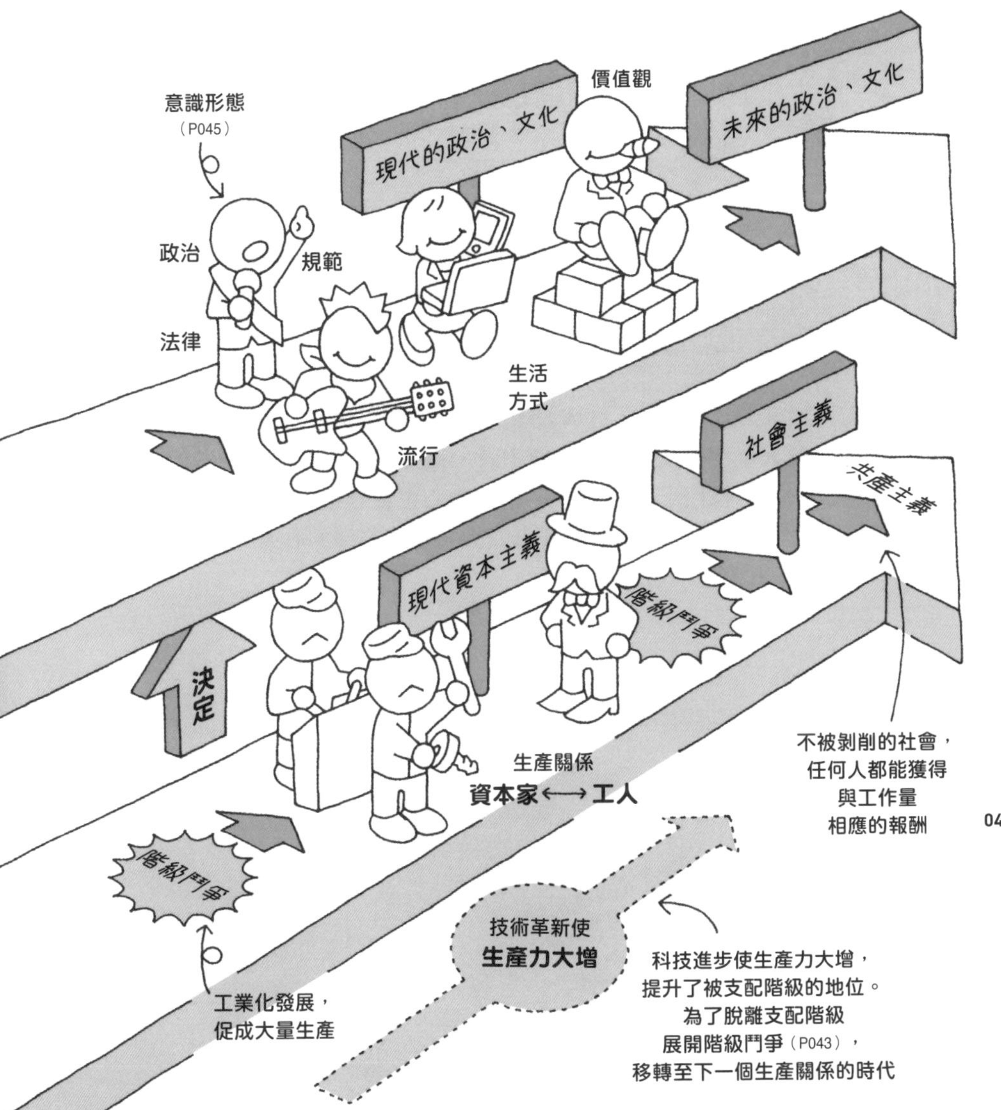
意識形態
（P045）
政治
規範
法律
現代的政治、文化
價值觀
未來的政治、文化
生活
方式
流行
社會主義
共產主義
現代資本主義
階級鬥爭
決定
生產關係
資本家←→工人
不被剝削的社會，
任何人都能獲得
與工作量
相應的報酬
階級鬥爭
技術革新使
生產力大增
工業化發展，
促成大量生產
科技進步使生產力大增，
提升了被支配階級的地位。
為了脫離支配階級
展開階級鬥爭（P043），
移轉至下一個生產關係的時代

人類為了食衣住行所需，必須持續生產物品。因此，人們締結配合各時代技術水準的**生產關係**（P038）。於是，**生產關係**成為**基礎**（下層建築 P044），人類意識形態的**政治制度或文化**（上層建築 P044）誕生。後來因為技術進步使**生產力**大增（產物的供給能力），無法維持以往的**生產關係**，引發**階級鬥爭**（P043）。**馬克思**認為時代從**奴隸制度→封建制度→資本主義→社會主義→共產主義**依序進展。推動歷史的原動力並非精神層面的人類意識，而是**物質層面**的**生產力發展**，這樣的想法稱為**歷史唯物論（唯物史觀）**。

▶019
孫末楠

種族中心主義

Ethnocentrism

文　獻《民俗論》
備　註 孫末楠將「我們」的團體稱為**內團體**，「他們」的團體稱為**外團體**。種族中心主義是指認為內團體優秀、外團體劣等的心態。

國家與
全球化

孫末楠支持國家權力不該介入經濟競爭的**自由放任主義**（P036）。因為他厭惡國家權力肥大化的帝國主義與軍國主義。而帝國主義或軍國主義的基礎就是**種族中心主義（民族優越感）**。**種族中心主義**是指認為自己的團體或民族的文化很優秀，以此為基準貶低其他文化或團體的心態。

種族中心主義

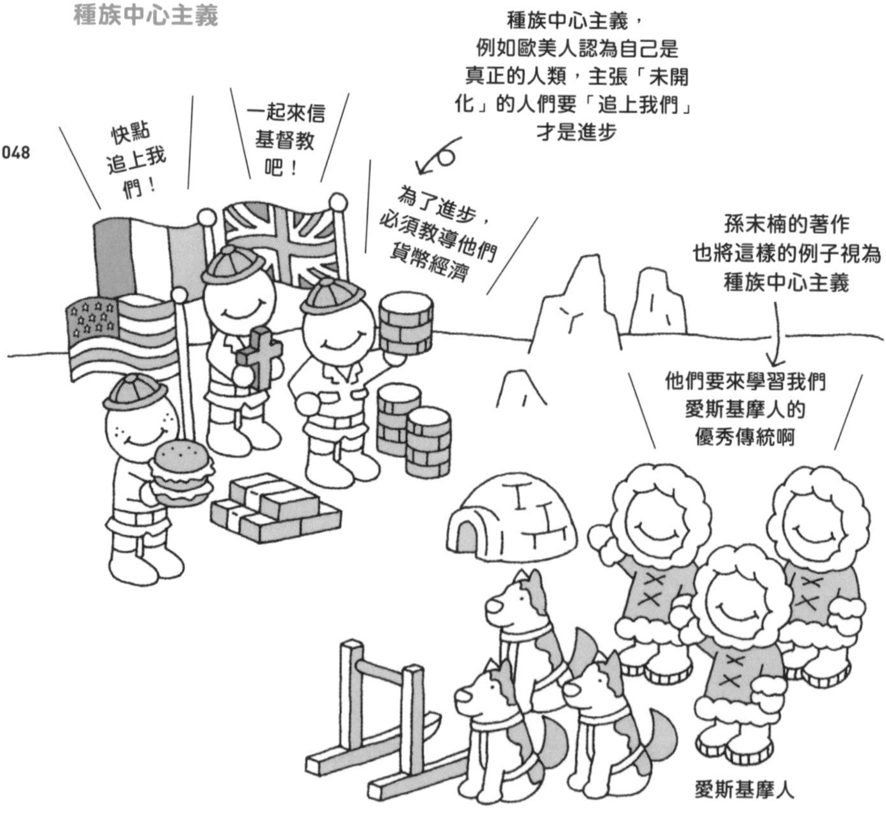

快點追上我們！

一起來信基督教吧！

種族中心主義，例如歐美人認為自己是真正的人類，主張「未開化」的人們要「追上我們」才是進步

為了進步，必須教導他們貨幣經濟

孫末楠的著作也將這樣的例子視為種族中心主義

他們要來學習我們愛斯基摩人的優秀傳統啊

愛斯基摩人

接受與自己的文化不同的他人、認同其價值、讓差異共存的社會，**孫末楠**很早就把這視為理想。

020
范伯倫

炫耀性消費

Conspicuous Consumption

文化與
消費社會

文　獻　《有閒階級論》

備　註　范伯倫將非生產時間的消費稱為炫耀性閒暇。炫耀性閒暇與炫耀性消費都是表現有閒階級的方式。

現代人除了生活必需品的消費，也會進行和他人產生差異的**符號**消費。

我很有
個性
等於
現代人比起
衣服的功能
更重視
「有個性」的符號。
假如物品是符號，
穿上有個性的衣服
就等於被說成
「有個性」

最早注意到**符號消費**（P244）的人是**范伯倫**。初期階段的**符號消費**以炫耀性消費為主流。**炫耀性消費**是指，不必工作的貴族等有閒階級為了展現自身的財富，而購買高價物品或服務的消費行為。 049

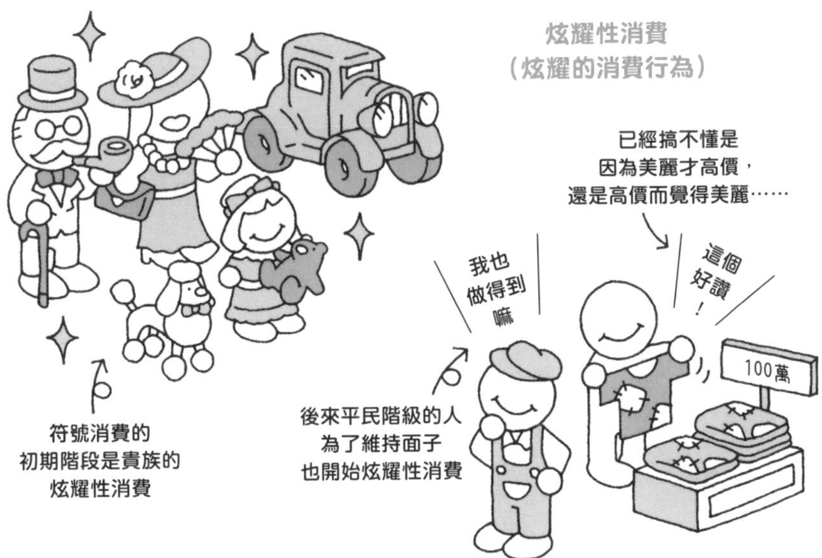
炫耀性消費
（炫耀的消費行為）
已經搞不懂是
因為美麗才高價，
還是高價而覺得美麗……
我也
做得到
嘛
這個
好讚
！
100萬
符號消費的
初期階段是貴族的
炫耀性消費
後來平民階級的人
為了維持面子
也開始炫耀性消費

隨著**工業社會的發達**（工業化），有些階級低的人為了**維持面子**也會進行**炫耀性消費**。

▶020
滕尼斯

禮俗社會｜法理社會

Gemeinschaft ｜ Gesellschaft

文　獻《禮俗社會與法理社會》

備　註 滕尼斯認為現代的連結並非真正的連結，涂爾幹（P021）則是抱持不同的見解。

公共領域
與共同體

滕尼斯將人類社會的基本形態分為**禮俗社會**與**法理社會**兩種。因**本質意志**結合的**禮俗社會**是真正的共同生活，因**選擇意志**結合的**法理社會**是暫時性且表面的共同生活。

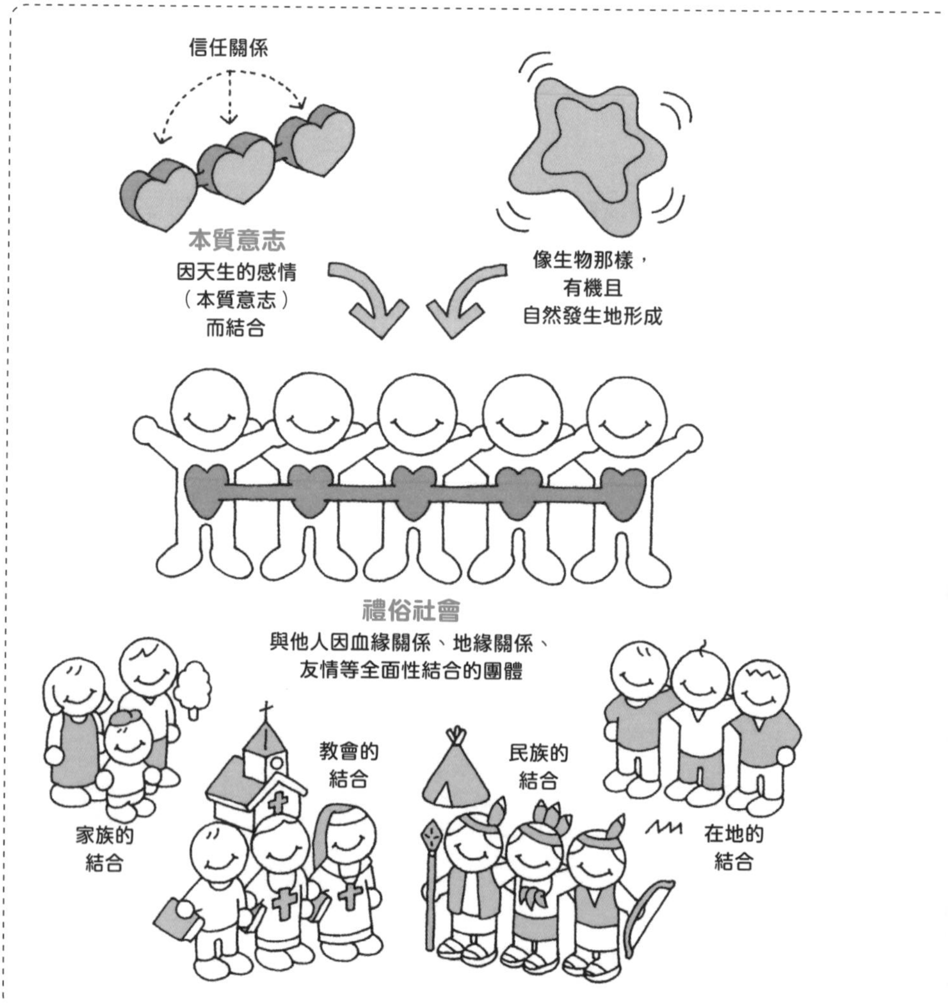

信任關係

本質意志

因天生的感情（本質意志）而結合

像生物那樣，有機且自然發生地形成

禮俗社會

與他人因血緣關係、地緣關係、友情等全面性結合的團體

家族的結合

教會的結合

民族的結合

在地的結合

不過他也預言，朝**現代**（資本主義）發展的過程中，社會形態必定會從**禮俗社會**變成**法理社會**。

禮俗社會
現代化
無法避免
從禮俗社會變成法理社會
法理社會

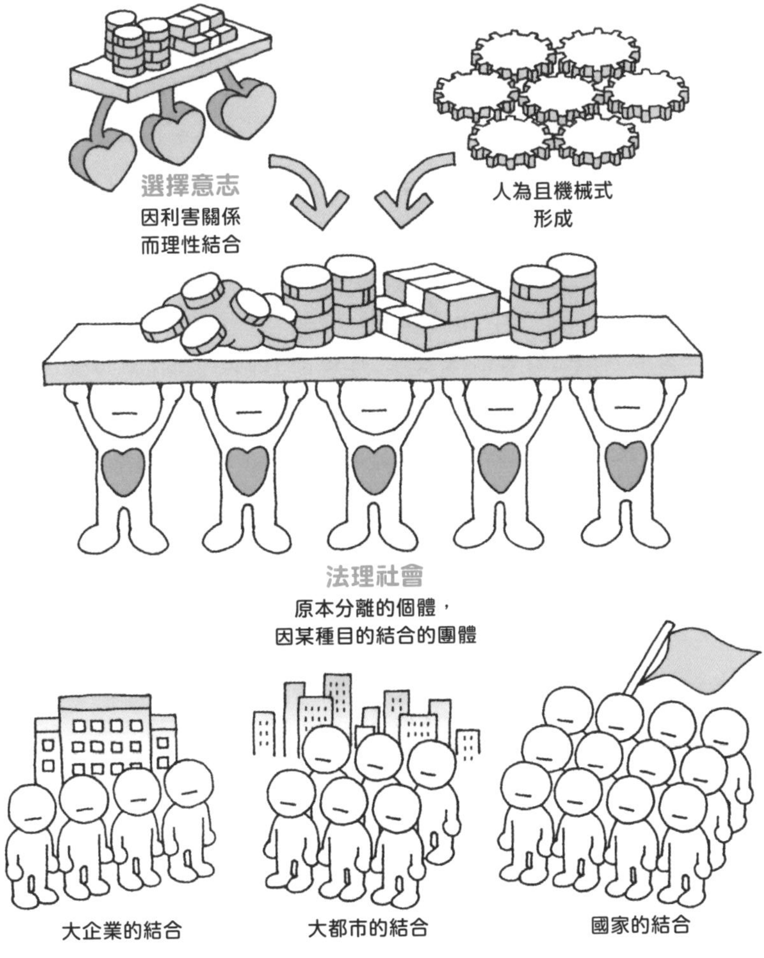

選擇意志
因利害關係
而理性結合

人為且機械式
形成

法理社會
原本分離的個體，
因某種目的結合的團體

大企業的結合

大都市的結合

國家的結合

021
涂爾幹

社會事實

Social Fact

意　義　對個人而言，來自外界的束縛。

文　獻　《社會學方法的規則》

備　註　將社會事實作為社會學研究對象的涂爾幹學派（社會學主義），有牟斯（P024）和阿布瓦希（P024）等人。

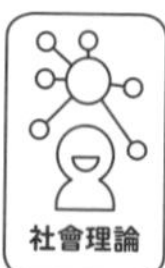

社會理論

涂爾幹主張**「社會」**不只存在於個人的**內心**（意識），而是像**物體**一樣**實際存在**。倘若社會沒有實際存在，**社會學**就無法成為實證的科學。

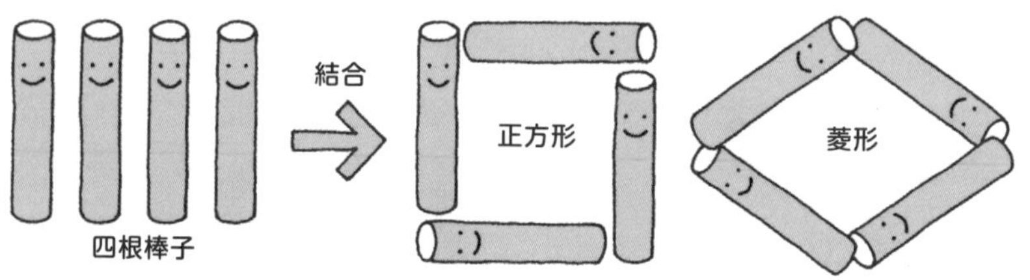

四根棒子
結合
正方形
菱形

四根棒子結合後，
變成正方形或菱形這種有別於四根棒子的物體。
同樣地，個人因某種關係結合後，
就會產生名為「社會」的物體

涂爾幹認為個人的結合會形成名為「社會」的物體。為了維持那樣的社會，於是產生**社會事實**。

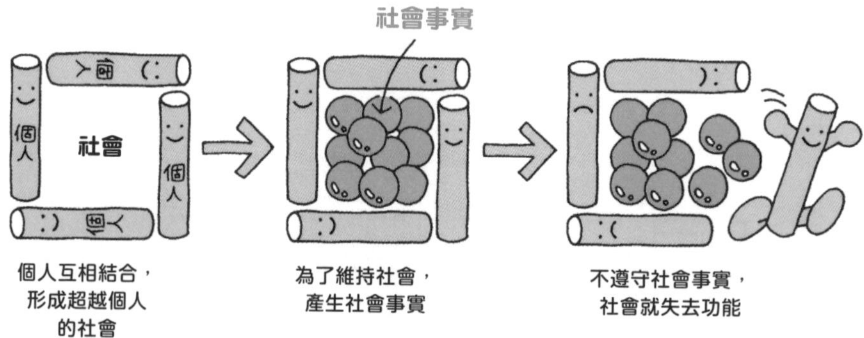

社會事實
個人
社會
個人互相結合，
形成超越個人
的社會
為了維持社會，
產生社會事實
不遵守社會事實，
社會就失去功能

個人結合，形成社會，
產生超越個人意識的集體意識。
這個集體意識製造出社會事實

不過他所說的**社會事實**，具體來說是指什麼呢？

我們基於習慣或法律等某些**規範（規則）**採取行動。這些規範並非出自你我，而是存在於我們所屬的社會。**涂爾幹**把這些存在於外界，一旦犯法就會成為犯罪者，具有強制力的規範稱為**社會事實**。

各種社會事實
形成社會後，
產生「大家必須守護社會」的集體意識，
進而產生規範。
這些規範稱為社會事實
宗教
禮儀
LAW
法律
道德
流行
不跟隨流行，
反而被視為異類
晚上睡覺
白天起床
習慣
例如，穿西裝健身、
用叉子吃飯糰、
用筷子吃咖哩等行為
會被視為異類
必須遵守的
社會事實
（規範）
好多喔～

▶021
涂爾幹

社會化

Socialization

文　獻《社會學方法的規則》

備　註 後來柏格（P181）與盧克曼（P013）將幼兒期在家庭內的社會化命名為**第一次社會化**，成熟期在學校或職場等處的社會化是**第二次社會化**。

公共領域
與共同體

人類接觸各種人，學習社會**規範**（規則），即**社會事實**（P052），成為獨當一面的社會人。這樣的過程稱為**社會化**。

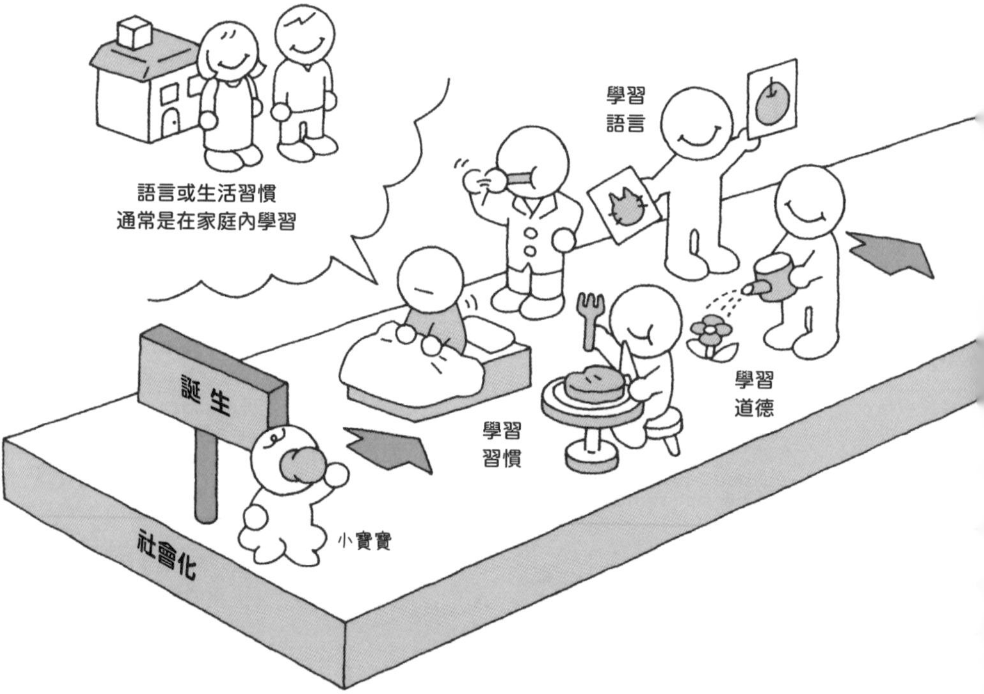

語言或生活習慣
通常是在家庭內學習

學習
語言

誕生

學習
習慣

學習
道德

小寶寶

社會化

涂爾幹認為社會單方面強制人們**社會化**（學習規則）。假如個人無法社會化，反抗**社會事實**（規則），**社會**就會開始對個人進行報復或刑罰。這麼一來社會就能維持安定。

我不會
再犯了，
原諒我！

沒有社會化，就會引起周遭的反感。
這個原理維持了社會的安定

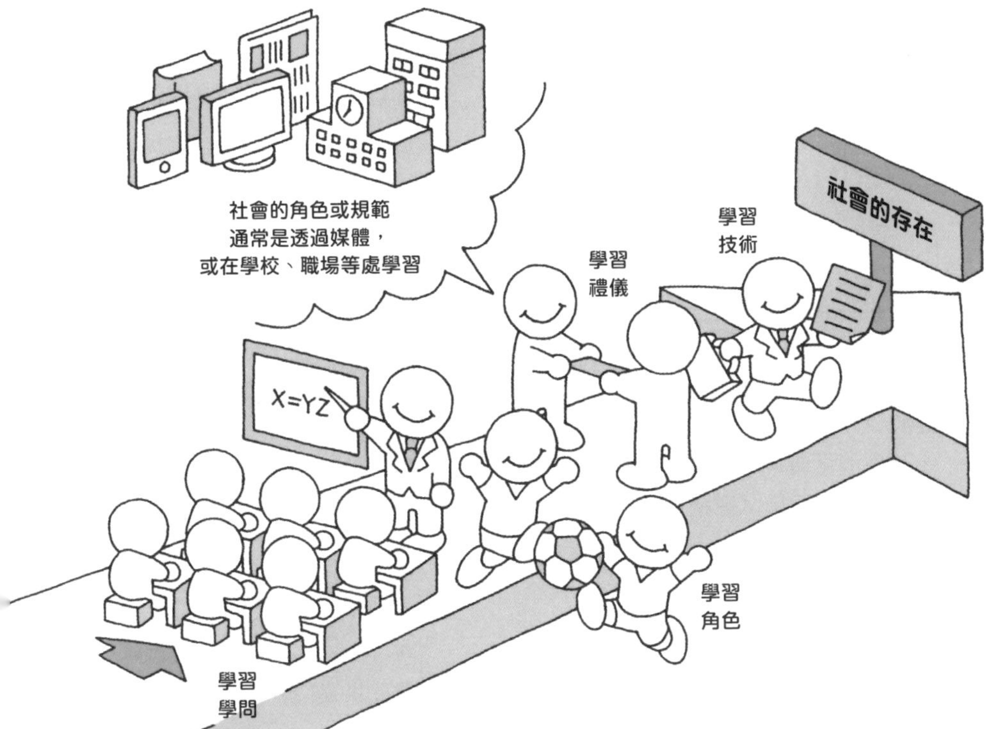

社會的角色或規範
通常是透過媒體，
或在學校、職場等處學習

學習
禮儀

學習
技術

社會的存在

X=YZ

學習
角色

學習
學問

對於**涂爾幹**提出社會單方面要求人們**社會化**的想法，後來的**米德**（P022）則認為人類也持續創造新的**社會**（規則）。

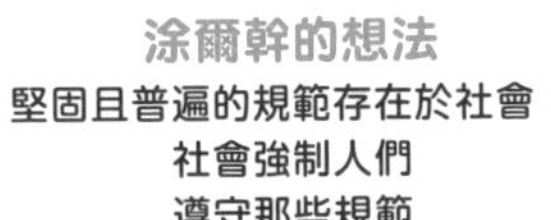

涂爾幹的想法
堅固且普遍的規範存在於社會，
社會強制人們
遵守那些規範

為了讓我（社會）
維持安定，請大家
都要社會化
社會

對功能論（P129）
巨觀社會學（P140）**產生影響**

米德（P022）**的想法**
人們進行社會化的同時，
自己也經常創造新的規範（社會）
（主我與客我P087）

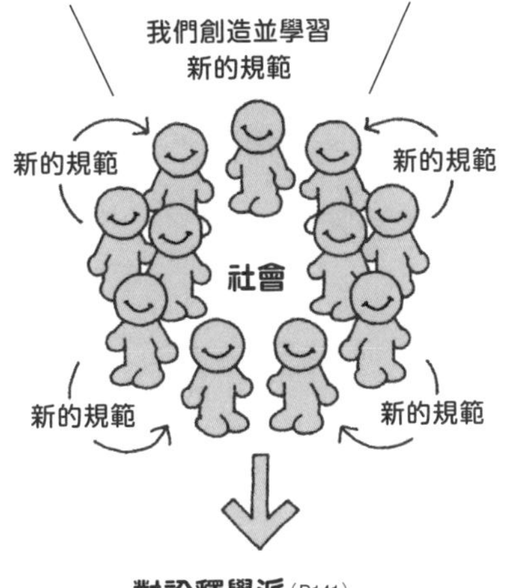
我們創造並學習
新的規範
新的規範
新的規範
社會
新的規範
新的規範

對詮釋學派（P141）
微觀社會學（P141）**產生影響**

▶021
涂爾幹

脫序

Anomie

意　義　無秩序狀態、無規制狀態。

文　獻　《社會分工論》、《自殺論》

備　註　涂爾幹將希臘語的「無法律狀態」（anomia）作為社會學的概念。

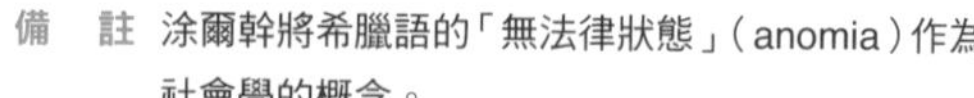

自我與
互動

「這個也想要，那個也想要」，人類的欲望源源不絕。通常社會的**規範或道德**（社會事實 P052）會抑制欲望。不過，因為景氣極差或經濟急速成長造成社會混亂時，以往抑制人們欲望的規範或道德無法發揮作用，使欲望無限擴大。這種狀態稱為**脫序**。

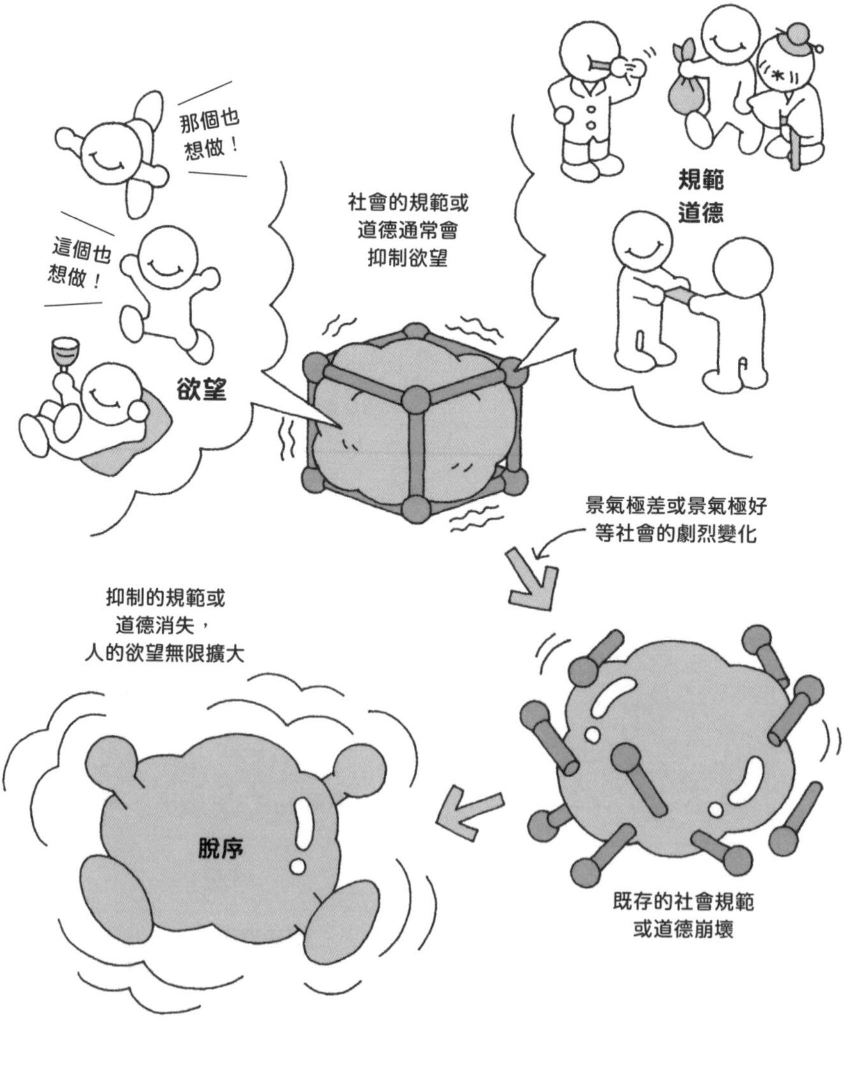

那個也
想做！
這個也
想做！
欲望
社會的規範或
道德通常會
抑制欲望
規範
道德
景氣極差或景氣極好
等社會的劇烈變化
抑制的規範或
道德消失，
人的欲望無限擴大
脫序
既存的社會規範
或道德崩壞

涂爾幹認為，當欲望無限擴大，因為沒有實現的手段，不滿、焦慮、絕望感等占據內心，使人陷入混亂狀態，導致**脫序犯罪**或**脫序自殺**（P060）。社會情勢變化劇烈的當代，可說是**脫序**的時代。

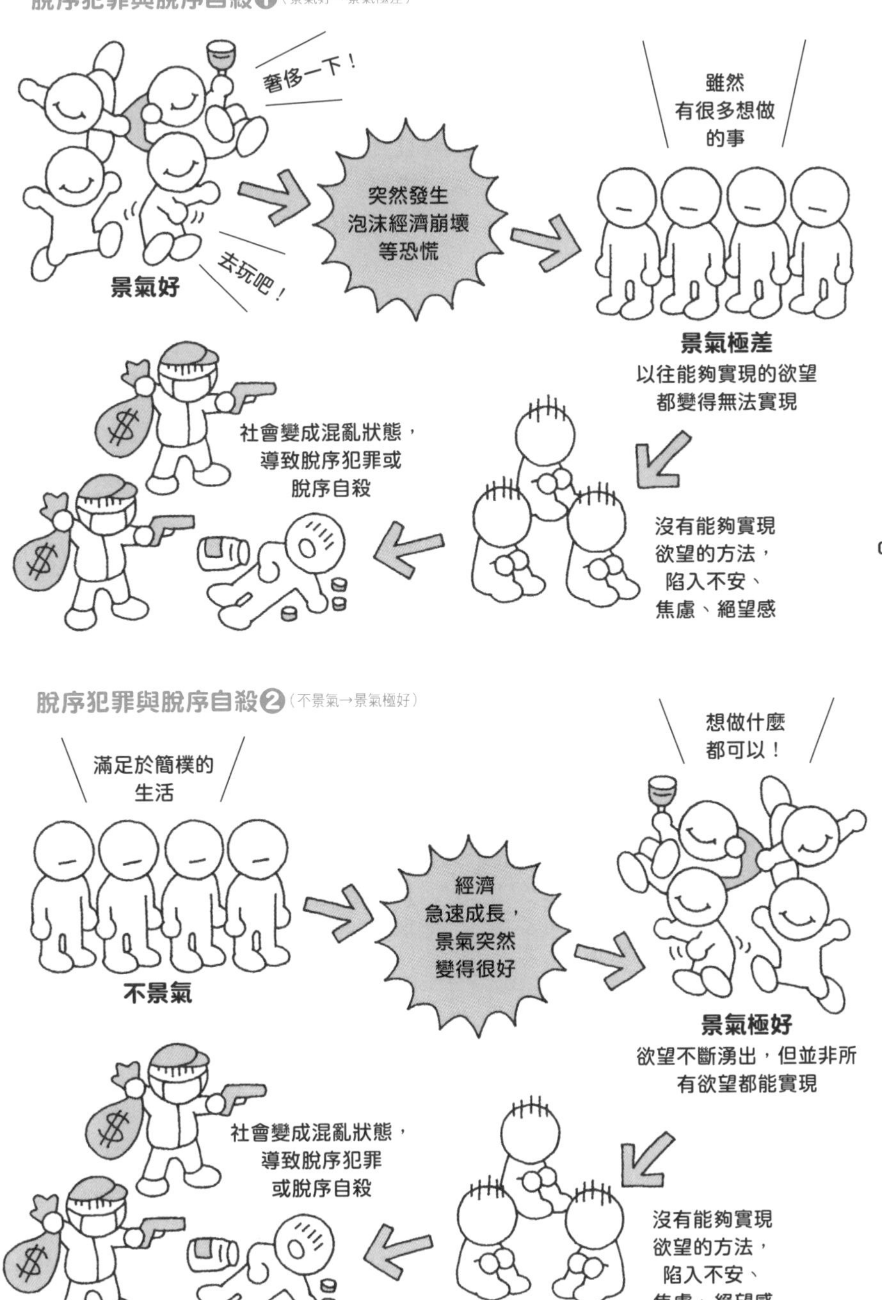

脫序犯罪與脫序自殺❶（景氣好→景氣極差）
奢侈一下！
去玩吧！
景氣好
突然發生
泡沫經濟崩壞
等恐慌
雖然
有很多想做
的事
景氣極差
以往能夠實現的欲望
都變得無法實現
沒有能夠實現
欲望的方法，
陷入不安、
焦慮、絕望感
社會變成混亂狀態，
導致脫序犯罪或
脫序自殺
脫序犯罪與脫序自殺❷（不景氣→景氣極好）
滿足於簡樸的
生活
不景氣
經濟
急速成長，
景氣突然
變得很好
想做什麼
都可以！
景氣極好
欲望不斷湧出，但並非所
有欲望都能實現
沒有能夠實現
欲望的方法，
陷入不安、
焦慮、絕望感
社會變成混亂狀態，
導致脫序犯罪
或脫序自殺

▶021
涂爾幹

機械連帶｜有機連帶

Mechanical Solidarity | Organic Solidarity

文　獻　《社會分工論》
備　註　人們的互動是維持社會的功能，這個想法對功能論（P129）造成影響。

公共領域
與共同體

涂爾幹說**現代社會**（資本主義社會）與以往社會的區分關鍵是**分工**。在原始社會，人們過著相同的生活，當人口增加、社會變複雜，為了讓社會有效率地運作，人們的勞動內容各自不同，這就是**分工**。

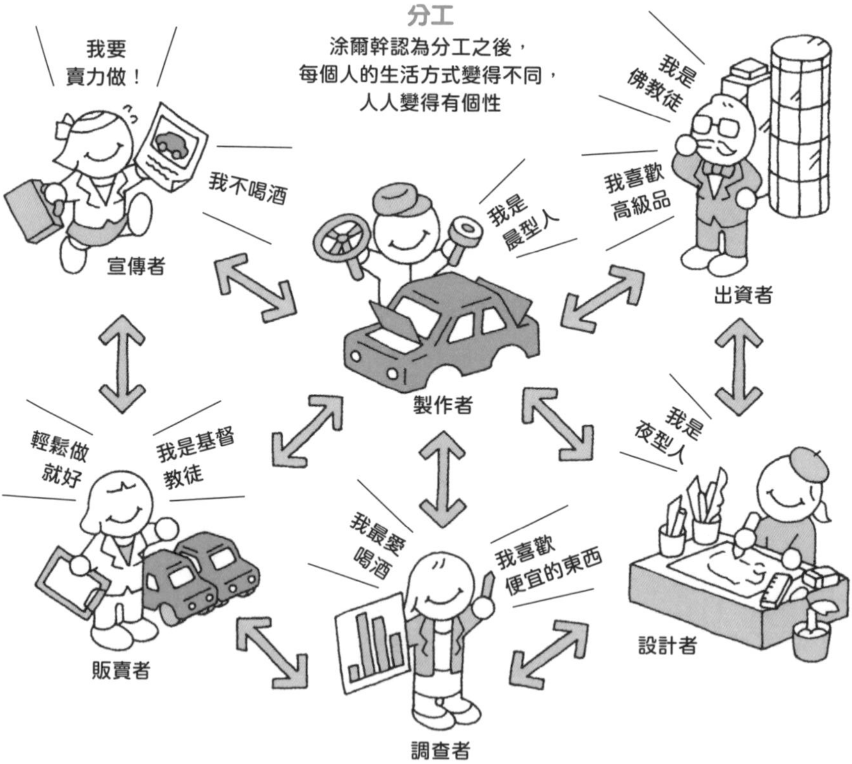

分工
涂爾幹認為分工之後，
每個人的生活方式變得不同，
人人變得有個性

我要
賣力做！

我不喝酒

宣傳者

我是
佛教徒

我喜歡
高級品

出資者

我是
晨型人

製作者

輕鬆做
就好

我是基督
教徒

販賣者

我最愛
喝酒

我喜歡
便宜的東西

調查者

我是
夜型人

設計者

在各自負責不同工作的社會，每個人都是有個性的存在。**涂爾幹**認為，因為每個人從事不同的工作，彼此互相依賴，於是產生連帶感。這稱為**有機連帶（分工社會）**。另一方面，像原始社會那樣人們過著相同的生活，基於「相似性」而形成連帶狀態，稱為**機械連帶（團結社會）**。

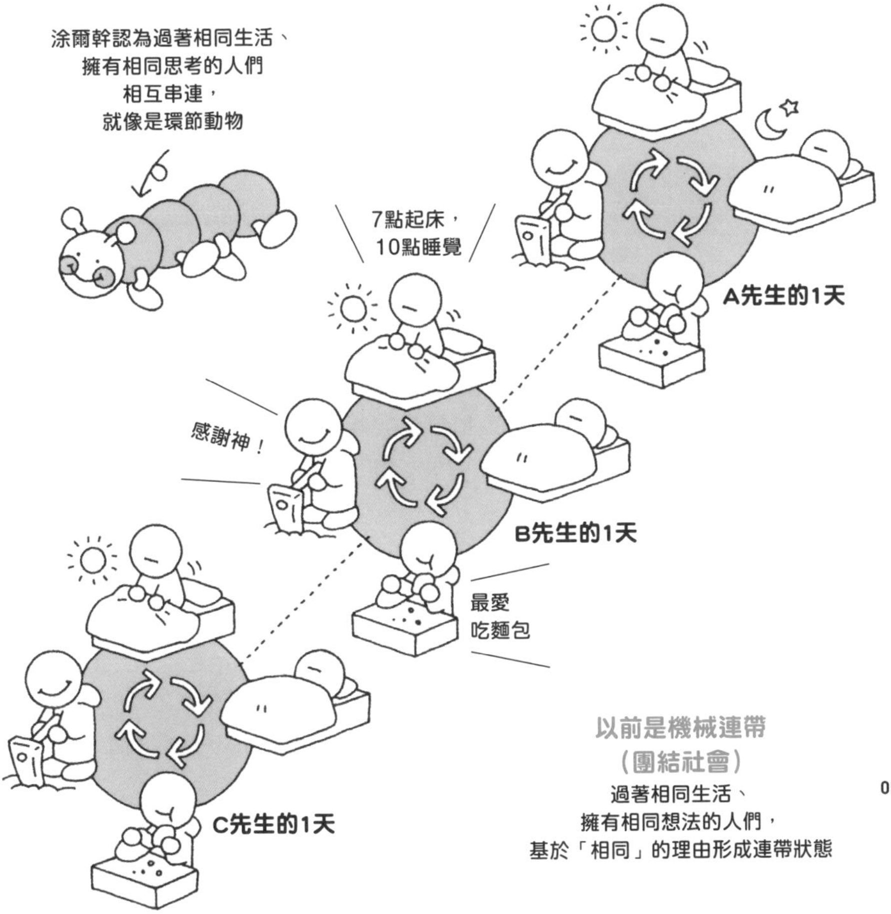

涂爾幹認為過著相同生活、
擁有相同思考的人們
相互串連，
就像是環節動物

7點起床，
10點睡覺

A先生的1天

感謝神！

B先生的1天

最愛
吃麵包

C先生的1天

以前是機械連帶
（團結社會）
過著相同生活、
擁有相同想法的人們，
基於「相同」的理由形成連帶狀態

現代是有機連帶
（分工社會）
從事不同工作、
各有個性的人們彼此依賴，
產生連帶感。
這樣的分工發揮作用，
維持社會的安定

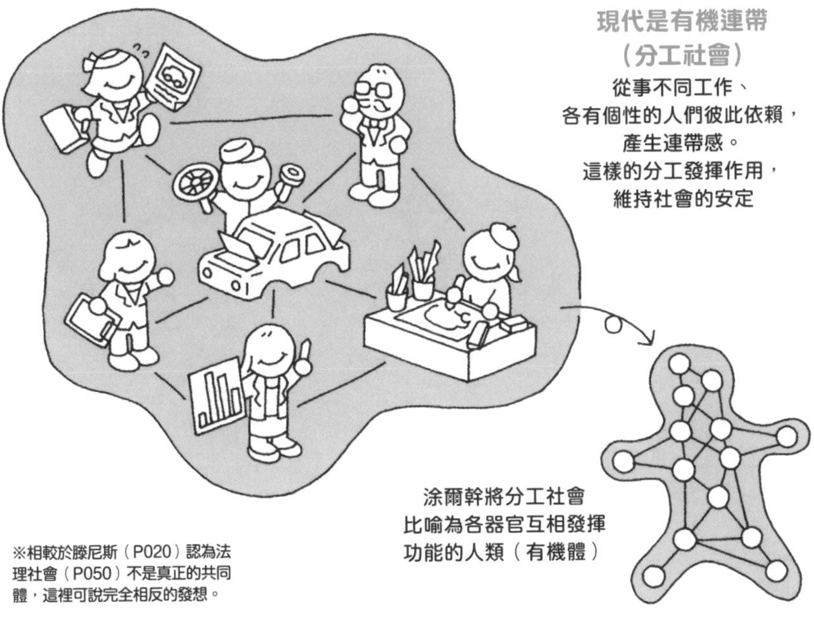

涂爾幹將分工社會
比喻為各器官互相發揮
功能的人類（有機體）

※相較於滕尼斯（P020）認為法理社會（P050）不是真正的共同體，這裡可說完全相反的發想。

▶021
涂爾幹

自殺的四種類型

Four Types of Suicide

文　獻　《自殺論》

備　註　涂爾幹思考出對立的自殺組合：❶利己型自殺與❷利他型自殺、❸脫序型自殺與❹宿命型自殺。

自我與
互動

社會學家**涂爾幹**研究自殺這種個人行為的理由是，他認為自殺的原因源於**社會**。各國的自殺率排名或數值每年並無太大變化，假如自殺是單純的個人行為，數值或排名應該會年年變動。因此他認為，是超越個人意願的**社會**力量導致了自殺。

2000年的自殺率
V國（地域）
W國（地域）
X國（地域）
Y國（地域）
Z國（地域）
自殺率
沒有太大的變化，
肯定是因為
社會力量所致
2001年的自殺率
V國（地域）
W國（地域）
X國（地域）
Y國（地域）
Z國（地域）

涂爾幹從自殺率的統計發現規律性，將超越個人情況導致自殺的社會因素分為：**利己型自殺**、**利他型自殺**、**脫序型自殺**、**宿命型自殺**四種（**自殺的四種類型**）。

❶利己型自殺（新類型的自殺）

團體結合弱的社會產生的自殺

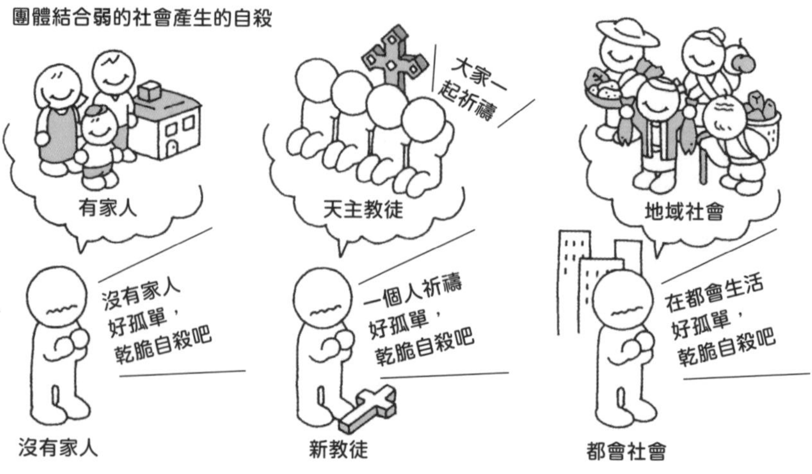
有家人
大家一起祈禱
天主教徒
地域社會
沒有家人好孤單，乾脆自殺吧
一個人祈禱好孤單，乾脆自殺吧
在都會生活好孤單，乾脆自殺吧
沒有家人
新教徒
都會社會

❷利他型自殺

團體結合過強的社會產生的自殺

為了負起
責任，我去
自殺吧
OX商社
公司
給大家
添麻煩了，
我去自殺吧
地域社會

❸脫序型自殺（脫序P056）

景氣極差時感到絕望，景氣好時控制不了欲望而產生的自殺

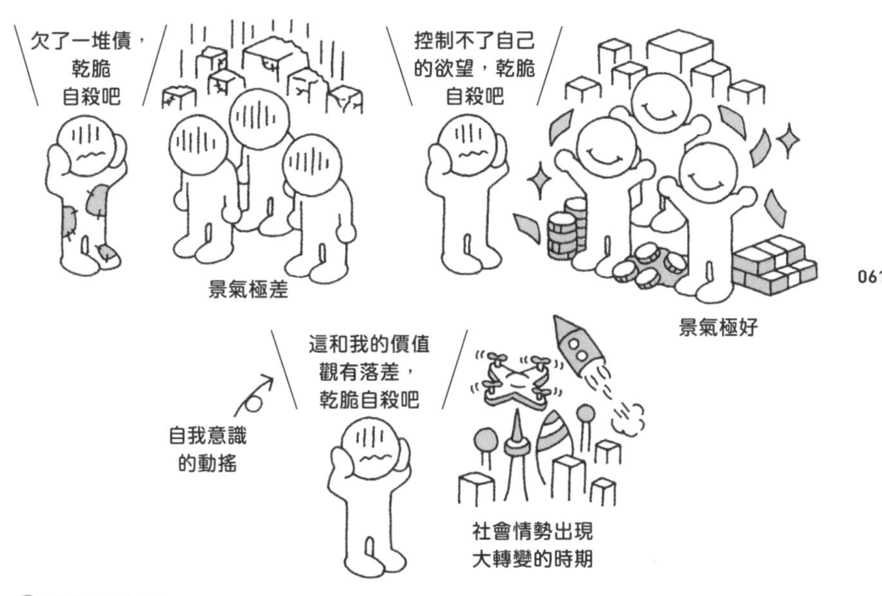
欠了一堆債，
乾脆
自殺吧
景氣極差
控制不了自己
的欲望，乾脆
自殺吧
景氣極好
自我意識
的動搖
這和我的價值
觀有落差，
乾脆自殺吧
社會情勢出現
大轉變的時期

❹宿命型自殺（舊類型的自殺）

有別於脫序型自殺，在傳統或習慣的拘束力過強之社會產生的自殺

受到不合理的
差別待遇，
乾脆自殺吧
做了不該做
的事，乾脆
自殺吧
如果社會是自殺的原因，
只要離開那兒
（改變環境）
就不必自殺了

對**涂爾幹**而言，**社會確實具有**迫使人們自殺的力量。

▶021

涂爾幹等人

社會實在論｜社會唯名論

Social Realism ｜ Social Nominalism

備　註 社會學基本上是以社會實在論為前提；社會唯名論多數是站在個人優先於社會的思考立場。

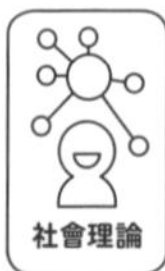
社會理論

社會

社會實在論

社會是有別於
個人的實際
存在之物

方法論的集體主義

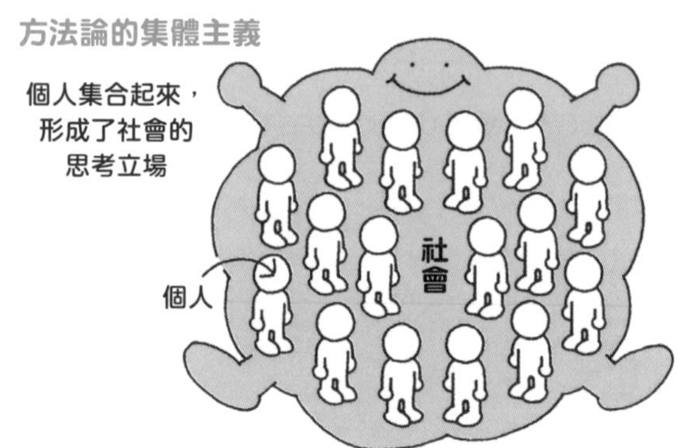
個人集合起來，
形成了社會的
思考立場
個人
社
會

社會

社會唯名論

實際存在的
只有個人
或個人與個人
的關係，
社會只是
簡便的名稱

方法論的個人主義

社會是個人
的集合

做出行為的個人
只是冠上社會之名

方法論的關係主義

社會是人際關係
的集合

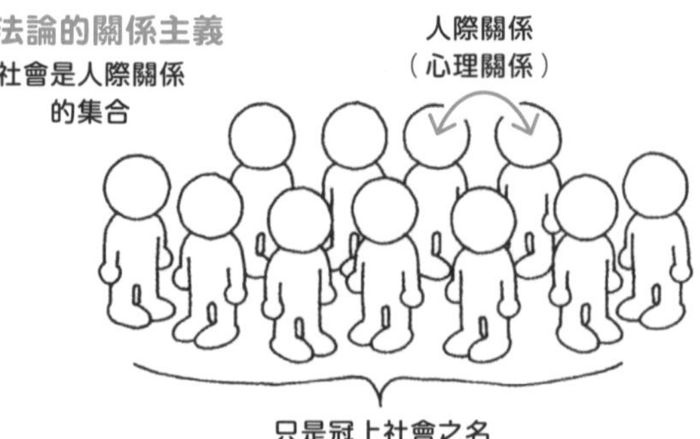
人際關係
（心理關係）
只是冠上社會之名

「社會」只是方便行事的名稱，實際存在的只有個人或個人之間的交互作用※，這種思考立場稱為社會唯名論，**韋伯**、**齊美爾**等人屬於這個立場；認為社會實際存在的思考立場稱為社會實在論，**涂爾幹**等人屬於這個立場。**社會唯名論**發展為**詮釋學派**（P141）等**微觀社會學**（P141），**社會實在論**發展為**社會系統論**（P140）、**功能論**（P129）等**巨觀社會學**。

※兩人以上的個人互相帶給對方影響。

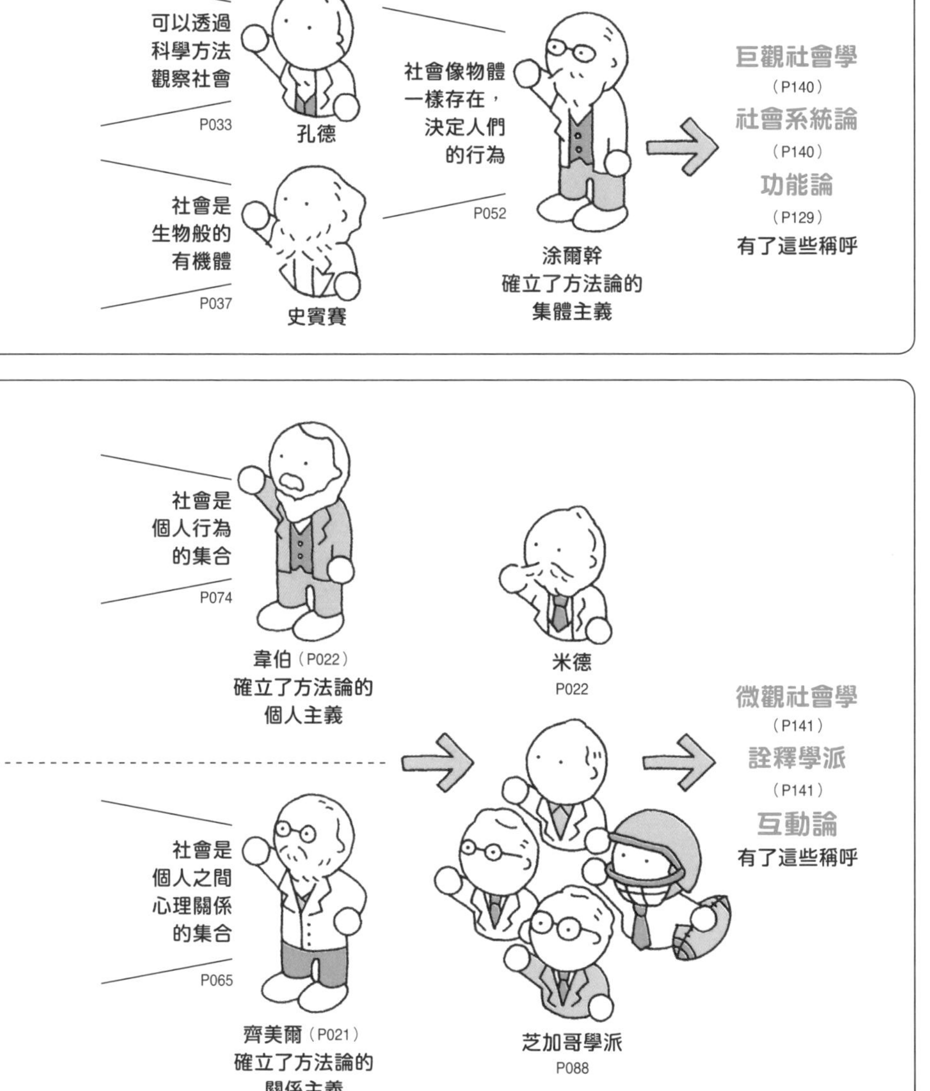

可以透過
科學方法
觀察社會
P033
孔德
社會是
生物般的
有機體
P037
史賓賽
社會像物體
一樣存在，
決定人們
的行為
P052
涂爾幹
確立了方法論的
集體主義
巨觀社會學
（P140）
社會系統論
（P140）
功能論
（P129）
有了這些稱呼
社會是
個人行為
的集合
P074
韋伯（P022）
確立了方法論的
個人主義
米德
P022
社會是
個人之間
心理關係
的集合
P065
齊美爾（P021）
確立了方法論的
關係主義
芝加哥學派
P088
微觀社會學
（P141）
詮釋學派
（P141）
互動論
有了這些稱呼

▶021
齊美爾

形式社會學

Formal Sociology

意　義　將人與人之間心理上的交互作用形式當作社會學的研究對象。

文　獻　《社會學》

備　註　形式社會學影響了微觀社會學(P141)。

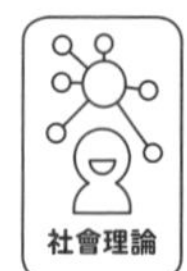
社會理論

孔德、**史賓賽**主張，統合經濟學、法學、政治學、心理學等與社會有關的所有學問的研究學問，就是**社會學**(**綜合社會學**)。不過，這麼一來**社會學**就會失去實體。**齊美爾**認為**社會學**和**科學**一樣必須具有專門性。

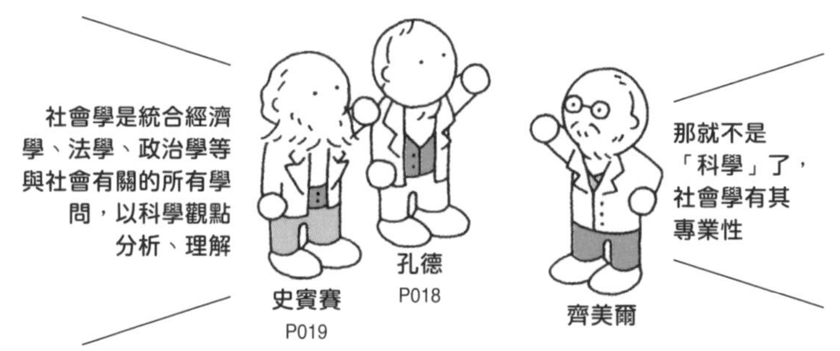
社會學是統合經濟學、法學、政治學等與社會有關的所有學問，以科學觀點分析、理解
那就不是「科學」了，社會學有其專業性
史賓賽
P019
孔德
P018
齊美爾

以考察某個村子為例，經濟學家關注的是村子的經濟結構或預算，神學家關注的是村子的教義內容。那麼，社會學家應該關注的事是什麼呢？

村裡目前財政困難
經濟學家
原來如此
神就是○○
神典
神學家
原來如此
嚴禁喝酒！
法
法學家
原來如此

經濟學家關注村子的經濟結構或預算

神學家關注村子的教義內容

法學家關注村子的法律內容

齊美爾說**社會學**關注的是人際關係的**形式**。應該關注的事像是：村長與村民、村民之間的關係是支配服從或信任關係、鬥爭關係、分工關係等。

重點不是**內容**，而是**形式**。因此，村長理念主張的內容、鬥爭的理由或目的、透過分工能夠製造什麼……等等，並非齊美爾的研究對象。

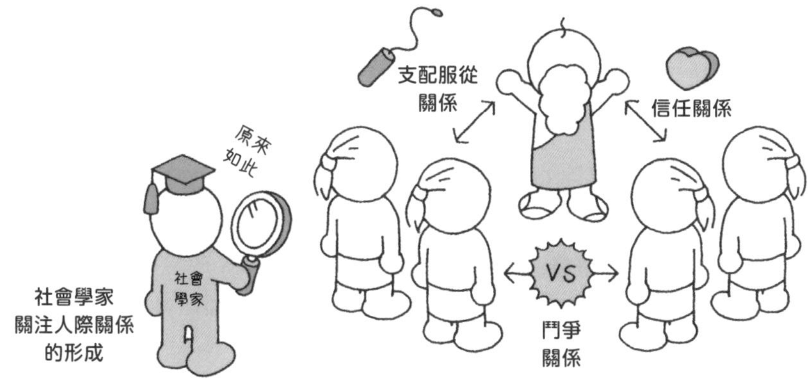
支配服從
關係
信任關係
原來
如此
社會
學家
VS
社會學家
關注人際關係
的形成
鬥爭
關係

齊美爾不像**涂爾幹**（P021）認為社會是物體般的**實際存在**（社會事實 P052），他認為社會是信任關係、鬥爭關係等個人之間產生的**人際關係形式（心理的交互作用）**的集合，將這個**形式**當作研究對象就是**齊美爾**的**形式社會學**。

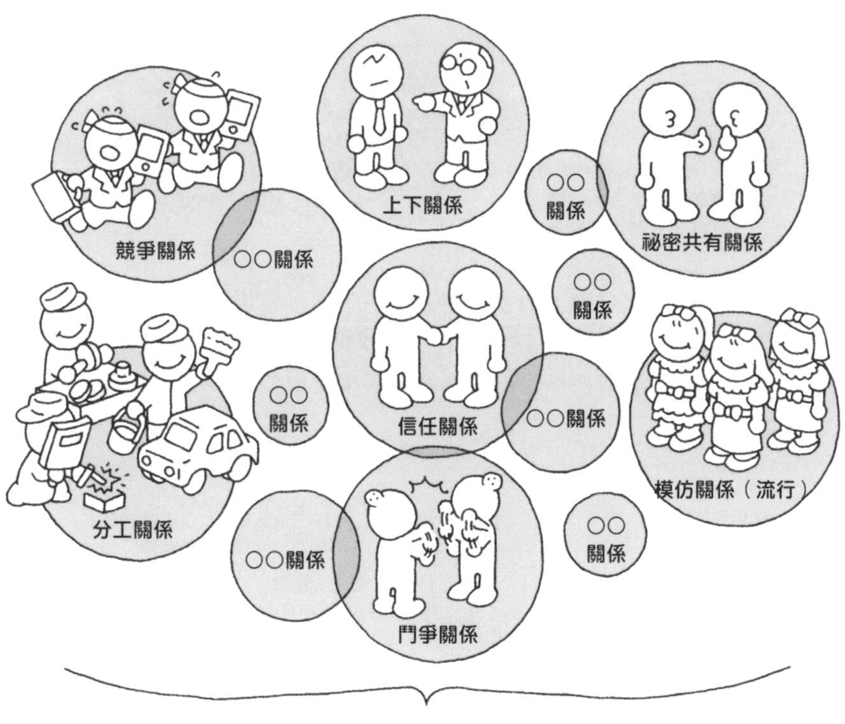
上下關係
○○
關係
祕密共有關係
競爭關係
○○關係
○○
關係
○○
關係
信任關係
○○關係
模仿關係（流行）
分工關係
○○關係
鬥爭關係
○○
關係
社會
上下關係、鬥爭關係、模仿關係、分工關係等
人際關係形式的集合，就是齊美爾主張的社會。
他認為這些人際關係即使目的或內容不同，在任何社會都會出現，
也就是說，所有社會都有相同的結構

▶022
韋伯

價值自由

Value Free

意　義　免於主觀價值判斷的自由。

文　獻　《社會科學與社會政策知識的「客觀性」》

備　註　韋伯認為進行任何學問時，都要經常留意價值自由。

社會理論

※ 價值自由，另一個常用的翻譯是「價值中立」。

韋伯認為在**事實**與**價值**清楚區分的狀態下，經濟學、政治學、社會學等**社會科學**只是認識事實的手段，不該做出好或壞的**評價**（**價值判斷**）。像這樣免於主觀價值的自由，稱為**價值自由**。

美
善
惡
醜
價值
KEEP OUT
事實

韋伯認為在事實與價值清楚區分的狀態下，應該將社會科學視為事實

相較之下，設定以某種價值為基準的目的，並以實現該目的為目標，是**社會政策**（**政治**）的功用。這時候社會科學家要提出實現目的的手段，以及計算成本，客觀說明該目的將為社會帶來什麼效果，據此對**社會政策**有所貢獻。

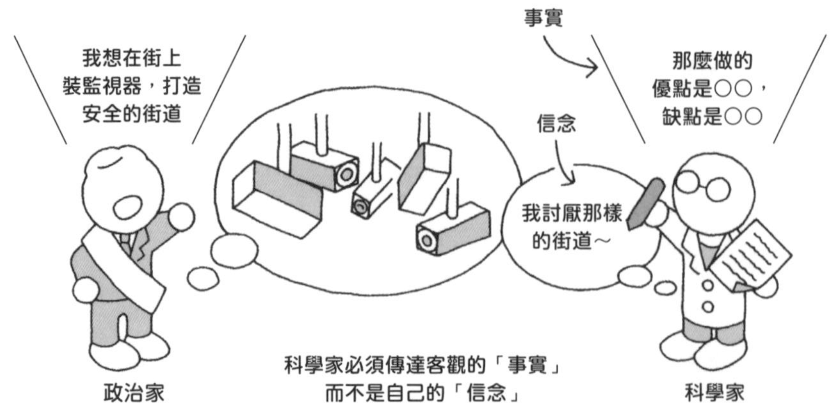

我想在街上裝監視器，打造安全的街道
事實
那麼做的優點是〇〇，缺點是〇〇
信念
我討厭那樣的街道～
政治家
科學家

科學家必須傳達客觀的「事實」而不是自己的「信念」

科學家不該只提供有利於自身價值觀的資訊。然而，任何人都難以避免喜好之類的個人價值觀。**價值自由**也是在提醒人們，因為每個人都有特定的價值觀，倘若不自知就無法冷靜看清事實。即使不是科學專家，也要確實保持**價值自由**，這是很重要的態度。

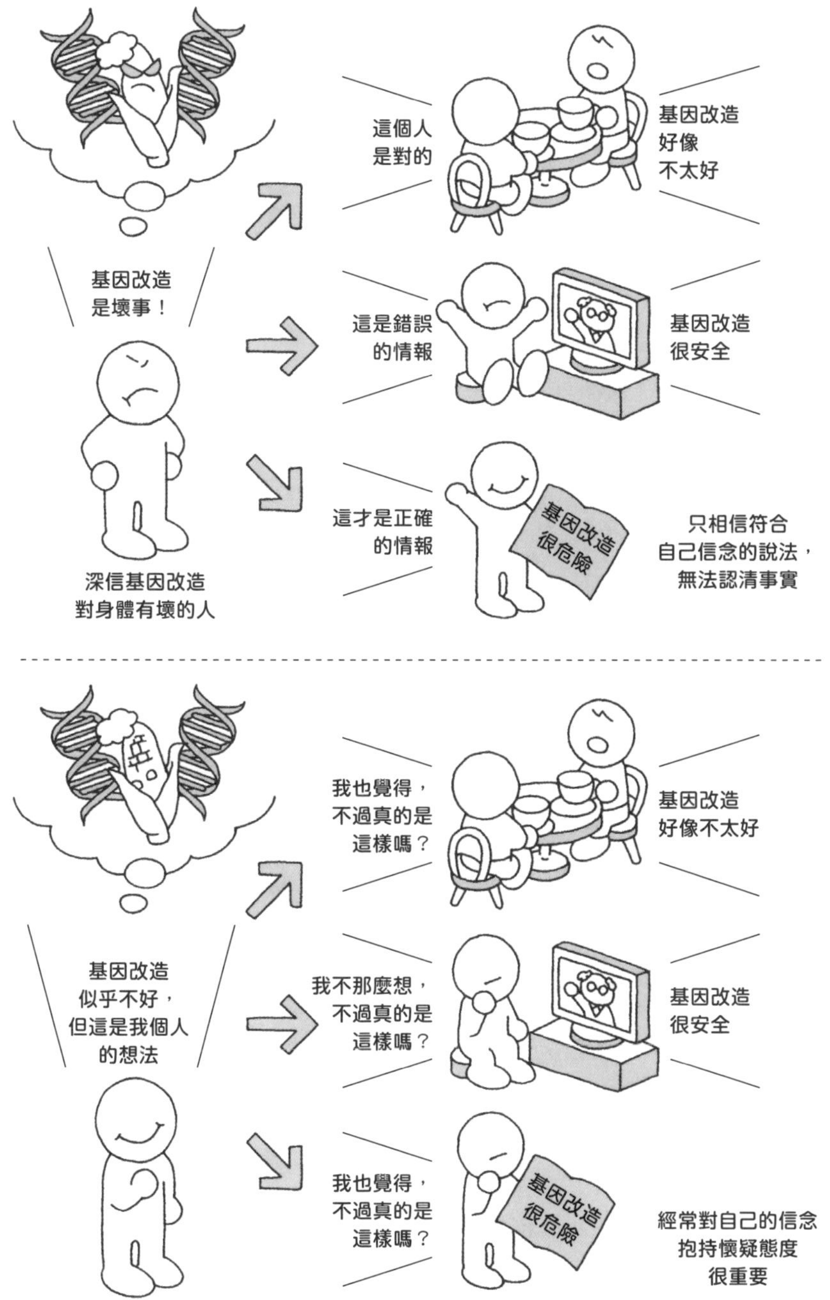

基因改造
是壞事！
深信基因改造
對身體有壞的人
這個人
是對的
基因改造
好像
不太好
這是錯誤
的情報
基因改造
很安全
這才是正確
的情報
基因改造
很危險
只相信符合
自己信念的說法，
無法認清事實
基因改造
似乎不好，
但這是我個人
的想法
我也覺得，
不過真的是
這樣嗎？
基因改造
好像不太好
我不那麼想，
不過真的是
這樣嗎？
基因改造
很安全
我也覺得，
不過真的是
這樣嗎？
基因改造
很危險
經常對自己的信念
抱持懷疑態度
很重要

▶022
韋伯

理念型

Ideal Type

意　義　從特定觀點抽出實在現象的本質特徵，以此建立出來的邏輯模型。

備　註　科層體制（P078）、世俗化（P072）、支配的三種類型（P080），韋伯的其他學說也是理念型。

社會理論

以**貨幣經濟**為例，貨幣與物品的交換是大原則。但實際上，贈與或竊盜等例外情況很多。但若將那些全部列入考慮，就很難掌握**貨幣經濟**的基本特性。因此只取出**貨幣經濟**的**原理原則**，完成**貨幣經濟**的**理念型**。

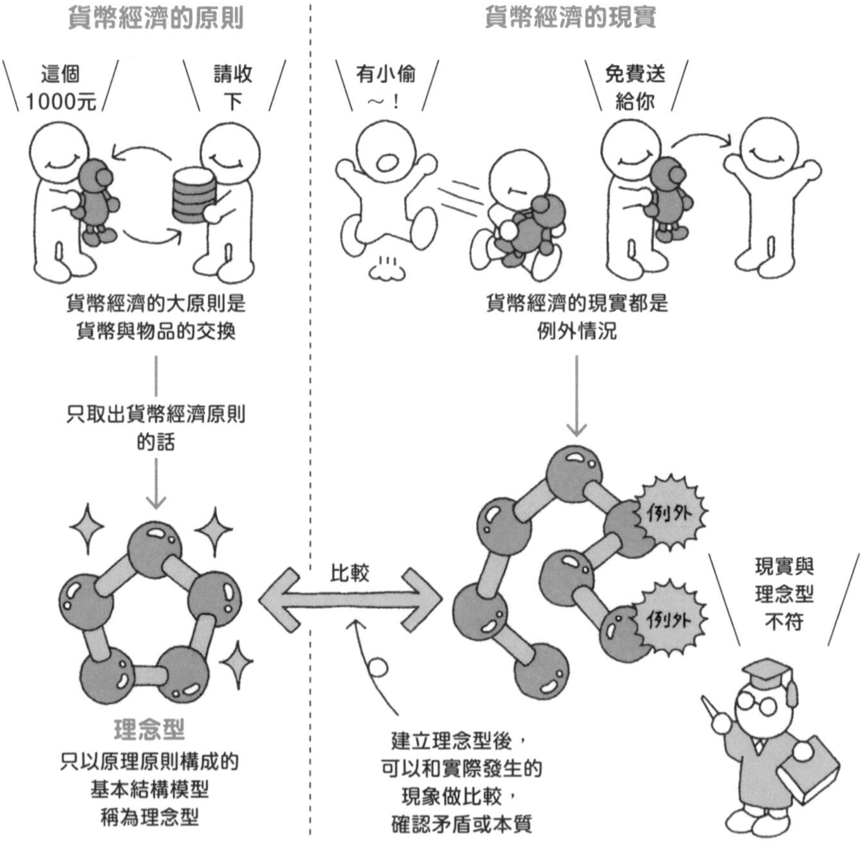

貨幣經濟的原則

這個1000元

請收下

貨幣經濟的大原則是貨幣與物品的交換

只取出貨幣經濟原則的話

理念型

只以原理原則構成的基本結構模型稱為理念型

貨幣經濟的現實

有小偷～！

免費送給你

貨幣經濟的現實都是例外情況

例外

例外

現實與理念型不符

比較

建立理念型後，可以和實際發生的現象做比較，確認矛盾或本質

理念型是在腦中建立的構想，現實中並不存在。但**韋伯**認為，**理念型**的模型完成後，只要參考模型就能確認現實中發生的現象本質或矛盾。

理性化

Rationalization

022
韋伯

文　獻 《新教倫理與資本主義精神》

備　註 韋伯認為新教的信仰與理性化並非對立，兩者反而因契合度高，形成資本主義的基礎。

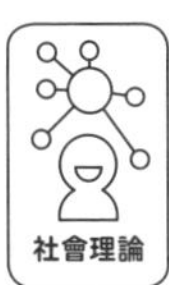

社會理論

神啊，
請停止暴
風雨！

人們透過
咒術與神溝通

科學的進步

看天氣預報，
有計畫地
採取行動

現代化
也就是
理性化

人類的行為
從非理性的
行為進化成
理性的行為

韋伯認為
理性化
成為一切
的關鍵

宗教在個人意識
中消失

科學的發展讓人類能夠客觀理解自然，共有**理性的**世界觀，這稱為理性化。因為**理性化**，人類放棄依賴神佛等超自然的力量，人類生活中曾是「事實」的宗教，現在只存在於個人意識中（除魅），**韋伯**認為**現代化**就是**理性化（除魅）**。

▶022
韋伯

新教
Protestantism

文　獻　《新教倫理與資本主義精神》
備　註　新教徒的禁慾特性符合資本主義精神，韋伯以這個悖論說明資本主義的誕生。

文化與
消費社會

任何國家都想發大財，為何只有現代的西方誕生出**資本主義**這樣的系統呢？**韋伯**認為是**新教**的禁慾**精神狀態**（倫理 P073）產生了**資本主義**。**新教**是以**約翰・喀爾文**在**宗教改革**時提出的**預選說**為基礎的基督教思想。

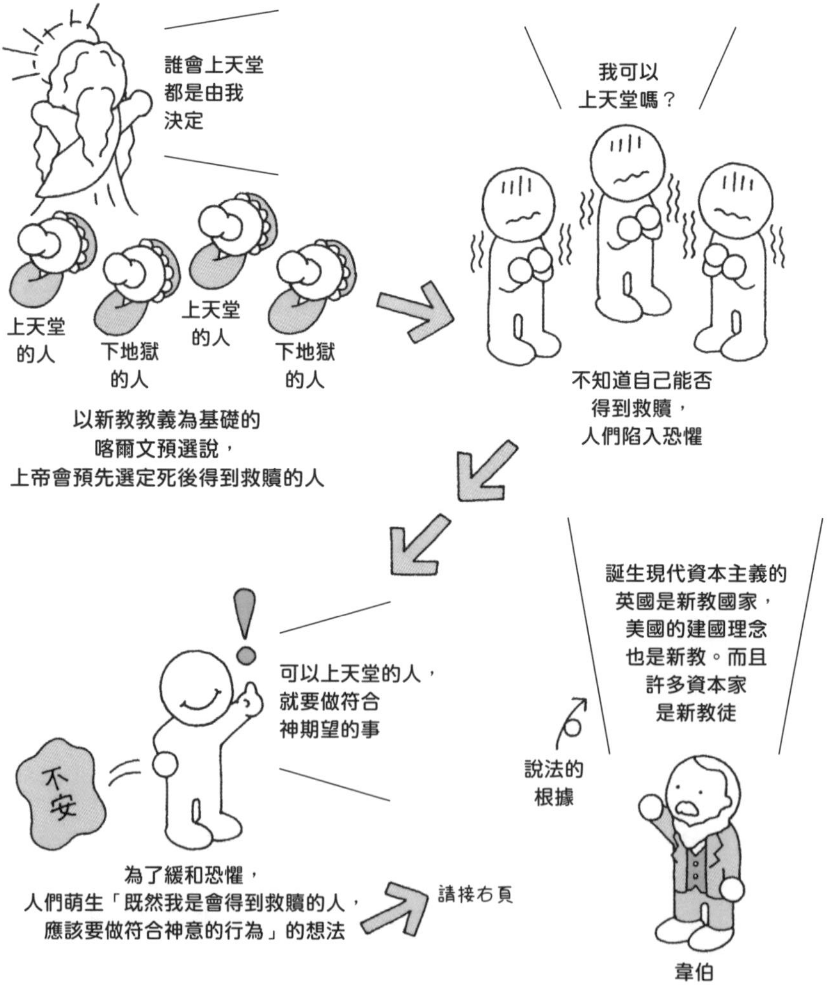

誰會上天堂
都是由我
決定
上天堂
的人
下地獄
的人
上天堂
的人
下地獄
的人
以新教教義為基礎的
喀爾文預選說，
上帝會預先選定死後得到救贖的人
我可以
上天堂嗎？
不知道自己能否
得到救贖，
人們陷入恐懼
可以上天堂的人，
就要做符合
神期望的事
不安
為了緩和恐懼，
人們萌生「既然我是會得到救贖的人，
應該要做符合神意的行為」的想法
請接右頁
誕生現代資本主義的
英國是新教國家，
美國的建國理念
也是新教。而且
許多資本家
是新教徒
說法的
根據
韋伯

接續

為了天職
好好努力！

新教的教義中提到，
自己的工作（職業）是
神賜予的天職，所以人們認為
「禁慾努力工作是符合
神意的行為」

這是
神賜予
的獎勵

即使工作累積財富，
也是「努力從事天職，神給予的祝福」。
也就是說，
財富的累積在倫理上很正當

當作下一份
工作的資金，
繼續努力
工作吧

下一份
工作的
資金

由於新教禁止奢侈，財富只能用於新工作。
換言之，資本（產生新利益的基金）
的形成是符合神意的事

071

資本主義的誕生

為了不落後
其他人，必須
不斷地賺錢

資本主義一旦成立，人們被強迫加入經濟競爭，
忘記了勞動原本的目的。
於是，財富的累積成為目的，
違背了新教的精神
（世俗化P072）

我們也得
加入競爭
才行

其他人

韋伯以悖論的方式，結合看似相反的**新教**禁慾態度與**資本主義**。

▶022
韋伯

世俗化

Secularization

意　義　在基於信仰的生活方式中，信仰的跡象逐漸式微。
文　獻　《新教倫理與資本主義精神》
備　註　反義詞是神聖化。

文化與
消費社會

宗教性在基於信仰的生活方式中逐漸式微，稱為世俗化。由**新教**（P070）萌生的**資本主義**也因**世俗化**，變成以追求財富為目的，宗教性質逐漸式微。

為了得到神的
祝福而工作
為了錢而
工作
勞動世俗化
（新教P070）

韋伯主張，隨著現代化的發展，歷史在各種層面出現**世俗化**的傾向。

感謝神
的日子
單純的
假日
我要去
玩了～
神聖的
場所
喔耶～！
單純的
觀光地

▶022
韋伯

倫理

Ethos

意　義　並非教義內容，而是基於教義內容的自主感情或習慣。

文　獻　《音樂社會學》、《新教倫理與資本主義精神》

文化與
消費社會

韋伯將人類基於宗教**教義**（教誨）的自主**習慣**或**精神狀態**稱為**倫理**。他關注的並非教義內容，而是產生**倫理**的人類**行動**。最後得到**新教**（P070）的禁慾**倫理**萌生資本主義的結論。

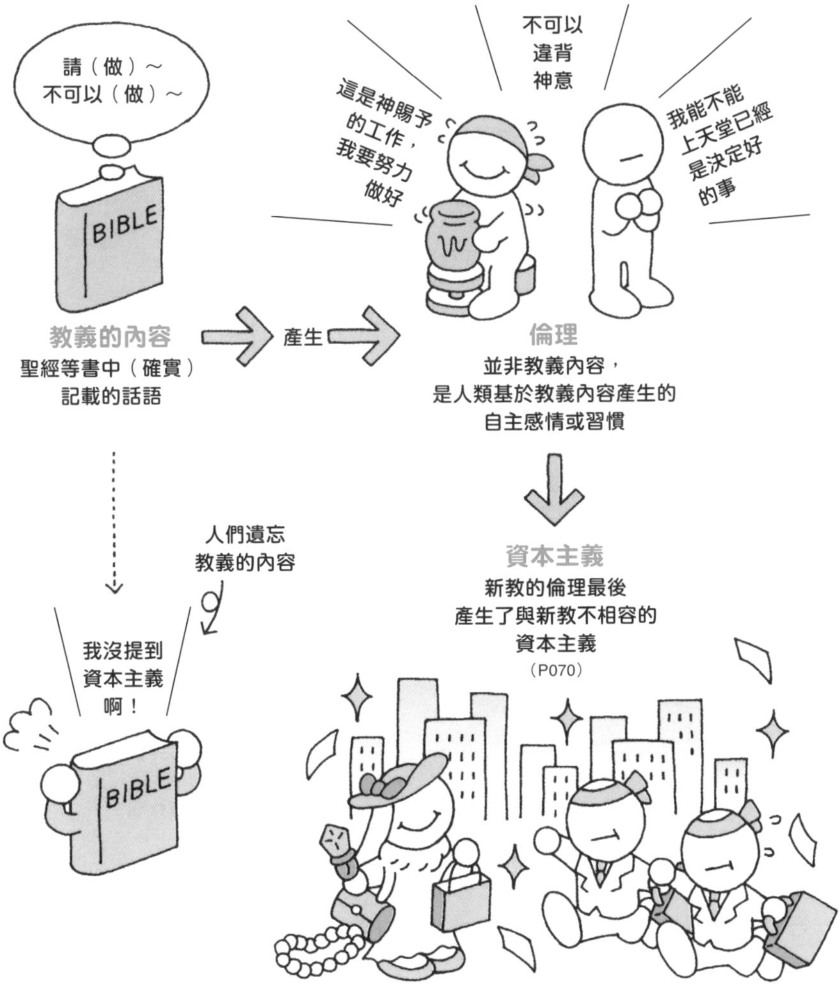

請（做）～
不可以（做）～

BIBLE

教義的內容
聖經等書中（確實）記載的話語

產生

這是神賜予的工作，我要努力做好

不可以違背神意

我能不能上天堂已經是決定好的事

倫理
並非教義內容，
是人類基於教義內容產生的
自主感情或習慣

人們遺忘教義的內容

我沒提到資本主義啊！

BIBLE

資本主義
新教的倫理最後
產生了與新教不相容的
資本主義
（P070）

▶022
韋伯

社會行動

Social Action

意　義　與他人互動時採取的行動。

文　獻　《社會學的基本概念》

備　註　韋伯認為人類的行動從非理性行為進化成理性行動。

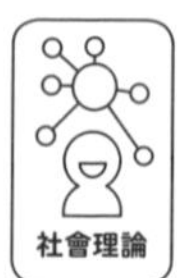
社會理論

韋伯的社會學關注於人類的**行動**，因為他認為社會是人類行動的集合。在那些行動之中，他把與他人的**相互關係**為前提的**社會行動**當作研究對象。

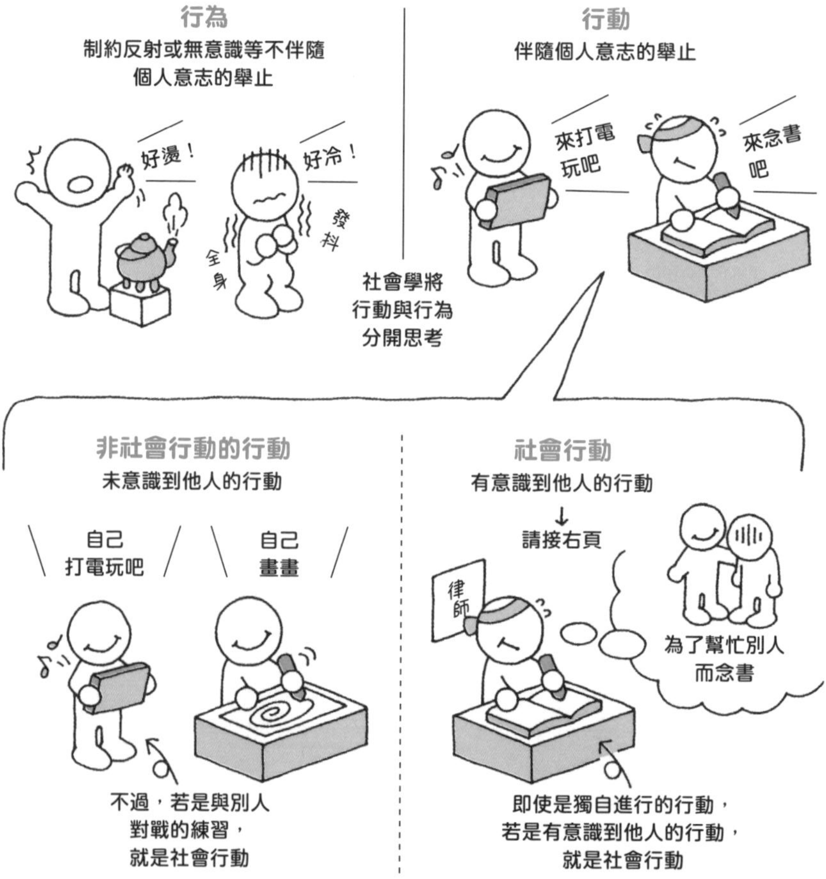

行為
制約反射或無意識等不伴隨個人意志的舉止

好燙！
好冷！
全身
發抖

行動
伴隨個人意志的舉止

來打電玩吧
來念書吧

社會學將行動與行為分開思考

非社會行動的行動
未意識到他人的行動

自己打電玩吧
自己畫畫

不過，若是與別人對戰的練習，就是社會行動

社會行動
有意識到他人的行動
↓
請接右頁

律師
為了幫忙別人而念書

即使是獨自進行的行動，若是有意識到他人的行動，就是社會行動

不向任何人公開的行動和**社會行動**有著極大差異。**韋伯**試著去理解**社會行動**的個人動機或**意義**，並分析社會事象的成立，這個方法稱為**詮釋社會學**。

社會行動的四種類型

❶傳統行動
從習慣產生的行動

傳統行動
勉強算是
社會行動

早上起床

打招呼

去教會

❷情感（情緒）行動
從情感產生的行動

一起歡笑

生氣

開心

行動從❶❷
的非理性行動
進化成❸❹的
理性行動

韋伯

❸價值－理性的行動
基於自己的信念或價值觀的行動

基於
倫理觀，
拒絕
吃肉

幫助他人

提醒他人

教導他人

❹工具理性的行動
設定目標，
為了達成目標的理性行動。
考量到非預期結果的
成熟行動

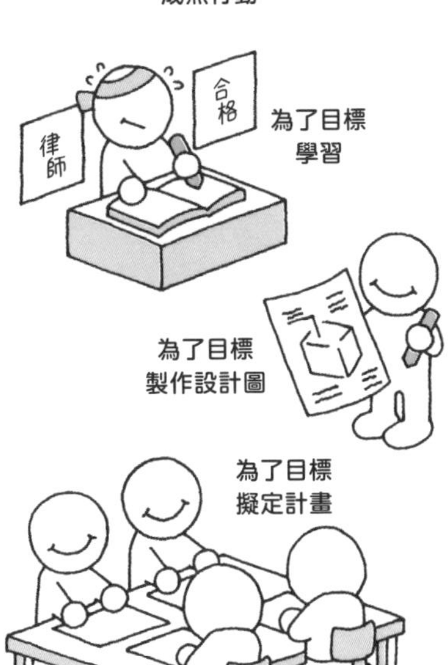
律師
合格
為了目標
學習
為了目標
製作設計圖
為了目標
擬定計畫

▶022
韋伯

暴力的壟斷
Monopoly on Violence

秩序與權力

文　獻　《政治作為一種志業》
備　註　韋伯在《國家社會學》中提到「國家是指在某個特定領域，要求壟斷合法的物理強制力（暴力）的人類共同體」。

權力能夠讓他人服從自己的意志，擁有**權力**的一方具有強制他人的能力。強制力包含**科層體制**（P078）等制度強制力，以及藉由**暴力（武力）**的物理強制力。在**現代國家**，物理強制力被**國家**（軍隊、警察）壟斷，**韋伯**認為**暴力的壟斷**是成為**國家**的條件。

警察
監獄
軍隊

暴力的壟斷是成為國家的條件

正當防衛
民間的保全公司
例外
國家許可範圍內的私人暴力

國家的定義是行使暴力的壟斷

所以，一般人做出這些暴力行為就是犯罪

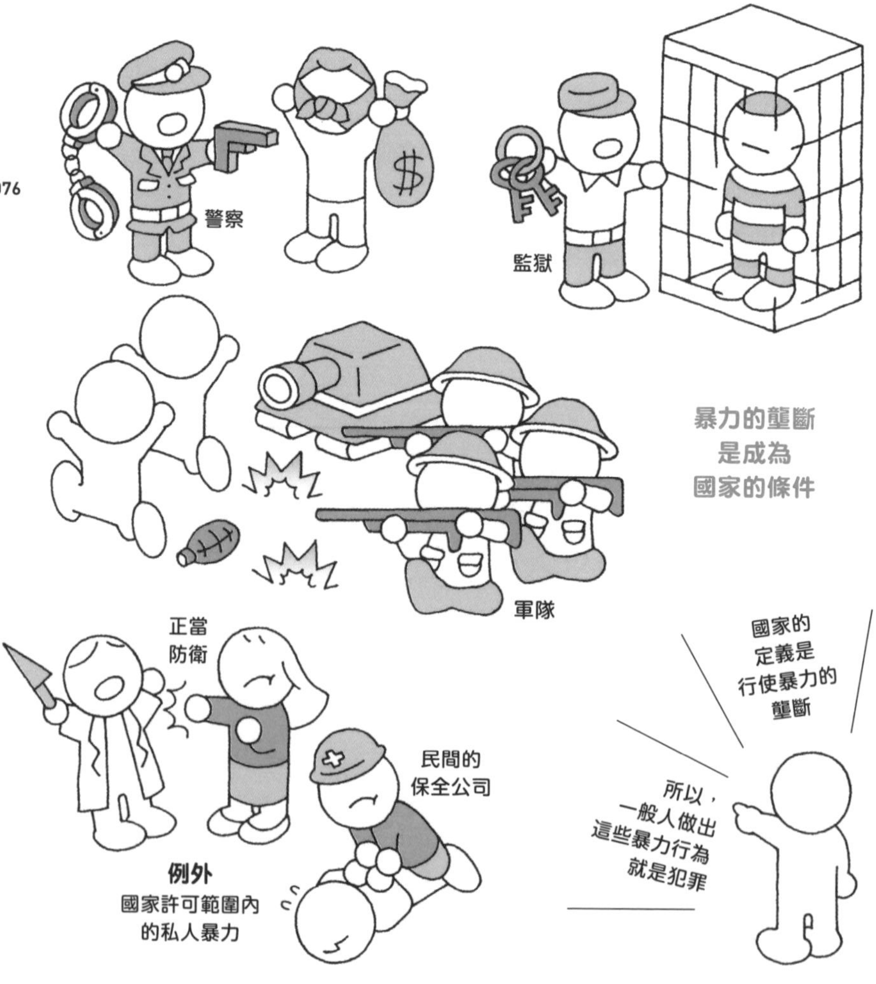

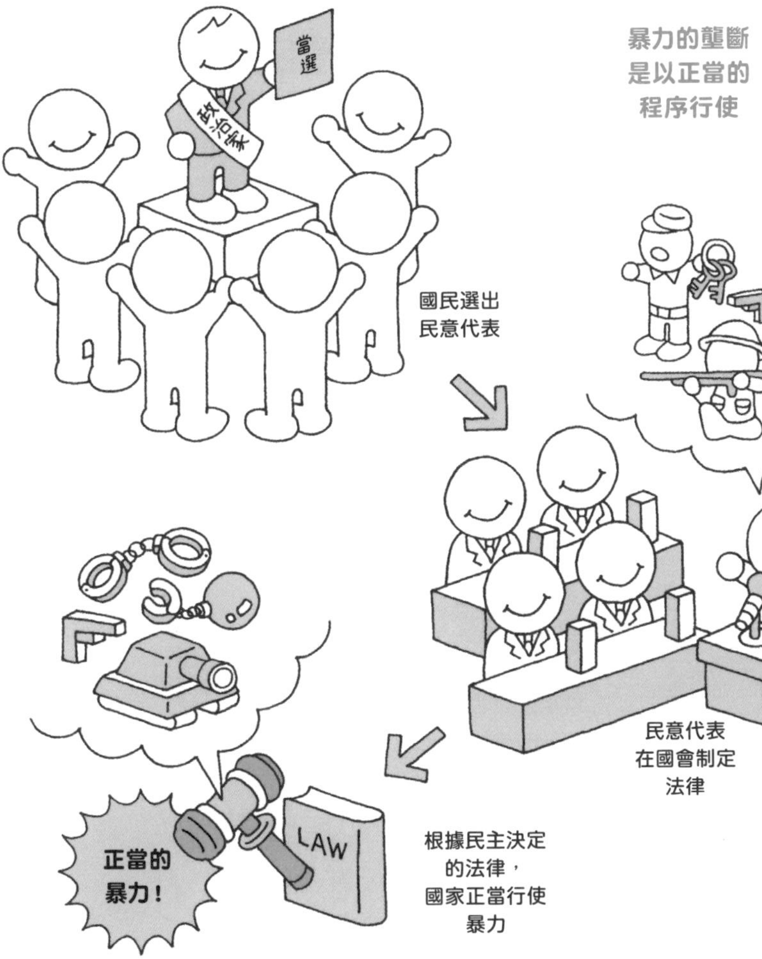

暴力的壟斷
是以正當的
程序行使

當選

政治家

國民選出
民意代表

民意代表
在國會制定
法律

LAW

正當的
暴力！

根據民主決定
的法律，
國家正當行使
暴力

韋伯強調**暴力的壟斷**必須經由正當的過程，這種制度稱為**暴力機器**。

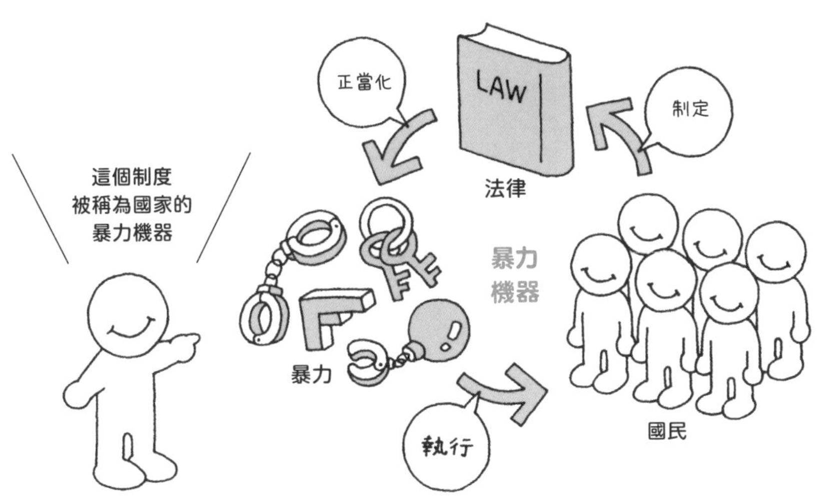
正當化
LAW
制定
法律
這個制度
被稱為國家的
暴力機器
暴力
機器
暴力
執行
國民

022
韋伯

科層體制

Bureaucracy

文　獻　《支配社會學》

備　註　這裡所說的科層體制並非公家機關，而是「因社會團體的複雜化而產生的理性的、有效率的組織形態」。

秩序與權力

韋伯主張，人口增加、**團體**（社會）變得龐大複雜後，就會出現科層體制。**科層體制**是指基於理性的規則，以文書處理事務，由受過專業訓練的職員分工的制度。政府機關、學校、公司等現代的所有團體都是以**科層體制**形成。

科層體制的特徵

之1

遵從理性的規則，執行業務

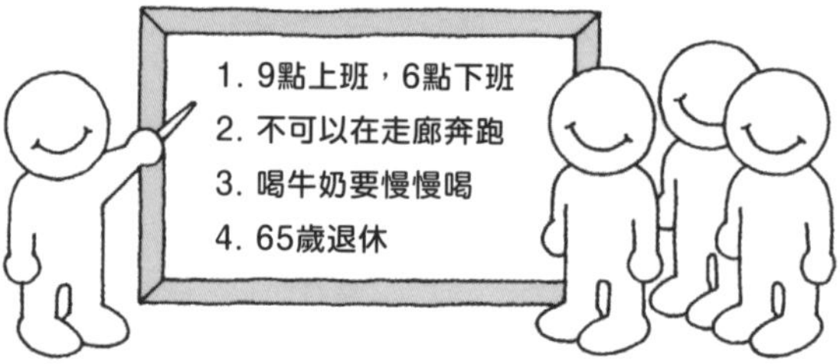

1. 9點上班，6點下班
2. 不可以在走廊奔跑
3. 喝牛奶要慢慢喝
4. 65歲退休

之2

上對下發出命令，
越上位者，
責任越重的階級制度

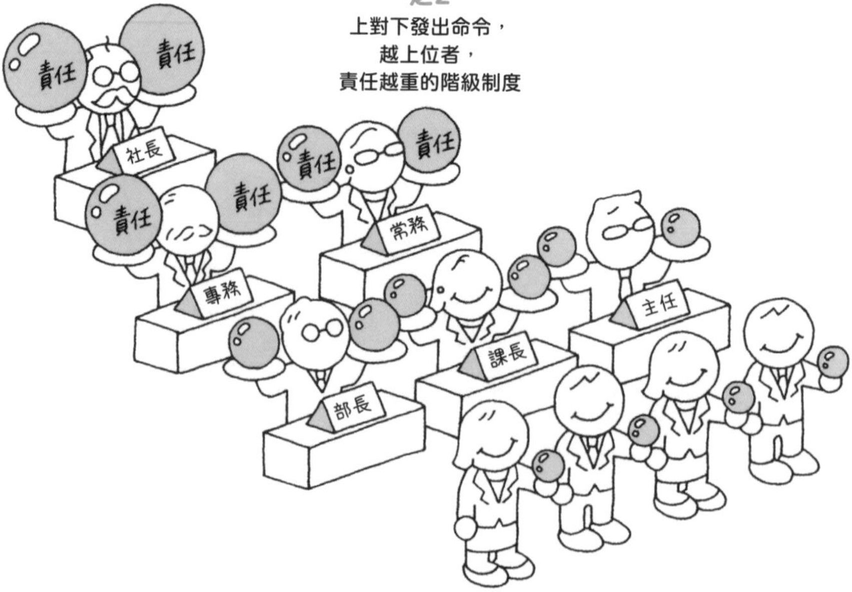

社長
常務
專務
主任
課長
部長

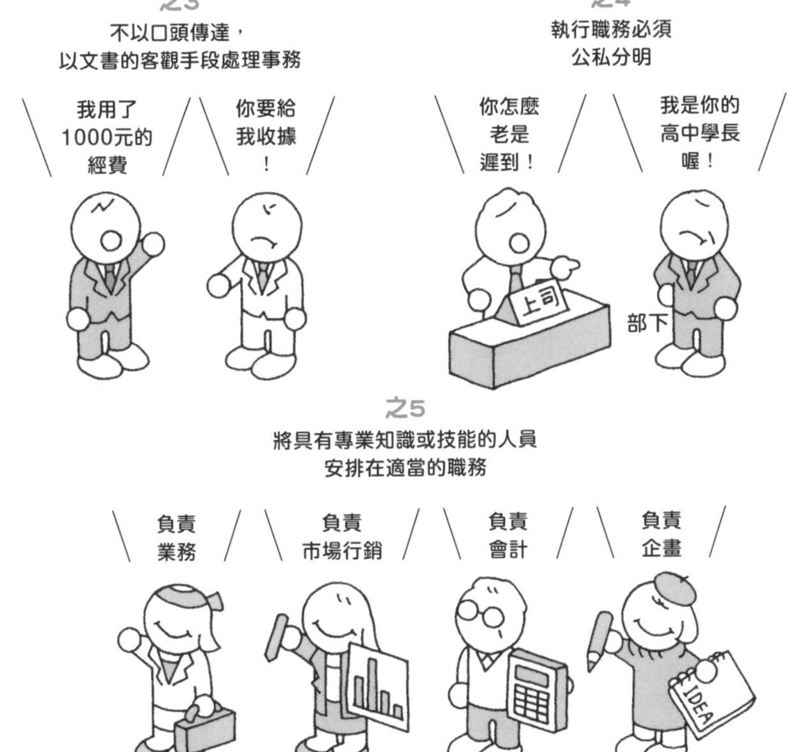
之3
不以口頭傳達，
以文書的客觀手段處理事務
我用了
1000元的
經費
你要給
我收據
！
之4
執行職務必須
公私分明
你怎麼
老是
遲到！
我是你的
高中學長
喔！
上司
部下
之5
將具有專業知識或技能的人員
安排在適當的職務
負責
業務
負責
市場行銷
負責
會計
負責
企畫
IDEA

079

科層體制具有現代社會不可或缺的理性與效率性，不過，卻使個人找不到身為人類的存在價值（非人化）；**韋伯**也預見了比起達成目標更重視遵守規則的官僚主義。

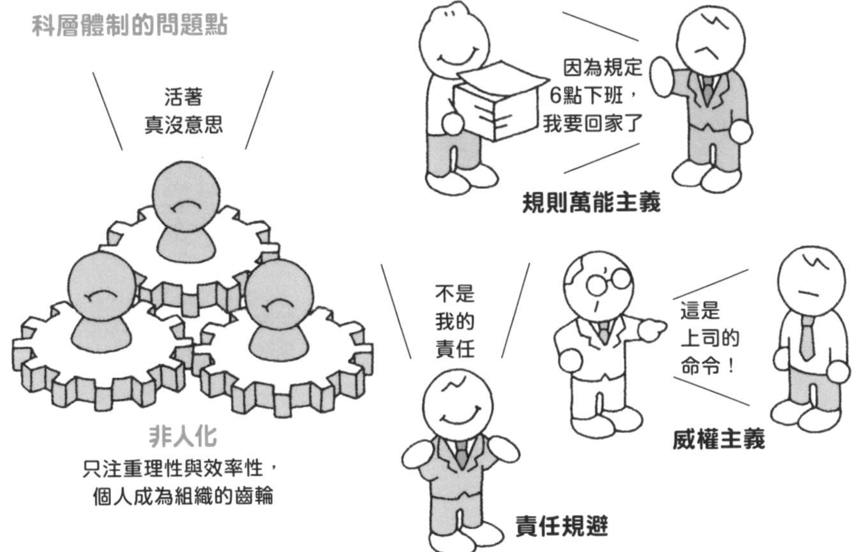
科層體制的問題點
活著
真沒意思
非人化
只注重理性與效率性，
個人成為組織的齒輪
因為規定
6點下班，
我要回家了
規則萬能主義
不是
我的
責任
責任規避
這是
上司的
命令！
威權主義

▶022
韋伯

支配的三種類型

Tripartite Classification of Authority

文　獻　《支配社會學》

備　註　韋伯認為當人類的社會行動（P074）從非理性進化為理性，支配的方法也從非理性進化為理性。

秩序與
權力

在一個**團體**（社會）之中，通常會有**支配**與**服從**的關係。支配是指「讓一定範圍的人們服從某個命令的可能性」。為了達成支配，必須有讓服從者產生服從支配者之想法的根據。**韋伯**將這些根據分為**傳統型支配**、**卡里斯瑪支配**、**法理型支配**三種（**支配的三種類型**），藉此考察**支配關係**是如何產生。

社會
是行動（P074）
的集合
所以支配的三種類型
也有對應行動的
四種類型（P075）
韋伯

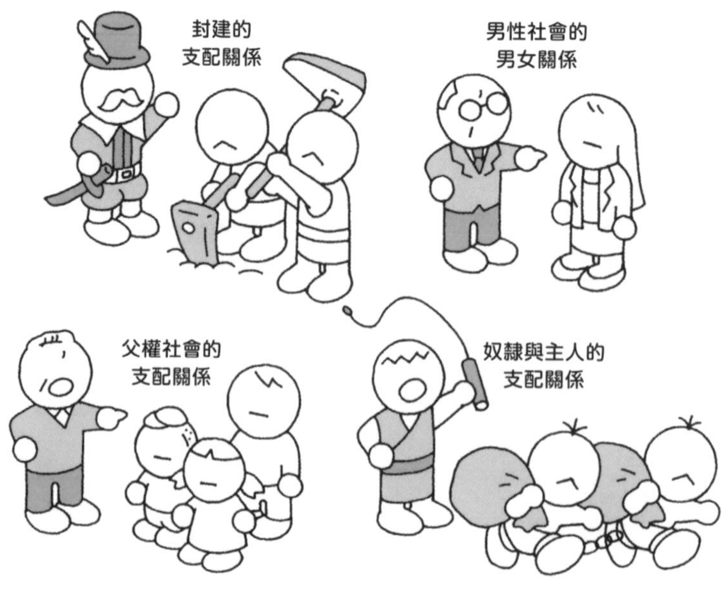

❶傳統型支配
以舊有風俗或家世、血統等
為根據的支配關係
對應傳統行動
（P075）
封建的
支配關係
男性社會的
男女關係
父權社會的
支配關係
奴隸與主人的
支配關係

❷卡里斯瑪支配

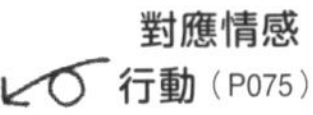
對應情感
行動（P075）

對於預言家、咒術師、英雄等超人特質
主動服從的支配關係

※某些人物擁有的非日常能力或特質稱為卡里斯瑪（charisma）。

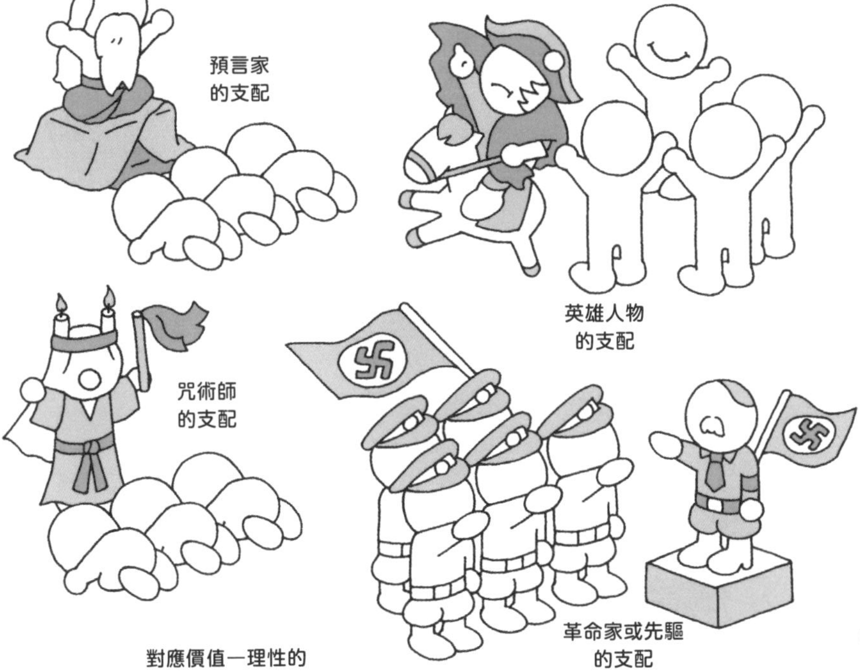

預言家
的支配

英雄人物
的支配

咒術師
的支配

革命家或先驅
的支配

對應價值－理性的
行動與工具理性的
行動（P075）

❸法理型支配

以法律等規則為根據的
支配關係。
對規則必須服從

大臣

副大臣

部長

課長

巡佐

警員

上將

中將

現代社會基於**科層體制**（P078）原理，**科層體制**是**法理型支配**的典型。**韋伯**認為，思考**法理型支配**的**原理類型**（理念型 P068），就能檢視**規則萬能主義**、**威權主義**、**責任規避**等**科層體制**的問題點。

024
牟斯

禮物論

The Gift

文　獻 《禮物論》

備　註 禮物論主張，送禮與回禮的交換是社會的根本原理，對克勞德．李維史陀（P121）的結構主義（P159）及法國的人文科學造成很大的影響。

公共領域
與共同體

送禮並非單方面**送出禮物**的行為，送禮者的「靈」或「特殊感情（人格）」依附在送出的物品，收禮者會產生必須**回禮**的心理拘束力，也就是說，**送禮**這個行為與經濟原理無關，**回禮**這個行為是自動產生。**禮物**不只是單純的物品，而是會對我們的社會造成影響。

這個送你

謝謝你

禮物的三個義務

禮物不只是單純的物品，還會對社會造成影響

❶送禮的義務

有時必須送禮物給別人

❷收禮的義務

如果拒收等於拒絕對方

因為禮物有靈依附，必須盡快回禮

哎呀，我得趕快回禮才行

貨幣經濟

禮物有❶❷❸這三種義務。禮物會發揮不同於貨幣經濟原理的作用

牟斯

這是回禮

❸回禮的義務

牟斯不把**送禮**視為單純的個人行為，他調查了玻里尼西亞的社會，考察透過送禮產生的人際關係，因而瞭解到**送禮與回禮的交換**具有讓社會存續的重要作用。

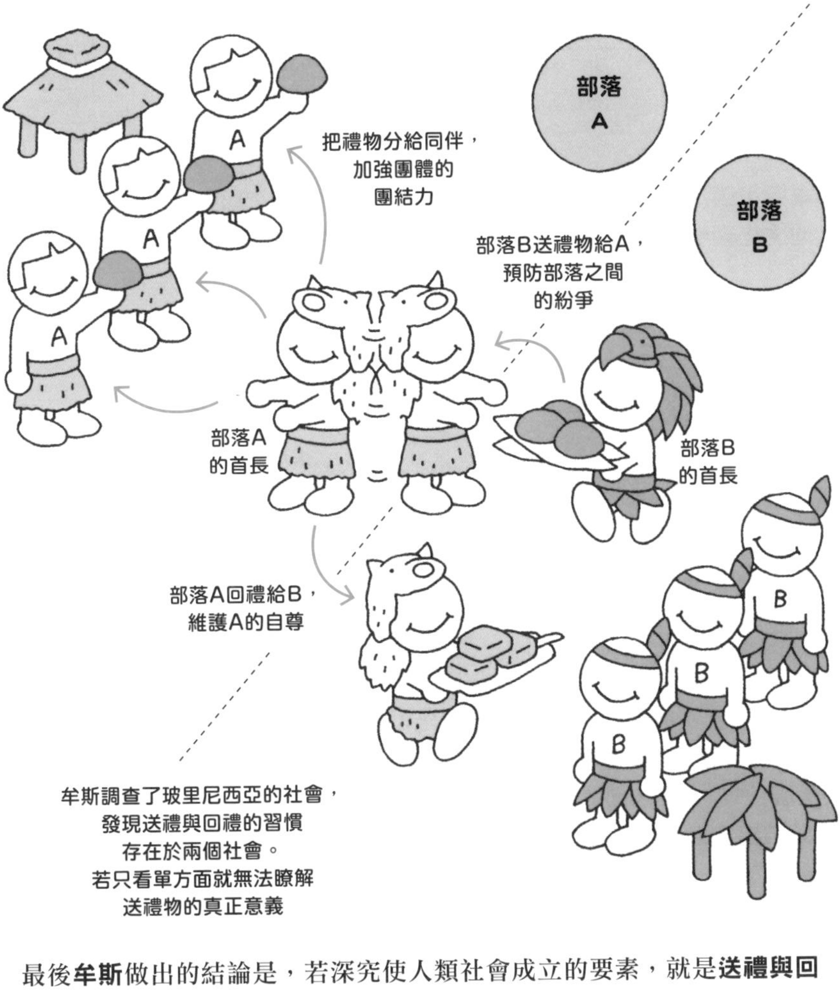

部落A
部落B
把禮物分給同伴，加強團體的團結力
部落B送禮物給A，預防部落之間的紛爭
部落A的首長
部落B的首長
部落A回禮給B，維護A的自尊
牟斯調查了玻里尼西亞的社會，發現送禮與回禮的習慣存在於兩個社會。若只看單方面就無法瞭解送禮物的真正意義

最後**牟斯**做出的結論是，若深究使人類社會成立的要素，就是**送禮與回禮的交換**行為（**禮物論**）。

送禮與回禮的交換是社會的根本原理！
牟斯

024
牟斯

身體技藝

Techniques of the Body

意　義　某個社會特有的身體行動類型。

文　獻　《社會學與人類學》

備　註　這個想法影響了李維史陀的結構主義（P159）以及布赫迪厄的慣習（P216）。

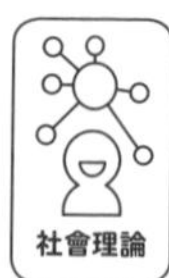

社會理論

牟斯主張走路、吃東西等日常**行為**並非所有人都相同，而是在自己所屬的文化圈中培養而成，平時不經意的小動作會表現出自己所屬社會的特徵。

嚴格的基督教社會的走路方式
社會A是走路時雙手握拳

社會B是走路時雙手張開

武士社會（為了拔刀）的走路方式
社會C是右手右腳、左手左腳同步走

人類在自己的社會中慢慢學會使用**身體**的方法，即那些對自己而言是「理所當然」的行為；也就是說，自己的**身體技藝**是在無意識的狀態下，被所屬社會（外界）創造出來。這個想法對主張人類的行動並非自己決定，而是由所屬社會決定的**結構主義**（P159）造成很大的影響。

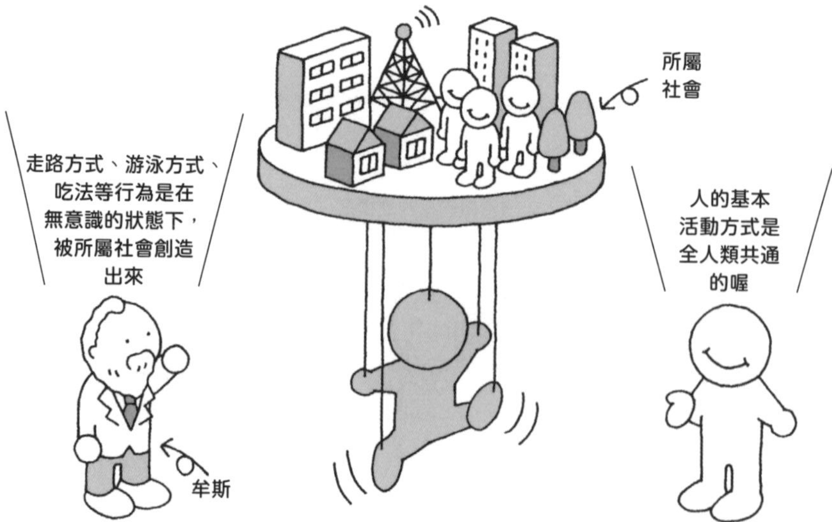

走路方式、游泳方式、吃法等行為是在無意識的狀態下，被所屬社會創造出來
所屬社會
人的基本活動方式是全人類共通的喔
牟斯

023
顧里

鏡中自我

Looking-Glass Self

意　義 透過與他人的社會關係形成自我。
文　獻 《人性與社會秩序》
備　註 提出這個想法的顧里是社會實在論（P063）者。

自我與
互動

「我是這樣的人」這種**自我**概念並非與生俱來。人類會從他人的反應想像他人對自己的觀感，逐漸形成**自我**。

我是
這樣的人
出生時沒有自我

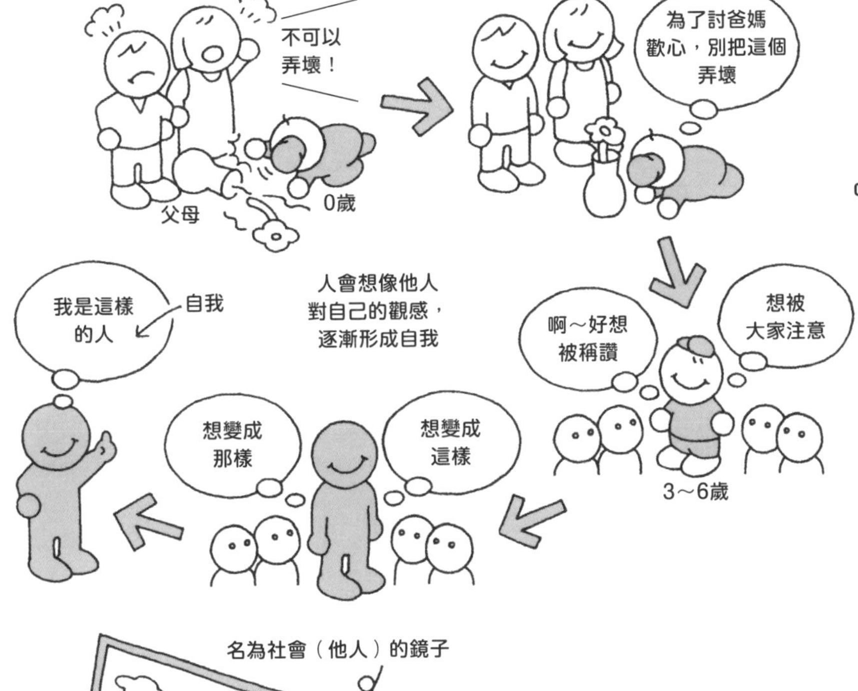
不可以
弄壞！
父母
0歲
為了討爸媽
歡心，別把這個
弄壞
啊～好想
被稱讚
想被
大家注意
3～6歲
想變成
這樣
想變成
那樣
我是這樣
的人
自我
人會想像他人
對自己的觀感，
逐漸形成自我

名為社會（他人）的鏡子
形成
我

我們無法看到自己的外在，照鏡子才看得到。同樣地，自己在社會上的樣子也是透過宛如「鏡子」的他人反應得知。**顧里**將此稱為**鏡中自我**。**自我**不是自己形成，而是由**社會**（他人）創造出來。

▶022
米德

主我與客我

I and Me

意　義　社會的自我是客我（me），主體的自我是主我（I）。

文　獻　《心靈、自我與社會》

備　註　米德從客我與主我兩個角度說明自我的組成。他指出了主我的存在，對日後的詮釋學派（P141）造成很大的影響。

自我與
互動

我們承受他人的期待，扮演自我**角色**，於是我們成為**社會的存在**，**米德**說我們從小在**玩耍**（遊戲）的**規則**中學習**取得**角色（**角色取替**）。

加油加油！
我要扮演好
大家期待
的角色
交給你囉！
看我的！
兒童透過遊戲等活動
學習扮演
自己的角色

然而，並非所有人都期待相同的演出。於是，我們從各種他人的互動中，想像的並非是特定某個人的期待，而是**概化他人**的期待，並做出符合期望的演出（社會化 P054）。

概化他人
意識到非特定人物的他人，
使自己成為社會人
我很看好你喔！
我很看好你喔！
我很看好你喔！
母
父
我
童年時期只能
回應父母等特定人物
（重要他人）
的期待

米德將試圖扮演好從**概化他人**取得的**角色**，這種**社會客觀的自我**稱為**客我**，相當於**顧里**（P023）主張的**鏡中自我**（P085）。不過**米德**又提出**自我**還存在著反抗**客我**、尋求改善的**主我**。**主我**才是我的**主體性**，是**改變**、**改善**社會的力量（**主我與客我**）。

遵從既有的規則
成為大家期待的我
me
客我
試圖扮演好
從概化他人得到的角色，
這種社會的我
是客我。
只有客我，
社會（規則）
不會改變……
我
me
I
只遵從既有的規則，
自己和社會
都不會改變喔！
主我
我還有反抗客我，
尋求改善的主體的主我。
主我會改變社會（規則）
我

▶029
沃斯

都市

Urban

文　獻《都市性作為一種生活方式》

備　註 從都市生活的實態、都市的功能或結構，來瞭解社會的社會學稱為都市社會學。實證都市社會學派源自沃斯等人的**芝加哥學派**。

空間與
都市

都市是最常出現的**現代社會**（資本主義社會）特徵之場所，**沃斯**曾經待過的芝加哥便是其一，他實際觀察芝加哥居民的生活，透過訪問等實證方法研究都市，瞭解現代社會。

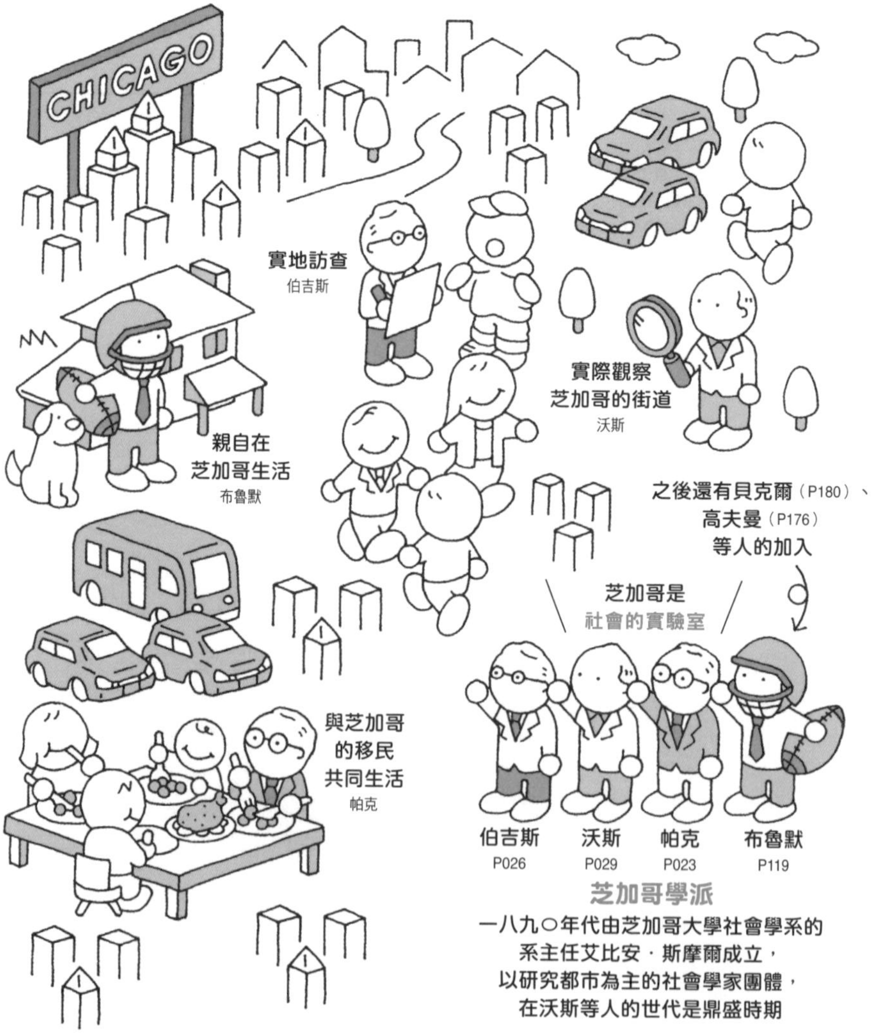

CHICAGO

實地訪查
伯吉斯

實際觀察
芝加哥的街道
沃斯

親自在
芝加哥生活
布魯默

之後還有貝克爾（P180）、
高夫曼（P176）
等人的加入

芝加哥是
社會的實驗室

與芝加哥
的移民
共同生活
帕克

伯吉斯 P026　沃斯 P029　帕克 P023　布魯默 P119

芝加哥學派

一八九〇年代由芝加哥大學社會學系的
系主任艾比安·斯摩爾成立，
以研究都市為主的社會學家團體，
在沃斯等人的世代是鼎盛時期

沃斯將**都市**定義為**人口多、人口密度高、人口異質性高**的場所。藉由這樣的定義，讓**都市**與**農村**有了明確的差異，成為分析**都市（現代社會）**居民生活的線索。

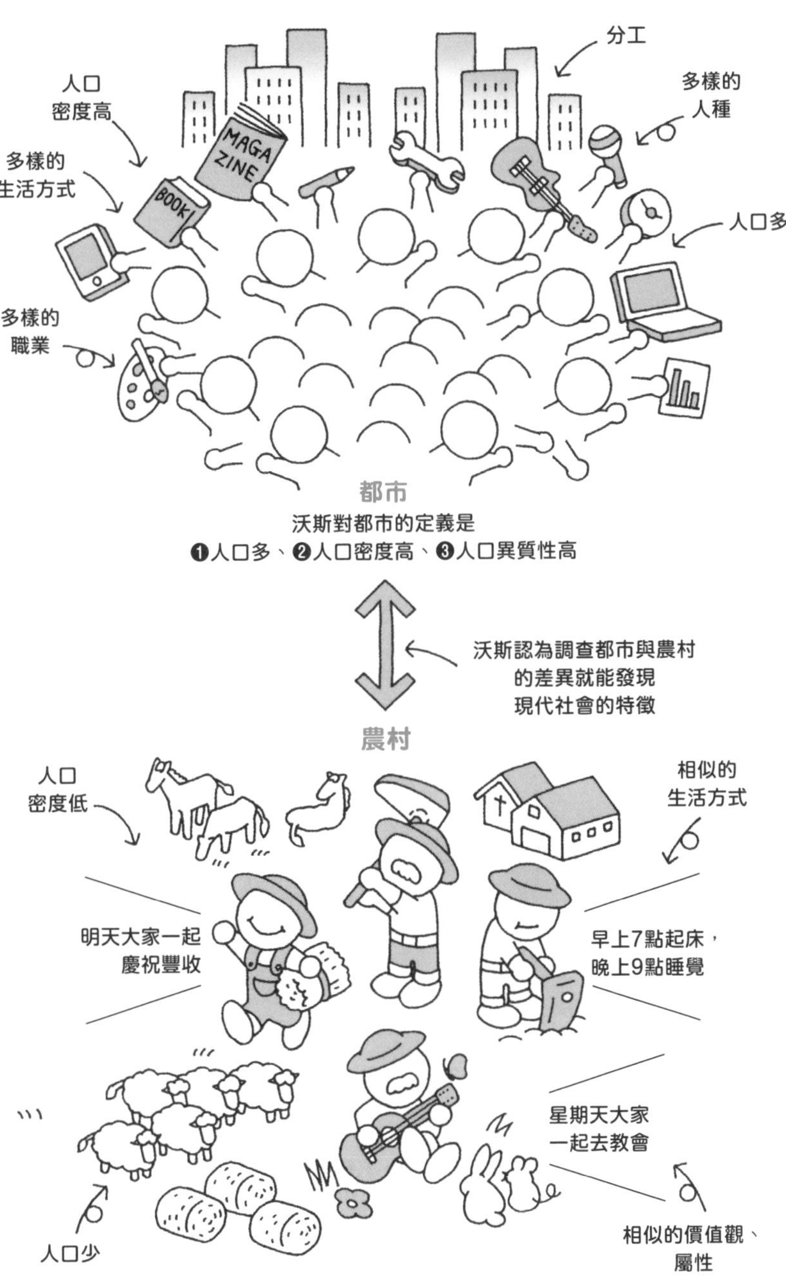

分工
多樣的
人種
人口
密度高
多樣的
生活方式
人口多
多樣的
職業
都市
沃斯對都市的定義是
❶人口多、❷人口密度高、❸人口異質性高
沃斯認為調查都市與農村
的差異就能發現
現代社會的特徵
農村
人口
密度低
相似的
生活方式
明天大家一起
慶祝豐收
早上7點起床，
晚上9點睡覺
星期天大家
一起去教會
人口少
相似的價值觀、
屬性

不過現在將**都市**與**農村**二元對立的想法已經被視為過時了。

▶029
沃斯

都市性

Urbanism

文　獻　《都市性作為一種生活方式》

備　註　除了源自於米德的角色取替（P086），還有滕尼斯的禮俗社會／法理社會（P050）、涂爾幹的機械連帶／有機連帶（P058）等。

空間與
都市

沃斯將都市特有的生活方式稱為都市性（都市生活方式）。在都市，親密且全面性的交際減少，**表面的互動**（次級接觸）增加。**沃斯**說當表面的互動成為優勢，人們擺脫緊密的交際，家庭的連帶就會變得薄弱，陷入**脫序**（P056）狀態（社會解組理論）。因此，他提出都市計畫的重要性。

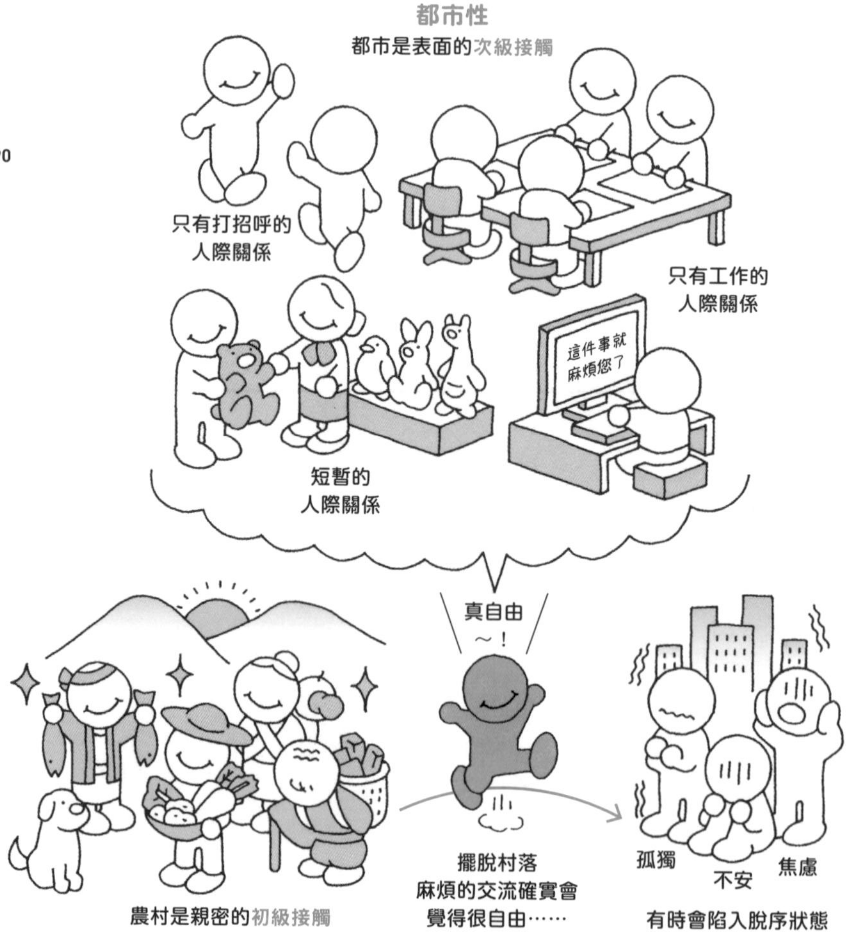

都市性

都市是表面的次級接觸

只有打招呼的
人際關係

只有工作的
人際關係

這件事就
麻煩您了

短暫的
人際關係

真自由
～！

農村是親密的初級接觸

擺脫村落
麻煩的交流確實會
覺得很自由……

孤獨

不安

焦慮

有時會陷入脫序狀態

026
伯吉斯

同心圓模式

Concentric Zone Model

文　獻　《都市的成長》

備　註　芝加哥學派（P088）的帕克（P023）、伯吉斯等人的研究方法與動植物的生態學類似，故稱為人文生態學／人文區位學。

空間與
都市

伯吉斯調查了二十世紀初的芝加哥，發現土地的利用形態呈現同心圓狀。都市的中心有中心商業區，然後是過渡地帶（內城區）、工人住宅區、中產階級住宅區、通勤住宅區，形成**同心圓狀**的五個地帶。

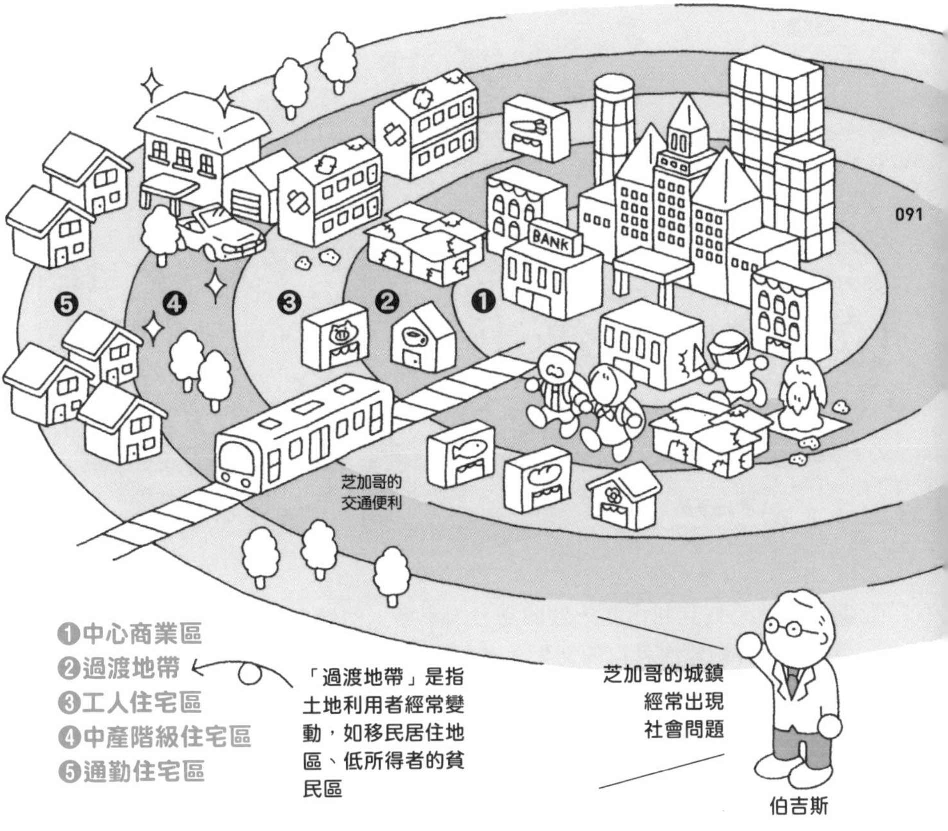

BANK

芝加哥的交通便利

❶中心商業區
❷過渡地帶
❸工人住宅區
❹中產階級住宅區
❺通勤住宅區

「過渡地帶」是指土地利用者經常變動，如移民居住地區、低所得者的貧民區

芝加哥的城鎮經常出現社會問題

伯吉斯

伯吉斯透過同心圓模式指出中心的距離和人們的階層有所關連。**同心圓模式**是以芝加哥特有的平坦地形且景觀變化少的土地為前提，儘管例外情況不少，現在仍被活用於各種都市計畫。

023
帕克

邊緣人

Marginal Man

空間與
都市

意　義　不完全屬於複數文化的人們。

文　獻　《人的遷移與邊緣人》

備　註　移民或少數民族、改變信仰者等等，這些是邊緣人的典型。

在多種文化並存的社會，未被同化於某個文化圈，不完全納入複數文化的人們，**帕克**稱其為**邊緣人**。

邊緣人
高所得者
文化圈
低所得者
文化圈
我不屬於
任何地方
西班牙裔
文化圈
非裔美國人
文化圈

邊緣人不易找到和自我一致的身分。不過，他們身處複數文化的縫隙之中，能夠客觀掌握各自的文化，融合那些文化，產生出新的價值或文化。

融合各種文化，
完成了新的
藝術品
能夠客觀看
待多元文化的
邊緣人，多半在
文化方面、
經濟方面有
很棒的成就

025
梅奧

非正式團體 | 正式團體

Informal Group | Formal Group

文　獻《工業文明中人的問題》

備　註 梅奧透過霍桑實驗瞭解到，比起照明的亮度或室溫等職場環境，人際關係造成的影響更大。

公共領域
與共同體

公司或政府機關等有正式設定的角色或組織圖（**正式團體**）。但，**正式團體**的內部除了正式設定的角色分擔，也會自然發生私人的關係，這種**非正式**的同伴關係稱為**非正式團體**。

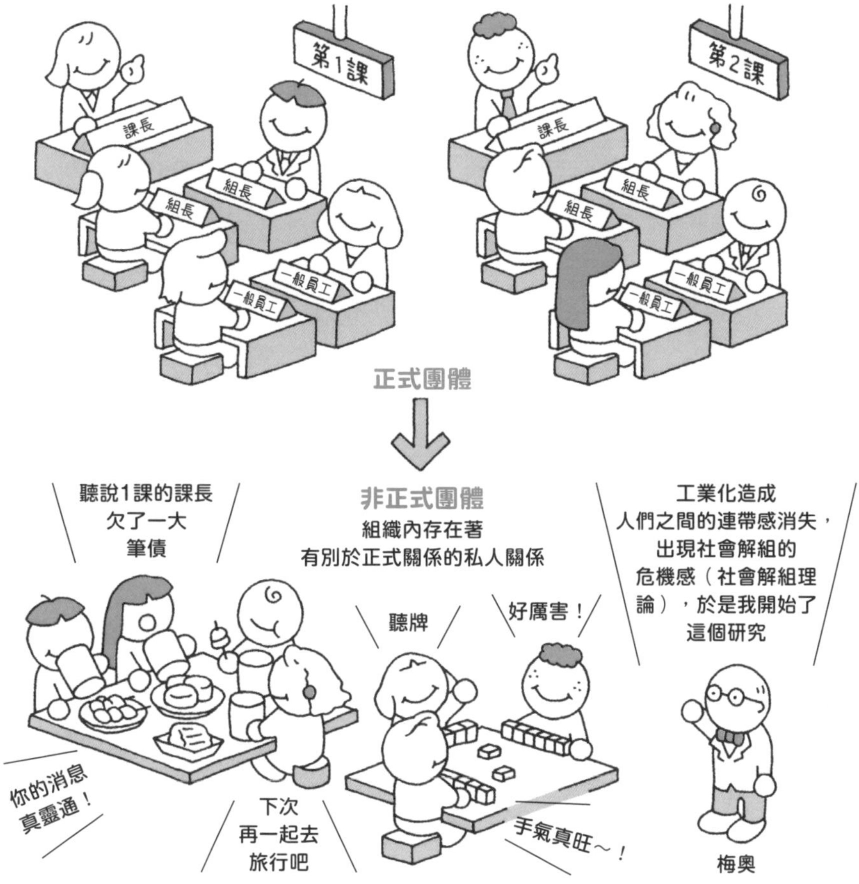

第1課
課長
組長
組長
一般員工
一般員工

第2課
課長
組長
組長
一般員工
一般員工

正式團體

↓

非正式團體
組織內存在著
有別於正式關係的私人關係

聽說1課的課長
欠了一大
筆債

你的消息
真靈通！

下次
再一起去
旅行吧

聽牌

好厲害！

手氣真旺～！

工業化造成
人們之間的連帶感消失，
出現社會解組的
危機感（社會解組理論），於是我開始了
這個研究

梅奧

梅奧在**芝加哥**的**霍桑工廠**進行了調查工作效率的實驗。他發現**非正式團體**的存在對組織內達成目標的**士氣**很重要（**霍桑實驗**）。

▶027
獄中札記
葛蘭西

福特主義

Fordism

意　義　由亨利．福特（一八六三～一九四七）確立，具有資本主義特色的生產方式。

備　註　葛蘭西命名的福特主義，成為了表現大量生產、大量消費的時代或社會的概念。

文化與
消費社會

二十世紀的資本主義制度下，美國的**福特**汽車公司導入**大量生產**的生產方式，具有利用輸送帶的**機械化**、**肉體勞動的單純化**、**論件計酬**等特性的**福特主義**，成為**高度經濟成長**不可或缺的生產方式。

福特主義
Ford
底特律（福特汽車公司在一九〇三年創立於此）
公司的制度是車子賣越多，薪水就會提高
工作很簡單
車子賣得好，薪水變多，我也能買車

不過，**福特主義**的時代在一九七〇年代畫下句點，移轉為**多品種**、**少量生產**的**後福特主義**時代。

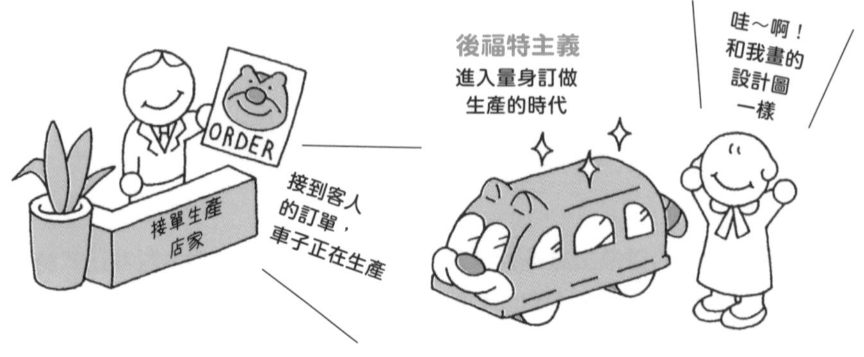
ORDER
接單生產店家
接到客人的訂單，車子正在生產
後福特主義
進入量身訂做生產的時代
哇～啊！和我畫的設計圖一樣

027

霸權

Hegemony

獄中札記

葛蘭西

意　義　葛蘭西用霸權一詞，描述以強制（暴力）與合意（同意）掌控權力的現代（資本主義）國家統治。

文　獻　《獄中札記》

秩序與權力

葛蘭西將掌握國家或政治運動的**支配權**、**指導權**稱為**霸權**。現代（資本主義）以前的統治是基於暴力的支配。相較之下，現代國家的統治除了基於暴力的**強制**，同時還會透過媒體或學校教育向人們灌輸知識、文化，取得人們的**合意**（同意），巧妙地掌握支配權。

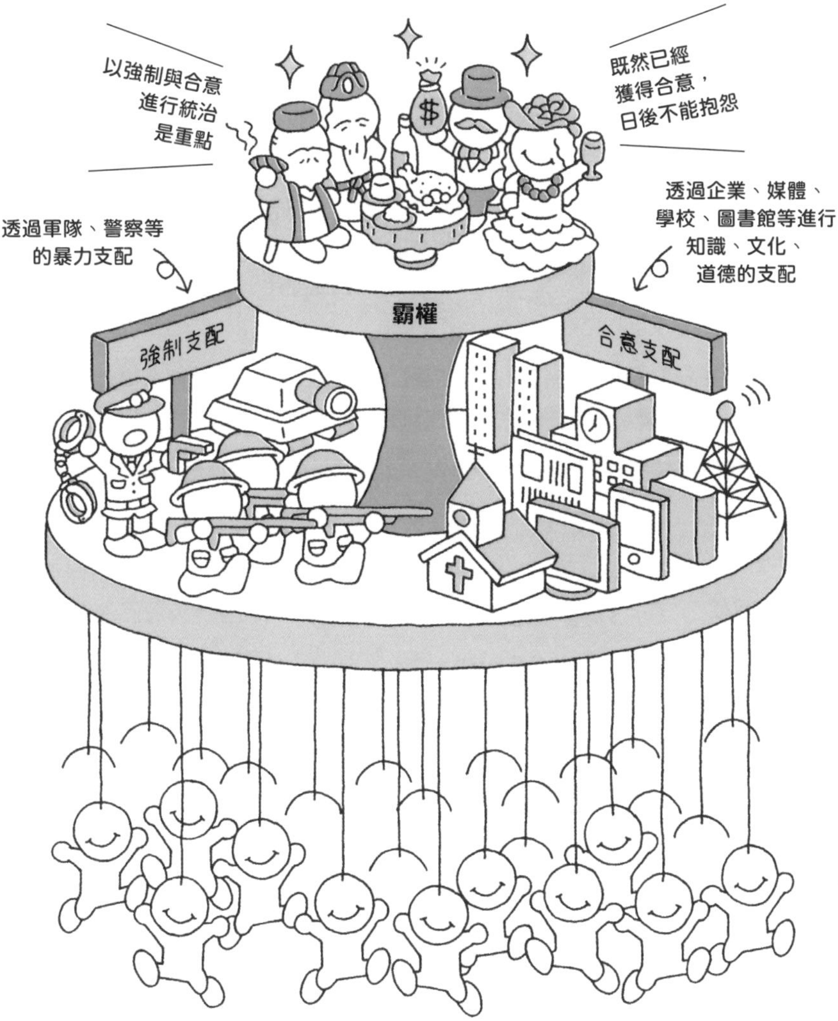

以強制與合意進行統治是重點

既然已經獲得合意，日後不能抱怨

透過軍隊、警察等的暴力支配

透過企業、媒體、學校、圖書館等進行知識、文化、道德的支配

霸權

強制支配

合意支配

025
麥凱佛

共同體｜結社
Community｜Association

備　註　團體的分類法還有隸屬團體／參考團體（P134）、非正式團體／正式團體（P093）、內團體／外團體（P048）等。

公共領域
與共同體

結社通常出現在公司或學校等，
人們為了某個目的而聚集，
家人或鄰居也是結社
我們生活在相同的場所，
這樣的團體
是共同體
我們為了保護島上的
椰子樹聚集在一起，
這樣的團體稱為結社

社會學的團體分類方法有著**共同體**與**結社**的這組相對概念。根據**麥凱佛**的說法，**共同體**是指擁有「生活在相同場所或地區」的共識，自然產生的團體。另一方面，**結社**則是為了相同興趣或目的，人為形成的團體。

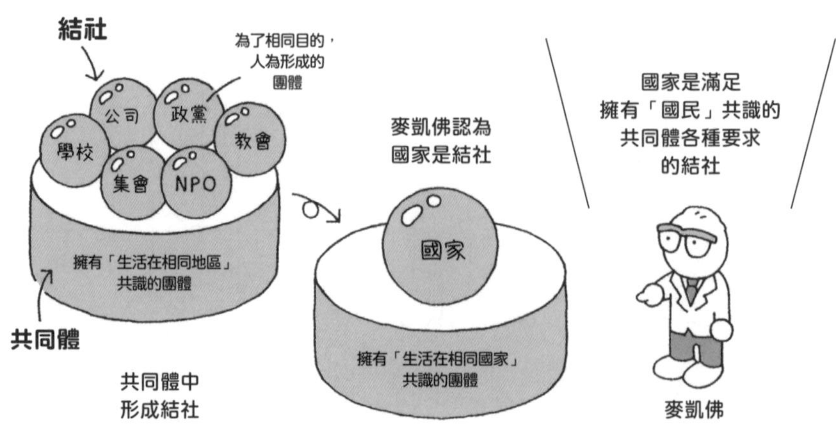
結社
為了相同目的，
人為形成的
團體
公司
政黨
學校
教會
集會
NPO
擁有「生活在相同地區」
共識的團體
共同體
共同體中
形成結社
麥凱佛認為
國家是結社
國家
擁有「生活在相同國家」
共識的團體
國家是滿足
擁有「國民」共識的
共同體各種要求
的結社
麥凱佛

團體的分類還有**滕尼斯**（P020）的**禮俗社會與法理社會**（P050）等相似的相對概念，可試著和**麥凱佛**的分類法比較看看。

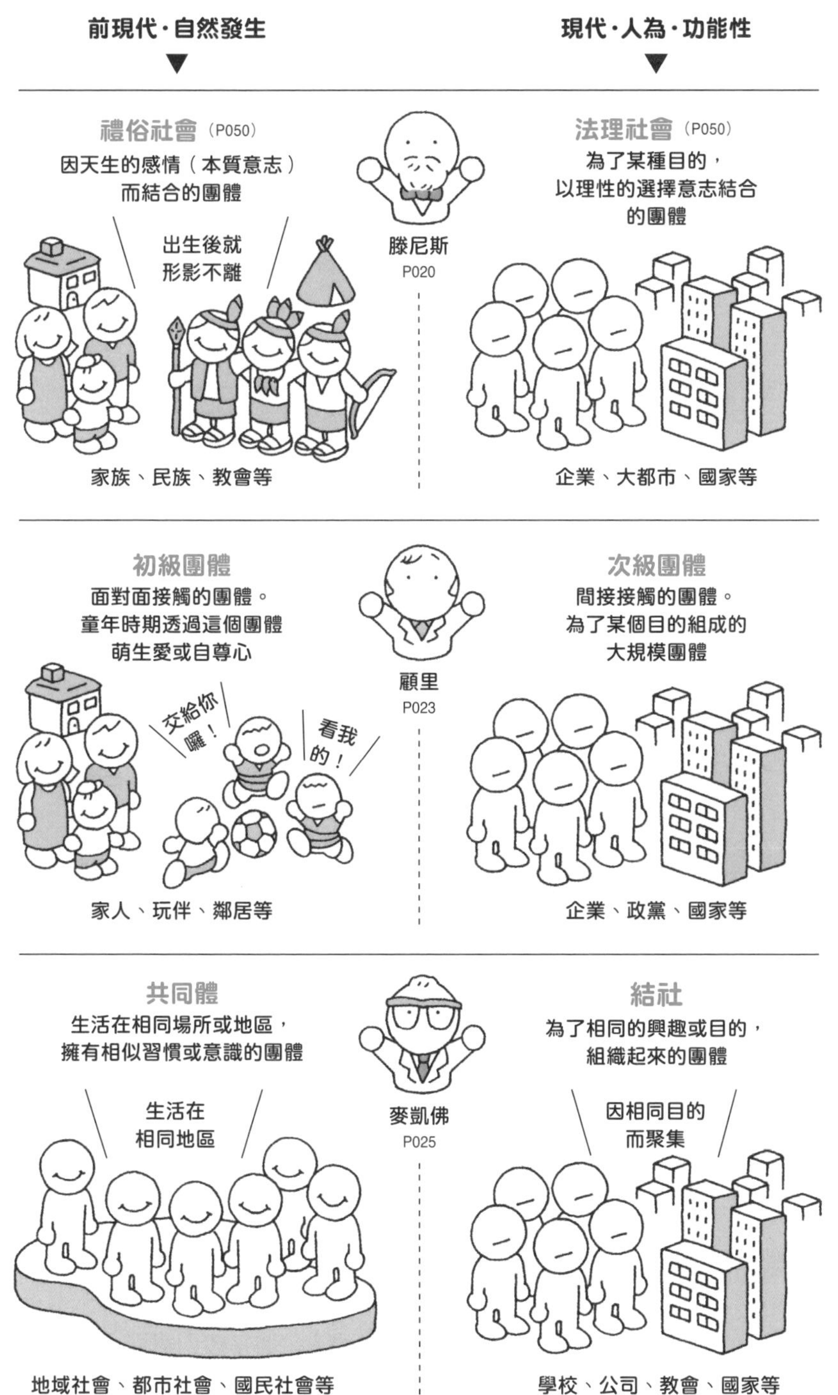

前現代·自然發生
現代·人為·功能性
禮俗社會（P050）
因天生的感情（本質意志）而結合的團體
出生後就形影不離
家族、民族、教會等
滕尼斯
P020
法理社會（P050）
為了某種目的，以理性的選擇意志結合的團體
企業、大都市、國家等
初級團體
面對面接觸的團體。童年時期透過這個團體萌生愛或自尊心
交給你囉！
看我的！
家人、玩伴、鄰居等
顧里
P023
次級團體
間接接觸的團體。為了某個目的組成的大規模團體
企業、政黨、國家等
共同體
生活在相同場所或地區，擁有相似習慣或意識的團體
生活在相同地區
地域社會、都市社會、國民社會等
麥凱佛
P025
結社
為了相同的興趣或目的，組織起來的團體
因相同目的而聚集
學校、公司、教會、國家等

026
加塞特

大眾的反叛

The Revolt of the Masses

秩序與權力

文　獻　《大眾的反叛》

備　註　雖然菁英主義在日本不受歡迎，在歐洲卻是持續發展。另外，菁英主義的反義詞是民粹主義。

加塞特認為人類分為菁英**（少數者）**與大眾兩種。第一次世界大戰後的歐洲，大眾開始擁有影響力，讓**加塞特**感受到菁英沒落的危機。

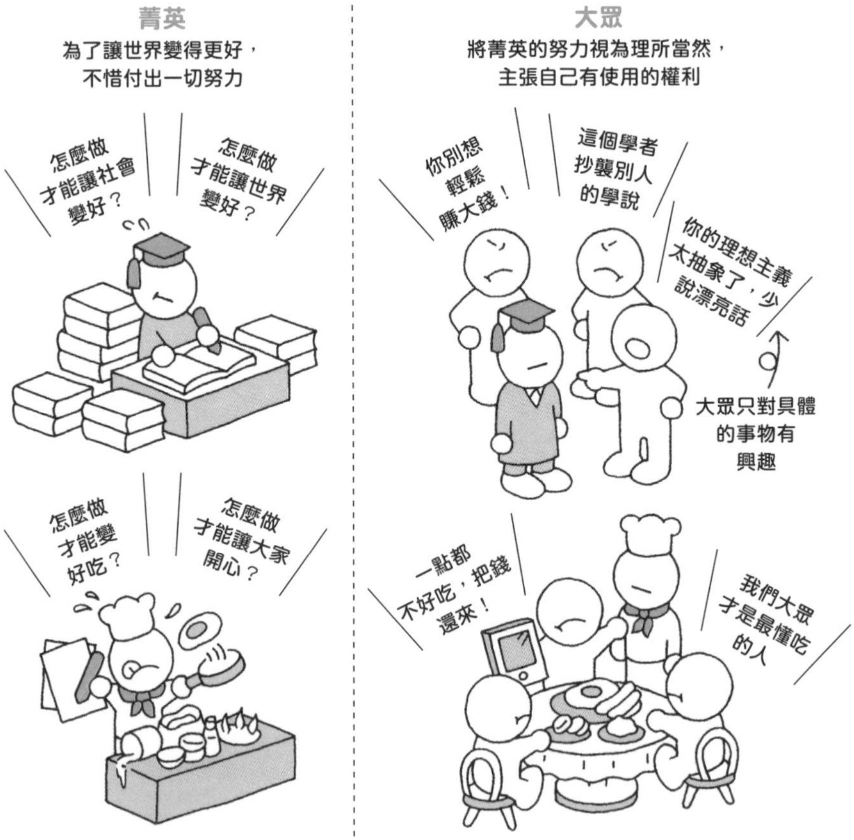

菁英

為了讓世界變得更好，
不惜付出一切努力

怎麼做
才能讓社會
變好？

怎麼做
才能讓世界
變好？

怎麼做
才能變
好吃？

怎麼做
才能讓大家
開心？

大眾

將菁英的努力視為理所當然，
主張自己有使用的權利

你別想
輕鬆
賺大錢！

這個學者
抄襲別人
的學說

你的理想主義
太抽象了，少
說漂亮話

大眾只對具體
的事物有
興趣

一點都
不好吃，把錢
還來！

我們大眾
才是最懂吃
的人

菁英是指為了改善社會，努力累積專門知識或技術，讓自己承擔較多義務或責任的人們。另一方面，**大眾**是指不認為自己對社會有責任，不會對他人的痛苦感同身受，反而會感到喜悅的人，將平庸的意見或價值觀說成是「一般的想法」，強迫他人接受。

大眾將**菁英**建立的技術或知識視為理所當然，主張不必付出努力就有使用的權利。**加塞特**認為**大眾**剝奪了**菁英**原本的角色，以**大眾的反叛**表達這個問題。

菁英
衝啊～！
衝啊～！
衝啊～！
大眾

加塞特認為世界是因為菁英的努力而成立，
大眾卻為了自己的利益，
侵入菁英的領域

這裡所說的**大眾**不是以實際的職業或階級決定，而是本人的「心態」。因此，像科學家這樣的專家也可能成為**大眾**。

不懂政治的
門外漢
就是說啊
你說的對
那個政治家
讓社會變得
很糟
主持人
科學家
對對對，
科學家說的話
準沒錯

加塞特認為即使是科學家這樣的專家，
對自己完全不懂的事做出貌似有理的評論，
這種「文化人」是大眾之中最糟糕的類型

▶028
霍克海默

批判理論
Critical Theory

意　義　比起分析的功能，更重視批判的功能，代表為法蘭克福學派的理論。
文　獻　《啟蒙的辯證》（霍克海默／阿多諾）
備　註　批判理論以馬克思主義為基礎。

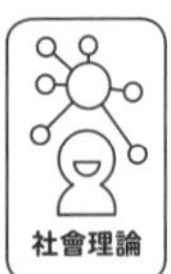
社會理論

「現代社會為何會產生**納粹主義**呢？」**霍克海默**、**佛洛姆**、**班雅明**、**阿多諾**等**法蘭克福學派**的思想家將釐清這個問題視為終身課題。

為何會誕生
極權主義呢？
霍克海默
P028
佛洛姆
P029
班雅明
P027
阿多諾
P012
哈伯瑪斯
P182

法蘭克福學派
成立於一九二三年，以猶太人為主的社會研究所成員。
這些人終身研究極權主義與納粹主義

法蘭克福學派的成員**霍克海默**和**阿多諾**認為法西斯主義的誕生、猶太人的虐殺是現代之後持續的**理性萬能主義**所致。

人類的
理性
是什麼？

他們指出現代之後的歐洲**理性**發展為「達成某個目的的工具」，淪為達成某個目的的理性，只有局部分析現實，沒有宏大的觀點。

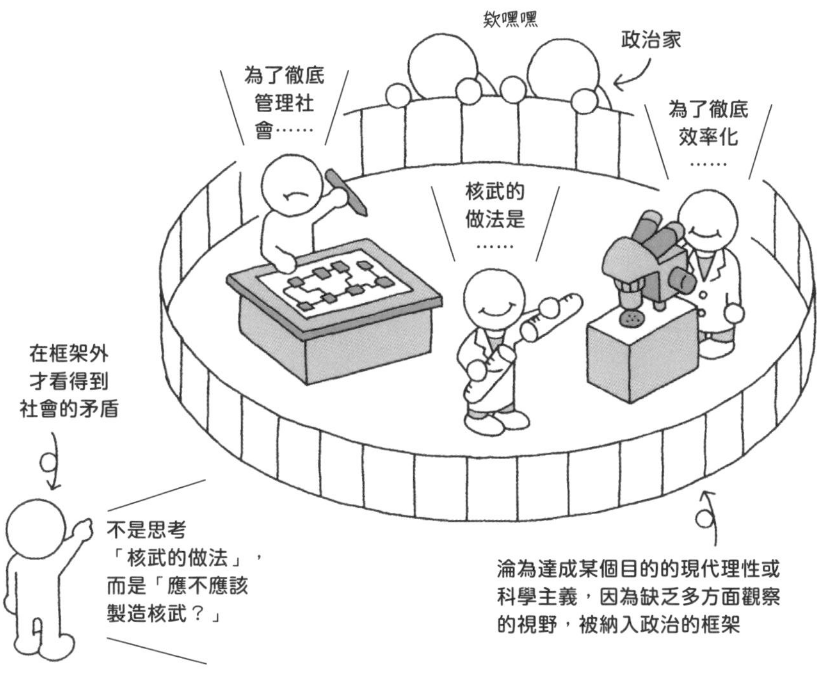
欸嘿嘿
政治家
為了徹底管理社會……
為了徹底效率化……
核武的做法是……
在框架外才看得到社會的矛盾
不是思考「核武的做法」，而是「應不應該製造核武？」
淪為達成某個目的的現代理性或科學主義，因為缺乏多方面觀察的視野，被納入政治的框架

他們主張，歐洲的**理性**發展成只為了達成目的，並與利益追求結合後，變成法西斯主義的政治政策或開發戰爭武器的工具，稱之為**工具理性**。

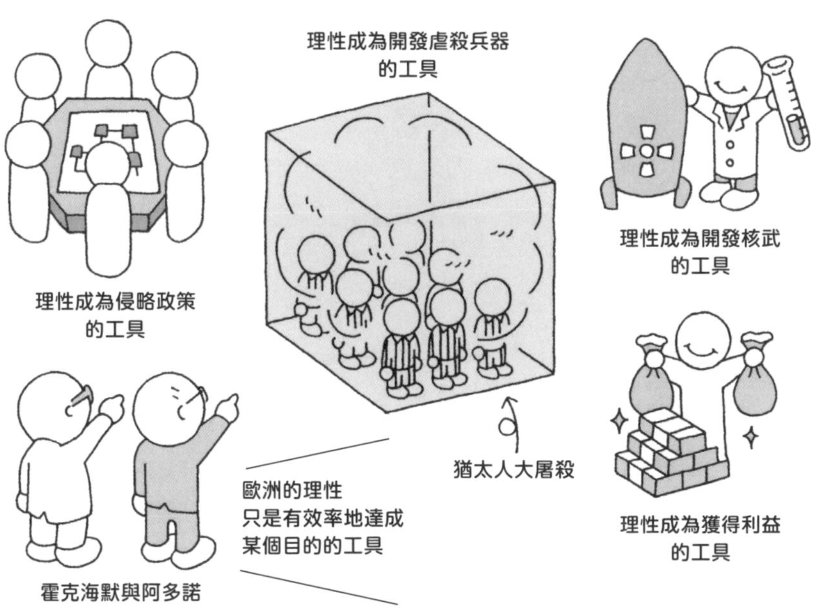
理性成為侵略政策的工具
理性成為開發虐殺兵器的工具
理性成為開發核武的工具
猶太人大屠殺
理性成為獲得利益的工具
歐洲的理性只是有效率地達成某個目的的工具
霍克海默與阿多諾

比起分析的層面，**法蘭克福學派**的想法更著重於社會批判的層面，故被稱為**批判理論**。**批判理論**至今仍對哲學、社會學、經濟學等領域有很大的影響。

029
佛洛姆

權威性格

Authoritarian Personality

秩序與
權力

文　獻　《逃避自由》

備　註　佛洛姆的《逃避自由》是在德國被納粹政權統治的一九四一年出版。

資本主義社會中，人類擺脫傳統的框架獲得自由，卻也切割了各種情感連結，必須獨自決定自己的生活方式；無法忍受不安或孤獨的話，人就會轉而接受束縛自己的權威，**佛洛姆**稱之為**權威性格**。

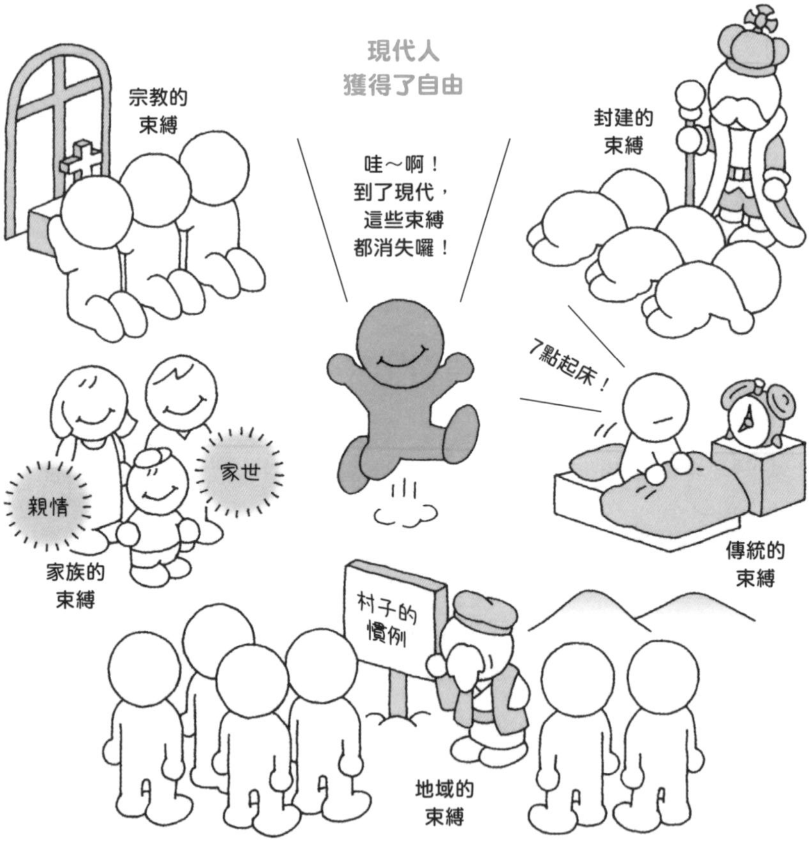

現代人
獲得了自由
宗教的
束縛
哇～啊！
到了現代，
這些束縛
都消失囉！
封建的
束縛
7點起床！
親情
家世
家族的
束縛
傳統的
束縛
村子的
慣例
地域的
束縛

佛洛姆在**納粹主義**時期的德國發現了這種**權威性格**的**社會性格**。他認為德國人崇尚**納粹主義**是因為人們很自由所產生的現象。

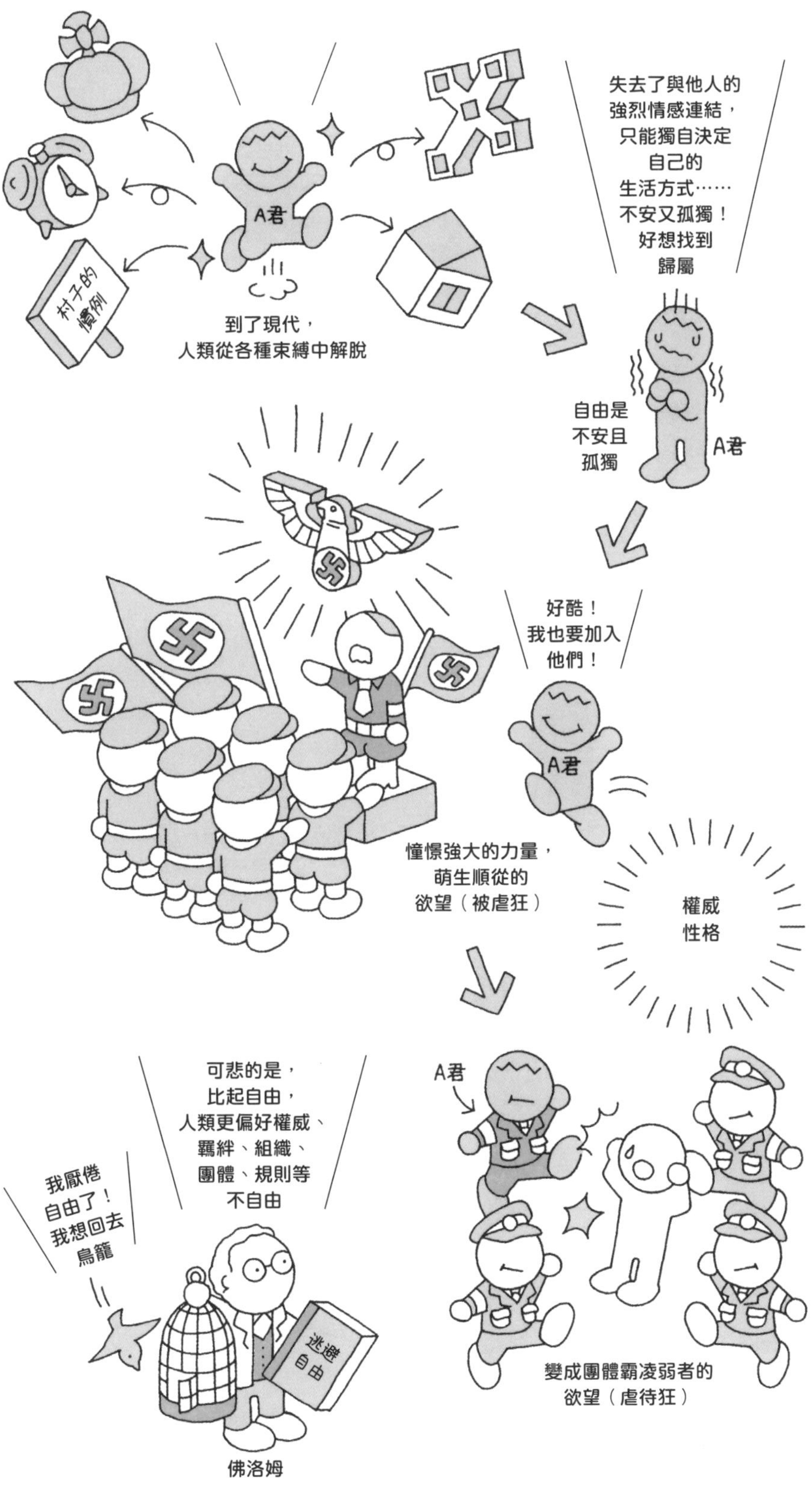

村子的慣例

A君

到了現代，
人類從各種束縛中解脫

失去了與他人的
強烈情感連結，
只能獨自決定
自己的
生活方式……
不安又孤獨！
好想找到
歸屬

自由是
不安且
孤獨

A君

好酷！
我也要加入
他們！

A君

憧憬強大的力量，
萌生順從的
欲望（被虐狂）

權威
性格

A君

變成團體霸凌弱者的
欲望（虐待狂）

可悲的是，
比起自由，
人類更偏好權威、
羈絆、組織、
團體、規則等
不自由

我厭倦
自由了！
我想回去
鳥籠

逃避
自由

佛洛姆

▶027
班雅明

靈光

Aura

文　獻《機械複製時代的藝術作品》

備　註 班雅明從藝術平等化的肯定觀點，分析複製化造成藝術靈光崩壞一事。

文化與
消費社會

將藝術作品拍成照片或印刷製成**複製品**，即使作工再精細，也不會成為獨一無二的真品。**班雅明**把「當下」、只有「在這裡」的真品所具備的無形之力稱為**靈光**。

靈光
隱藏在
真品之中的
無形之力
鑑賞作品的
唯一性、真實性，
以及經歷過的
歷史等
1個1000元！
1000
複製品
完全沒有
靈光！

近年來，藝術作品越來越容易被技術複製，不過，複製品欠缺真品擁有的唯一性或歷史性等特質。

電影或照片等複製藝術的出現，使藝術的概念從「崇高貴重」變成「普通輕鬆」。**班雅明**感嘆**複製技術**的進步造成**靈光消逝**。不過，他也認為，即使權力企圖管理或限制藝術、表演、資訊等，但因為複製技術的進步，得以讓藝術或表演擺脫權力。

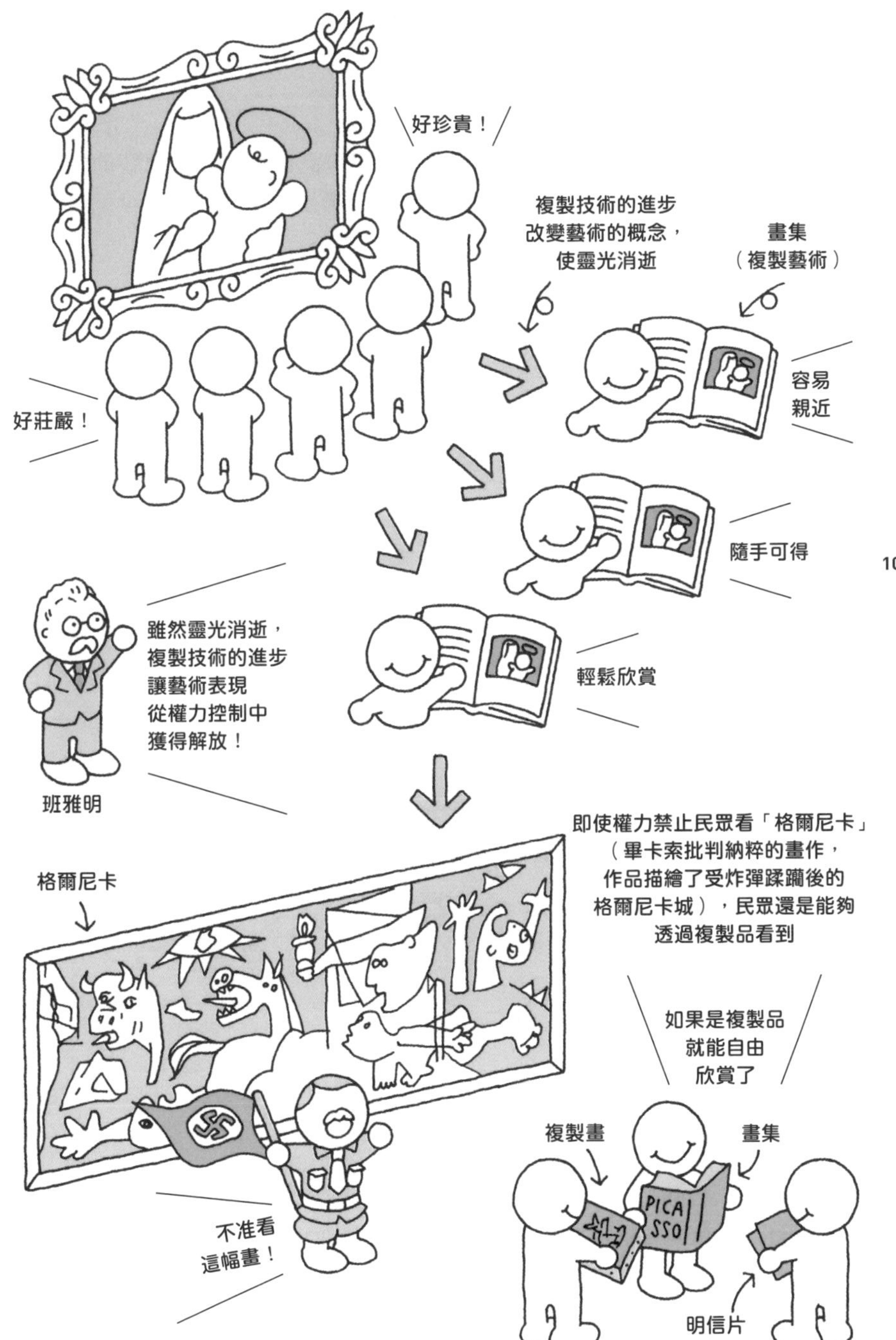

好珍貴！
好莊嚴！
複製技術的進步
改變藝術的概念，
使靈光消逝
畫集
（複製藝術）
容易
親近
隨手可得
輕鬆欣賞
雖然靈光消逝，
複製技術的進步
讓藝術表現
從權力控制中
獲得解放！
班雅明
格爾尼卡
即使權力禁止民眾看「格爾尼卡」
（畢卡索批判納粹的畫作，
作品描繪了受炸彈蹂躪後的
格爾尼卡城），民眾還是能夠
透過複製品看到
不准看
這幅畫！
如果是複製品
就能自由
欣賞了
複製畫
畫集
PICA
SSO
明信片

▶027
班雅明

拱廊街計畫

The Arcades Project

文　獻　《拱廊街計畫》

備　註　班雅明認為在巴黎象徵未來與進步的華麗耀眼拱廊中，隱約可見回歸遠古時代烏托邦的期望。

文化與
消費社會

出生於德國的猶太人**班雅明**，為了逃離納粹來到巴黎。漫步巴黎的**拱廊街**後，他開始片段書寫**《拱廊街計畫》**。**拱廊街**是指巴黎在十九世紀建築的玻璃屋頂商店街。在玻璃的微光下，陳列著各式各樣的古董。

漫步在拱廊街的班雅明，
看著被玻璃光線包圍的十九世紀古董，
思考人們對資本主義的想法

班雅明回想起十九世紀的人們對這些商品的憧憬，進而瞭解當時的人對資本主義的想法。他從物品或街景掌握人們的意識，這樣的手法對日後的**文化研究**造成很大的影響。

班雅明說**「拱廊街就像是沒有外側的家或走廊，如夢似幻」**。但事實上，拱廊街的外側正傳來納粹的腳步聲。或許他是想藉著拱廊街的柔和光線，躲入尚未出現納粹政權的十九世紀記憶之中。

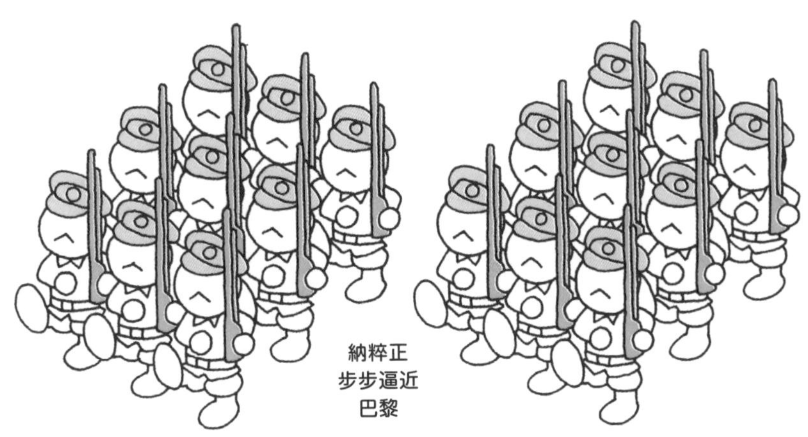
納粹正
步步逼近
巴黎

一九四〇年，納粹入侵巴黎。**班雅明**將未完成的**《拱廊街計畫》**原稿託付給當時在法國國立圖書館工作的友人哲學家**喬治・巴塔耶**（一八九七～一九六二），逃出巴黎。當他試圖徒步越過庇里牛斯山時，卻在國境附近止步，服毒自殺。

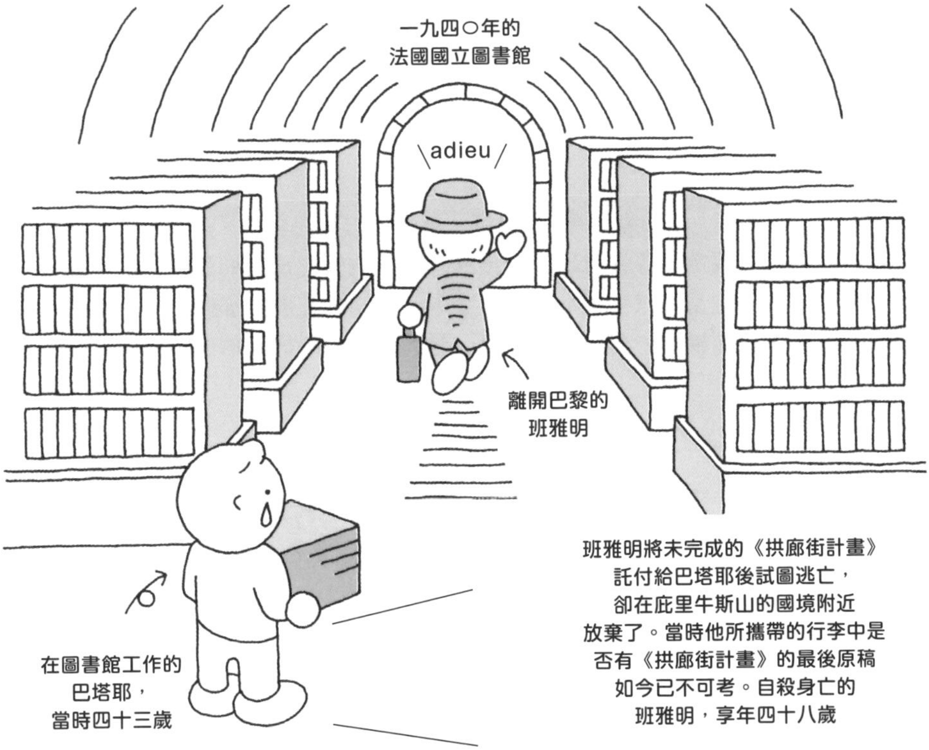

一九四〇年的
法國國立圖書館

adieu

離開巴黎的
班雅明

在圖書館工作的
巴塔耶，
當時四十三歲

班雅明將未完成的《拱廊街計畫》
託付給巴塔耶後試圖逃亡，
卻在庇里牛斯山的國境附近
放棄了。當時他所攜帶的行李中是
否有《拱廊街計畫》的最後原稿
如今已不可考。自殺身亡的
班雅明，享年四十八歲

阿布瓦希

024

集體記憶
Collective Memory

意　義 非透過個人記憶，而是透過團體的框架產生記憶的形態。

備　註 阿布瓦希認為過去不存在於內心，而是依附在外界的空間或物品。

公共領域
與共同體

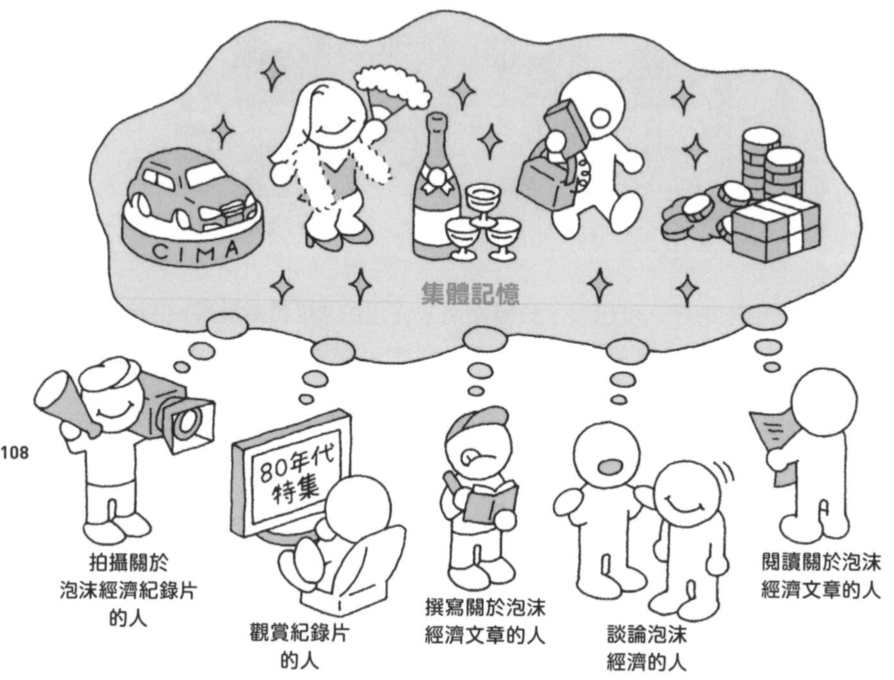
CIMA
集體記憶
80年代
特集
拍攝關於
泡沫經濟紀錄片
的人
觀賞紀錄片
的人
撰寫關於泡沫
經濟文章的人
談論泡沫
經濟的人
閱讀關於泡沫
經濟文章的人

以社會學考察「泡沫經濟時期」的話，就要依賴**集體記憶**。透過與他人對話、看照片或電視等社會環境的接觸，喚起泡沫經濟時期的記憶。泡沫經濟時期的記憶不只存在於某個人腦中，而是由經歷過那段時期的人們建立的框架所構成，並非個人記憶，是團體中的人擁有的記憶，這就是**集體記憶**。

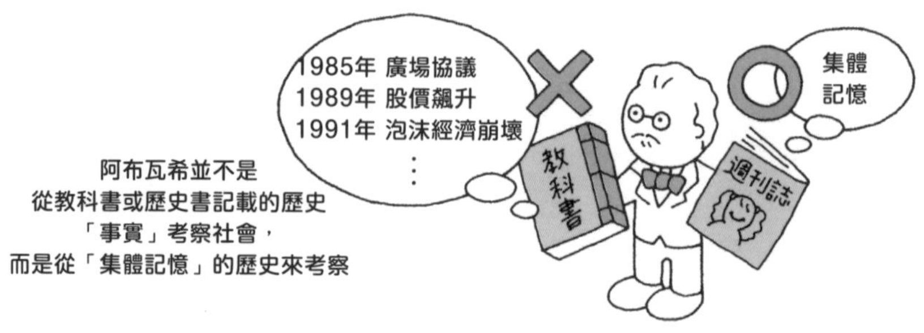
1985年 廣場協議
1989年 股價飆升
1991年 泡沫經濟崩壞
教科書
週刊誌
集體
記憶
阿布瓦希並不是
從教科書或歷史書記載的歷史
「事實」考察社會，
而是從「集體記憶」的歷史來考察

不過，個人回想某件事或某個場所時，回憶未必只從一個團體的框架出現。同事、友人、家人等個人所屬的各種團體的記憶在腦中結合，產生記憶。這種綜合記憶每個人都不同，**阿布瓦希**將此視為**個人記憶**。

（對於新宿的）
個人記憶

個人記憶是指，
個人因各種集體記憶結合而想起的事

集體
記憶

在家人的框架，
新宿是逛街的地方

在朋友的框架，
新宿是玩樂的場所

集體
記憶

集體
記憶

新宿

在同事的框架，
新宿是工作地點

集體記憶會不斷被改寫，即過去是由現在想起、反覆重建。

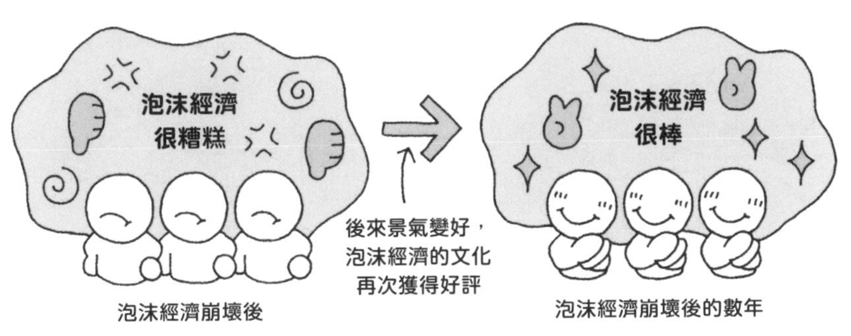
泡沫經濟
很糟糕
泡沫經濟
很棒
後來景氣變好，
泡沫經濟的文化
再次獲得好評
泡沫經濟崩壞後
泡沫經濟崩壞後的數年

雖然泡沫經濟時期沒有任何改變，日後卻被重建

▶028
曼海姆

知識社會學

Sociology of Knowledge

意　義　研究知識與社會的關係的學問。
文　獻　《意識形態與烏托邦》
備　註　知識社會學採納了馬克思的意識形態論（P045）及韋伯的價值自由（P066）概念等。

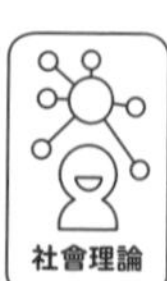
社會理論

過去**馬克思**主張個人的**知識或思想**（世界觀）都是所屬社會結構形成的**意識形態**（P045）。

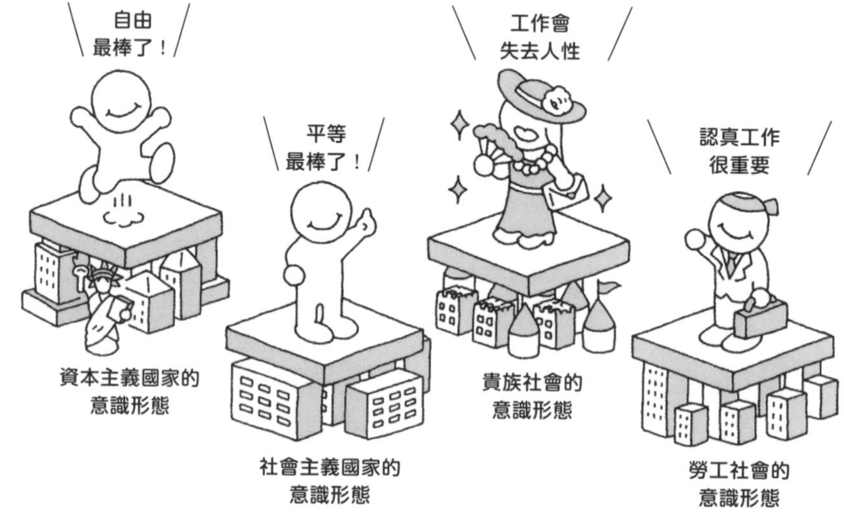
自由
最棒了！
資本主義國家的
意識形態
平等
最棒了！
社會主義國家的
意識形態
工作會
失去人性
貴族社會的
意識形態
認真工作
很重要
勞工社會的
意識形態

若是如此，這個世界無法存在真理。假如知識或思想都是相對的真理，就會變成有多少知識就有多少真理。**曼海姆**為了突破這種**相對主義**的困境，提出**關係主義**，指集結不受階級或立場限制的主張，從中導出共通真理的立場。

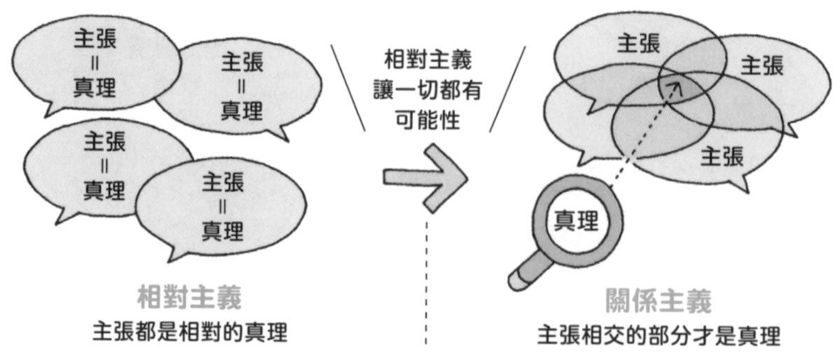
主張
=
真理
主張
=
真理
主張
=
真理
主張
=
真理
相對主義
讓一切都有
可能性
主張
主張
主張
真理
相對主義
主張都是相對的真理
關係主義
主張相交的部分才是真理

曼海姆提出自己的主張是**意識形態**，認同那是受到束縛的知識，唯有那種有自覺的知識或思想才能導出真理。為了能夠確實察覺**意識形態**，他將**意識形態**整理如下。

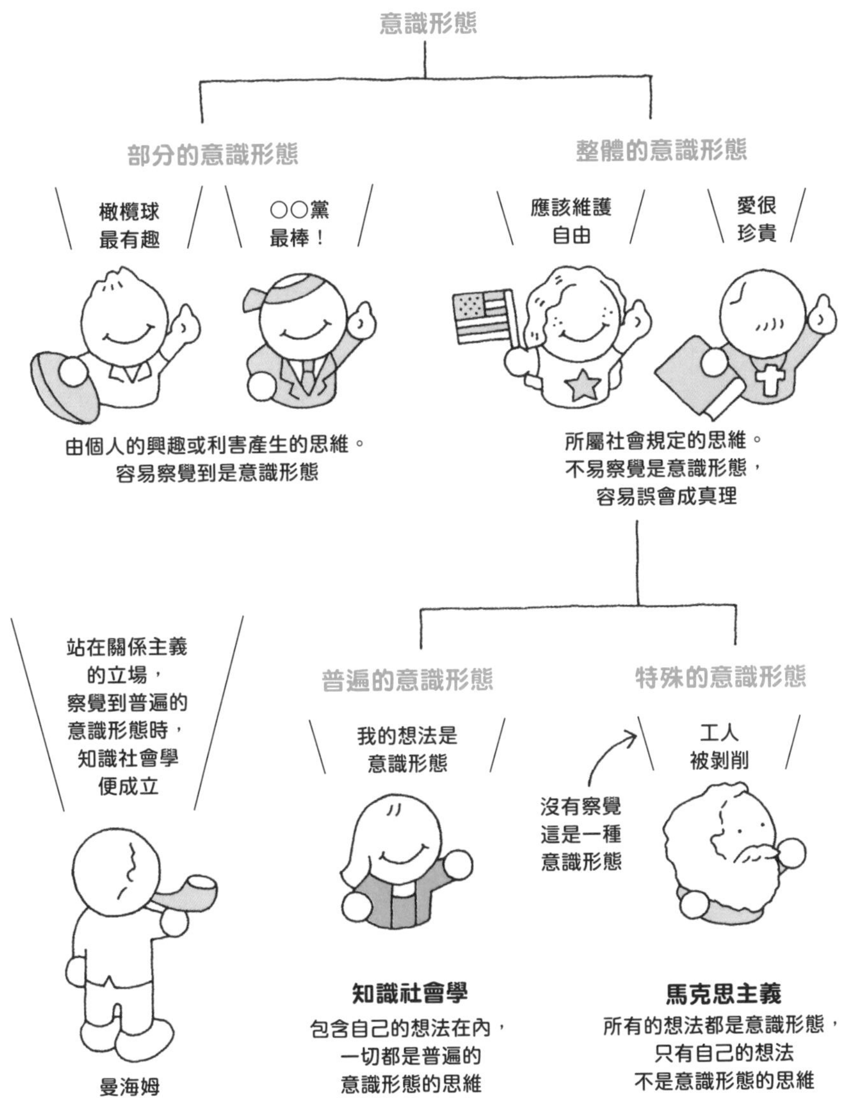
意識形態
部分的意識形態
整體的意識形態
橄欖球
最有趣
○○黨
最棒！
應該維護
自由
愛很
珍貴
由個人的興趣或利害產生的思維。
容易察覺到是意識形態
所屬社會規定的思維。
不易察覺是意識形態，
容易誤會成真理
站在關係主義
的立場，
察覺到普遍的
意識形態時，
知識社會學
便成立
普遍的意識形態
特殊的意識形態
我的想法是
意識形態
工人
被剝削
沒有察覺
這是一種
意識形態
曼海姆
知識社會學
包含自己的想法在內，
一切都是普遍的
意識形態的思維
馬克思主義
所有的想法都是意識形態，
只有自己的想法
不是意識形態的思維

人類的知識或思想受到所屬社會很大的影響。**曼海姆**將釐清知識與社會的**關係**學問稱為知識社會學。為了使**知識社會學**成立，他主張要站在**關係主義**的立場，成為察覺**普遍意識形態**的知識分子。

028
曼海姆

連字符號社會學

Bindestrich-Soziologie

意　義 相較於處理社會一般原理的理論社會學（社會系統論等），只處理特定領域的社會學。

備　註 連字符號是「—」。有「科學—社會學」、「家族—社會學」等「領域」—社會學的形式。

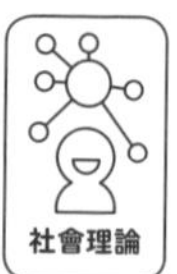
社會理論

人類的**知識**或思想受到所屬時代或**社會**很大的影響（知識社會學 P111）。例如，在現代以前的社會，天動說是人們的知識主流，到了現代變成地動說。這段期間宇宙並無發生變化，科學知識的存在與「事實」無關。

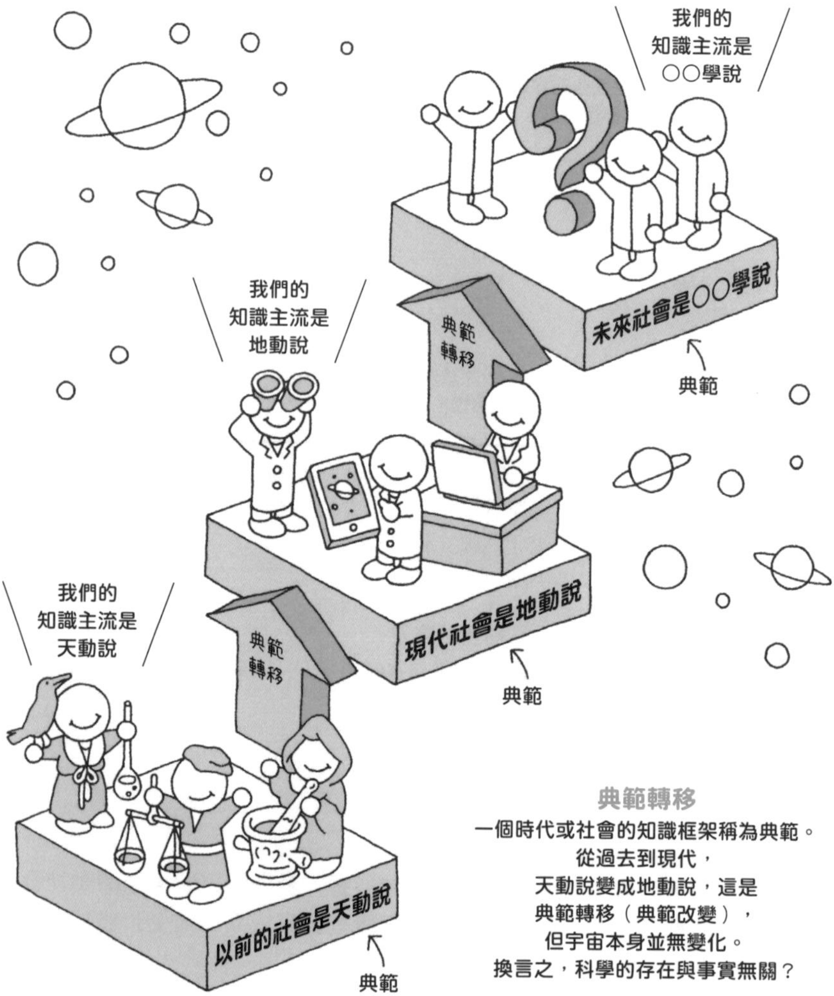

我們的
知識主流是
○○學說

未來社會是○○學說

典範

典範
轉移

我們的
知識主流是
地動說

現代社會是地動說

典範

典範
轉移

我們的
知識主流是
天動說

以前的社會是天動說

典範

典範轉移

一個時代或社會的知識框架稱為典範。
從過去到現代，
天動說變成地動說，這是
典範轉移（典範改變），
但宇宙本身並無變化。
換言之，科學的存在與事實無關？

此外，像是「女性具有母性本能」、「〇〇民族有優秀的基因」等，社會也會捏造「科學」。

我們〇〇民族
擁有優秀
的基因
猶太人
主張的相對論
是錯的
具有母性本能
的女性
適合育兒

社會有時會利用、捏造科學

考察**科學**與**社會**之關係的學問稱為**科學—社會學**或**科學知識的社會學**。另外還有，考察**醫療**與**社會**之關係的**醫療—社會學**、考察**宗教**與**社會**之關係的**宗教—社會學**等，有多少特定領域就有多少社會學。**曼海姆**將處理特定領域的社會學命名為**連字符號社會學**。

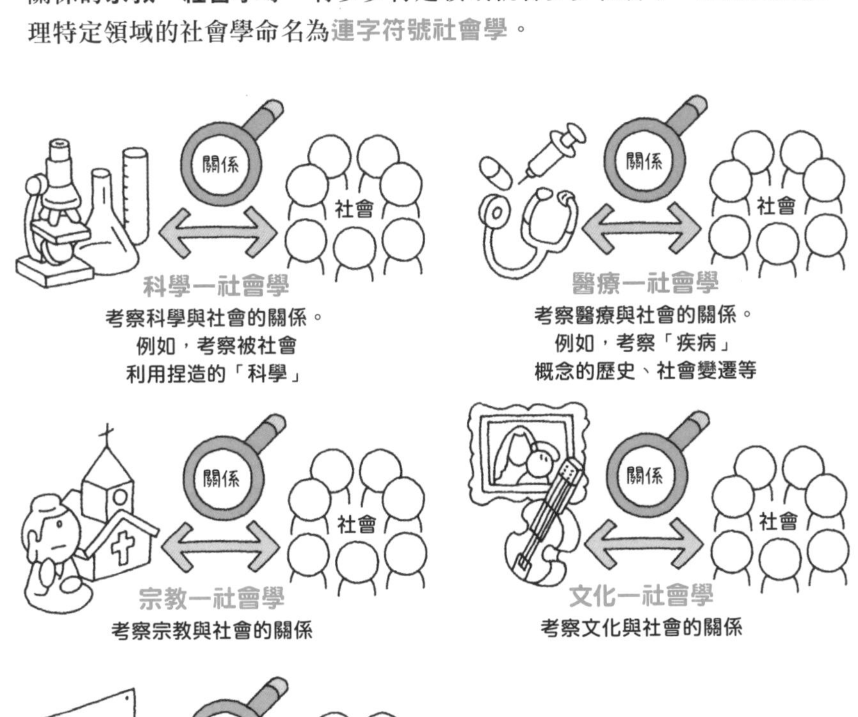
關係
社會
科學—社會學
考察科學與社會的關係。
例如，考察被社會
利用捏造的「科學」
關係
社會
醫療—社會學
考察醫療與社會的關係。
例如，考察「疾病」
概念的歷史、社會變遷等
關係
社會
宗教—社會學
考察宗教與社會的關係
關係
社會
文化—社會學
考察文化與社會的關係
關係
社會
經濟—社會學
考察經濟與社會的關係
各種連字符號社會學
連字符號是「—」。
有都市—社會學、資訊—社會學、
歷史—社會學、教育—社會學、
運動—社會學、政治—社會學、家庭—社會
學、法律—社會學、犯罪—社會學等
各種領域—社會學的形式

現代到當代

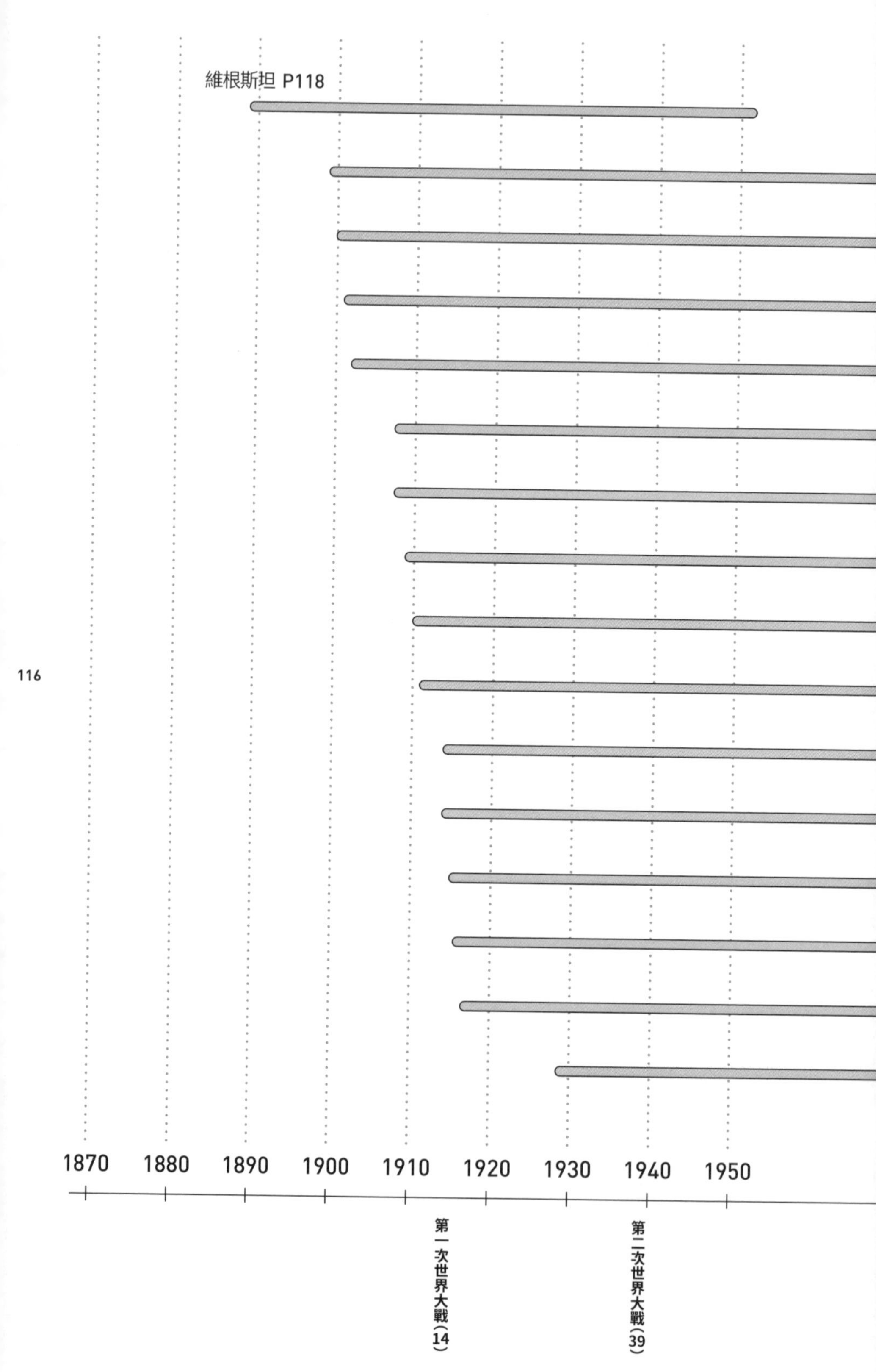
維根斯坦 P118
1870
1880
1890
1900
1910
1920
1930
1940
1950
第一次世界大戰（14）
第二次世界大戰（39）

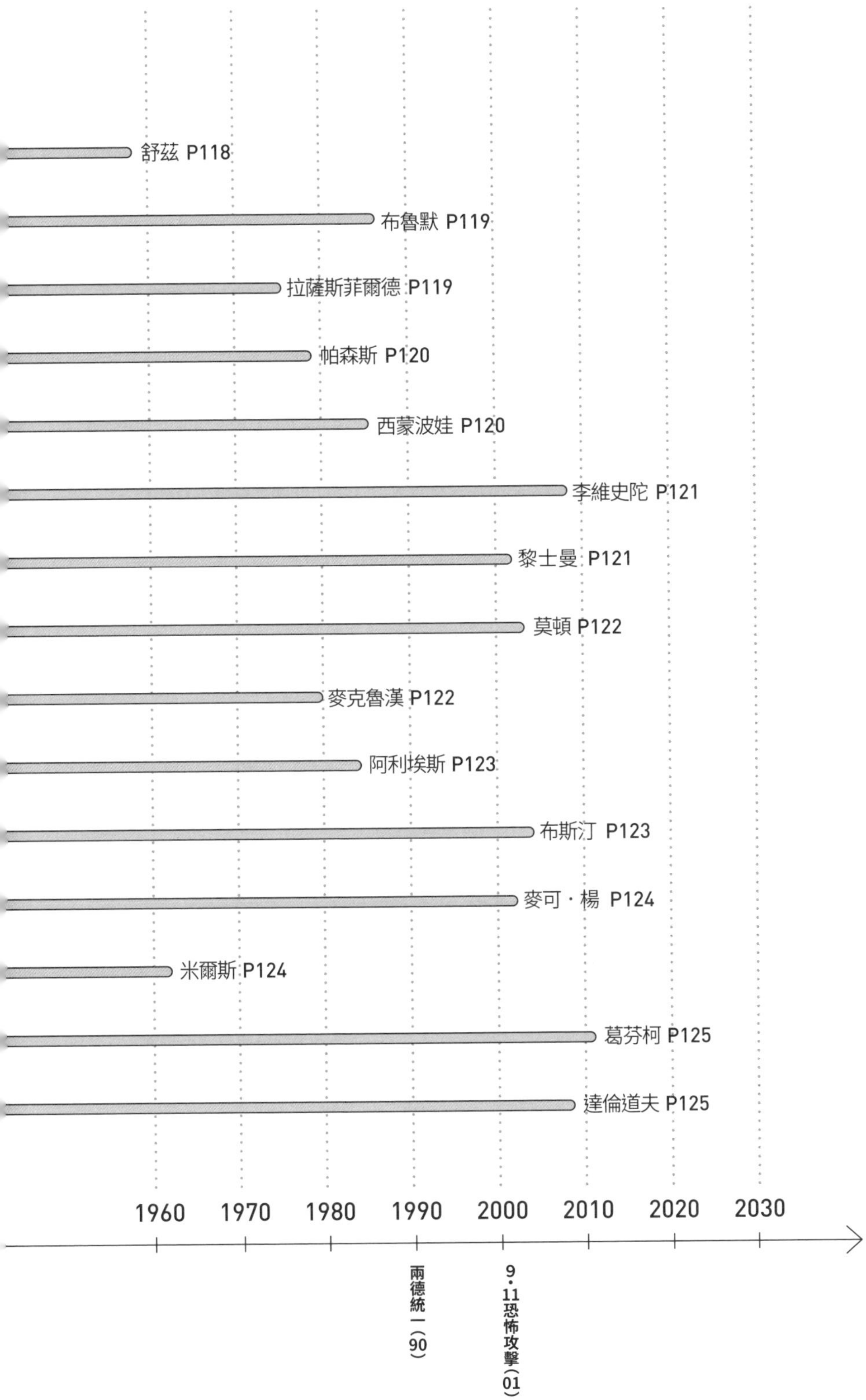

舒茲 P118

布魯默 P119

拉薩斯菲爾德 P119

帕森斯 P120

西蒙波娃 P120

李維史陀 P121

黎士曼 P121

莫頓 P122

麥克魯漢 P122

阿利埃斯 P123

布斯汀 P123

麥可・楊 P124

米爾斯 P124

葛芬柯 P125

達倫道夫 P125

1960 1970 1980 1990 2000 2010 2020 2030

兩德統一(90)

9・11恐怖攻擊(01)

著作《邏輯哲學論》《哲學研究》

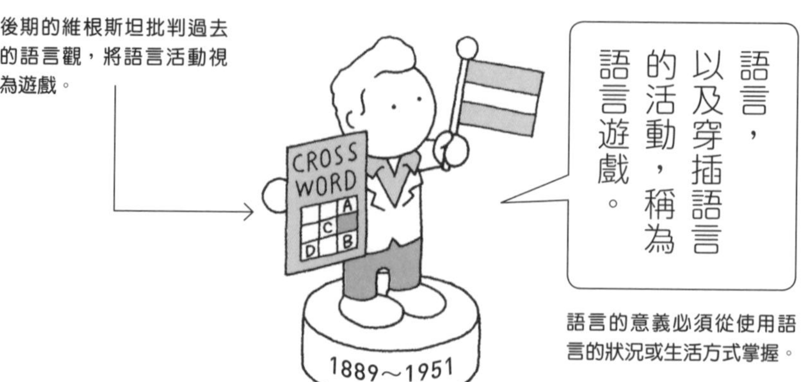
後期的維根斯坦批判過去的語言觀，將語言活動視為遊戲。
CROSS WORD
A
C
B
D
1889～1951
語言，以及穿插語言的活動，稱為語言遊戲。
語言的意義必須從使用語言的狀況或生活方式掌握。

路德維希・維根斯坦

LUDWIG WITTGENSTEIN

▶P152

出生於奧地利的哲學家，在猶太裔鋼鐵業富豪家庭長大。大學時期學習機械工程和數學。第一次世界大戰成為志願兵，從軍期間完成生涯前期的主要著作《邏輯哲學論》。大戰結束後，曾任小學校師，四十九歲時成為劍橋大學教授，為了專心研究哲學，五十八歲辭去教職。死後出版了《哲學研究》，成為超越《邏輯哲學論》的後期重要著作。

著作《社會世界的意義建構》

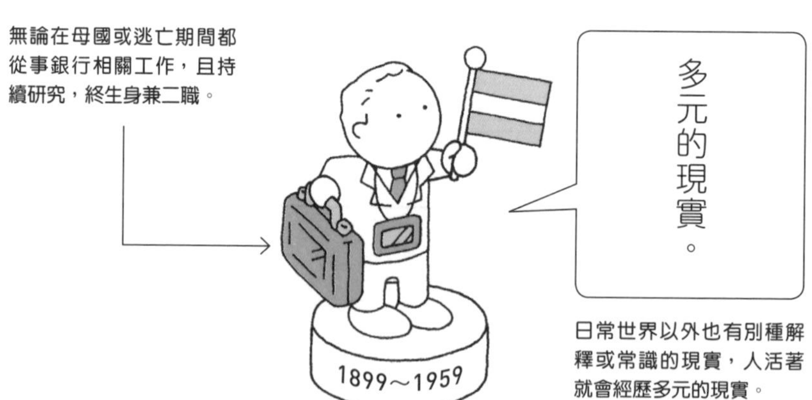
無論在母國或逃亡期間都從事銀行相關工作，且持續研究，終生身兼二職。
1899～1959
多元的現實。
日常世界以外也有別種解釋或常識的現實，人活著就會經歷多元的現實。

阿爾弗雷德・舒茲

ALFRED SCHÜTZ

▶P144

出生於奧地利的社會學家。第一次世界大戰從軍後，進入維也納大學就讀。畢業後成為銀行員，同時持續進行研究，受到韋伯的詮釋社會學、胡塞爾的現象學影響，構想出現象學社會學。納粹侵略奧地利時，身為猶太人的舒茲逃往巴黎，之後又逃到美國，移居紐約。

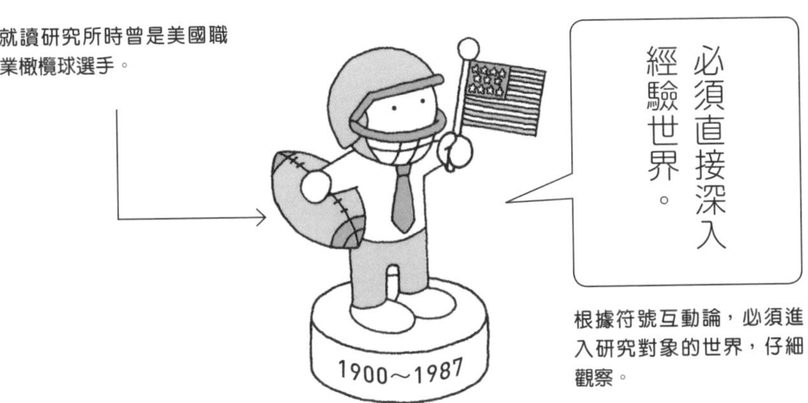
就讀研究所時曾是美國職業橄欖球選手。
必須直接深入經驗世界。
1900～1987
根據符號互動論，必須進入研究對象的世界，仔細觀察。

赫伯特・G・布魯默

HERBERT GEORGE BLUMER

▶P141～142

美國社會學家、社會心理學家，出生於美國密蘇里州的聖路易。學習米德的研究，構想出符號互動論，對後世的研究者帶來很大的影響。取得芝加哥大學博士學位後，於該大學執教二十七年，成為芝加哥學派的一員。他也是知名的集體行動論、工業社會論的研究者。

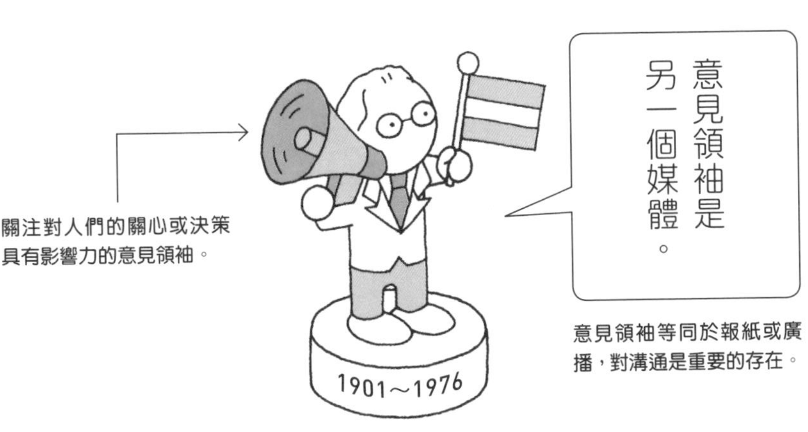
關注對人們的關心或決策具有影響力的意見領袖。
意見領袖是另一個媒體。
1901～1976
意見領袖等同於報紙或廣播，對溝通是重要的存在。

保羅・拉薩斯菲爾德

PAUL FELIX LAZARSFELD

▶P148

出生於奧地利的社會學家，雙親為猶太裔，在維也納長大。在維也納大學教授數學，同時管理社會心理學研究中心。因納粹勢力崛起，逃亡至美國。在哥倫比亞大學擔任應用社會調查研究所的所長，主導廣播研究的任務，與莫頓成為好友，交情長達三十年以上。

著作
《社會行動的結構》《社會系統》《經濟與社會》

關注醫師工作，特別重視精神醫療，自己也取得精神分析的執照。
社會秩序如何可能？
1902～1979
為了安定社會，必須將人們共通的價值與理念內在化。

塔爾科特・帕森斯

TALCOTT PARSONS ▶P126～128・▶P140

美國社會學家，出生於科羅拉多州。持續探求「社會秩序如何可能？」的問題，是提出 AGIL 模式的功能論代表人物，也是一九五〇年代具有全球影響力的知名理論家。一九二七年成為哈佛大學講師後，任教至一九七三年。一九七九年，赴德國演講期間死於慕尼黑。

著作
《第二性》

指出「女人味」是社會的產物，這點和日後的「性別」概念有所連結。
人不是生為女人，而是成為女人。
1908～1986
「女性」並非天生，而是社會建構出來的。

西蒙波娃

SIMONE DE BEAUVOIR ▶P170～171

法國作家、哲學家。巴黎索邦大學畢業後，在高中擔任哲學教師，後來以小說《女客》開啟作家生涯。一九七〇年代參加女性解放運動團體 MLF，主要著作《第二性》成為女性主義的基本文獻，與終身伴侶沙特共同致力於政治活動。

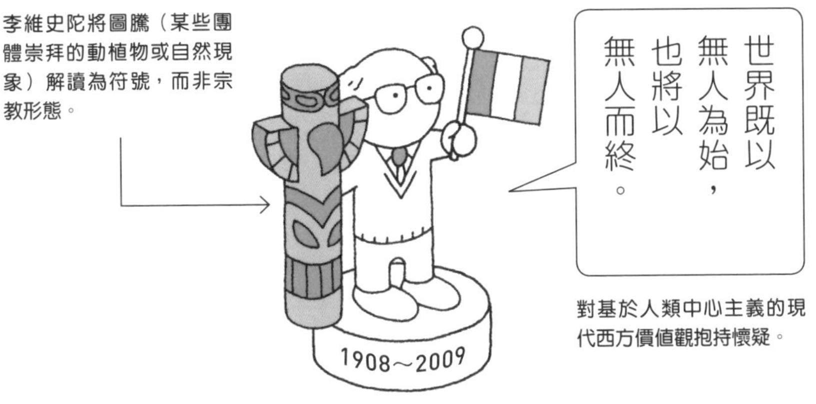
李維史陀將圖騰（某些團體崇拜的動植物或自然現象）解讀為符號，而非宗教形態。
世界既以無人為始，也將以無人而終。
對基於人類中心主義的現代西方價值觀抱持懷疑。
1908～2009

克勞德・李維史陀

CLAUDE LÉVI-STRAUSS

▶P156～158

法國文化人類學家，出生於比利時布魯塞爾。二十多歲時在法國、巴西擔任教師，第二次世界大戰時逃亡至美國。在美國接觸到民族誌研究，認識了雅各布森，創造出結構人類學。李維史陀的結構主義突破人類學的框架，為現代西歐思想帶來巨大衝擊。

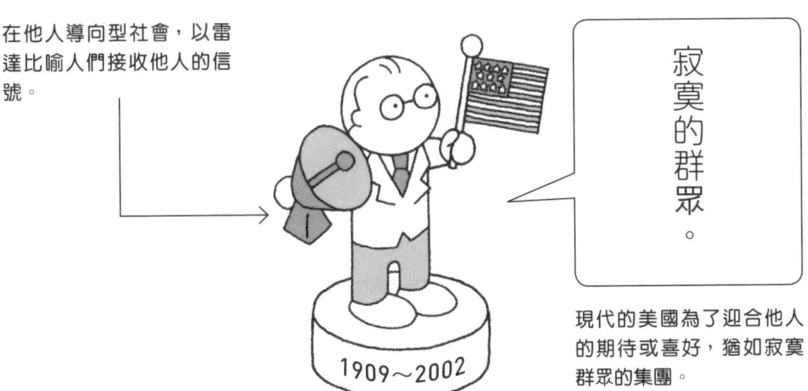
在他人導向型社會，以雷達比喻人們接收他人的信號。
寂寞的群眾。
現代的美國為了迎合他人的期待或喜好，猶如寂寞群眾的集團。
1909～2002

大衛・黎士曼

DAVID RIESMAN

▶150

美國社會學家。父親曾是賓州大學醫學系教授，自哈佛大學法學院畢業後，進入美國最高法院工作，並在水牛城大學擔任教員。一九四九年成為芝加哥大學社會學系教授，發表《寂寞的群眾》等代表著作。之後轉任哈佛大學，累積教育社會學的成就。

《社會理論與社會結構》

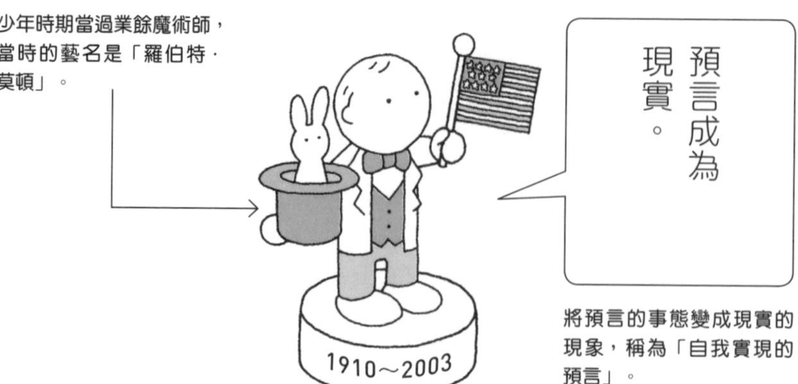
少年時期當過業餘魔術師，當時的藝名是「羅伯特．莫頓」。
預言成為現實。
1910～2003
將預言的事態變成現實的現象，稱為「自我實現的預言」。

羅伯特．K．莫頓

ROBERT KING MERTON

▶P132～138

美國社會學家，是費城的猶太裔移民之子。本名麥爾．司庫考尼克。在哈佛大學研究所接受帕森斯等人的指導，以批判帕森斯功能論成為代表性研究者，他與拉薩斯菲爾德共同主導哥倫比亞大學的應用社會調查研究所。

《古騰堡星系》《理解媒介》

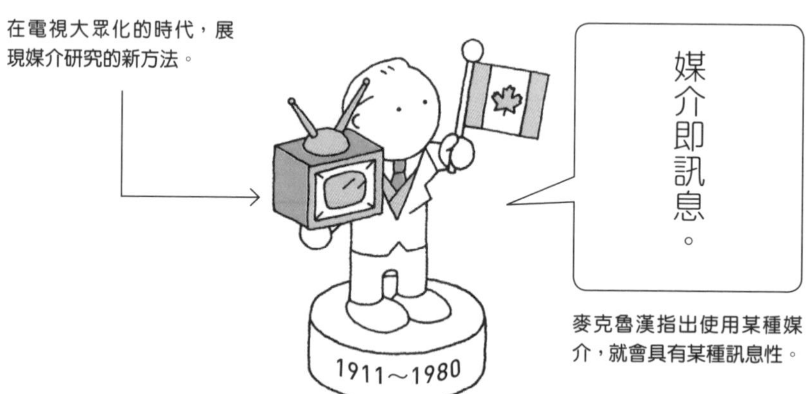
在電視大眾化的時代，展現媒介研究的新方法。
媒介即訊息。
1911～1980
麥克魯漢指出使用某種媒介，就會具有某種訊息性。

馬歇爾．麥克魯漢

HERBERT MARSHALL MCLUHAN

▶P164～166

加拿大的文化評論家。在劍橋大學留學期間，受到瑞恰慈的文學評論影響甚大。至倫敦大學教授英國文學的同時，針對帶來新時代資訊技術的媒介變異展開評論。一九六〇年代，主要著作《古騰堡星系》與續集《理解媒介》掀起麥克魯漢旋風，確立了媒介理論的研究領域。

現代的親屬或學校培育出今日的「兒童」觀。
中世紀沒有「兒童」。
1914～1984
「兒童」是現代發現的現象。

著作 《兒童的世紀》

菲利普・阿利埃斯

PHILIPPE ARIÈS

▶P168

法國歷史家，於巴黎大學修讀歷史學，曾在保皇派政治團體「法蘭西運動」的機關報發表論說，卻未獲得大學教職。在熱帶果實研究所工作的同時，持續以「週日歷史家」的身分進行研究。曾是年鑑學派一員的阿利埃斯，後來成為社會科學高等研究院的研究主任，六十五歲開始在大學任教。

著作 《幻象：美國假事件指南》、《美國人》

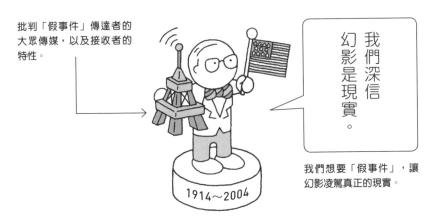

批判「假事件」傳達者的大眾傳媒，以及接收者的特性。

我們深信幻影是現實。

1914～2004

我們想要「假事件」，讓幻影凌駕真正的現實。

丹尼爾・J・布斯汀

DANIEL JOSEPH BOORSTIN

▶P162

美國歷史家，出生於喬治亞州亞特蘭大。在哈佛大學、牛津大學、耶魯大學修讀，以法制史研究取得博士學位。在芝加哥大學教導歷史學，也在史密森尼學會、美國聯邦議會圖書館擔任要職。他掌握一九六〇年代電視的浸透與大眾消費社會，被定位為先驅媒體理論者、消費文化論者。

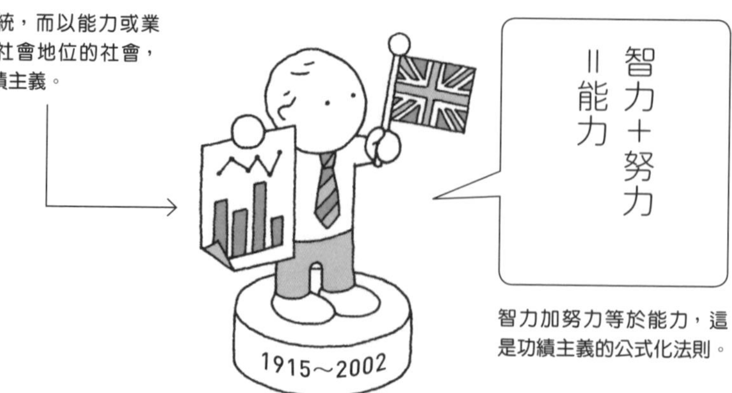
不以血統，而以能力或業績決定社會地位的社會，稱為功績主義。
智力＋努力
＝能力
智力加努力等於能力，這是功績主義的公式化法則。
1915～2002

麥可・楊

MICHAEL YOUNG

▶P160

英國社會學家。出生於英格蘭的曼徹斯特，在父親的出生地澳洲度過童年。第二次世界大戰時，以英國勞動黨研究者的身分活動，曾經參與一九四五年宣言的起草。一九五八年發表以二〇三〇年代為舞臺的虛構故事《功績主義的崛起》，擔憂貫徹功績主義的社會。

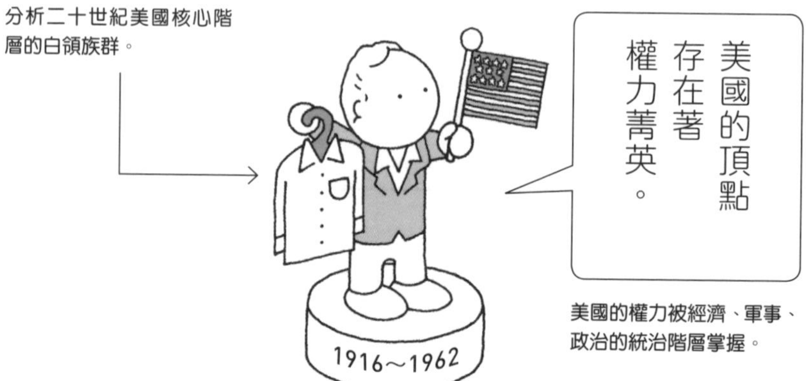
分析二十世紀美國核心階層的白領族群。
美國的頂點
存在著
權力菁英。
美國的權力被經濟、軍事、政治的統治階層掌握。
1916～1962

C・萊特・米爾斯

CHARLES WRIGHT MILLS

▶P154

美國社會學家，外祖父是德州牛仔，父親是保險業務員，生長在美國世代交替的家庭，日後的著作也不諱表述其出身血統。在威斯康辛大學修讀社會學，受到從德國逃亡的漢斯・葛斯很大的影響。於馬里蘭大學、哥倫比亞大學執教，一九六二年猝逝，享年四十五歲。

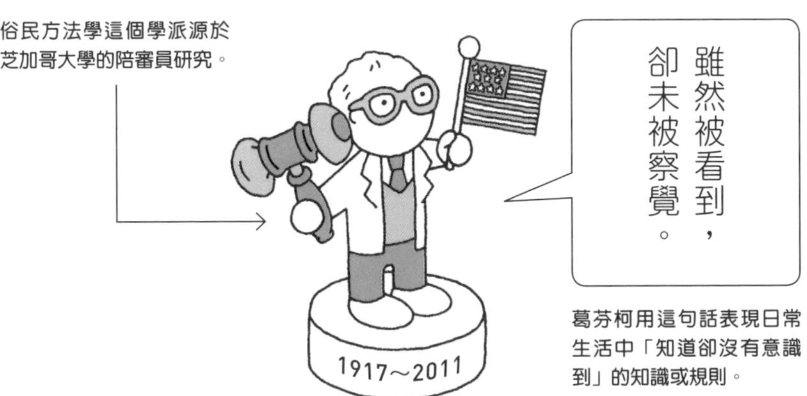
俗民方法學這個學派源於芝加哥大學的陪審員研究。
雖然被看到，卻未被察覺。
1917～2011
葛芬柯用這句話表現日常生活中「知道卻沒有意識到」的知識或規則。

著作《俗民方法學》

哈洛德・葛芬柯

HAROLD GARFINKEL

▶P146

美國社會學家，出生於紐澤西州紐瓦克。在哈佛大學研究所接受帕森斯的指導，同時受到舒茲很大的影響。葛芬柯思考社會秩序的問題，提倡俗民方法學。多年來以加州大學洛杉磯分校為據點持續進行研究，培育出許多後進的俗民方法學者。

提出衝突理論，主張對立與糾紛能促成秩序形成，並建構新社會。

衝突不會中斷。

1929～2009

權力的存在經常產生利害對立、引發鬥爭，那是形成新秩序的契機。

著作《離開烏托邦》

拉爾夫・達倫道夫

RALF GUSTAV DAHRENDORF

▶P130

出生於德國的社會學家。在漢堡大學修讀哲學、社會學，成為該大學的教授。之後轉任康斯坦茨大學、圖賓根大學的教授，移往英國，曾任倫敦政治經濟學院的校長，也以政治家的身分展開活動，一九六七年當選西德聯邦議會議員，後來在英國受封男爵，成為上議院議員。

▶120
帕森斯

AGIL 模式

AGIL Paradigm

意　義 為了維持一個社會系統，由帕森斯整理出來的必要條件模式。

文　獻 《經濟與社會》（帕森斯／史美舍）

備　註 人類的所有行為相當於 A、G、I、L 的其中之一。

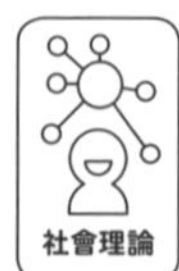

社會理論

帕森斯認為，從國家那樣龐大的社會，到家庭這樣的小社會，無論什麼樣的社會，一定要讓 A ＝適應（Adaptation）、G ＝目標達成（Goal attainment）、I ＝整合（Integration）、L ＝模式維持（Latency）四個條件**發揮作用**。這稱為 AGIL 模式。

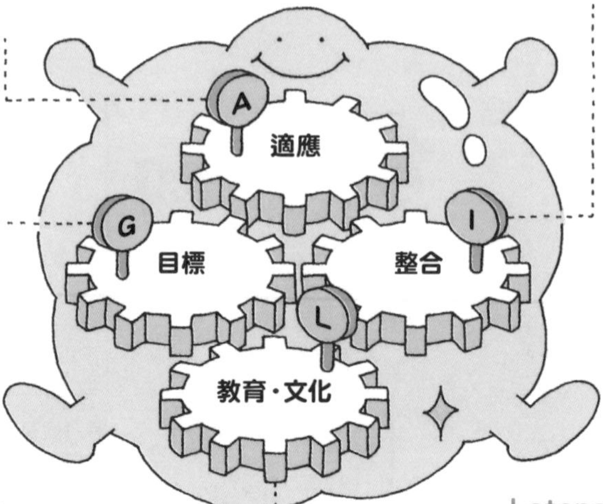

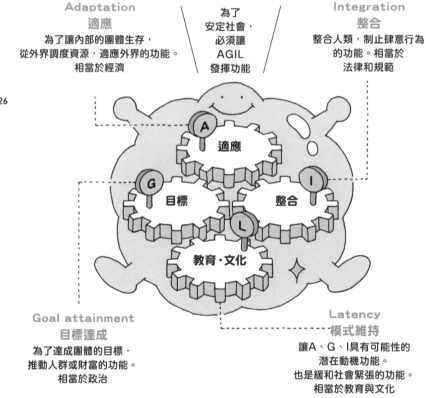

Adaptation
適應
為了讓內部的團體生存，
從外界調度資源，適應外界的功能。
相當於經濟

為了
安定社會，
必須讓
AGIL
發揮功能

Integration
整合
整合人類，制止肆意行為
的功能。相當於
法律和規範

A 適應
G 目標
I 整合
L 教育・文化

Goal attainment
目標達成
為了達成團體的目標，
推動人群或財富的功能。
相當於政治

Latency
模式維持
讓A、G、I具有可能性的
潛在動機功能。
也是緩和社會緊張的功能。
相當於教育與文化

根據這樣的想法，**人們**在無意識的狀態下成為 **A、G、I、L** 這**四種功能**的任一項，支撐起社會。得以存續的社會存在著 **AGIL 模式**這種**穩固的結構**，每個人都為了維持**結構**，成為**功能**而有所**貢獻**。

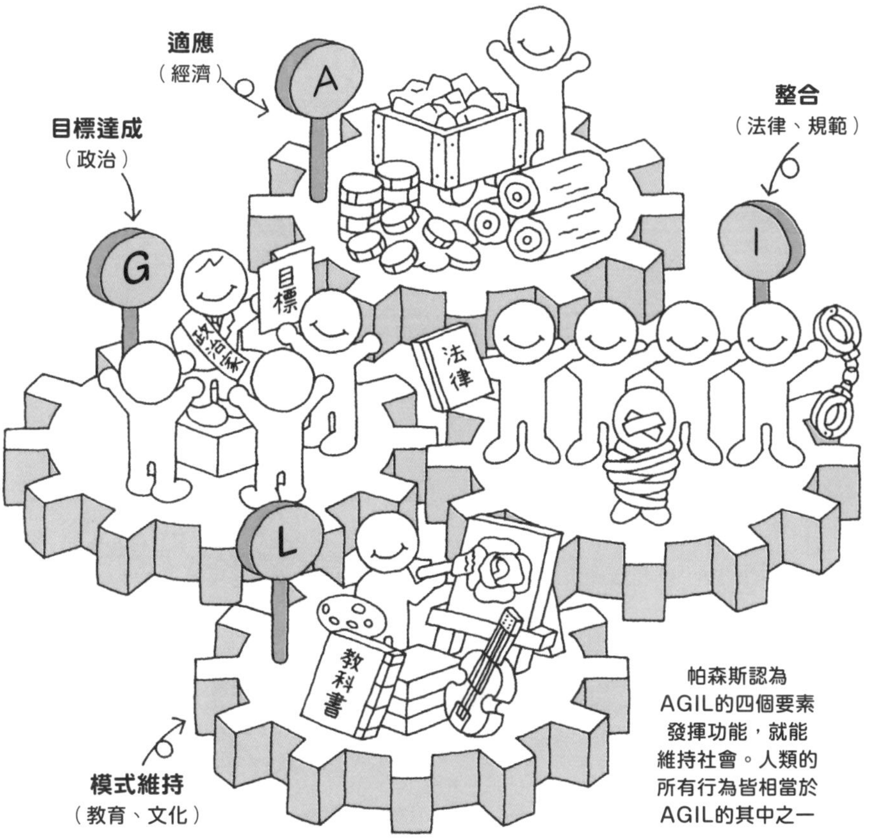

適應
（經濟）

目標達成
（政治）

整合
（法律、規範）

模式維持
（教育、文化）

帕森斯認為
AGIL的四個要素
發揮功能，就能
維持社會。人類的
所有行為皆相當於
AGIL的其中之一

帕森斯認為，得以存續的社會存在著 **AGIL 模式**的**結構**，於是建立了能夠説明**社會整體**的**一般理論**（結構功能論 P129）。後來他的**理論**（社會系統論 P140）被**莫頓**、**魯曼**等人傳承下去。

以家庭等
小團體為例，
負責賺錢的人（A）
與決定家中
規則的人（I）
兼任父親和母親
帕森斯

社會系統論

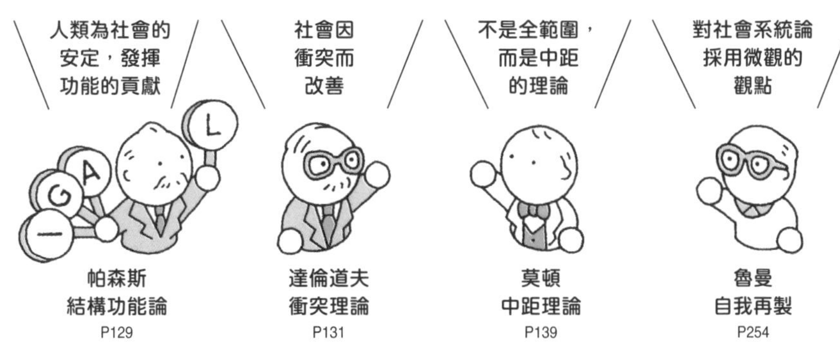
人類為社會的
安定，發揮
功能的貢獻
社會因
衝突而
改善
不是全範圍，
而是中距
的理論
對社會系統論
採用微觀的
觀點
帕森斯
結構功能論
P129
達倫道夫
衝突理論
P131
莫頓
中距理論
P139
魯曼
自我再製
P254

▶120
帕森斯

結構功能論

Structural Functionalism

文　獻 《經濟與社會》（帕森斯／史美舍）

備　註 帕森斯結構功能論的「結構」是指 AGIL 模式，李維史陀（P159）結構主義的「結構」主要是指交換的習慣（文化）。

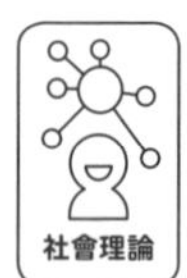
社會理論

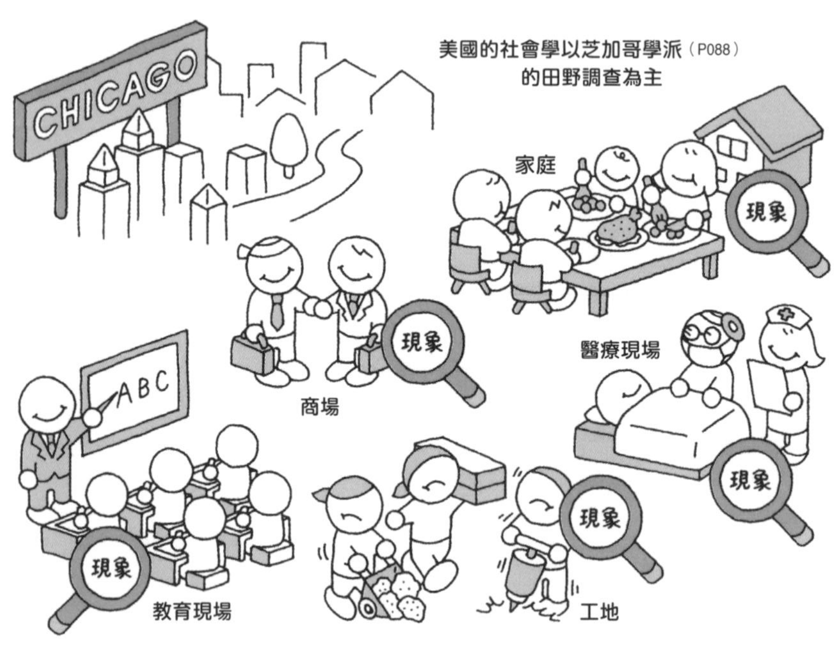
CHICAGO
美國的社會學以芝加哥學派（P088）的田野調查為主
家庭
現象
商場
現象
醫療現場
ABC
現象
現象
現象
現象
教育現場
工地

二十世紀初的美國社會學以觀察人們的生活、直接訪問人們的**社會調查**為主。這種方法可以呈現實際發生的個別**現象**（事實），卻無法用**一個理論**說明那些現象發生的原因。

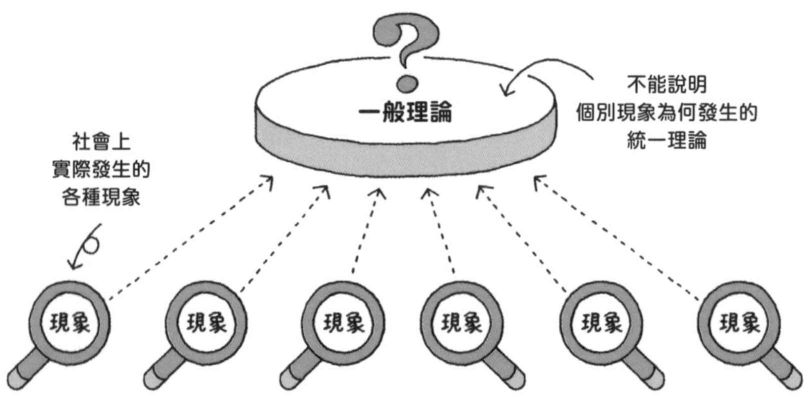
一般理論
不能說明個別現象為何發生的統一理論
社會上實際發生的各種現象
現象
現象
現象
現象
現象
現象

於是，**帕森斯**建立了貫通所有社會現象的**一般理論（鉅型理論）**，也就是**AGIL 模式**（P126）。所有的社會現象或人們之間的互動都是為了維持這個**模式**而存在。

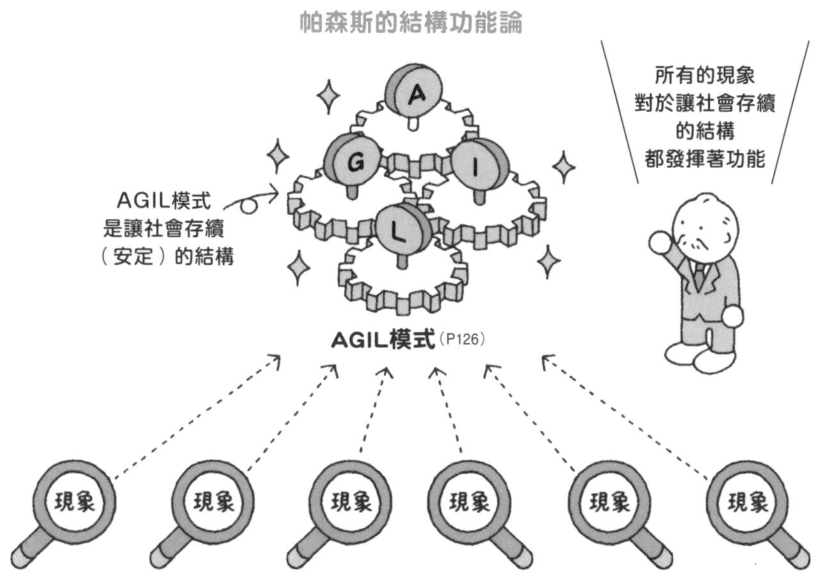

帕森斯的結構功能論
所有的現象
對於讓社會存續
的結構
都發揮著功能
A
G
I
L
AGIL模式
是讓社會存續
（安定）的結構
AGIL模式（P126）
現象
現象
現象
現象
現象
現象

社會存在著**穩固**（沒有變化）的**結構**（帕森斯的 AGIL 模式），所有的社會現象與互動都是為了維持這個結構而發揮**功能**，這樣的想法稱為**功能論**。在強調**帕森斯**的**功能論**時，特別會用**結構功能論**一詞。。 129

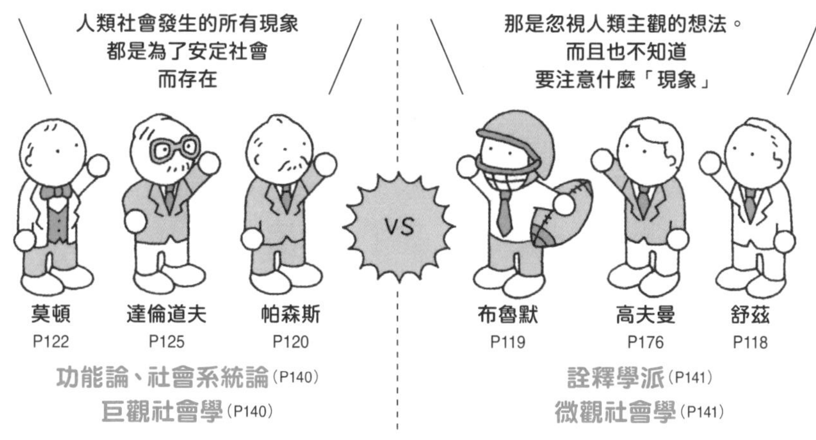

人類社會發生的所有現象
都是為了安定社會
而存在
那是忽視人類主觀的想法。
而且也不知道
要注意什麼「現象」
VS
莫頓
P122
達倫道夫
P125
帕森斯
P120
布魯默
P119
高夫曼
P176
舒茲
P118
功能論、社會系統論（P140）
巨觀社會學（P140）
詮釋學派（P141）
微觀社會學（P141）

功能論的理論是以客觀的角度掌握社會，可說是科學。不過，**詮釋學派**（P141）主張「功能論忽視人類的主觀性」，後來與**功能論**形成對立。

125
達倫道夫

衝突理論

Conflict Theory

文　獻　《離開烏托邦》

備　註　衝突理論可說是配合這個時代的社會，將馬克思的階級鬥爭論（P043）與韋伯的權力論（P076）結合的理論。

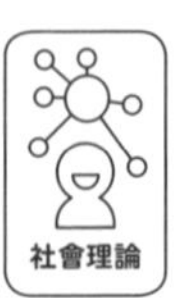
社會理論

帕森斯基於**結構功能論**，將社會秩序的**安定**視為重要課題。可是**達倫道夫**認為，社會的安定不但會維持有權力者與無權力者的關係，還會演變為權力的失控。

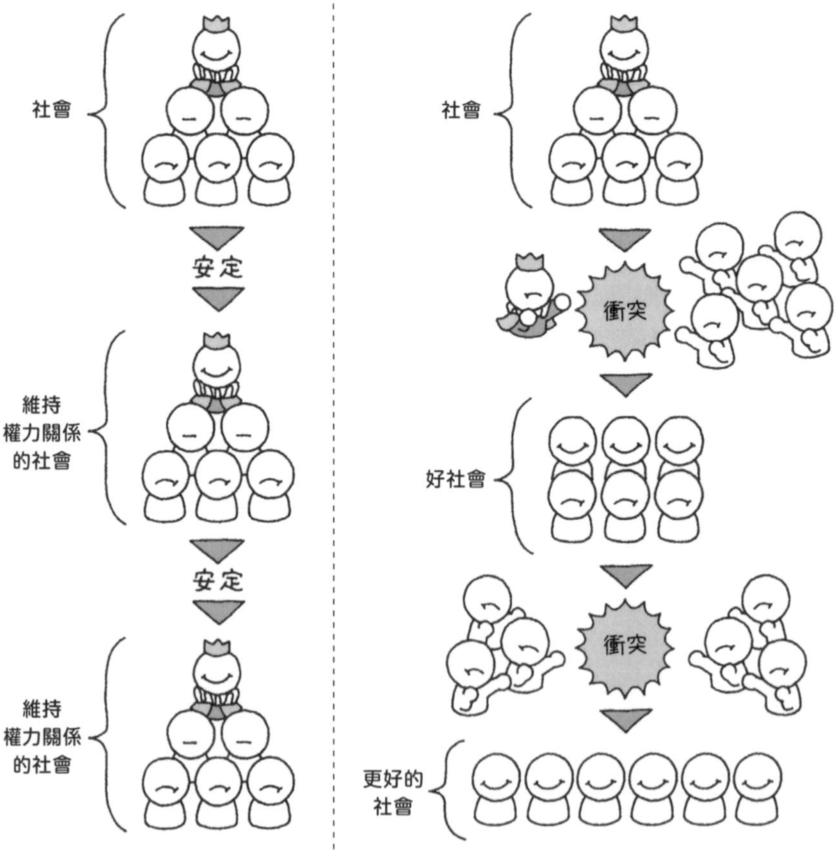

社會

安定

維持權力關係的社會

安定

維持權力關係的社會

社會

衝突

好社會

衝突

更好的社會

帕森斯：擾亂社會安定的衝突是不好的要素

VS

達倫道夫：衝突會讓社會獲得改善

達倫道夫關注於看似威脅社會平衡的**衝突（抗爭、對立）**的重要性。無權力者對抗有權力者，就能要求有權力者進行修正。像是透過資本家與勞工的對立**衝突**，社會將產生**變化**、獲得**改善**，這種想法稱為**衝突理論**。

衝突使社會進步
福祉！
人權！
福祉
人權
國家
衝突
國民
加薪！
工資
罷工
企業
衝突
勞工
防止權力的
失控與腐敗！
我們要檢視
執政黨的行為
大眾傳媒
衝突
執政黨
執政黨
衝突
在野黨
在野黨
成為更好
的社會

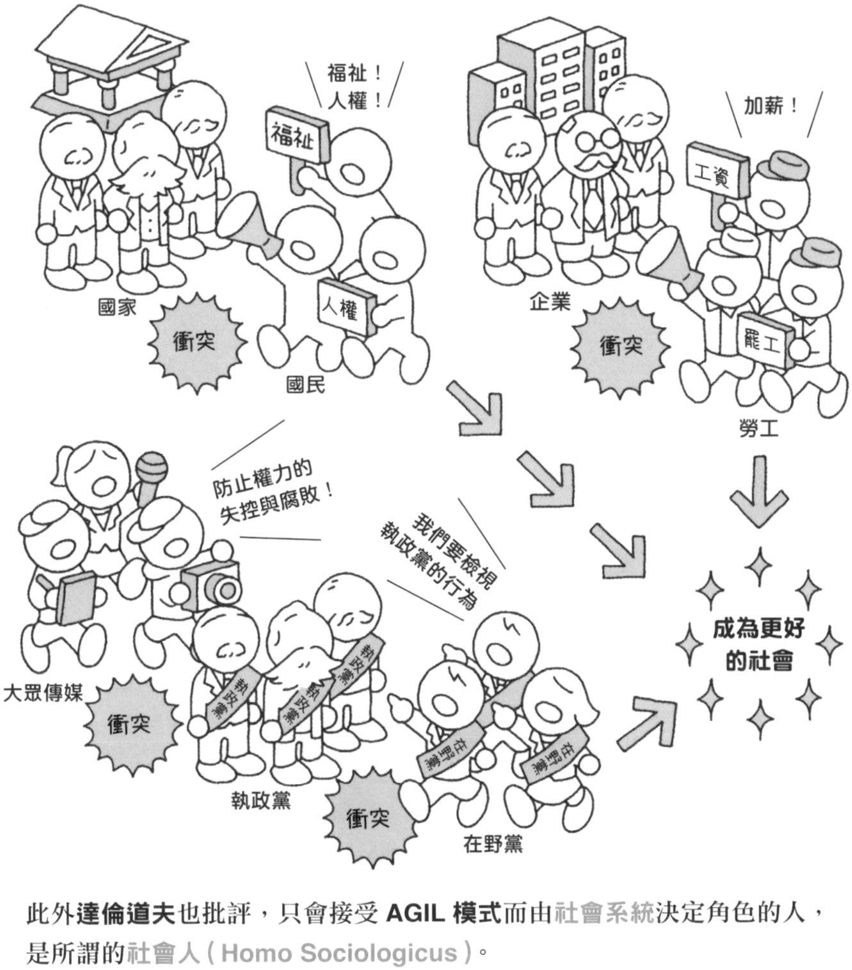

此外**達倫道夫**也批評，只會接受 **AGIL 模式**而由**社會系統**決定角色的人，是所謂的**社會人（Homo Sociologicus）**。

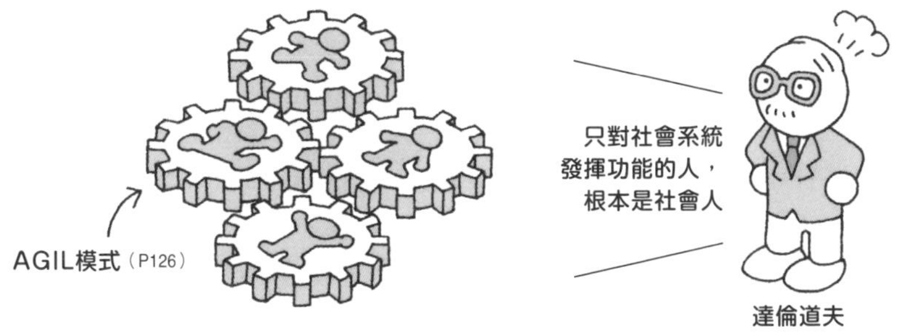
只對社會系統
發揮功能的人，
根本是社會人
AGIL模式（P126）
達倫道夫

▶122
莫頓

正功能｜反功能
Function｜Dysfunction

意　義　適應社會的功能是正功能，不適應社會的功能是反功能。

文　獻　《社會理論與社會結構》

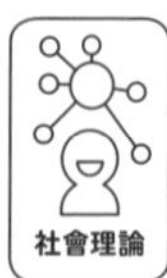

社會理論

科層體制的正功能與反功能

正功能
正面的功能

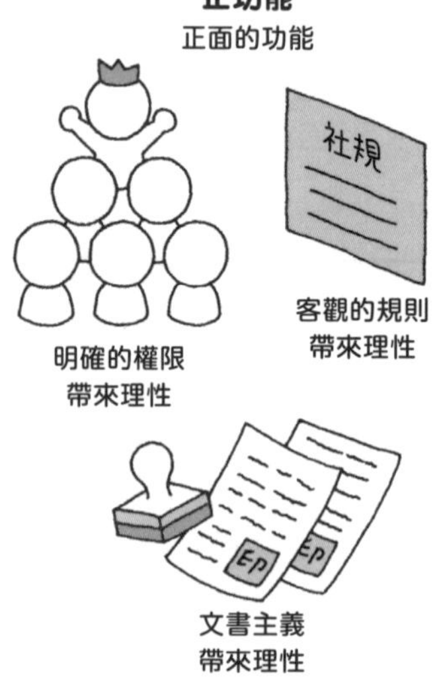

社規
明確的權限帶來理性
客觀的規則帶來理性
文書主義帶來理性

反功能
負面的功能

聽我的話！
絕對聽從上司的意見
公司規定6點下班
絕對遵從規則或制度
產生無意義的工作

132

新製品的正功能與反功能

正功能

好開心！
好用！
方便！
世界變得寬廣

反功能

過度依賴
停止思考
事故
運動不足

帕森斯（P120）認為社會中的各種現象或人們的行動是讓社會系統存續的**功能（作用）**，稱為**功能論**（P129）。同樣站在**功能論**立場的**莫頓**指出，功能分為有助於社會的正功能，以及對社會產生負面效果的反功能。

社會學關注反功能
莫頓

▶122
莫頓

顯功能｜隱功能

Manifest Function｜Latent Function

意　義 已知的功能是顯功能，未知且無法預期的功能是隱功能。

文　獻 《社會理論與社會結構》

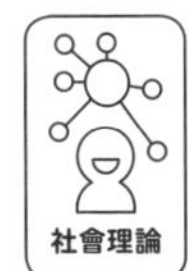
社會理論

新製品的顯功能與隱功能

顯功能
預期的功能

好用！
好快！
方便！
工作變得
很有效率

隱功能
預期外的功能

看起來
很能幹！
好帥氣！
突然覺得
自己
很受歡迎

撿垃圾的顯功能與隱功能

顯功能

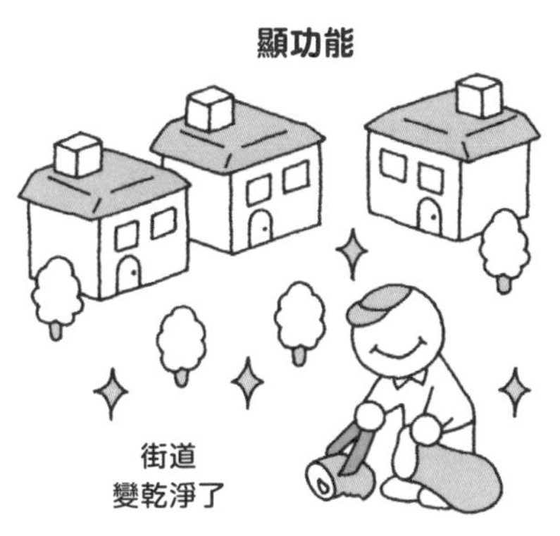
街道
變乾淨了

隱功能

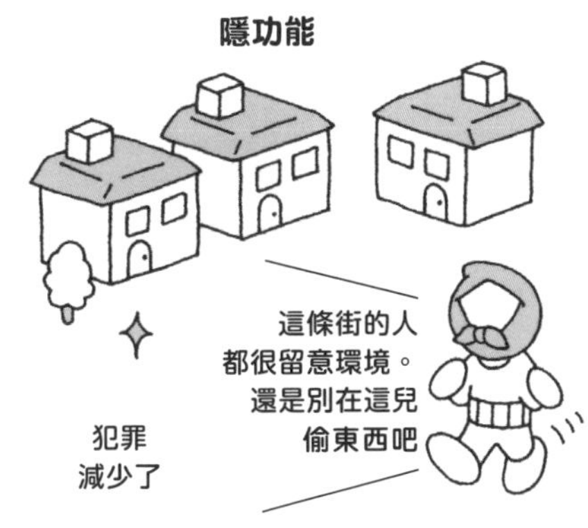
這條街的人
都很留意環境。
還是別在這兒
偷東西吧
犯罪
減少了

人進行某種行為時，出現自己預期的結果，這種作用稱為**顯功能**。反之，若出現預期之外的結果，則稱為**隱功能**。**莫頓**利用**反功能**（P132）與**隱功能**的觀點考察隱藏在社會事象背後的情況。

社會學
關注隱功能

莫頓

▶122
莫頓

參考團體

Reference Group

公共領域
與共同體

意　義　用來比較事物或作為參考依據的他人。

文　獻　《社會理論與社會結構》

備　註　相較於參考團體，實際所屬的團體是隸屬團體。

社會學最重要的概念之一是參考團體。**參考團體**是指，當自己要做出某個決定時，對自己造成強烈影響的人。**參考團體**不只是具體的團體，有時也是某個階層，或是自己未直接隸屬的團體，例如朋友圈、尊敬的名人、「上流階級」等。

參考團體

A同學的
參考團體是
學校的同學

要告訴大家
這個APP

A同學

B先生的
參考團體是
公司的同事

為了
不輸給大家，
我要努力
跑業務

B先生

C小姐的
參考團體是
貴婦名媛

穿這樣的衣服
會被大家笑

C小姐

D先生的
參考團體是
知名科學家

實驗成功！
這樣就能被
大家認同了

D先生

A先生的參考團體是
公司的同事
B先生的參考團體是
經常見面的同伴
你穿那樣
不覺得
丟臉啊！
你穿那樣
不覺得
丟臉啊！
A先生
B先生
A先生的其他
參考團體是社團團員
B先生的其他
參考團體是瑜伽同好

個人隸屬的參考團體價值觀會影響自己的價值觀。
不過，現代人通常隸屬多個參考團體，
做出某種選擇時，依時間和場合會改變參考團體

假設**參考團體**比自己優秀時，心中會產生劣等感，也許會為了追上那些人，萌生向上心。反之，當**參考團體**比自己差時，心中產生優越感，向上心可能因此停滯。

菁英夥伴
參考團體
勝過自己
啊～我
不行了！
普普通通的夥伴
大家程度
差不多
算了，
沒差啦

▶122
莫頓

自我實現的預言

Self-Fulfilling Prophecy

意　義　預言的影響使預言成真。
文　獻　《社會理論與社會結構》
備　註　這個想法日後影響了貝克爾的標籤理論（P194）。

社會理論

雖然沒有確切的根據，有時覺得「〇〇應該很好」，結果真的變得很好，覺得「〇〇很糟糕」，結果真的變得很糟糕。

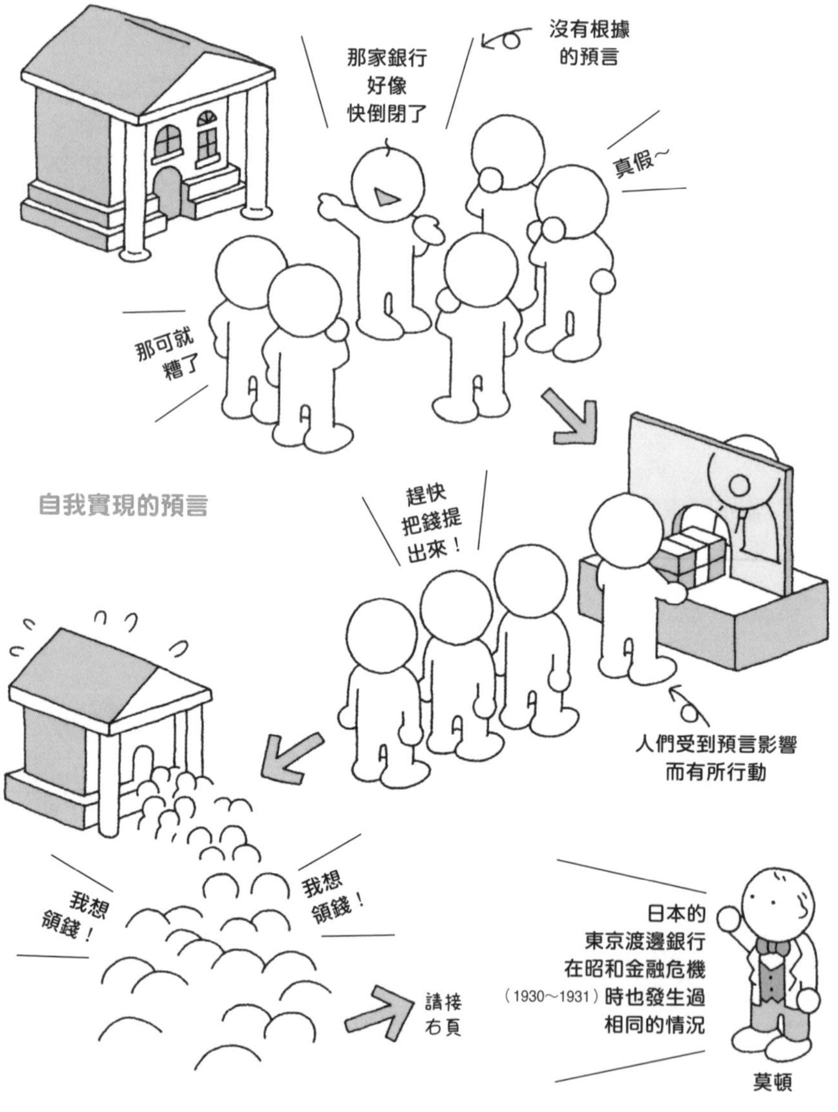

那家銀行好像快倒閉了

沒有根據的預言

真假～

那可就糟了

自我實現的預言

趕快把錢提出來！

人們受到預言影響而有所行動

我想領錢！

我想領錢！

日本的東京渡邊銀行在昭和金融危機（1930～1931）時也發生過相同的情況

莫頓

請接右頁

接續
董事長
天啊～！
銀行
沒錢了
銀行員
破產
結果銀行
真的倒閉了

這是人類世界特有的現象，自然界並不會發生。**預測**哈雷彗星的軌道對哈雷彗星運行不會造成任何影響；然而人類有時會因為他人或自己的**預言**決定行動。結果發生符合**預言**的情況，這稱為**自我實現的預言**。

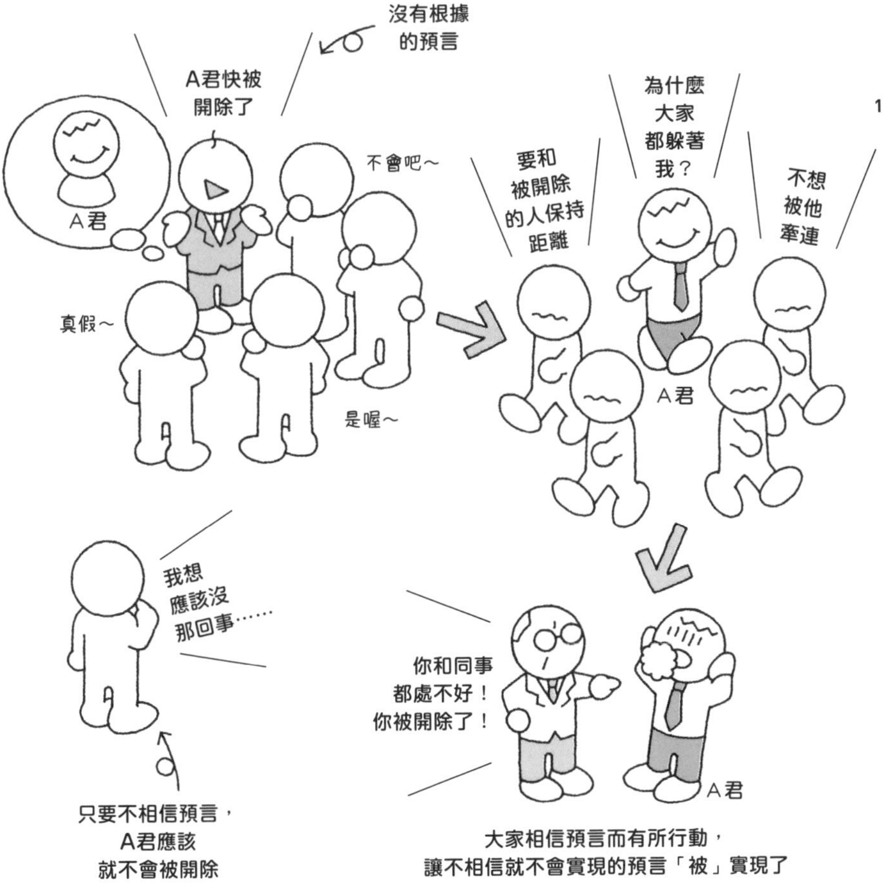

沒有根據
的預言
A君快被
開除了
A君
不會吧～
真假～
是喔～
要和
被開除
的人保持
距離
為什麼
大家
都躲著
我？
不想
被他
牽連
A君
我想
應該沒
那回事……
只要不相信預言，
A君應該
就不會被開除
你和同事
都處不好！
你被開除了！
A君
大家相信預言而有所行動，
讓不相信就不會實現的預言「被」實現了

▶122
莫頓

中距理論

Middle-Range Theory

意　義　介於個別的實證研究與綜合理論之間的理論。中距是指介於微觀與巨觀、具象與抽象之間的意思。
備　註　莫頓認同「社會決定人類的行為」的功能論（P129）基本概念。

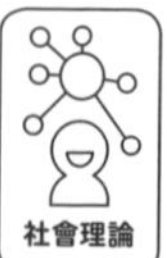

社會理論

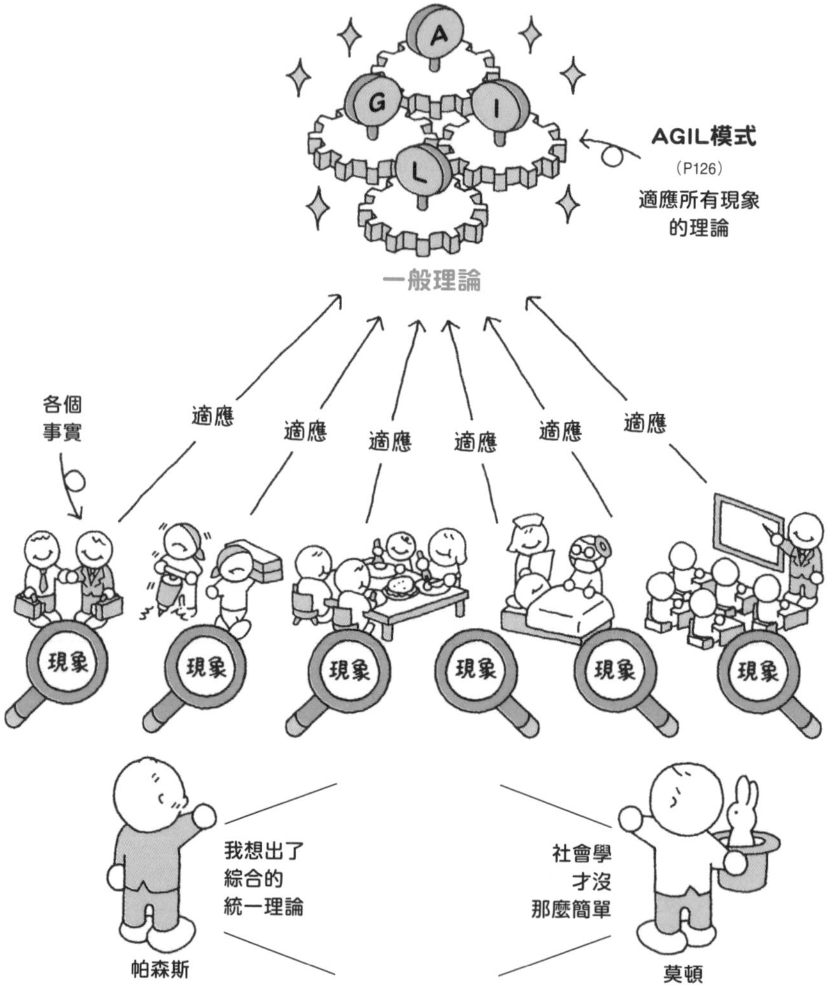

AGIL模式
（P126）
適應所有現象的理論

一般理論

各個事實

適應　適應　適應　適應　適應　適應

現象　現象　現象　現象　現象　現象

我想出了綜合的統一理論

帕森斯

社會學才沒那麼簡單

莫頓

帕森斯試圖以一個理論說明各種社會現象如何存在於世上（結構功能論P129），那就是**AGIL模式**（P126）。但**莫頓**認為建立那種抽象的**一般理論（鉅型理論）**，對考察實際發生的個別現象（事實）沒有幫助。

莫頓心想既然身為社會學家，就要建立能夠經受實證研究的**中距理論**。這裡所說的**中距**是指，介於**抽象的一般理論**與**具體的個別事實之間**的意思。

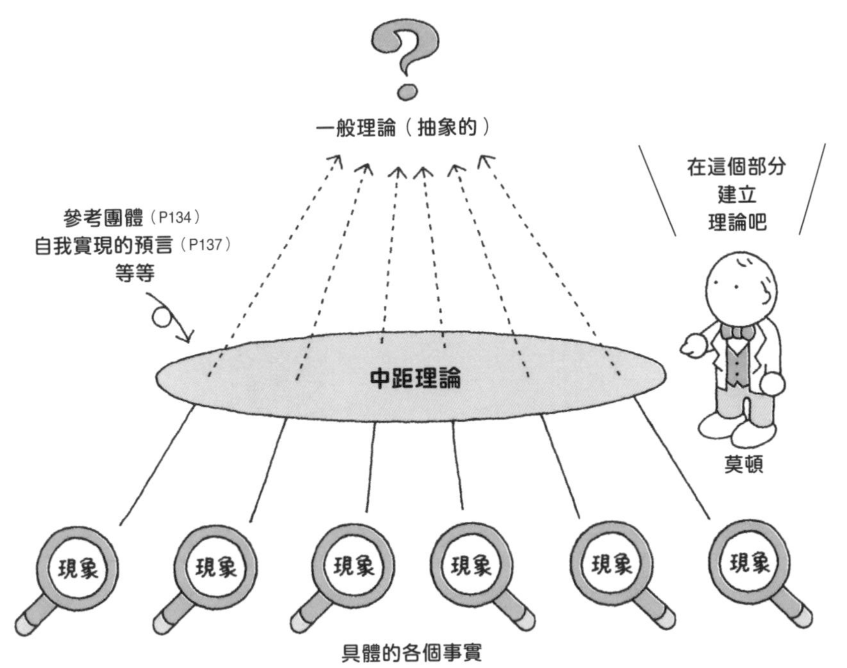
一般理論（抽象的）
參考團體（P134）
自我實現的預言（P137）
等等
中距理論
在這個部分
建立
理論吧
莫頓
現象
現象
現象
現象
現象
現象
具體的各個事實

莫頓將**參考團體**（P134）與**自我實現的預言**（P137）等作為**中距理論**的例子。他說這樣的理論對解決現實中發生的個別問題有**實際**的幫助。

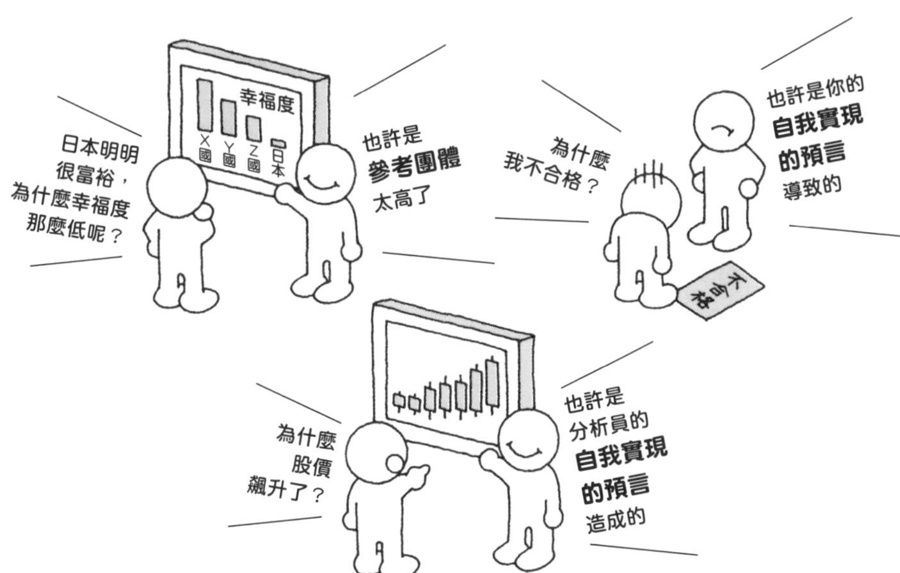
幸福度
X國
Y國
Z國
日本
日本明明
很富裕，
為什麼幸福度
那麼低呢？
也許是
參考團體
太高了
為什麼
我不合格？
也許是你的
自我實現
的預言
導致的
不合格
為什麼
股價
飆升了？
也許是
分析員的
自我實現
的預言
造成的

▶120
帕森斯等人

巨觀社會學

Macrosociology

備　註　在福特主義（P094）的時代，民眾共同擁有相同的價值觀，認為貢獻社會有助於自己與社會。帕森斯的結構功能論等社會系統論在這樣的背景下進入全盛時期。

社會理論

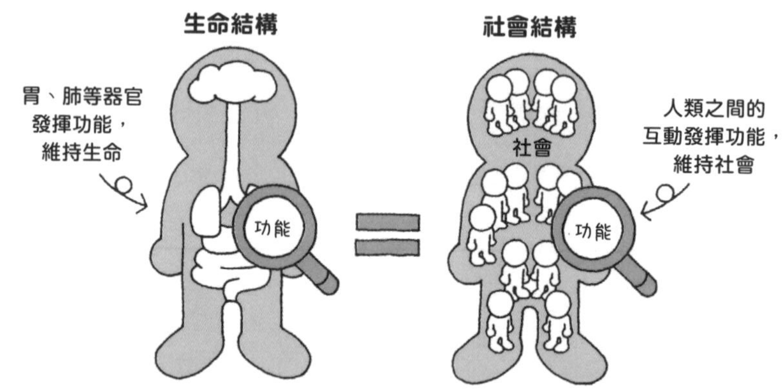
生命結構
社會結構
胃、肺等器官發揮功能，維持生命
功能
社會
功能
人類之間的互動發揮功能，維持社會

將社會視為一個生命系統，考察其結構就是社會系統論

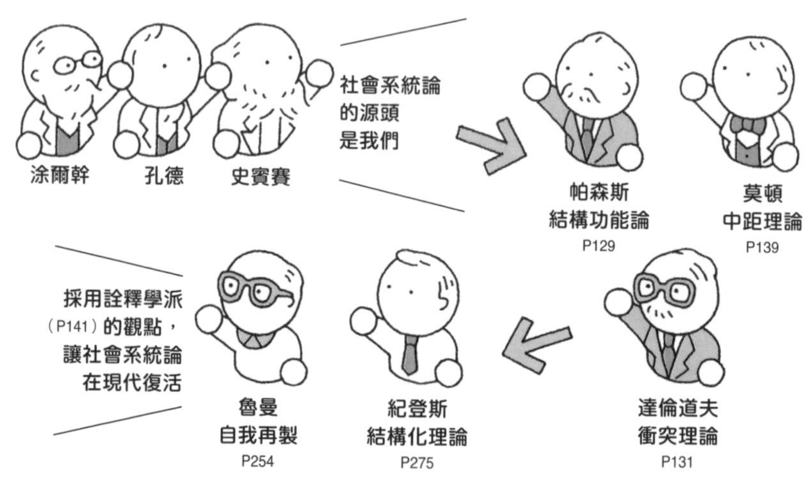
涂爾幹
孔德
史賓賽
社會系統論的源頭是我們
帕森斯
結構功能論
P129
莫頓
中距理論
P139
採用詮釋學派（P141）的觀點，讓社會系統論在現代復活
魯曼
自我再製
P254
紀登斯
結構化理論
P275
達倫道夫
衝突理論
P131

將社會當作**生命結構**般的**系統**（組合）稱為**社會系統論**。就像胃發揮消化**功能**維持生命系統那樣，人們所有的互動發揮**功能**，讓**社會系統存續**，這稱為**功能論**（P129）。**功能論**將社會整體視為**系統**，調查**結構**對人類的行為會造成怎樣的影響，這種社會學亦稱**巨觀社會學**（請一併參閱 P012）。

▶119
布魯默等人

微觀社會學

Microsociology

備　註 從福特主義進入後福特主義的時代，個人的價值觀變得多樣化，開始重視各種行為的個人意義，詮釋學派等微觀社會學的勢力逐漸崛起。

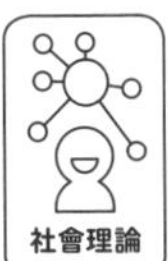
社會理論

意義
意義
意義
意義
意義

考察人類的綜合行為的意義就是詮釋學派

齊美爾
米德
韋伯
詮釋學派
的源頭
就是我們
高夫曼
劇場理論
P198
貝克爾
標籤理論
P194
社會系統論，
特別是結構功能論
有很大的問題
布魯默
符號互動論
P143
舒茲
現象學社會學
P145
葛芬柯
俗民方法學
P147

以客觀角度掌握社會整體結構的**社會系統論**（P140）的確很科學。不過，**詮釋學派**認為不能忽視構成社會的**個人**主觀。人類有別於動物，對各種對象會賦予**意義**（解釋對象），基於那些意義進行互動。**詮釋學派**透過理解那些互動的**意義**掌握社會，這樣的社會學亦稱**微觀社會學**（請一併參閱P012）。

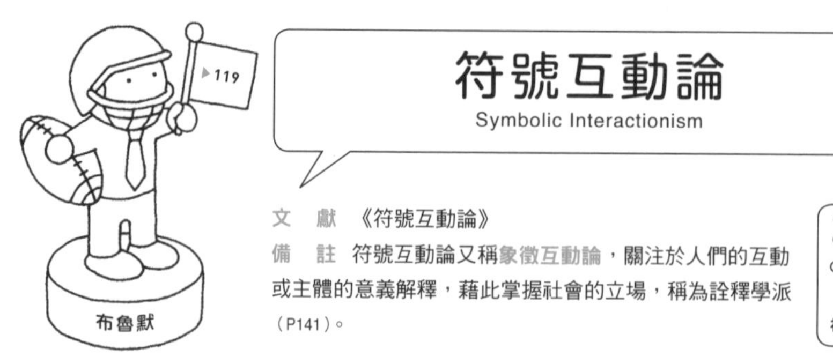

119
布魯默

符號互動論

Symbolic Interactionism

文　獻　《符號互動論》

備　註　符號互動論又稱**象徵互動論**，關注於人們的互動或主體的意義解釋，藉此掌握社會的立場，稱為詮釋學派（P141）。

社會理論

人類會對各種事物**賦予意義**，展開行動。事物的意義並非事先決定，而是從和他人的互動之中導出。那些意義會被不斷重新解釋，進行修正。

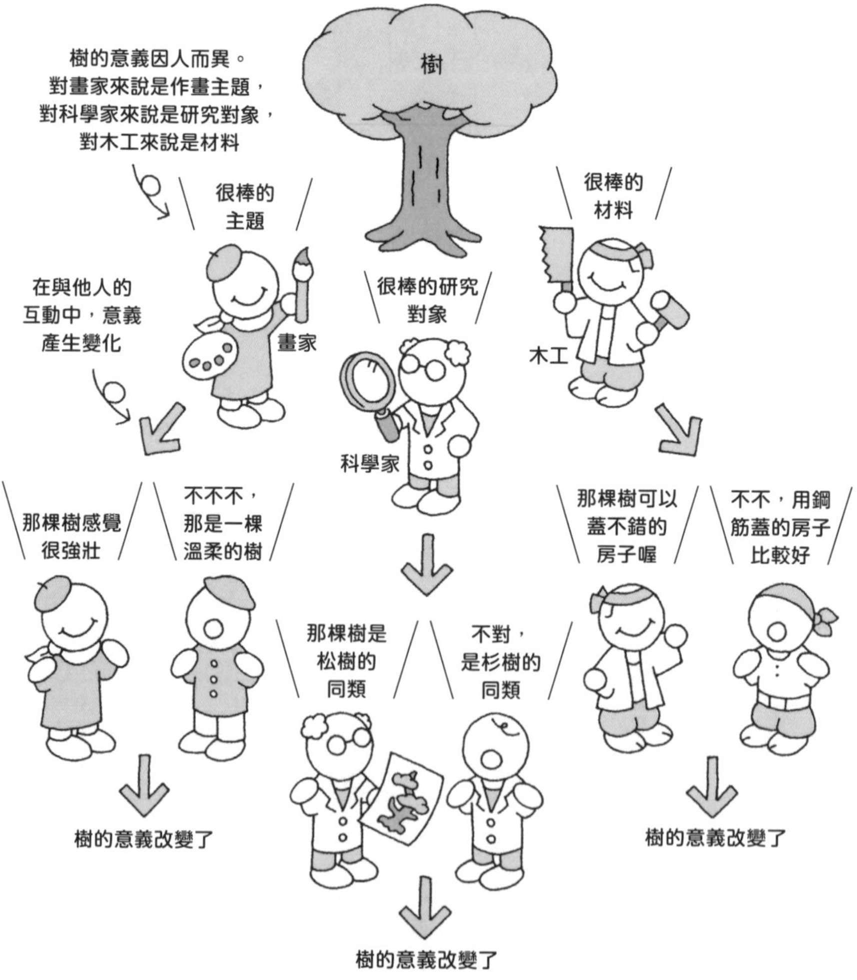

樹

樹的意義因人而異。
對畫家來說是作畫主題，
對科學家來說是研究對象，
對木工來說是材料

很棒的
主題

很棒的
材料

很棒的研究
對象

畫家

科學家

木工

在與他人的
互動中，意義
產生變化

那棵樹感覺
很強壯

不不不，
那是一棵
溫柔的樹

那棵樹是
松樹的
同類

不對，
是杉樹的
同類

那棵樹可以
蓋不錯的
房子喔

不不，用鋼
筋蓋的房子
比較好

樹的意義改變了

樹的意義改變了

樹的意義改變了

人類透過賦予意義（解釋）掌握事物，基於那些意義展開行動。社會是那些行動的集合，
只要意義發生變化，社會也會跟著變化

布魯默的**符號互動論**認為，社會不是由穩固的特定價值建立，而是藉由人類的主體解釋不斷修正事物**意義**的過程。

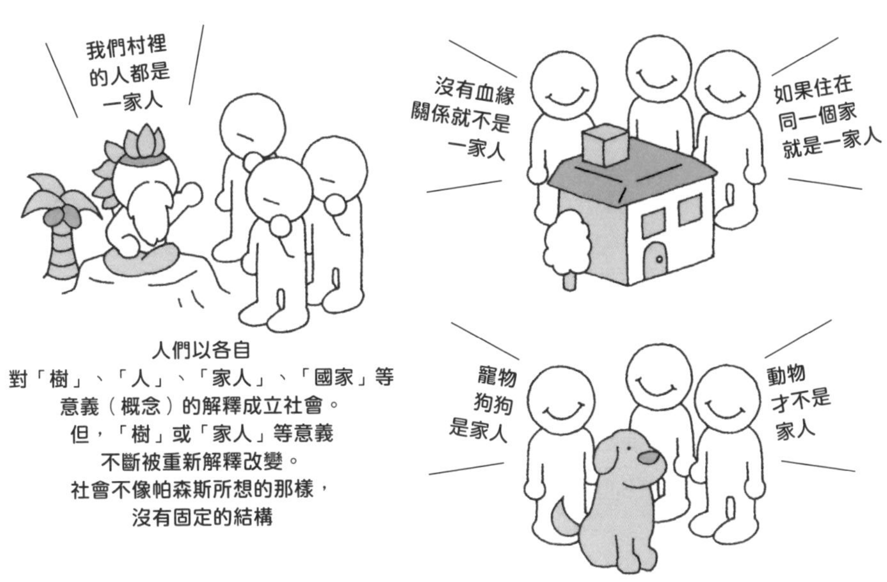
我們村裡
的人都是
一家人
沒有血緣
關係就不是
一家人
如果住在
同一個家
就是一家人
寵物
狗狗
是家人
動物
才不是
家人

人們以各自
對「樹」、「人」、「家人」、「國家」等
意義（概念）的解釋成立社會。
但，「樹」或「家人」等意義
不斷被重新解釋改變。
社會不像帕森斯所想的那樣，
沒有固定的結構

帕森斯的**結構功能論**（P129）主張，社會擁有**不會變化**的特定**結構**（AGIL 模式 P126），為了維持結構，人們會有所行動。相較之下，**符號互動論**則是主張人們對各種對象**賦予意義**，基於那些**意義**展開行動，形成社會。並非社會規定人類的行動，是人類自主成立社會，並且使其發生變化。

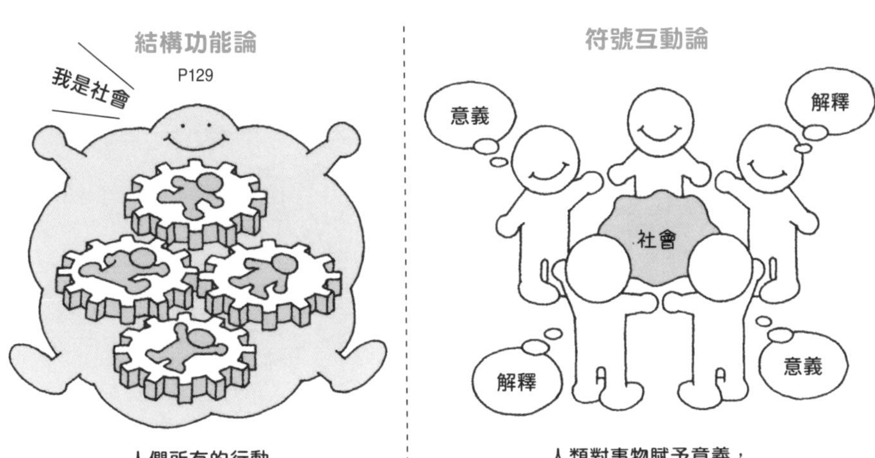
結構功能論
P129
我是社會
符號互動論
意義
解釋
社會
解釋
意義

人們所有的行動
都是為了維持社會結構而存在。
也就是說，社會規定人類的行動

人類對事物賦予意義，
根據那些意義展開行動，成立社會。
換言之，人類的行動持續創造社會

▶118
舒茲

現象學社會學
Phenomenological Sociology

文　獻　《社會世界的意義建構》

備　註　現象學社會學是從德國哲學家胡塞爾（1859～1938）的現象學衍生出來，以關注互動或主體的意義解釋來掌握社會的立場，稱為詮釋學派（P141）。

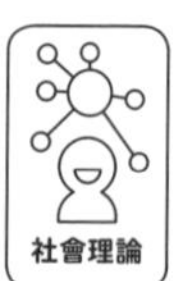
社會理論

假如眼前有蘋果，我們會想「有蘋果」。不過，能將「有蘋果」這件事當作事實確信的根據，只存在於自己的**意識**之中。意識之外的客觀世界是否真的「有蘋果」就不得而知了。

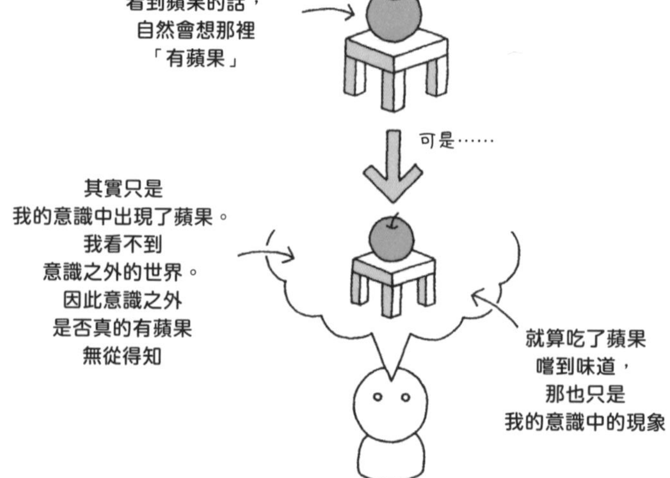
看到蘋果的話，
自然會想那裡
「有蘋果」
可是……
其實只是
我的意識中出現了蘋果。
我看不到
意識之外的世界。
因此意識之外
是否真的有蘋果
無從得知
就算吃了蘋果
嚐到味道，
那也只是
我的意識中的現象

因此，也可說世界只存在於意識之中。從這樣的觀點思考現實世界如何構成，就是**現象學**。

換言之，
世界只存在於
我的意識之中

舒茲說，社會並非與我們的意識無關的客觀存在。因為我們的意識共有的認知創造「現實」，所以掌握到社會的存在，此稱為**現象學社會學**。

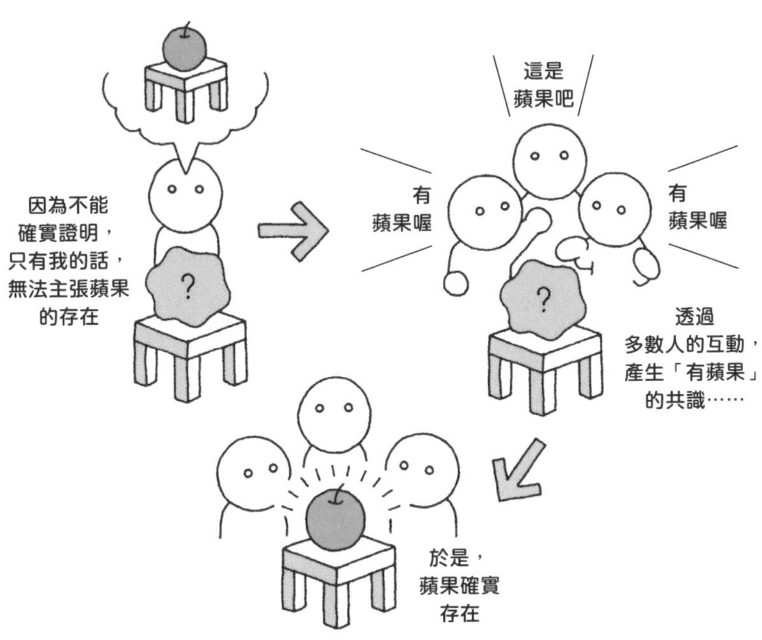

因為不能
確實證明，
只有我的話，
無法主張蘋果
的存在
這是
蘋果吧
有
蘋果喔
有
蘋果喔
透過
多數人的互動，
產生「有蘋果」
的共識……
於是，
蘋果確實
存在

倘若這個想法正確，沒有我與他人的關係，世界就不存在於現實。

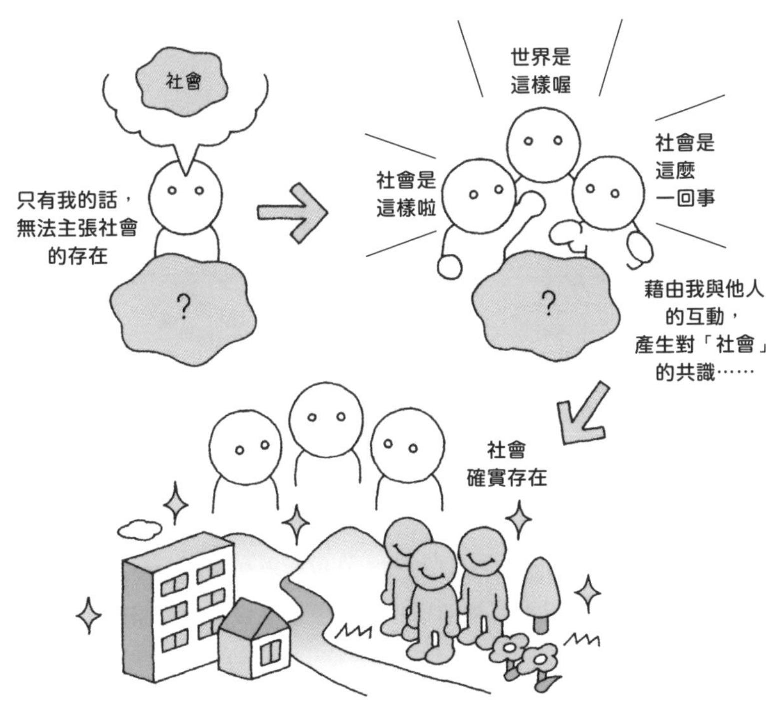

社會
只有我的話，
無法主張社會
的存在
世界是
這樣喔
社會是
這樣啦
社會是
這麼
一回事
藉由我與他人
的互動，
產生對「社會」
的共識……
社會
確實存在

▶125
葛芬柯

俗民方法學

Ethnomethodology

意　義　社會成員（ethno）使用的方法學（methodology）。

文　獻　《俗民方法學》

備　註　俗民方法學受到現象學社會學（P145）和語言遊戲（P153）的影響。

社會理論

葛芬柯和**舒茲**（P118）一樣，認為社會是因人類的**共識**而成立（現象學社會學P145），**葛芬柯**親自進行了各個社會之共識的具體調查。

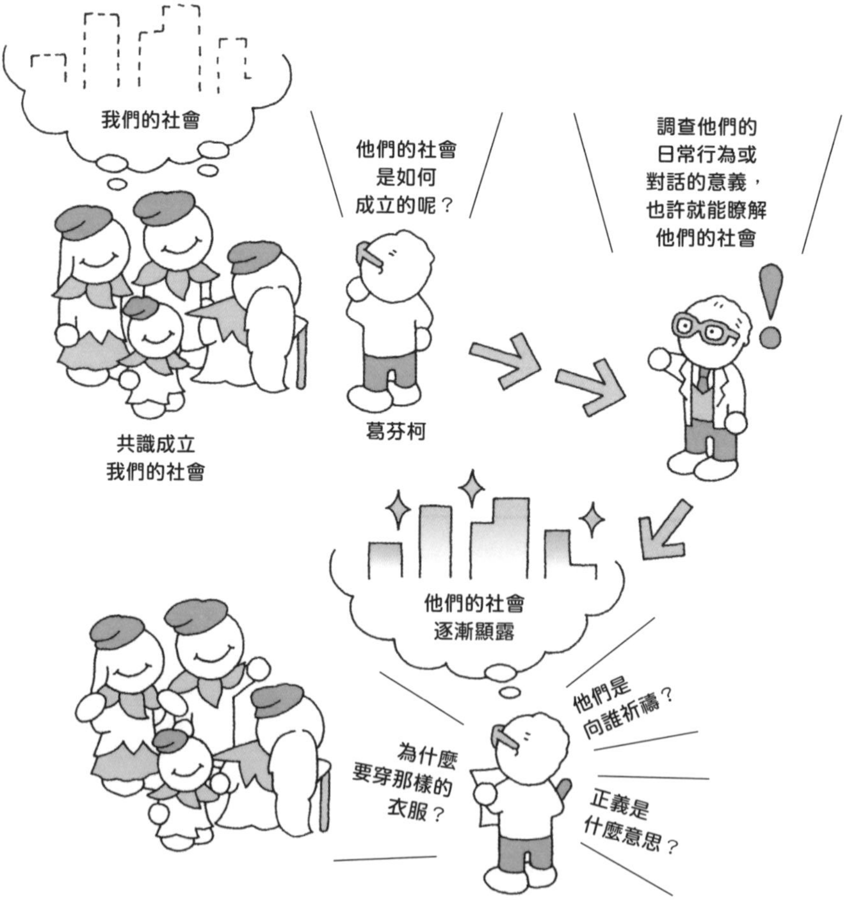

我們的社會
他們的社會
是如何
成立的呢？
調查他們的
日常行為或
對話的意義，
也許就能瞭解
他們的社會
共識成立
我們的社會
葛芬柯
他們的社會
逐漸顯露
他們是
向誰祈禱？
為什麼
要穿那樣的
衣服？
正義是
什麼意思？

例如，對醫療現場的醫師而言，「健康」是指怎樣的狀態？對教育現場的教師而言，「好學生」是指怎樣的學生？只要透過實際調查釐清，就能接近他們的共識。

居酒屋
我們公司是好公司喔！
這個情況的好公司是指休假多的公司
這個情況的好公司是指地位高的公司
下次要和好公司的人聯誼唷！
同樣都是「好公司」，在不同的社會，意義也變得不同
我們公司是好公司喔！
這個情況的好公司是指友善環境的公司
新商品
這家公司是好公司
這個情況的好公司是指股價高的公司
○×證券

人們的**行為或對話**（語言）**的方法**依所屬社會而異（語言遊戲 P153）。**既然如此，葛芬柯**認為**只要調查人們習以為常的對話或行為的方法**（調查共識），就能看到人們所屬社會的本質。基於這種**想法的對話或行動的分析**稱為**俗民方法學**，至今依然盛行。

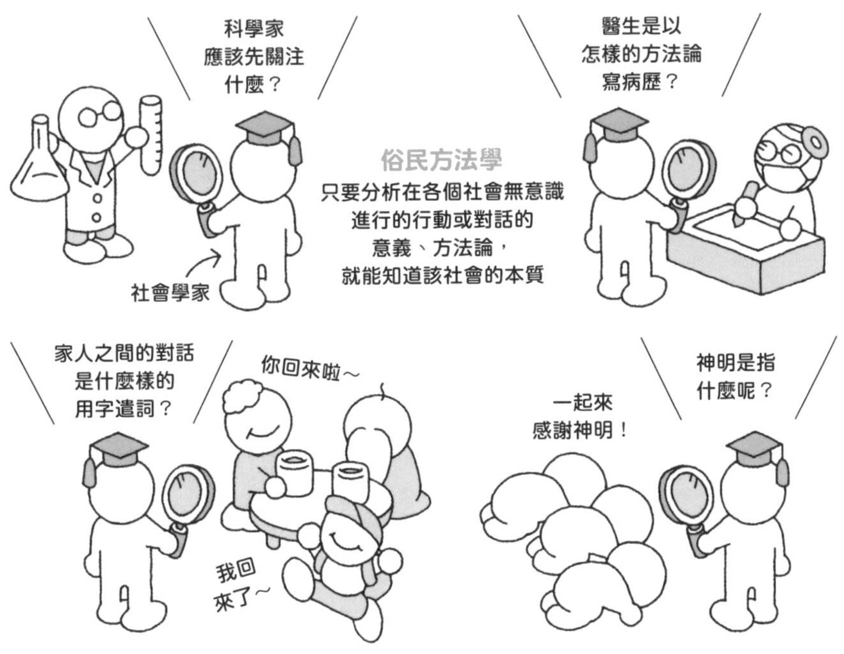
科學家應該先關注什麼？
醫生是以怎樣的方法論寫病歷？
俗民方法學
只要分析在各個社會無意識進行的行動或對話的意義、方法論，就能知道該社會的本質
社會學家
家人之間的對話是什麼樣的用字遣詞？
你回來啦～
我回來了～
一起來感謝神明！
神明是指什麼呢？

▶119
拉薩斯菲爾德

意見領袖

Opinion Leader

文　獻　《個人的影響力》（E．卡茨（1926～）／拉薩斯菲爾德）

備　註　意見領袖的概念再度顯示了初級團體（P097）的重要性。

媒介與媒體

拉薩斯菲爾德認為大眾傳媒的資訊與其說是直接傳達給人們，不如說是透過**意見領袖**，傳送給不太關心資訊的人們。這稱為**溝通的兩階段流程**。

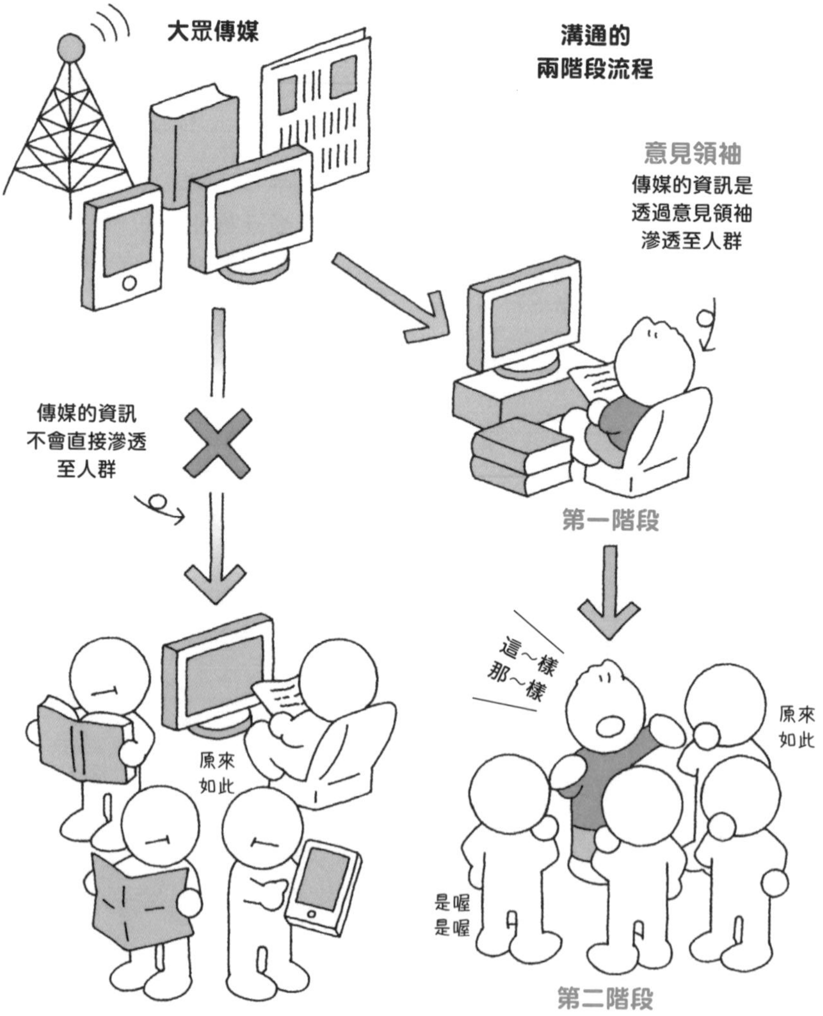

大眾傳媒

溝通的兩階段流程

意見領袖
傳媒的資訊是透過意見領袖滲透至人群

傳媒的資訊不會直接滲透至人群

原來如此

第一階段

這～樣那～樣

原來如此

是喔是喔

第二階段

儘管**間接的人際關係**（次級團體 P097）隨著現代化大量增加，**拉薩斯菲爾德**認為還是**直接面對面對話的同伴**（初級團體 P097）帶給人們較多的影響。若要將媒體的訊息傳達給許多人，**意見領袖的存在**是有必要的。

原來
如此

是喔
是喔

意見領袖在團體內的
社會地位與其他人相同

那個人
很關心
社會

意見領袖對
社會問題的關心
與發言頻率很高

原來
如此

是喔
是喔

意見領袖
在團體中受到信賴

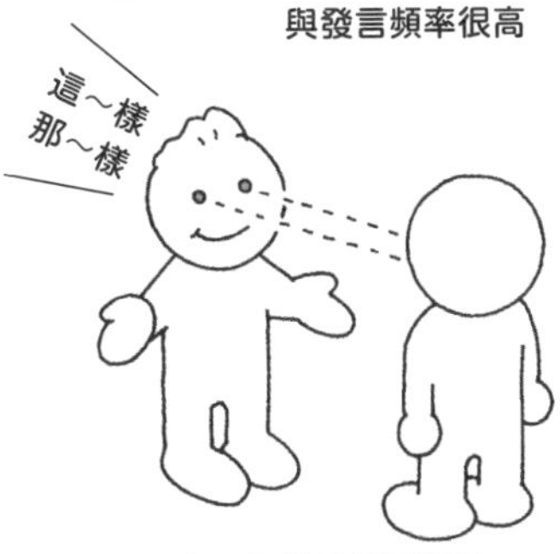

這～樣
那～樣

意見領袖重視面對面、
一對一的對應

意見領袖有時會被政治或企業利用，所以必須對自身的影響力有所自覺。

找他幫忙
宣傳我們的
商品好了
生意人
透過他，
我們的主張
很快就能
擴散出去
政治家

現在追蹤人數多的社群使用者
有時會成為意見領袖，
因此影響力變得更大

▶121
黎士曼

他人導向型

Other-Oriented

意　義　迎合他人的價值觀，這是現代社會（資本主義社會）大眾的性格特色。

文　獻　《寂寞的群眾》

備　註　這個觀點承襲佛洛姆的主張（社會性格 P102）。

自我與互動

黎士曼將構成社會的人類性格分為**三種類型**：遵從共同體傳統的**❶傳統導向型**、脫離共同體，依循自己良心行動的**❷內在導向型**，以及在乎他人對自己的想法，迎合他人的喜好或期待的**❸他人導向型**。

❶傳統導向型

在人口不到一定水準的傳統社會共同體（中世紀以前），
人們將家族或血緣等價值觀當作行動方針

○歲之前結婚
○點起床，○點睡覺
每天祈禱

❷內在導向型

在人口上升的過渡期，人群移動劇烈的初期資本主義社會（資本主義初期～十九世紀），
人們的行動方針不是傳統，而是依賴自己內心的標準

去旅行拓展視野吧！
我想幫助別人，我要成為律師
為了瞭解真理，我得用功念書
LAW
真理
大志

❸他人導向型

在資本主義成熟的現代大都市社會，人們將同時代的他人眼光或評價當作行動方針

天啊～
都沒有人
按讚！
0讚
想過
人人稱羨
的生活
雖然不想
去旅行，
為了衝讚數，
還是去吧
讚！
現在流行
這個啊。
下次
去買吧！

當代人擺脫各種束縛的同時，內心的孤獨感也變得強烈。為了緩和孤獨感，人們變成去迎合他人，追尋大眾傳媒的**他人導向型**。當代可說是**他人導向型**的人在經濟、政治、文化具有很大影響力的**大眾社會**。

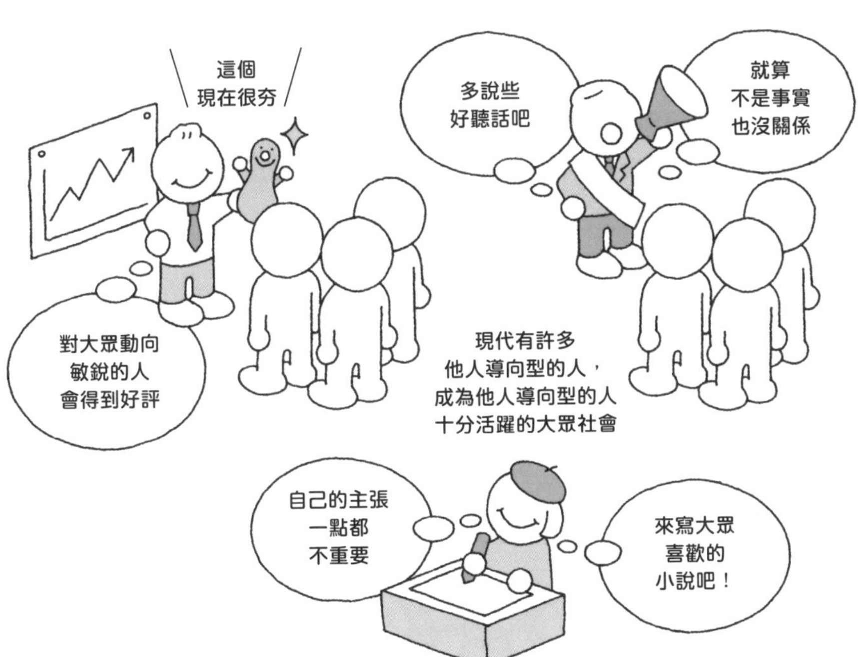
這個
現在很夯
對大眾動向
敏銳的人
會得到好評
多說些
好聽話吧
就算
不是事實
也沒關係
現代有許多
他人導向型的人，
成為他人導向型的人
十分活躍的大眾社會
自己的主張
一點都
不重要
來寫大眾
喜歡的
小說吧！

CROSS
WORD
▶118
維根斯坦

語言遊戲

Language Game

文　獻《哲學研究》

備　註 維根斯坦過去認為事實與語言是一對一的對應（圖像理論），之後改變看法，產生了語言遊戲的想法。

自我與
互動

假設有個**「今天是好天氣喔」**的**陳述**（語言）。如果今天真的是好天氣，這就是正確的陳述，倘若不是，這就是錯誤的陳述。

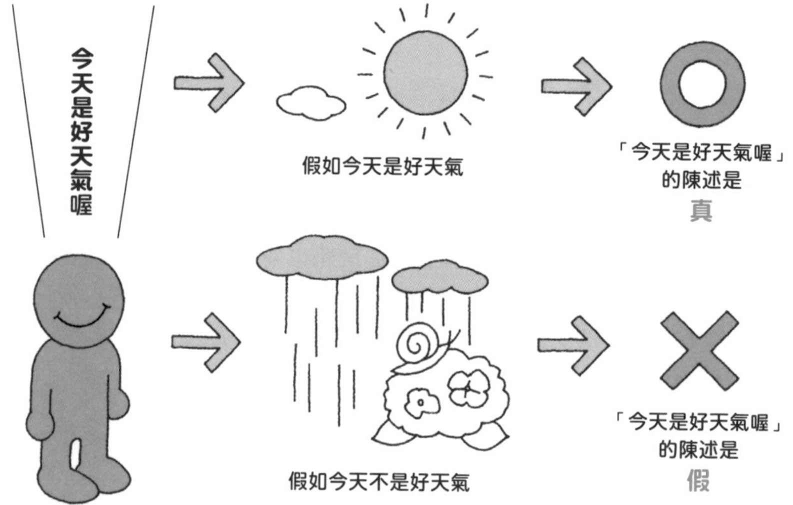
今天是好天氣喔
假如今天是好天氣
「今天是好天氣喔」
的陳述是
真
假如今天不是好天氣
「今天是好天氣喔」
的陳述是
假

但也不能一概而論，因為根據時間或場合，陳述的意思會改變。事實與語言並非總是**一對一**的連結。

「今天是
好天氣喔！」
事實
嘩啦
嘩啦
情人節
沒錯！
語言的意思
依狀況而改變
「今天是好天氣喔」
有時等於「今天有好事發生」
的意思

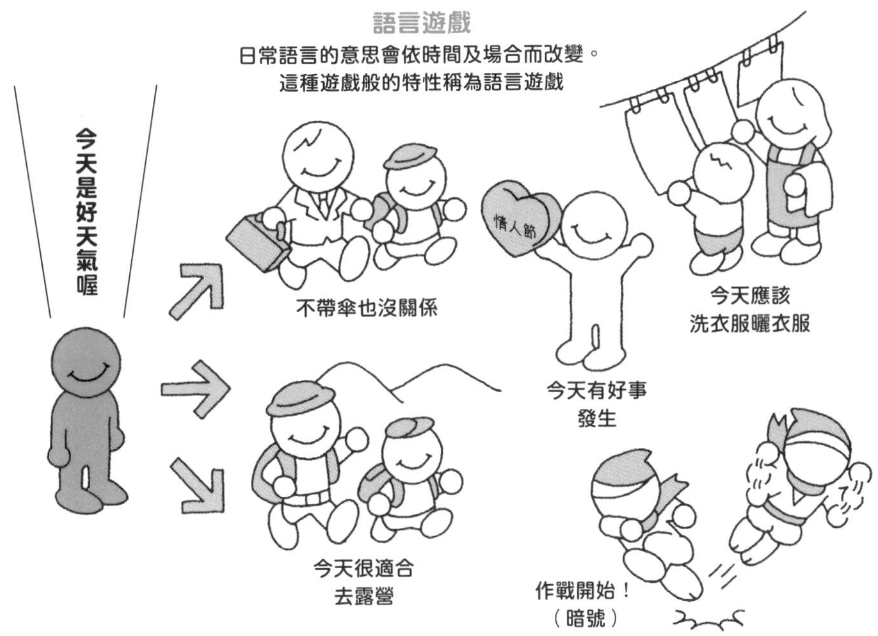
語言遊戲
日常語言的意思會依時間及場合而改變。
這種遊戲般的特性稱為語言遊戲
今天是好天氣喔
不帶傘也沒關係
情人節
今天有好事
發生
今天應該
洗衣服曬衣服
今天很適合
去露營
作戰開始！
（暗號）

我們理解某個語言以及和該語言的意思連結的**規則**後，依循規則行動。這種語言活動的規則只能從日常生活中學習。**維根斯坦**認為社會生活就是參加**語言遊戲**。

「過社會生活」
意指
「參加語言遊戲」

足球賽獲勝

昨天
贏了耶！

對啊～
超棒的

之前一直下雨

總算
停了呢！

就是
說啊！

好久沒去了，
下次去吧！

好喔～

不懂對方的語言是什麼意思
就無法過社會生活。
這種語言遊戲的規則只能實際參與遊戲
（過社會生活）來學習

▶124
米爾斯

權力菁英

Power Elite

秩序與
權力

意　義　在民主社會的背景下，單方面握有權力的支配階級（軍方高層、政府高層、大企業的經營者）。

備　註　米爾斯認為看似民主社會的美國，其實是類似法西斯主義體制的權力結構。

第二次世界大戰後，美國營造出「經濟富足、人民自律的理想民主國家」的形象。

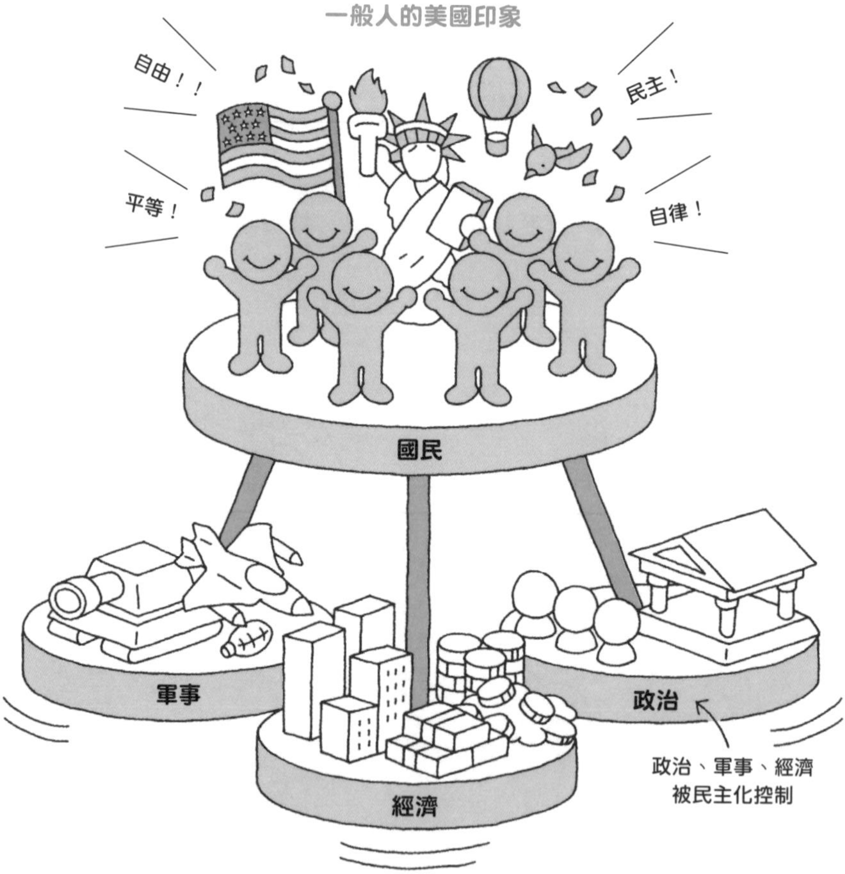

一般人的美國印象

自由！！
民主！
平等！
自律！
國民
軍事
政治
經濟
政治、軍事、經濟
被民主化控制

但實際上，美國是由**經濟**、**軍事**、**政治**三個領域支配階級的**權力菁英**聯手掌權的國家。因此，**米爾斯**主張，看似積極主動的大眾並沒有控制政治的力量。真實的美國是被少數菁英支配的**典型階級社會**。

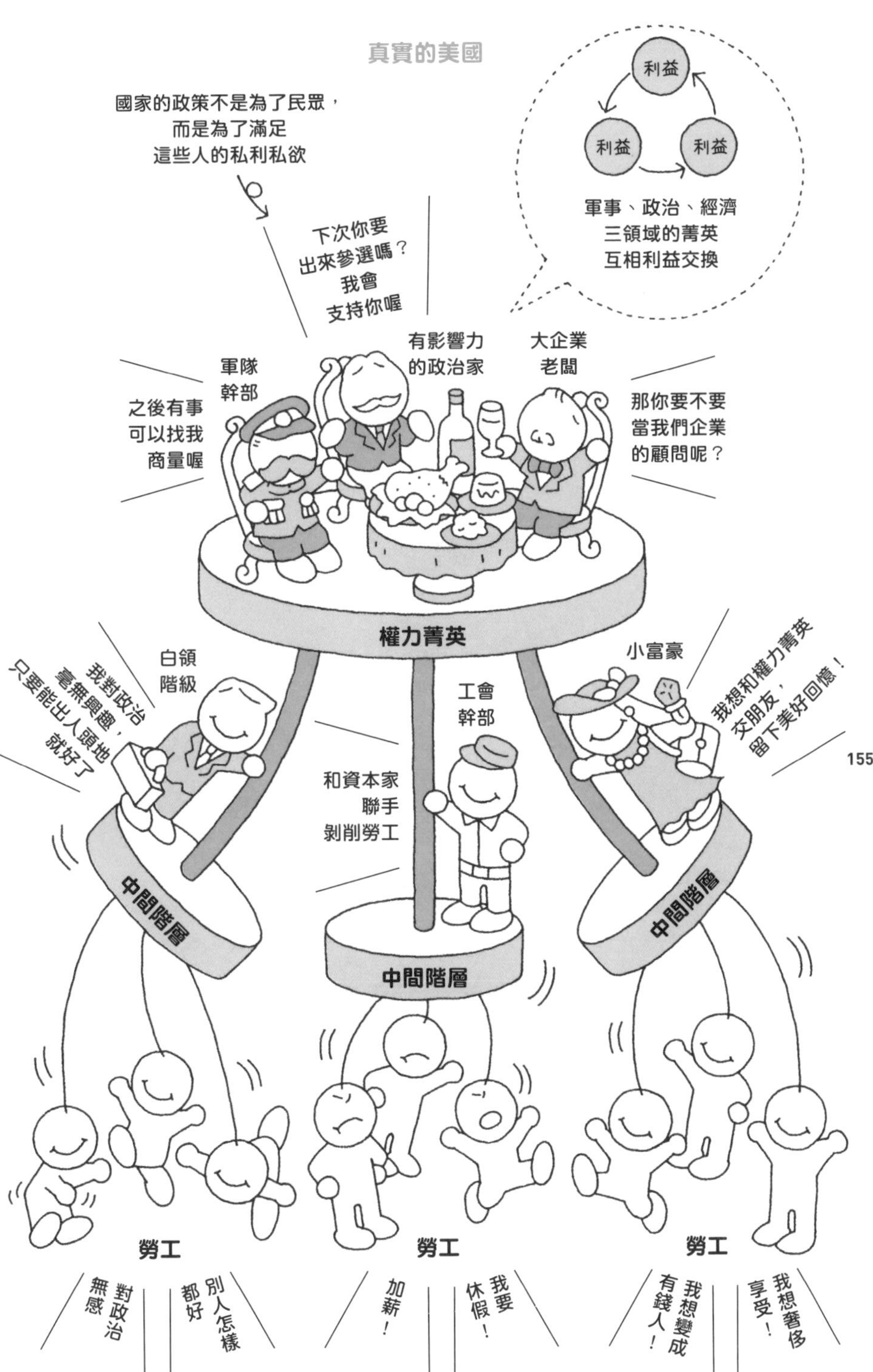
真實的美國
國家的政策不是為了民眾，
而是為了滿足
這些人的私利私欲
利益
利益
利益
軍事、政治、經濟
三領域的菁英
互相利益交換
下次你要
出來參選嗎？
我會
支持你喔
軍隊
幹部
有影響力
的政治家
大企業
老闆
之後有事
可以找我
商量喔
那你要不要
當我們企業
的顧問呢？
權力菁英
白領
階級
我對政治
毫無興趣，
只要能出人頭地
就好了
工會
幹部
和資本家
聯手
剝削勞工
小富豪
我想和權力菁英
交朋友，
留下美好回憶！
中間階層
中間階層
中間階層
勞工
勞工
勞工
對政治
無感
別人怎樣
都好
加薪！
我要
休假！
我想變成
有錢人！
我想奢侈
享受！

米爾斯認為，真實的美國是由貪圖私利私欲的
權力菁英、依附權勢的中間階層（大企業的高層、中小企業的社長等），
以及盲從一切的勞工所構成

▶121
李維史陀

亂倫禁忌

Incest Taboo

文　獻　《親屬的基本結構》

備　註　社會的根本原理是交換（送禮與回禮），從交換的觀點解讀社會的想法稱為社會交換論。

公共領域
與共同體

所有社會都將**近親相姦**（亂倫）視為禁忌。**李維史陀**與「原始社會」的人們共同生活，調查他們社會**亂倫禁忌**的由來。

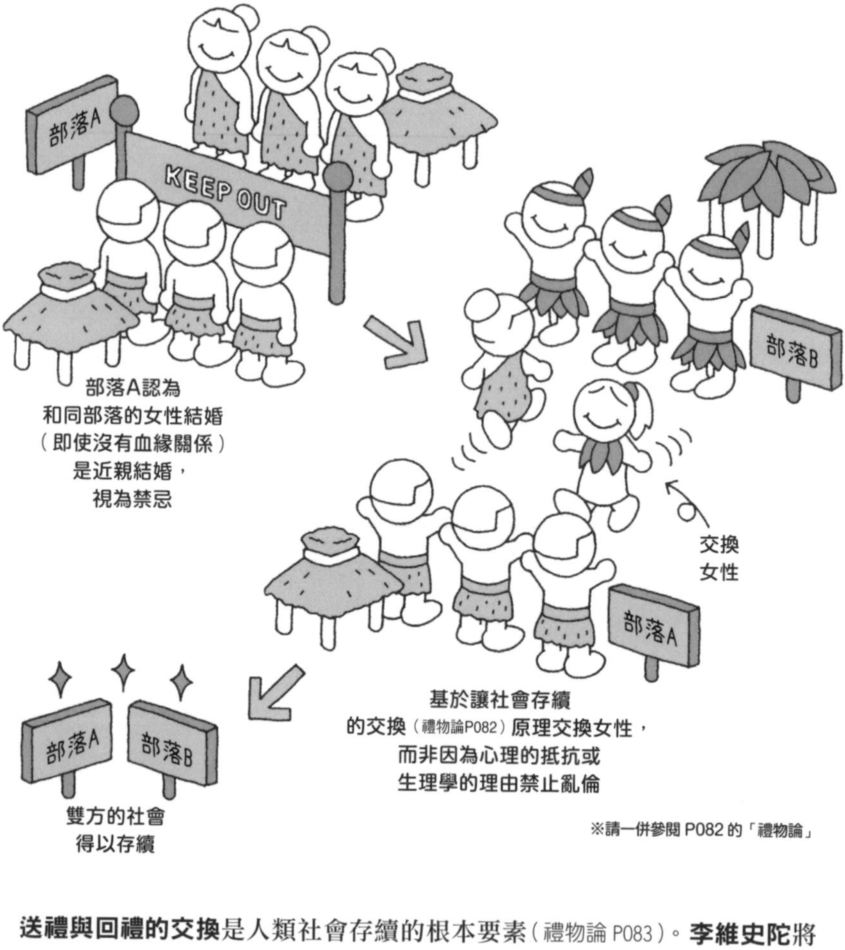

部落A
KEEP OUT
部落B
部落A

部落A認為
和同部落的女性結婚
（即使沒有血緣關係）
是近親結婚，
視為禁忌

交換
女性

基於讓社會存續
的交換（禮物論P082）原理交換女性，
而非因為心理的抵抗或
生理學的理由禁止亂倫

部落A　部落B

雙方的社會
得以存續

※請一併參閱 P082 的「禮物論」

送禮與回禮的交換是人類社會存續的根本要素（禮物論 P083）。**李維史陀**將**婚姻**當作和其他團體之間的「女性交換」。他認為把近親結婚視為**禁忌**，分辨**不可結婚／可結婚的女性**，意味著女性可以當作**交換對象**，分為**送給其他團體／從其他團體送來的女性**。

成為**交換**對象者會被賦予價值，即近親女性因為被送給其他團體（交換）而變得有價值。若是如此，亂倫是阻礙交換運作的行為，應該視為禁忌。

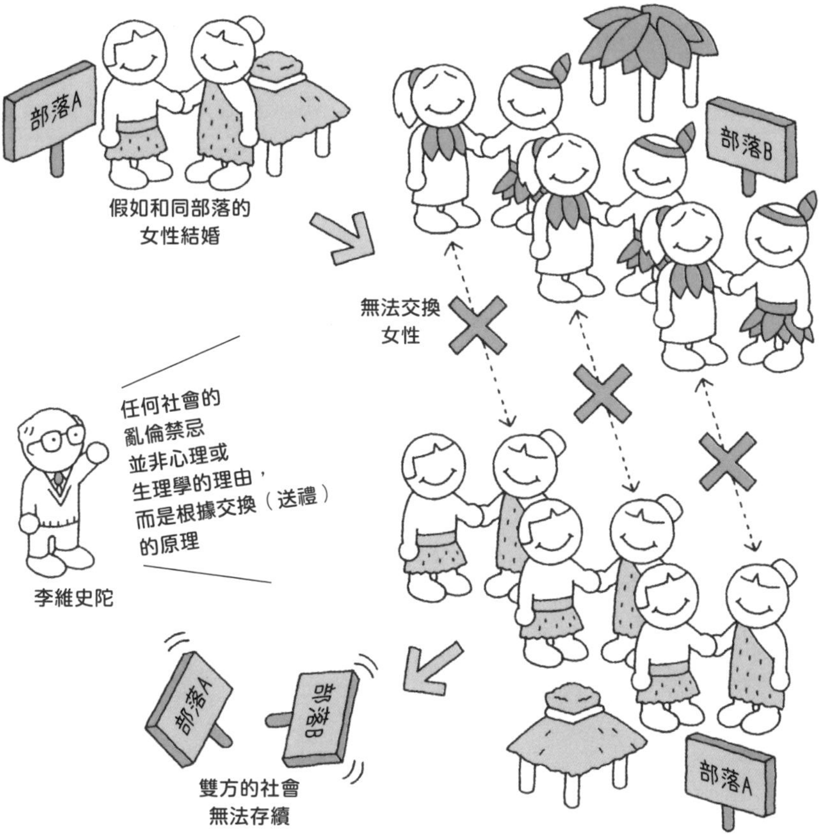

部落A
假如和同部落的
女性結婚
部落B
無法交換
女性
任何社會的
亂倫禁忌
並非心理或
生理學的理由，
而是根據交換（送禮）
的原理
李維史陀
部落A
部落B
雙方的社會
無法存續
部落A

無論是西方國家或日本都有女性出嫁的**習慣**，但我們並未意識到那個**習慣**的真正意義。**李維史陀**說不只是「女性交換」，以**送禮與回禮的交換**這種**習慣**維持社會的**結構**出現在各種社會。他認為人類只是無意識地服從這種橫跨社會根柢的**結構（習慣或文化）**（結構主義 P159）。

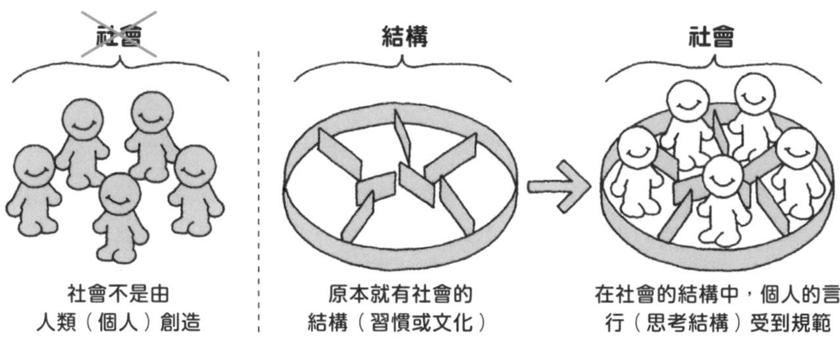
~~社會~~
結構
社會
社會不是由
人類（個人）創造
原本就有社會的
結構（習慣或文化）
在社會的結構中，個人的言
行（思考結構）受到規範

▶121
李維史陀

結構主義

Structuralism

意　義　人類的言行在無意識狀態下被自己所屬的習慣或文化（社會結構）規範的想法。

文　獻　《親屬的基本結構》《野性的思維》

備　註　結構主義還有阿圖塞、前期的傅柯等人。

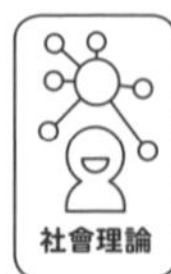

社會理論

無論是蝴蝶或蛾，法國人都是說成「Papillon」，對法國人而言，「蛾」（或蝴蝶）並不存在。由此可知，我們不是因為有「蛾」的存在，將其命名為「蛾」。

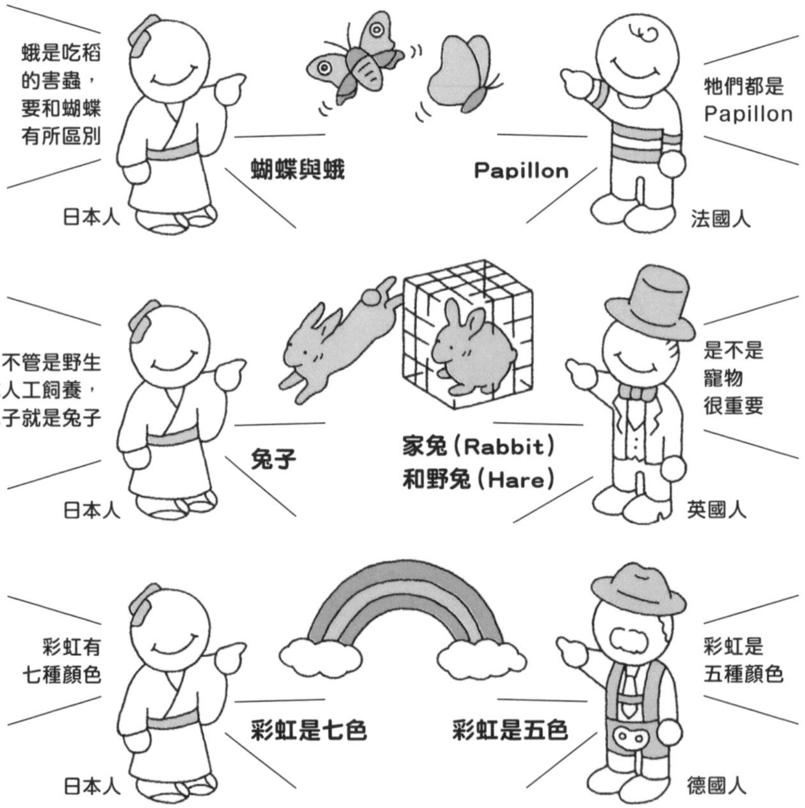

蛾是吃稻的害蟲，要和蝴蝶有所區別

蝴蝶與蛾

日本人

Papillon

牠們都是Papillon

法國人

不管是野生或人工飼養，兔子就是兔子

兔子

日本人

家兔（Rabbit）和野兔（Hare）

是不是寵物很重要

英國人

彩虹有七種顏色

彩虹是七色

日本人

彩虹是五色

彩虹是五種顏色

德國人

並不是每個要素都被逐一命名，我們利用**語言**區分世界，讓每個要素得以存在，我們在這個語言世界的範圍內進行思考。因此，**李維史陀**認為人類的思考（的結構）是在無意識狀態下被自己所屬的社會或文化（的結構）支配。

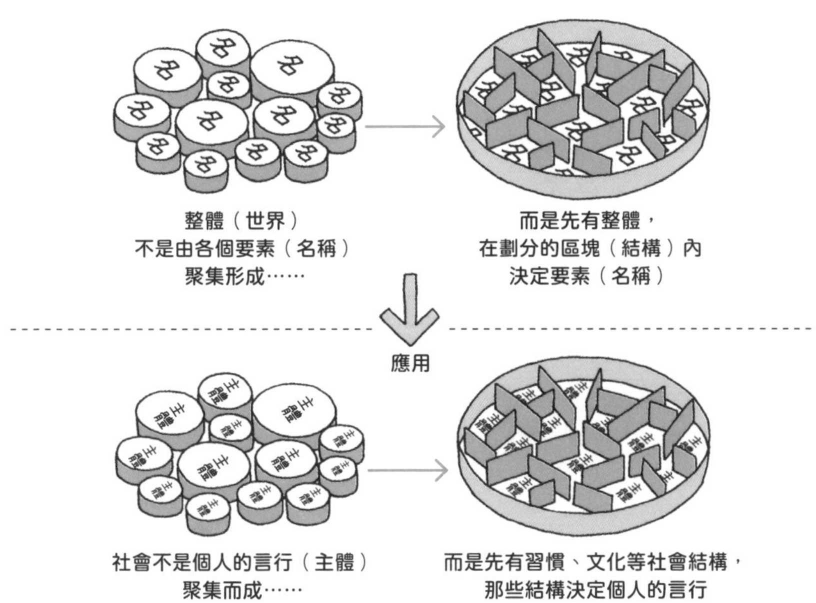
整體（世界）
不是由各個要素（名稱）
聚集形成……
而是先有整體，
在劃分的區塊（結構）內
決定要素（名稱）
應用
社會不是個人的言行（主體）
聚集而成……
而是先有習慣、文化等社會結構，
那些結構決定個人的言行

例如生活在被稱為「原始社會」的人們，區分世界的方式與西方國家不同。以那種區分方式成立的社會，和西方的「文明」社會相比，人們並未處於發展緩慢的階段，這便是**結構主義**的想法。

西方思維
以科學方式區分世界
原始思維
區分方式與西方思維不同
這種思維產生
的東西
因這種
思維存續
的東西

西方國家發展「科學」，不知不覺促成西方思維的發展。
但「科學」會破壞環境、產生大規模殺傷性武器。
西方的科學思維與「原始社會」人們的思維相比，不能說是進步的思考結構。

▶124
麥可·楊

功績主義

Meritocracy

意　義　亦稱業績主義、能力主義。

備　註　以往的功績主義是將學歷等等當作評價基準，近年則是追求「溝通力」、「人間力」各種新的「能力」（**超功績主義**）。

階級與
階層

※人間力是日本流行用語，泛指在社會中獨立存活的綜合能力，特別會用在女性身上。

現代社會（資本主義社會）並非根據出身或家世，而是以自身的**能力**決定社會地位，這種由個人能力決定地位或權力的社會或狀況，**麥可．楊**稱為**功績主義**。

無法跨越
這裡

KEEP OUT

國王、君主等

無法跨越
這裡

KEEP OUT

貴族、元老院等

努力
獲得了
回報

現代以前

大眾

靠努力
和能力
往上爬

功績主義
merit＝功績
cracy＝統治

KEEP OUT

KEEP OUT

現代

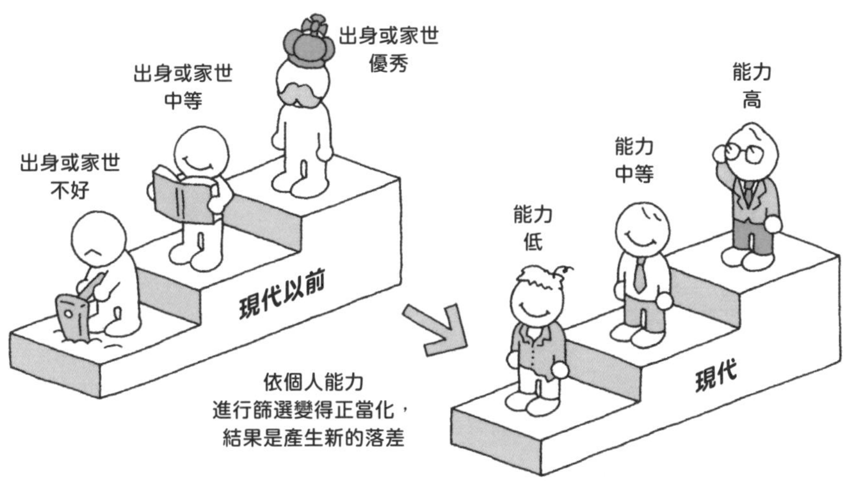
出身或家世
優秀
出身或家世
中等
出身或家世
不好
現代以前
能力
高
能力
中等
能力
低
現代
依個人能力
進行篩選變得正當化，
結果是產生新的落差

功績主義以個人能力而非出身決定社會地位，這是平等且符合期望的。不過，依能力進行篩選成為常態的話，又會產生新的落差或支配結構。**麥可．楊**用**功績主義**一詞提醒世人**能力主義**的氾濫。

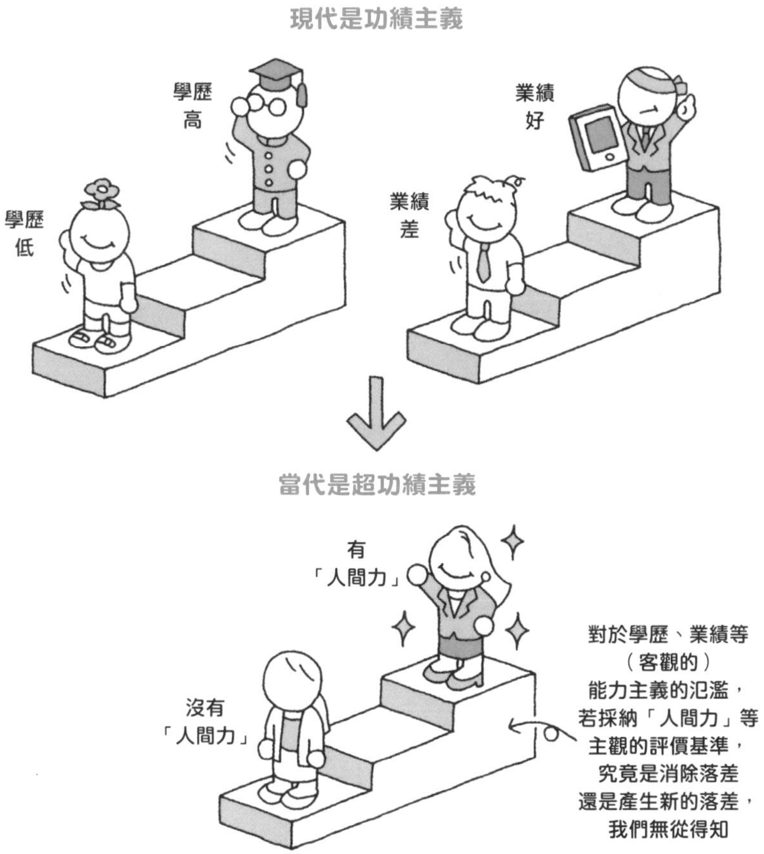

現代是功績主義

學歷
高

學歷
低

業績
好

業績
差

當代是超功績主義

有
「人間力」

沒有
「人間力」

對於學歷、業績等
（客觀的）
能力主義的氾濫，
若採納「人間力」等
主觀的評價基準，
究竟是消除落差
還是產生新的落差，
我們無從得知

假事件

Pseudo Event

123
布斯汀

意　義　單純的事實經由大眾傳媒的戲劇化，加工成為二次現實。

文　獻　《幻象：美國假事件指南》

備　註　這個觀點與之後的符號消費（P244）相通。

媒介與媒體

布斯汀將**大眾傳媒**刻意用仿造事實的事件，或只擷取部分的事實大肆報導的觀點，稱為**假事件**。大眾傳媒傳播的內容往往不是「事實」。

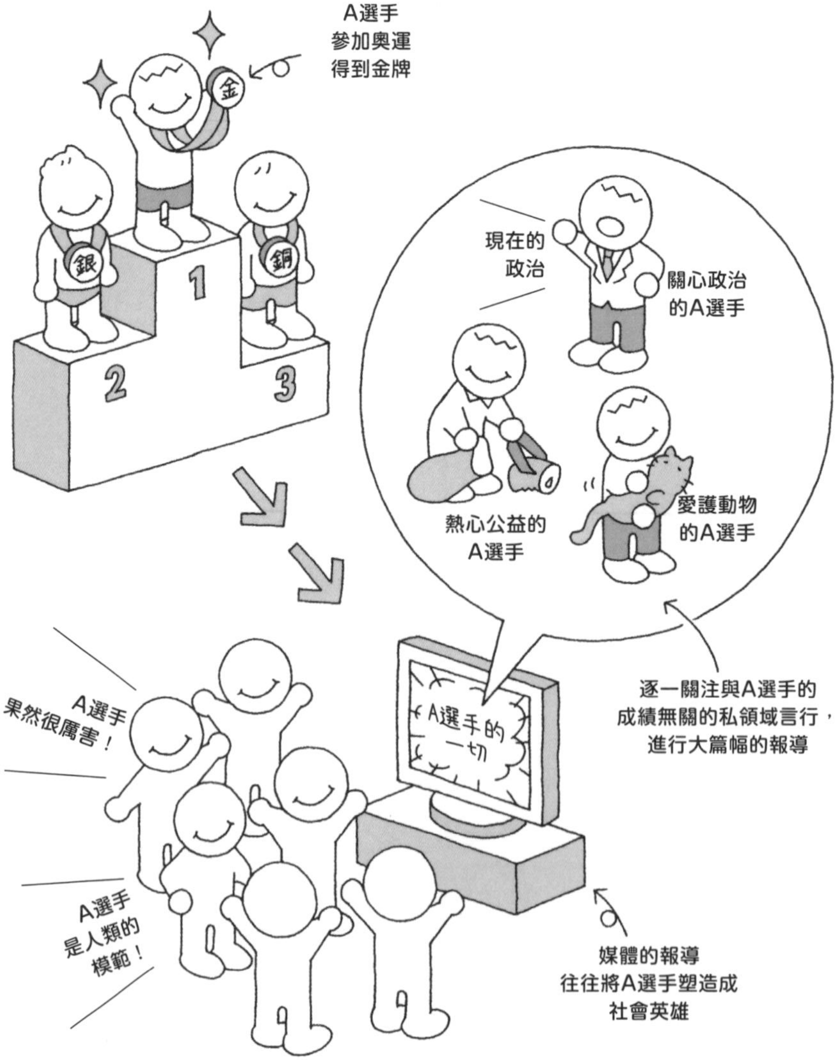

A選手
參加奧運
得到金牌
金
銀
銅
1
2
3
現在的
政治
關心政治
的A選手
熱心公益的
A選手
愛護動物
的A選手
逐一關注與A選手的
成績無關的私領域言行，
進行大篇幅的報導
A選手的
一切
A選手
果然很厲害！
A選手
是人類的
模範！
媒體的報導
往往將A選手塑造成
社會英雄

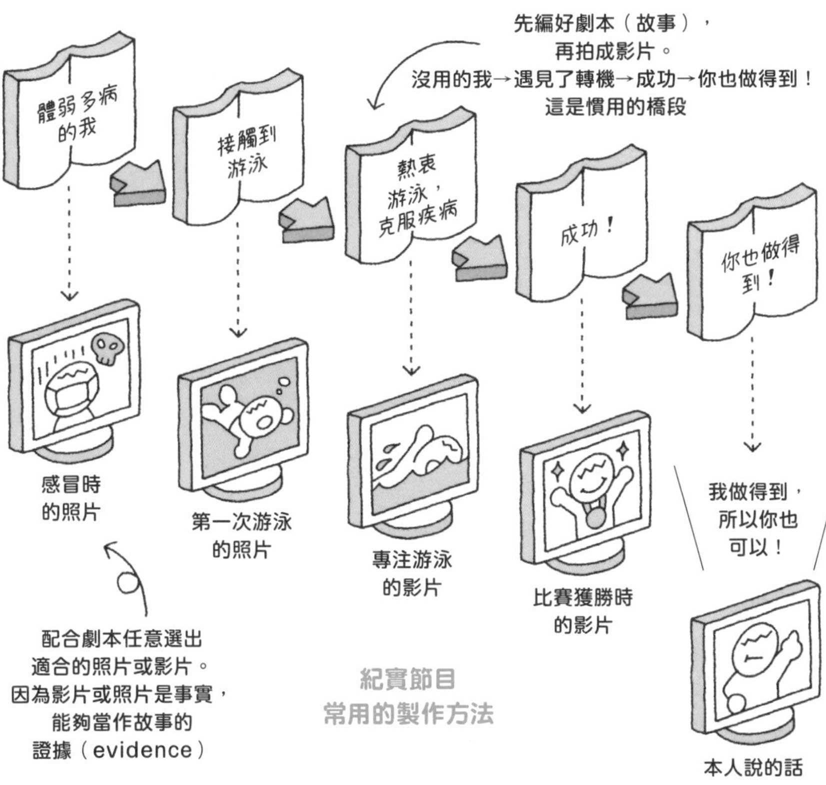

先編好劇本（故事），
再拍成影片。
沒用的我→遇見了轉機→成功→你也做得到！
這是慣用的橋段

體弱多病的我
接觸到游泳
熱衷游泳，克服疾病
成功！
你也做得到！

感冒時的照片
第一次游泳的照片
專注游泳的影片
比賽獲勝時的影片
我做得到，所以你也可以！
本人說的話

配合劇本任意選出
適合的照片或影片。
因為影片或照片是事實，
能夠當作故事的
證據（evidence）

紀實節目
常用的製作方法

布斯汀不認為**假事件**的策劃者是單方面製造出這樣的觀點，人們總是期待世界上發生戲劇化的事件。**假事件**的持續提供是回應人們的期待。

人相信的不是事實，而是自己想相信的事

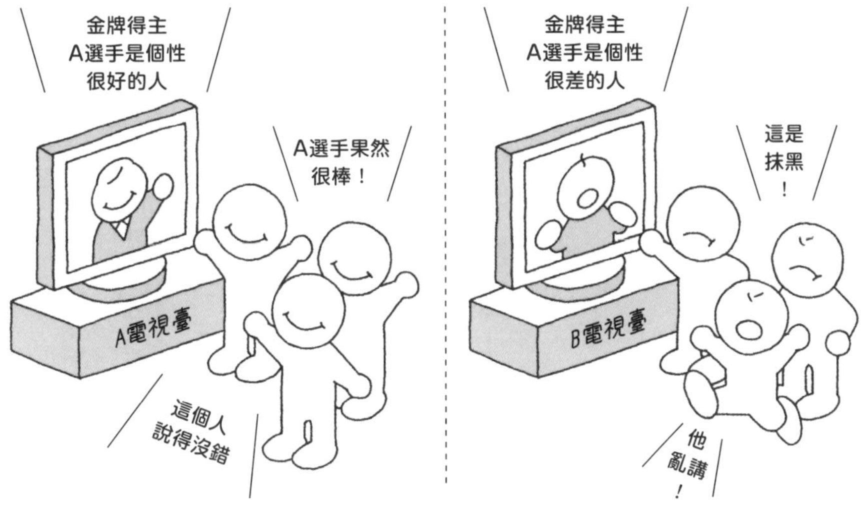
金牌得主
A選手是個性
很好的人
A選手果然
很棒！
A電視臺
這個人
說得沒錯
金牌得主
A選手是個性
很差的人
這是
抹黑
！
B電視臺
他
亂講
！

▶122
麥克魯漢

媒介即訊息

Media Is Message

媒介與媒體

意　義 有別於媒介(電視、報紙、雜誌、網路等)傳送的資訊內容，媒介的形式會對人類或社會造成影響。

文　獻 《理解媒介：論人的延伸》

媒介通常只被當作將某些**訊息**傳送給接收者的手段，因此對人類造成影響的是媒介傳送的訊息**內容**。

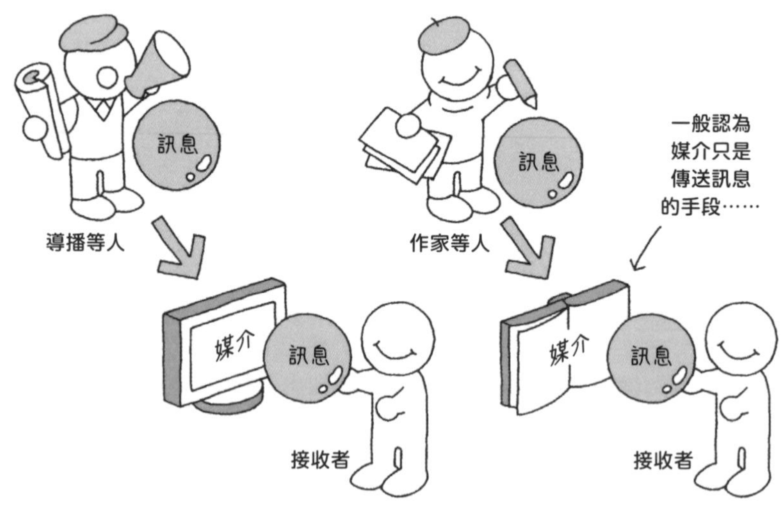
訊息
導播等人
訊息
作家等人
一般認為
媒介只是
傳送訊息
的手段……
媒介
訊息
接收者
媒介
訊息
接收者

但**麥克魯漢**主張媒介的**形式**對人類的思考或行動造成很大的影響，有別於媒介傳送的訊息，**媒介本身**即具有訊息性，這便是他說的**媒介即訊息**。

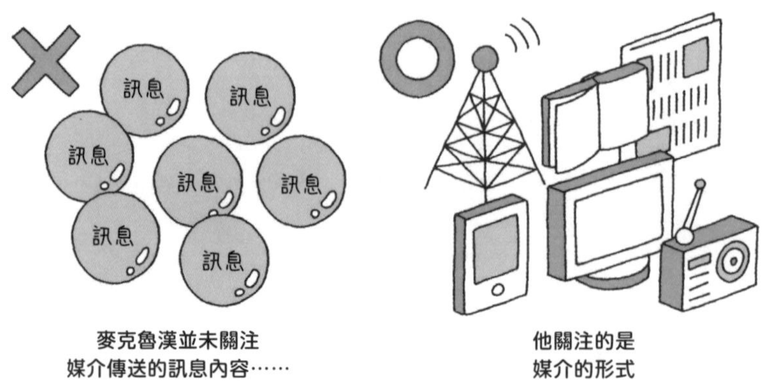
訊息
訊息
訊息
訊息
訊息
訊息
訊息

麥克魯漢並未關注
媒介傳送的訊息內容……

他關注的是
媒介的形式

早上
看新聞
是我的
習慣
抱歉，
我要回家
看想看的
節目
趕上了
！
以前的生活方式
生活必須配合電視節目的播出時間

隨時
都能看
想看幾次
都可以
任何地方
都能看
網路時代的生活方式
生活不再需要配合電視節目的播出時間

麥克魯漢認為新媒介會從根本改變人們的思考或行動，即新媒介的出現讓新的社會誕生。

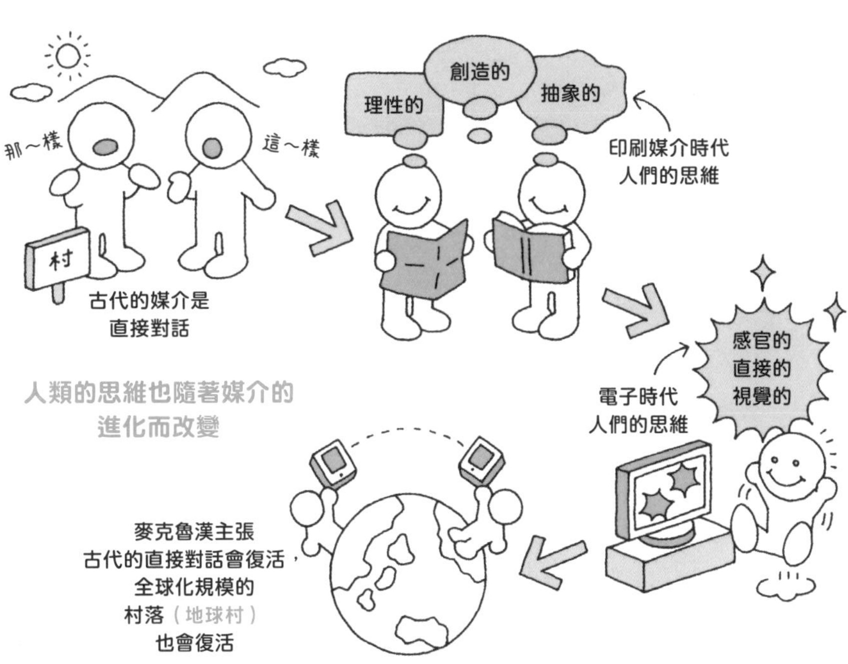
那～樣
這～樣
村
古代的媒介是
直接對話
理性的
創造的
抽象的
印刷媒介時代
人們的思維
感官的
直接的
視覺的
電子時代
人們的思維
麥克魯漢主張
古代的直接對話會復活，
全球化規模的
村落（地球村）
也會復活
人類的思維也隨著媒介的
進化而改變

麥克魯漢

▶122

人的延伸

The Extensions of Man

意　義　將媒介視為人類器官的外化之物。

文　獻　麥克魯漢在《古騰堡星系》提到，活字印刷術的出現對聲音（語言）的延伸有很大的貢獻。

媒介與媒體

麥克魯漢認為**媒介**是**人的延伸**。媒介對他而言不只是電視或書籍、電話或信，他將所有的人工物都視為媒介。

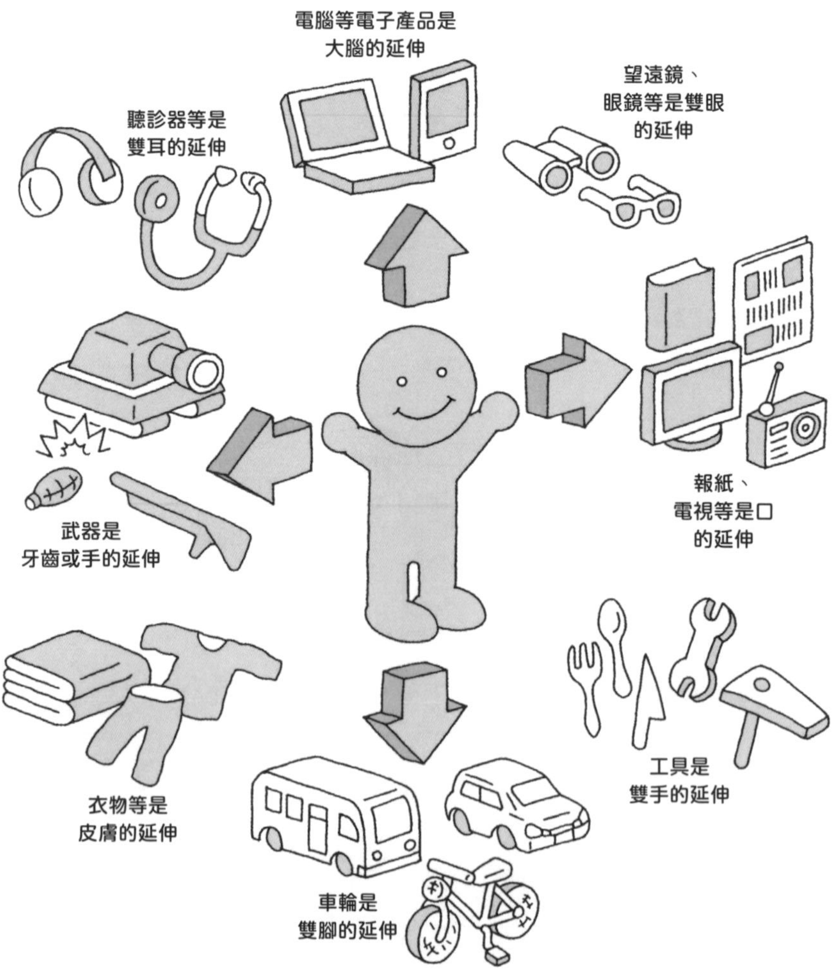

電腦等電子產品是
大腦的延伸

望遠鏡、
眼鏡等是雙眼
的延伸

聽診器等是
雙耳的延伸

報紙、
電視等是口
的延伸

武器是
牙齒或手的延伸

工具是
雙手的延伸

衣物等是
皮膚的延伸

車輪是
雙腳的延伸

麥克魯漢主張所有的人工物
都是加強人類身體能力的媒介

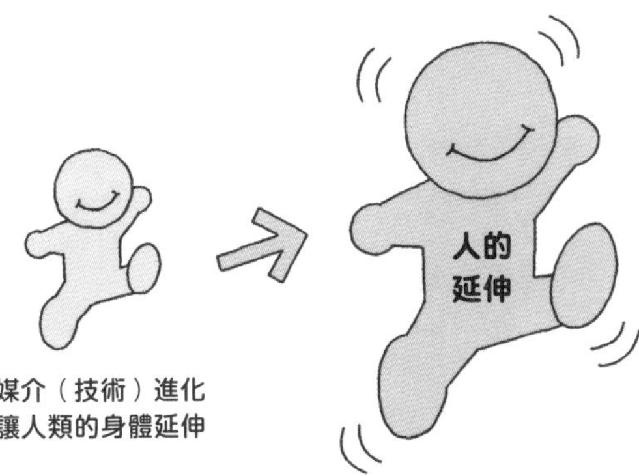
人的
延伸
媒介（技術）進化
讓人類的身體延伸

就像望遠鏡、顯微鏡等媒介是雙眼的延伸，車輪是腳的延伸，**麥克魯漢**認為人類創造出來的科技都是媒介，成為身體的延伸。若將媒介視為身體，創造出來的新科技會對人類的身體感覺造成變化。

強化、恢復
移動速度變快
衰退、逆轉
運動不足或
交通事故等
新媒介的出現
使身體延伸後，
強化與衰退同時發生

只要每個人的身體感覺產生變化，社會整體自然也會出現變化。對麥克魯漢而言，人類的歷史是透過媒介的進化使人類的身體延伸、感覺改變的過程。

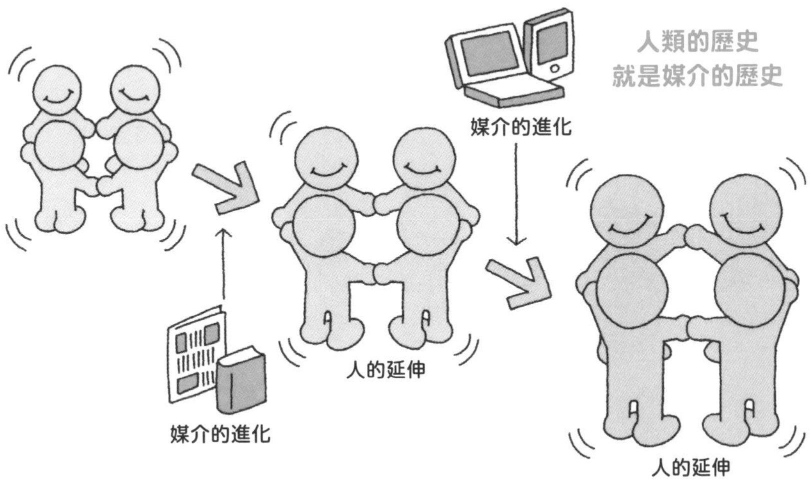
人類的歷史
就是媒介的歷史
媒介的進化
人的延伸
媒介的進化
人的延伸

▶123
阿利埃斯

「兒童」的世紀

Centuries of Childhood

公共領域
與共同體

意　義　「兒童」的概念誕生於現代。

文　獻　《兒童的世紀》

備　註　「兒童」的特別意識，誕生於十六～十七世紀的上流階級。

「兒童」並非一直存在。**阿利埃斯**說「兒童」的概念誕生於十七世紀。因為現代完善的學校制度，產生了孩子「要保護養育到特定年齡」的想法，有別於「大人」的**「兒童」**因而誕生。在此之前，只有「小大人」的存在。

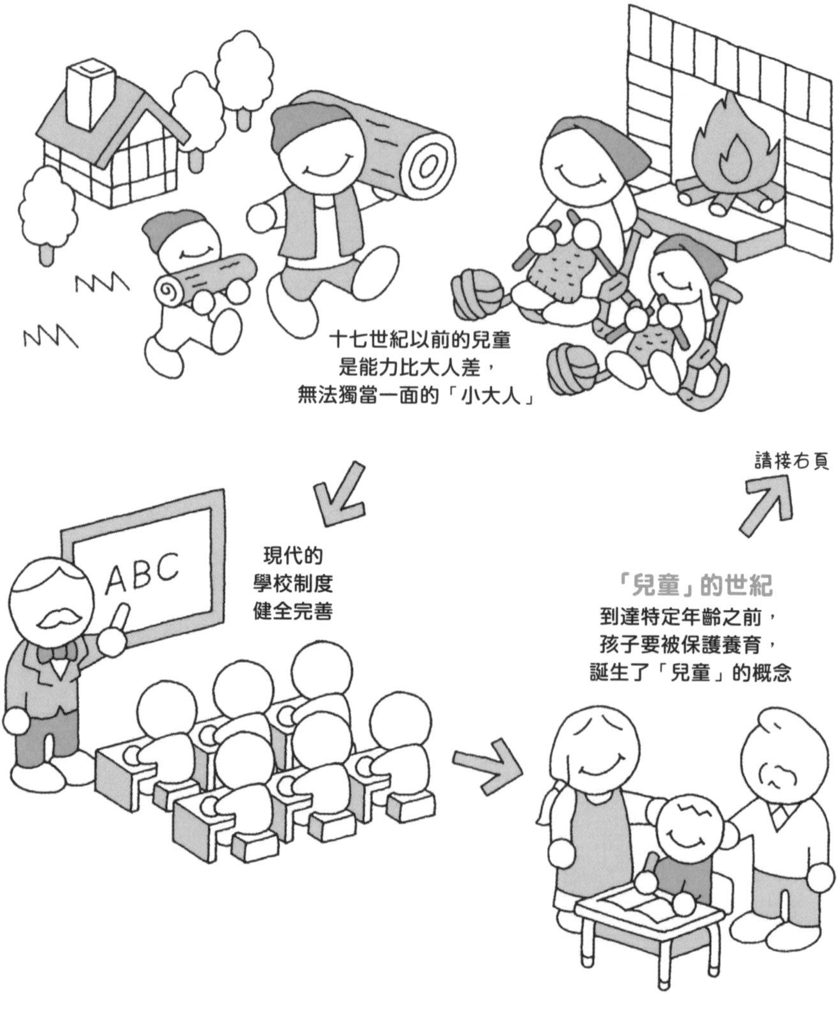

十七世紀以前的兒童
是能力比大人差，
無法獨當一面的「小大人」

請接右頁

ABC

現代的
學校制度
健全完善

「兒童」的世紀
到達特定年齡之前，
孩子要被保護養育，
誕生了「兒童」的概念

接續

誕生了以「兒童」為中心的小家庭

後來，以**「兒童」**與**父母**為主的現代家庭觀念誕生。**「兒童」**比**大人**更容易獲得安全或教育、關愛等保障；另一方面，**「兒童」**或母親的廣泛社交關係也變得薄弱。

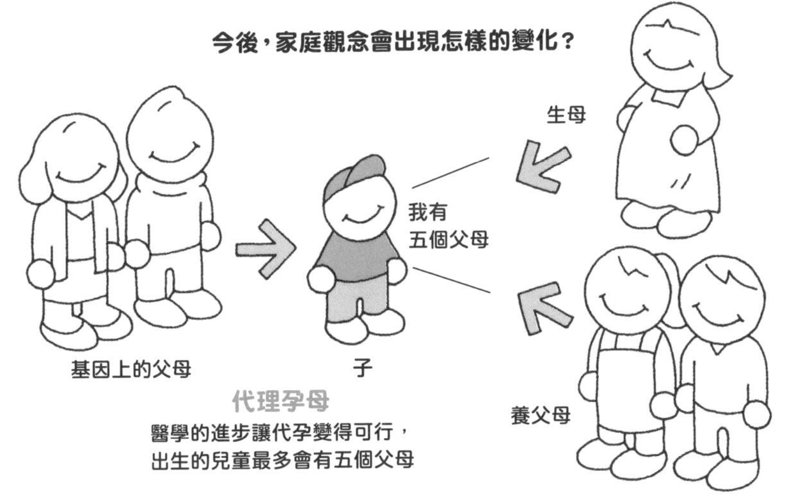
今後，家庭觀念會出現怎樣的變化？
生母
我有
五個父母
基因上的父母
子
養父母

代理孕母
醫學的進步讓代孕變得可行，
出生的兒童最多會有五個父母

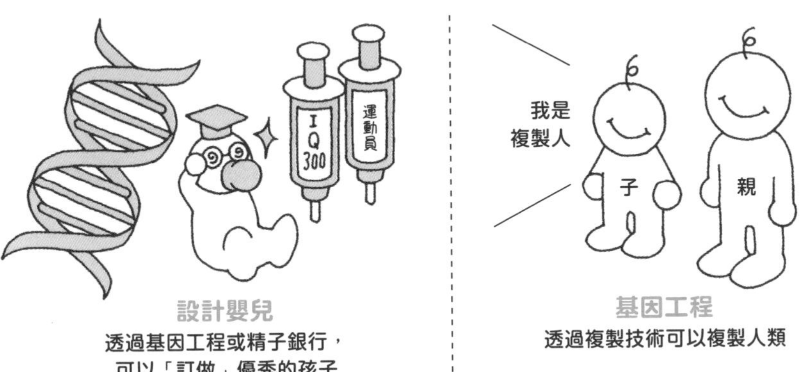
IQ300
運動員
我是
複製人
子
親

設計嬰兒
透過基因工程或精子銀行，
可以「訂做」優秀的孩子

基因工程
透過複製技術可以複製人類

我們理所當然認定以**大人／兒童**的區別為基礎所建立的家庭觀念，其實是相當現代的產物。在基因工程、人工授精、代理孕母等變得可行的當代，今後的家庭觀念會如何變化尚無從得知。

▶120
西蒙波娃

第二性

The Second Sex

文　獻　《第二性》

備　註　並非生理性別（Sex），而是社會製造的社會性別（Gender, P238）。在推廣這個概念至世上的過程中，《第二性》發揮了極重要的作用。

性與性別

女性被視為
偏離男性（一般人）
的異常性別
男性是
人類主體的
第一性
KEEP OUT
他者
主體
女性是
客體的
第二性

針對男性才是人類主體的主張，**西蒙波娃**提出了女性被置於**他者**的第二性立場，她說「女性」並非與生俱來，而是後天的**文化**、**社會**產物。

出生時
不是男性
也不是女性
不可以
忤逆男性
女性就要
端莊嫻淑
女性就要
生兒育女
女性就要
專心家務
女性要
協助男性
「女性」是
後天的文化、
社會產物

▶120
西蒙波娃

女性主義

Feminism

意　義　女性主張自主權，擺脫性別歧視的運動或思想。

備　註　生理性別是 sex（P238），社會、文化產物的社會性別是 gender（P238）。

性與性別

對**男性中心主義**社會提出異議，主張廢除性別歧視或解放女性、擴張權利的運動或思想稱為**女性主義**。女性主義在歷史上分為**第一波**、**第二波**和**第三波**。

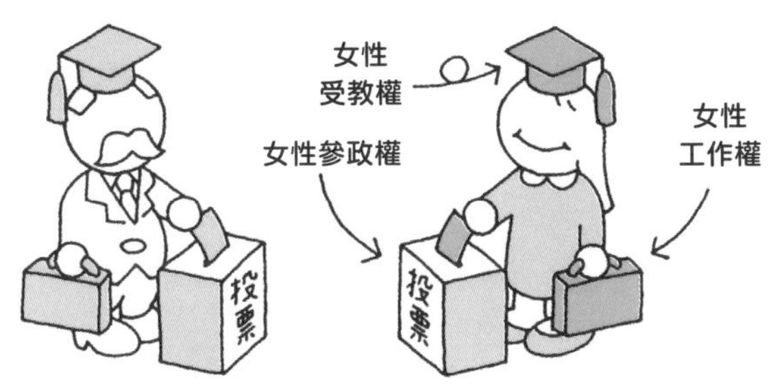

女性
受教權
女性參政權
女性
工作權
投票
投票

第一波

十九世紀～一九六〇年代展開運動，目的是讓女性在法律上獲得與男性對等的權利（參政權等）

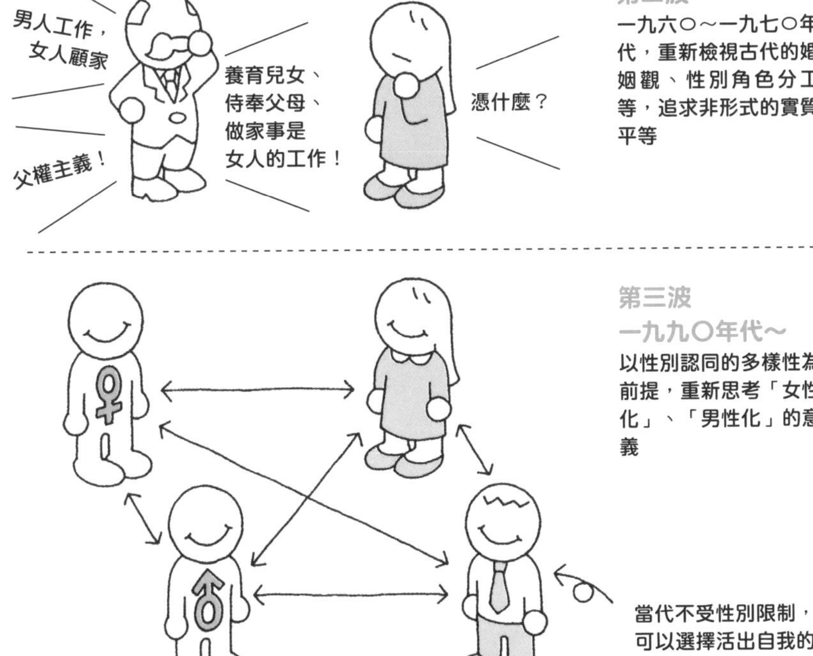

男人工作，
女人顧家
父權主義！
養育兒女、
侍奉父母、
做家事是
女人的工作！
憑什麼？
當代不受性別限制，
可以選擇活出自我的
生活方式

第二波

一九六〇～一九七〇年代，重新檢視古代的婚姻觀、性別角色分工等，追求非形式的實質平等

第三波
一九九〇年代～

以性別認同的多樣性為前提，重新思考「女性化」、「男性化」的意義

朝向未來

1920 1930 1940 1950 1960 1970

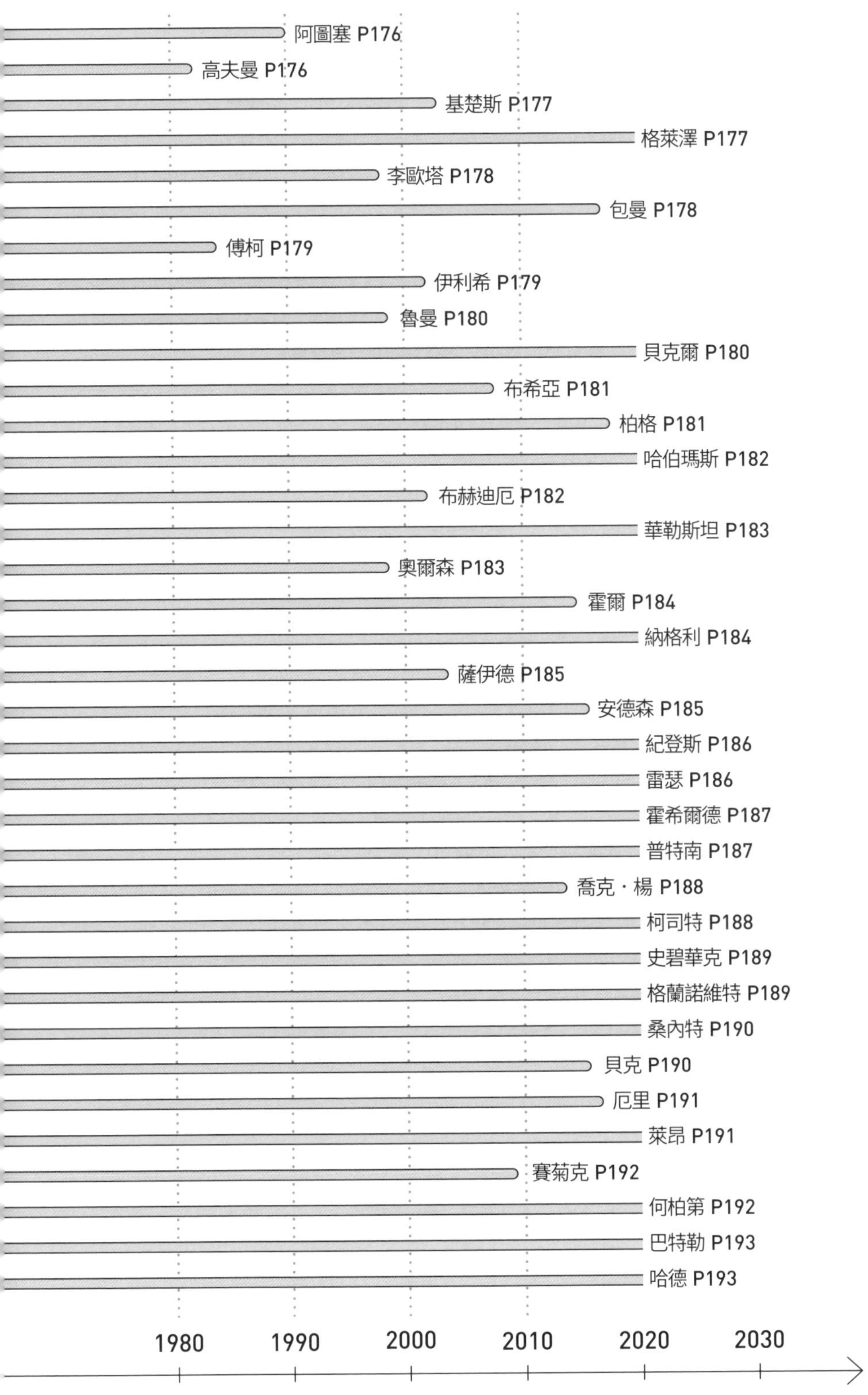

阿圖塞 P176
高夫曼 P176
基楚斯 P177
格萊澤 P177
李歐塔 P178
包曼 P178
傅柯 P179
伊利希 P179
魯曼 P180
貝克爾 P180
布希亞 P181
柏格 P181
哈伯瑪斯 P182
布赫迪厄 P182
華勒斯坦 P183
奧爾森 P183
霍爾 P184
納格利 P184
薩伊德 P185
安德森 P185
紀登斯 P186
雷瑟 P186
霍希爾德 P187
普特南 P187
喬克・楊 P188
柯司特 P188
史碧華克 P189
格蘭諾維特 P189
桑內特 P190
貝克 P190
厄里 P191
萊昂 P191
賽菊克 P192
何柏第 P192
巴特勒 P193
哈德 P193
1980
1990
2000
2010
2020
2030

著作 《保衛馬克思》《再生產》

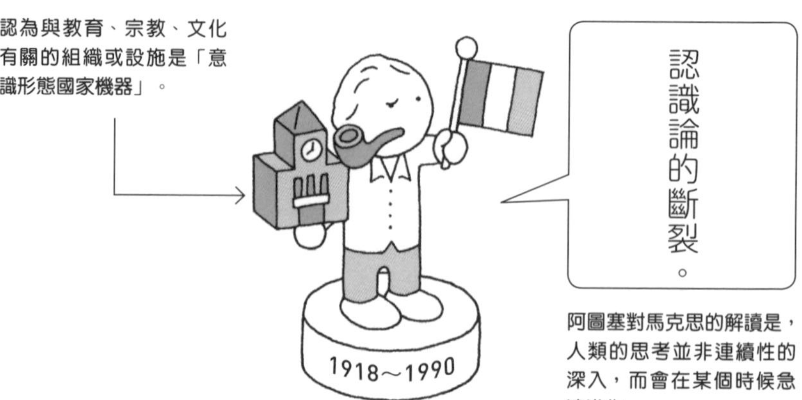
認為與教育、宗教、文化有關的組織或設施是「意識形態國家機器」。
認識論的斷裂。
1918～1990
阿圖塞對馬克思的解讀是，人類的思考並非連續性的深入，而會在某個時候急速進化。

路易・阿圖塞

LOUIS PIERRE ALTHUSSER

▶P204

法國哲學家。第二次世界大戰時被徵召入伍，曾經成為戰俘。戰後加入法國共產黨，在黨內積極進行批判史達林等人的政治活動。任職高等師範學校時，接受傅柯、德希達等人的指導。一九八〇年勒斃妻子，進入精神病院。出院後仍執筆寫作，一九九〇年離世。

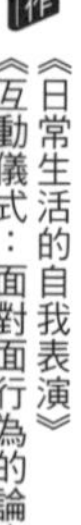
著作
《日常生活的自我表演》
《互動儀式：面對面行為的論文》

以舞臺上的演技表現人們的互動，將劇場理論的觀點帶入社會學。
世界即劇場。
1922～1982
互動是一場自我與他人成為表演者和觀眾的表演。

厄文・高夫曼

ERVING GOFFMAN

▶P196～198

美國社會學家。出生於加拿大亞伯達省的烏克蘭猶太裔移民家庭。在芝加哥大學受人類學家華納的影響。高夫曼觀察昔得蘭群島的島民生活，以及華盛頓哥倫比亞特區伊莉莎白精神病院患者的日常生活，並從事田野調查，以戲劇理論的研究聞名。

社會問題
不存在
適切的定義。
人們應該將「把什麼當作問題，並提出疑問」視為研究對象。
以懷疑的態度，來面對社會問題的客觀性定義。
1923～2003

著作
《社會問題的建構》

約翰・I・基楚斯

JOHN ITSURO KITSUSE

▶P208

美國社會學家，出生於加州的日裔第二代，日本名是イツロウ（Itsuro）。二戰期間在日裔美國人的強制收容所度過。發展標籤理論，結合俗民方法學，並推動建構論。與M・B・斯佩克特的共同著作《社會問題的建構》是建構論的代表著作。

著作
《熔爐之上》

格萊澤認為美國的「大熔爐」神話瓦解，並以「沙拉碗」當作新的比喻。

文化
就算混合
也不會融合。

各民族即使共存也不會同化，因此「大熔爐」是不合理的比喻。

1923～2019

內森・格萊澤

NATHAN GLAZER

▶P256

美國社會學家，出生於紐約的猶太裔移民家庭，和家人交談時使用意第緒語。在加州柏克萊大學、哈佛大學執教，也擔任新保守主義雜誌《公眾利益》的編輯。後來與當選美國參議員的莫尼漢 的共同著作《熔爐之上》，讓「族群」一詞蔚為流行。

《後現代狀態》

在建築領域意指恢復裝飾性、多樣性的「後現代」，被李歐塔用於當代思想。
大敘事的終結。
1924～1998
「大敘事」是指為社會整體給予目標般的思想或意識形態。

尚—弗朗索瓦・李歐塔

JEAN-FRANÇOIS LYOTARD

▶P234

法國哲學家，出生於凡爾賽鎮。赴阿爾及利亞擔任高中教師，以激進的馬克思主義者身分展開活動。之後回到巴黎，曾任巴黎第八大學教授、國際哲學院的院長等職務。一九七九年出版的著作《後現代狀態》，將後現代一詞廣傳於世。

《液態現代性》

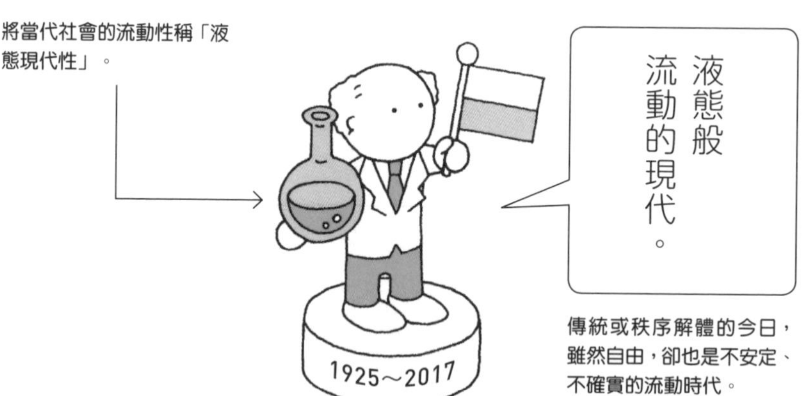
將當代社會的流動性稱「液態現代性」。
液態般流動的現代。
1925～2017
傳統或秩序解體的今日，雖然自由，卻也是不安定、不確實的流動時代。

齊格蒙・包曼

ZYGMUNT BAUMAN

▶P266

波蘭社會學家，出生於猶太家庭，為逃離納粹勢力移居蘇聯。大戰後回國，在華沙大學執教，因六日戰爭（第三次中東戰爭）在波蘭爆發反猶太主義，受到波及遭華沙大學解雇。於是包曼離開波蘭，輾轉至各國，後來以英國利茲大學為據點持續進行研究。

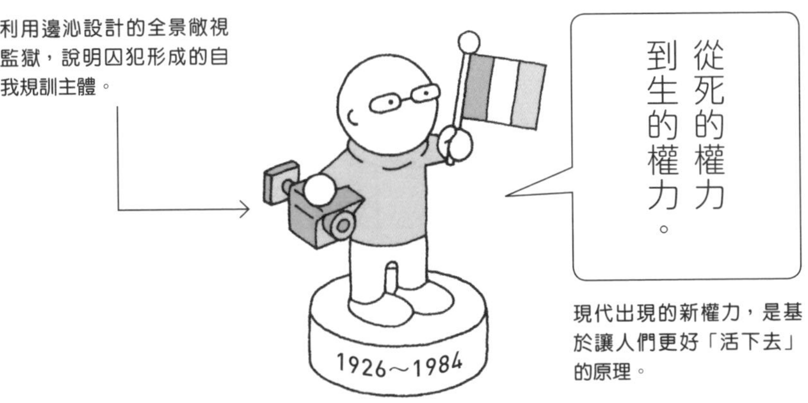
利用邊沁設計的全景敞視監獄，說明囚犯形成的自我規訓主體。
從死的權力到生的權力。
現代出現的新權力，是基於讓人們更好「活下去」的原理。
1926～1984

米歇爾·傅柯

MICHEL FOUCAULT

▶P205～206

法國哲學家，普瓦捷市的外科醫師之子。就讀高等師範學校時，精神不穩定，經常企圖自殺，後來得到阿圖塞的幫助。一九六六年出版的《詞與物》，讓他成為結構主義的旗手而備受關注。就任法蘭西公學院教授後，熱衷於身體和權力的相關問題。一九八四年，因染上愛滋病導致敗血症辭世。

著作 《瘋癲與文明》《詞與物》《知識考古學》《規訓與懲罰》《性史》

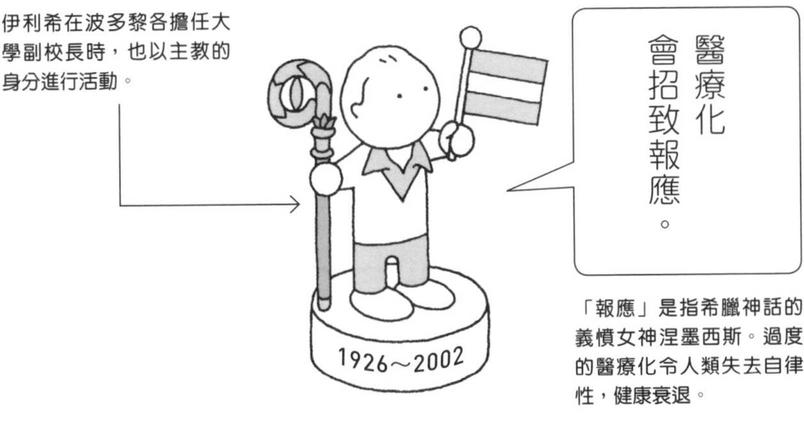
伊利希在波多黎各擔任大學副校長時，也以主教的身分進行活動。
醫療化會招致報應。
「報應」是指希臘神話的義憤女神涅墨西斯。過度的醫療化令人類失去自律性，健康衰退。
1926～2002

伊萬·伊利希

IVAN ILLICH

▶P228

出生於奧地利的哲學家。在宗座額我略大學修讀哲學和神學，在薩爾茨堡大學修讀歷史學。於波多黎各的天主教大學擔任副校長後，至墨西哥設立國際文化中心，據此反抗美國和羅馬教廷對拉丁美洲的排斥態度，著眼於工業社會造成的社會服務問題，倡導去醫療化與去學校化。

著作 《去學校化社會》《去醫院化社會》《影子勞動》

著作
《社會系統理論》《社會的社會》

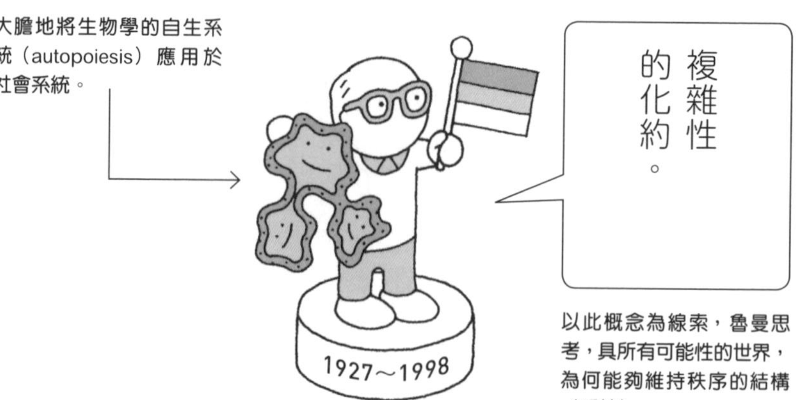
大膽地將生物學的自生系統（autopoiesis）應用於社會系統。
複雜性的化約。
1927～1998
以此概念為線索，魯曼思考，具所有可能性的世界，為何能夠維持秩序的結構（系統）。

尼可拉斯・魯曼

NIKLAS LUHMANN

▶P250～254

德國社會學家。擔任行政官員的同時執筆論文，申請行政官獎學金。一九六〇年至哈佛大學留學，接觸到帕森斯的社會學，回國後轉往研究職。進入比勒費爾德大學社會學系工作，退休前都在該大學任職。魯曼與哈伯瑪斯針對社會系統論的爭論，讓他聞名於世。

《局外人》《藝術世界》

提出從社會的互動產生偏差者的標籤理論。
偏差可以製造。
1928～
將犯罪或做出違法行為等偏差行動的人視為偏差者，這是周遭貼上的標籤。

霍華德・S・貝克爾

HOWARD SAUL BECKER

▶P194

美國社會學家。在芝加哥大學向休斯、布魯默學習。同時期的芝加哥大學還有高夫曼等人。他做過的知名研究包括調查大麻使用者、歌舞表演者的偏差研究，以及藝術界參與者的集體行動決定了作品價值的藝術世界研究。

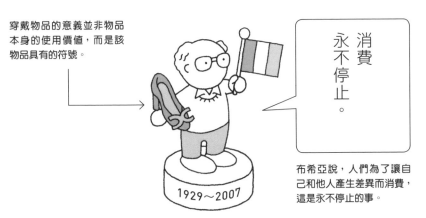

穿戴物品的意義並非物品本身的使用價值，而是該物品具有的符號。

消費永不停止。
1929～2007

布希亞說，人們為了讓自己和他人產生差異而消費，這是永不停止的事。

著作《消費社會》《擬像與模擬》

尚・布希亞

JEAN BAUDRILLARD

▶P244～246

法國哲學家，在高中擔任德語教師時，參與過《馬克思：時代青年》全集的翻譯。他發表的博士論文成為首本著作《物體系》，後來在巴黎第十大學任教。採用符號學的消費社會理論，並發展擬像論來解讀大量消費社會，其理論被廣泛閱讀，一九八〇年代在日本也受到極大關注。

伯格也是知名的新教神學者。

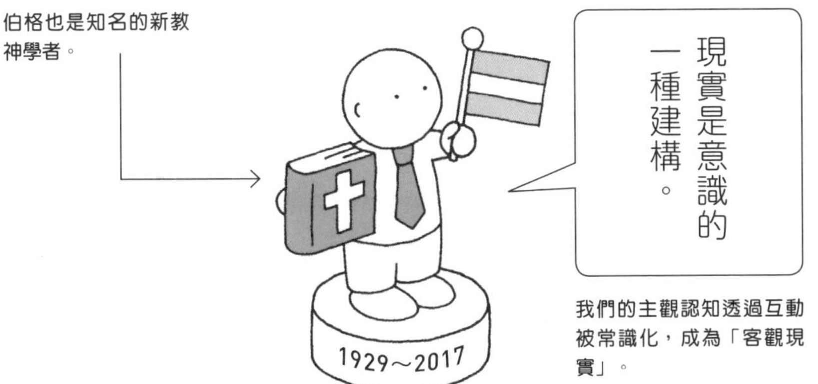
現實是意識的一種建構。
1929～2017

我們的主觀認知透過互動被常識化，成為「客觀現實」。

著作
《社會學導引》《社會實體的建構》

彼得・L・柏格

PETER LUDWIG BERGER

▶P208（建構論）

出生於奧地利維也納的社會學家。一九四六年移居美國，在社會研究新學院學習，在數所大學教導社會學與神學。與盧克曼的共同著作《社會實體的建構》對後來的社會建構論造成很大的影響。一九八〇年代經常前往南非，致力於反種族隔離運動。

《公共領域的結構轉型》《溝通行動理論》

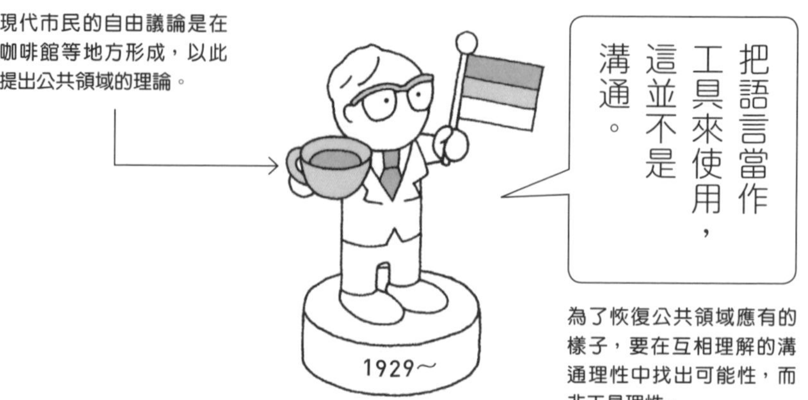
現代市民的自由議論是在咖啡館等地方形成，以此提出公共領域的理論。
把語言當作工具來使用，這並不是溝通。
1929～
為了恢復公共領域應有的樣子，要在互相理解的溝通理性中找出可能性，而非工具理性。

尤爾根・哈伯瑪斯

JÜRGEN HABERMAS

▶P200～203

出生於德國的哲學家。少年時期曾是希特勒青年團的一員，戰敗後在美國的占領下接觸到民主主義。取得博士學位後，進入法蘭克福大學社會研究所，因為和霍克海默的立場相左而辭職。曾任海德堡大學等校的教授，後來再次回到法蘭克福大學任職，一九九四年退休。與魯曼等人有過數次的爭論。

《秀異：品味判斷的社會批判》《實踐感》

文化資本是社會階級的再生產。
興趣是刻印在階級當中。
1930～2002
致力於釐清興趣及嗜好是如何結合了人們的階級和文化背景。

皮耶・布赫迪厄

PIERRE BOURDIEU

▶P214～216

法國社會學家，是南法庇里牛斯－大西洋省的郵差之子。以平民身分就讀巴黎諸多上流階層的菁英高等教育機關，奠定日後的研究基礎。擔任高中教師時期被徵召入伍，到阿爾及利亞服役，直接在當地任教。回到法國後在社會科學高等研究院工作，後來成為法蘭西公學院的教授。

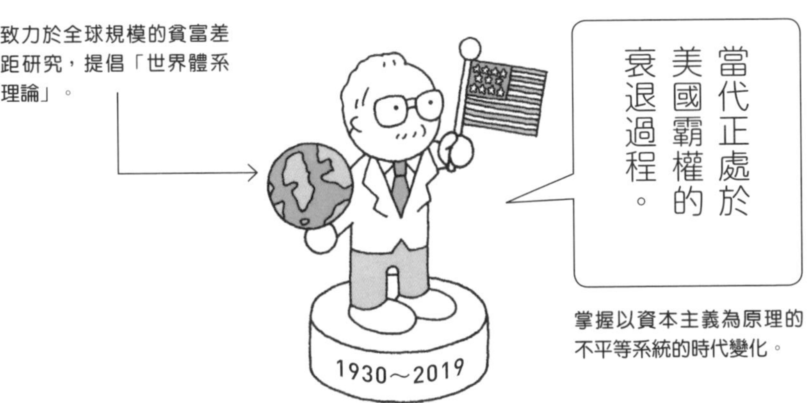
致力於全球規模的貧富差距研究，提倡「世界體系理論」。
當代正處於美國霸權的衰退過程。
掌握以資本主義為原理的不平等系統的時代變化。
1930～2019

伊曼紐爾・華勒斯坦

IMMANUEL WALLERSTEIN

▶P220

美國社會學家，出生於紐約的猶太家庭。家族十分關心政治，二戰期間曾討論如何對抗納粹主義。就讀哥倫比亞大學，碩士論文的主題是麥卡錫主義，博士課程則是非洲研究。主要著作《現代世界體系》耗費多年心血，從一九七四年至二〇一一年出版成四冊。

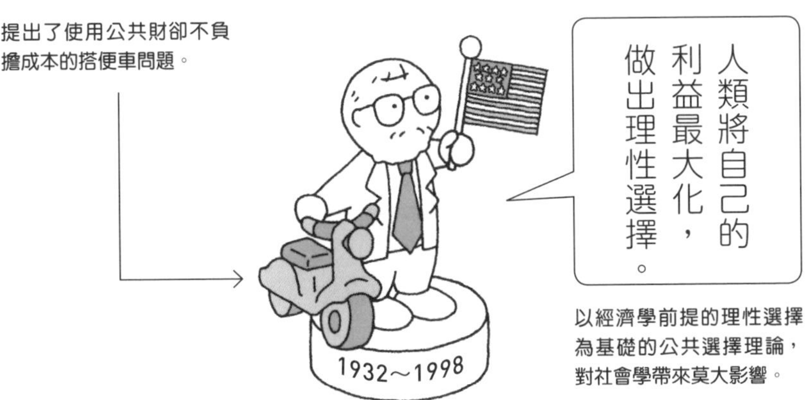
提出了使用公共財卻不負擔成本的搭便車問題。
人類將自己的利益最大化，做出理性選擇。
以經濟學前提的理性選擇為基礎的公共選擇理論，對社會學帶來莫大影響。
1932～1998

曼瑟爾・奧爾森

MANCUR LLOYD OLSON,JR.

▶P233

美國經濟學家，出生於美國北達科他州。在北達科他州立大學、英國牛津大學修讀，於哈佛大學取得博士學位。曾任普林斯頓大學副教授，一九六九年在馬里蘭大學任教，直到六十六歲離世。一九八二年出版的《國家的興衰》是被世界各國翻譯的暢銷書。

著作

《編碼／解碼》

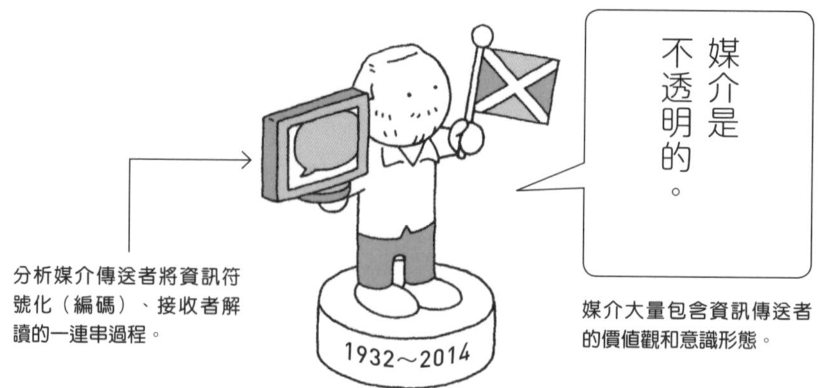
媒介是不透明的。
分析媒介傳送者將資訊符號化（編碼）、接收者解讀的一連串過程。
1932～2014
媒介大量包含資訊傳送者的價值觀和意識形態。

史都華・霍爾

STUART HALL

▶P242

文化研究學者。出生於英國統治時期的牙買加首都京斯敦。移居英國後就讀牛津大學。曾參與新左翼的活動，也參加過《新左派評論》的創設。一九六四年加入伯明罕大學當代文化研究中心，成為該中心的代表學者。

著作

《帝國》《諸眾》

脫離中心、脫離領土的控制裝置就是「帝國」。
對推動全球民主化的諸眾寄予期待。
1933～
指出超國家新權力的存在，稱之為「帝國」。

安東尼奧・納格利

ANTONIO NEGRI

▶P260～262

義大利哲學家、政治活動家，出生於義大利帕多瓦。曾任帕多瓦大學教授。一九七九年被指控是恐怖份子，遭捕入獄。逃往法國後回國，再次入監服刑，二〇〇三年恢復自由之身，持續積極從事言論活動。與麥可・哈德的共同著作《帝國》使納格利聞名世界，這是他再度入獄時在獄中執筆之作。

著作《東方主義》

以鋼琴家的身分從事音樂評論，也參與過管弦樂團的設立。
東方是捏造出來的。
1935～2003
西方為了正當化對東方的控制，製造出「東方」的形象。

愛德華・薩伊德

EDWARD WADIE SAID

▶P212

巴勒斯坦裔美籍的文學研究家，出生於英國委任統治時期的耶路撒冷。移居美國，在哈佛大學取得博士學位，成為哥倫比亞大學教授後，也在哈佛大學等多所大學執教。支援巴勒斯坦解放機構的活動，自己也擔任巴勒斯坦民族評議會議員長達十四年。主要著作《東方主義》確立了後殖民主義（Postcolonialism）的思想。

著作《想像的共同體》

因印刷技術的發展而形成的印刷資本主義，對「想像的共同體」的定位發揮重要作用。

國民是心中想像的意象。

1936～2015

人們心中的國民意識，是特定語言和資本主義與發達印刷技術結合而成的「想像」。

班納迪克・安德森

BENEDICT RICHARD O'GORMAN ANDERSON

▶P218

美國政治學家，雙親是愛爾蘭人和英國人，童年在中國昆明度過。於英國劍橋大學主修西洋古典，在美國康乃爾大學進行印尼研究。在康乃爾大學任教至二〇〇二年，期間持續進行泰國和菲律賓的研究。七十九歲逝世於印尼。

著作
《社會學方法的新規則》《現代性的後果》《第三條路》

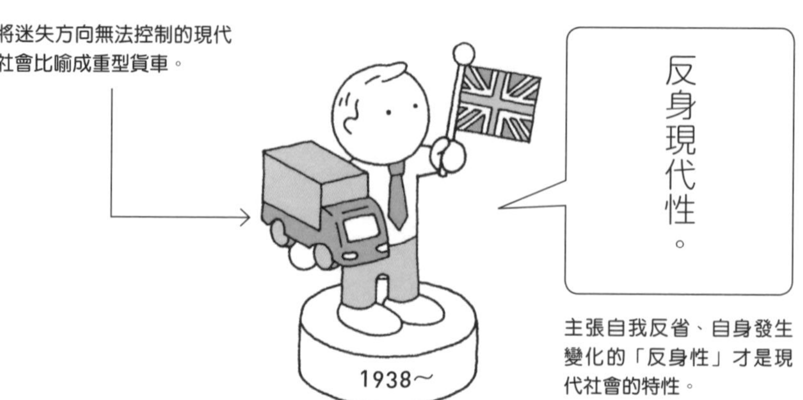
將迷失方向無法控制的現代社會比喻成重型貨車。
反身現代性。
1938～
主張自我反省、自身發生變化的「反身性」才是現代社會的特性。

安東尼・紀登斯

ANTHONY GIDDENS

▶P270～276

英國社會學家，生於倫敦郊外的勞工家庭。在赫爾大學修讀心理學和社會學，又進入倫敦政治經濟學院研究所。原本想從事行政職，到萊斯特大學擔任講師後，轉往研究之路。著作超過三十本，論文也多達兩百篇以上，是國際知名的社會學家。被授予爵位，也曾擔任過勞動黨的上議院議員。

著作
《社會的麥當勞化》

將社會被統一規格理性化的現象稱為「麥當勞化」。

理性的不理性。

1940～

麥當勞化的理性帶來便利，另一方面也產生了喪失人性等負面的影響。

喬治・雷瑟

GEORGE RITZER

▶P224

美國社會學家，出生於二戰後繁榮發展的紐約，童年時期都是在紐約度過。取得康乃爾大學博士學位後，任教於杜蘭大學、堪薩斯大學，成為馬里蘭大學的教授。根據韋伯的理性化理論指出當代社會的「麥當勞化」概念，不只在學界，對新聞業和文化評論也帶來莫大衝擊。

以飛機空服員為調查對象，
研究情緒勞動。
情緒管理的探索。
1940～
在服務業就業人口眾多的當代，充斥著必須控制情緒的勞動。

亞莉・羅素・霍希爾德

ARLIE RUSSELL HOCHSCHILD ▶P230～232

美國社會學家，出生於波士頓。就讀斯沃斯莫爾學院時，接觸到米爾斯、高夫曼的著作，對社會學產生興趣。進入加州柏克萊大學研究所後，親身感受到學術界對女性的歧視，並參與改善女性地位的活動。取得博士學位後，在加州柏克萊大學任教，曾任職業婦女研究中心所長等職務。

以人們默默地獨自打保齡球為例，闡述共同體團結力的薄弱。
不參加別人的葬禮，也不會有人參加你的葬禮。
1941～
引用這句話警示美國整體的社會資本正在衰退。

羅伯特・普特南

ROBERT DAVID PUTNAM ▶P248

美國政治學家，出生於紐約州羅徹斯特，成長於俄亥俄州。取得耶魯大學博士學位後，在密西根大學執教，後來成為哈佛大學教授。是知名的社會資本理論代表人物。考察美國地方共同體變遷的《獨自打保齡球》引發廣大迴響。

《排斥社會》

在進展為排斥社會的當代，如何成立新的共同體。
從包容社會轉為排斥社會。
1942～2013
在出現價值多元化、雇傭彈性化等現象的當代，社會包容性降低，排斥性增加。

喬克・楊

JOCK YOUNG

▶P264

英國社會學家、犯罪學家。蘇格蘭中洛錫安的卡車司機之子。就讀倫敦政治經濟學院，博士課程的研究主題是諾丁丘的藥物使用者。以犯罪問題為主要研究，持續發表論著，並大力批判英國政府的排斥性犯罪防制政策。

《都市問題》

關注透過醫院或學校等公共設施形成的「集體消費」的過程。
都市化之物。
1942～
從馬克思主義觀點，重新掌握「都市化之物」集體消費的矛盾點。

曼威・柯司特

MANUEL CASTELLS

▶P210

西班牙社會學家，出生於西班牙拉曼查。曾經就讀巴塞隆納大學，因為參加反抗佛朗哥政權的活動，被迫逃亡法國。在巴黎大學任教後仍持續投身社運。據點移往美國後，在加州柏克萊大學、南加州大學擔任教授。

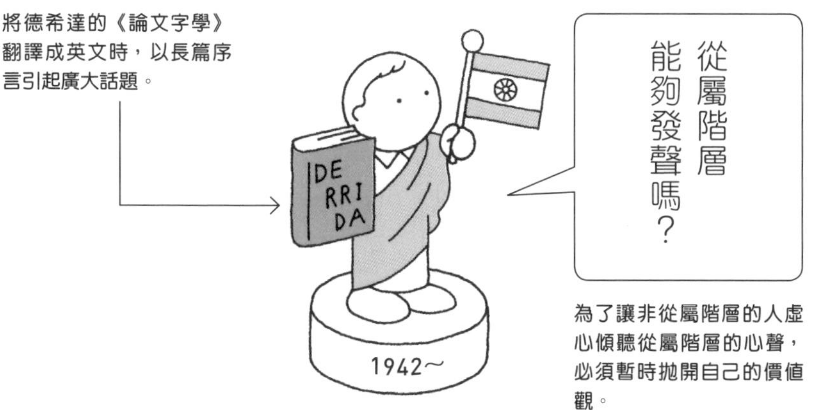
將德希達的《論文字學》翻譯成英文時，以長篇序言引起廣大話題。
DERRIDA
從屬階層能夠發聲嗎？
為了讓非從屬階層的人虛心傾聽從屬階層的心聲，必須暫時拋開自己的價值觀。
1942～

佳亞特麗・C・史碧華克

GAYATRI CHAKRAVORTY SPIVAK

▶P226

印度出身的比較文學家。十九歲自加爾各答大學畢業後，前往美國康乃爾大學研究所接受保羅・德曼的指導。曾任職於德州大學等校，成為哥倫比亞大學教授。提出從屬階層（subaltern）女性的論點後，以女性主義、馬克思主義、解構主義為基礎，持續發表文學或哲學、歷史、全球主義等各種主題的論述。

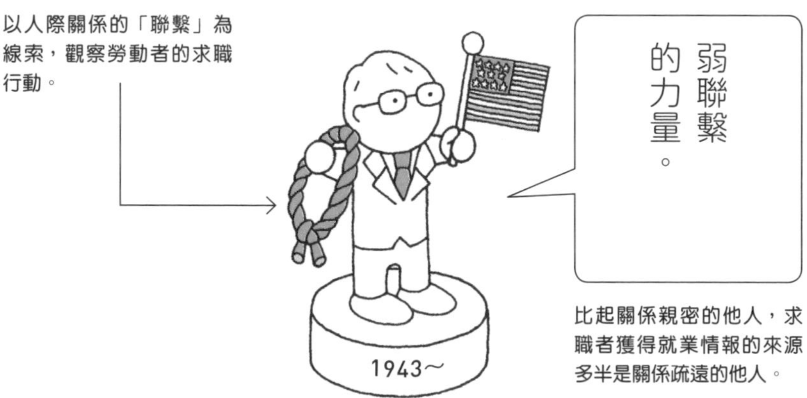
以人際關係的「聯繫」為線索，觀察勞動者的求職行動。
弱聯繫的力量。
比起關係親密的他人，求職者獲得就業情報的來源多半是關係疏遠的他人。
1943～

馬克・格蘭諾維特

MARK GRANOVETTER

▶P217

美國社會學家。在哈佛大學接受哈里森・懷特的指導，取得博士學位。曾在西北大學、紐約州立大學石溪分校、霍普金斯大學執教，於史丹佛大學擔任教授。專長是經濟社會學，著眼於「鑲嵌」在社會結構的經濟現象。

著作
《無秩序的活用》
《再會吧！公共人》

從小學習大提琴，學生時代夢想成為職業大提琴家。

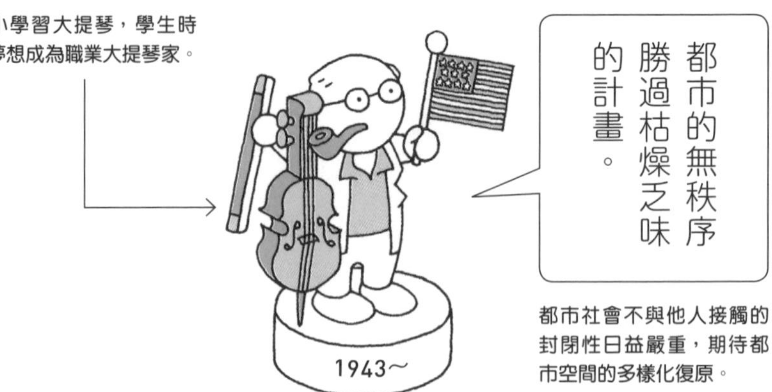

都市的無秩序勝過枯燥乏味的計畫。
1943～

都市社會不與他人接觸的封閉性日益嚴重，期待都市空間的多樣化復原。

理查・桑內特

RICHARD SENNETT

▶P258

美國都市社會學家，出生於芝加哥的猶太裔俄羅斯家庭。在芝加哥大學修讀後，進入哈佛大學向黎士曼、艾瑞克森學習。曾任職於耶魯大學、紐約大學，成為倫敦政治經濟學院的教授。與漢娜・鄂蘭、哈伯瑪斯一起成為倡議公共領域的領導者。

著作
《風險社會》

執筆《風險社會》期間發生車諾比核災，產生了與書中「風險」一詞有強烈連結的社會背景。

貧窮是階級制的，毒氣卻是民主的。
1944～2015

藉財富或權力躲避風險的時代已結束，現已變成無法預測損害的社會。

烏爾利希・貝克

ULRICH BECK

▶P278

德國社會學家。進入弗萊堡大學後，轉讀慕尼黑大學，取得該大學的博士學位。曾任職於明斯特大學等校，成為倫敦政治經濟學院的教授。因主要著作《風險社會》，以及與紀登斯、拉什的共同著作《反身現代性》，成為聞名世界的社會學家。

著作
《觀光客的凝視》

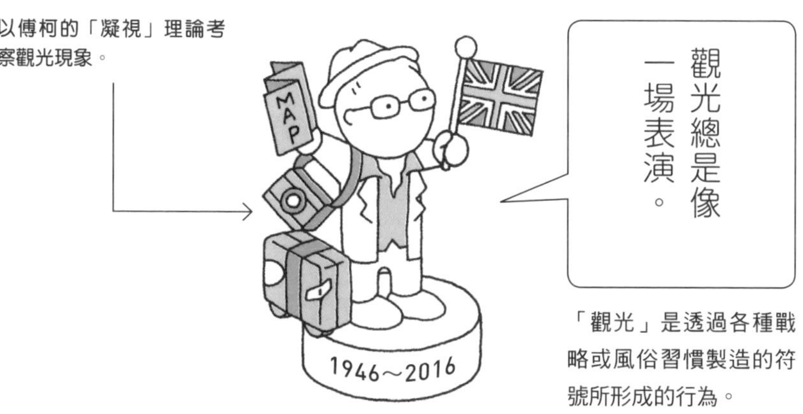
以傅柯的「凝視」理論考察觀光現象。
MAP
觀光總是像一場表演。
1946～2016
「觀光」是透過各種戰略或風俗習慣製造的符號所形成的行為。

約翰・厄里

JOHN URRY ▶P222

英國社會學家，出生於倫敦。在劍橋大學基督學院取得經濟學碩士學位後，轉而修讀社會學，取得博士。一九七〇年代於蘭卡斯特大學任教。研究領域廣泛，起初是國家權力與革命的理論，然後是空間與移動、觀光社會學，以及環境社會學。

著作
《監控社會：日常生活的監控》

著眼於收集、處理個人資料的技術，論述當代「監控」的管理與考量。
非身體的監控。
1948～
在當代，不是人們的身體，而是收集人們痕跡的資料成為了受監控的對象。

大衛・萊昂

DAVID LYON ▶P268

加拿大社會學家，出生於英國愛丁堡。取得布拉福大學博士學位後，移居加拿大，成為皇后大學的教授。以監控社會的研究聞名，同時也對自身研究的出發點——宗教問題保持關注，代表作《監控社會：日常生活的監控》出版後，持續發表《迪士尼樂園中的耶穌：後現代宗教》等研究成果。

《男人之間》《衣櫃認識論》

針對男性之間產生親密關係的特質，以「同性情誼」一詞來考察。
男性的同性情誼之慾望。
1950～2009
從男性之間的同性情誼發現了控制女性、厭惡同性戀的價值觀。

伊芙・賽菊克

EVE KOSOFSKY SEDGWICK

▶P236

美國文學評論家、性別研究者，出生於俄亥俄州。在耶魯大學取得英國文學博士，於漢密爾頓學院、波士頓大學等校任教後，成為紐約市立大學教授。以解構觀點持續發表男性與女性、異性戀與同性戀等二元論的著述，是酷兒研究的代表人物。

《次文化》

將次文化的服飾、音樂嗜好、行為舉止稱為「風格」，解讀其意義。
sex pistols
次文化的風格具有意義。
1951～
在次文化領導者的行為舉止中，發現對標準化的反抗或意義的變形等符號。

迪克・何柏第

DICK HEBDIGE

▶P240

英國社會學家。在伯明罕大學當代文化研究中心學習。從摩德族、龐克、雷鬼等文化中發現對優勢文化的反抗，著作《次文化》被視為文化研究的代表作而受到歡迎。曾任職於加州藝術學院等校，在柏克萊加州大學擔任教授。

著作《性／別惑亂：女性主義與身分顛覆》

社會製造出來的男女二分法，可藉由實踐去擾亂。

生理性別已被視為性別的常態。

1956～

「生理性別」（sex）的概念是社會製造出來的。

朱迪斯・巴特勒

JUDITH PAMELA BUTLER

▶P238

美國哲學家、性別研究者，出生於俄亥俄州克里夫蘭。在耶魯大學以黑格爾的《精神現象學》研究取得博士學位。採用德希達與傅柯的理論，持續發表性別研究的著作。與賽菊克同為一九九〇年代後的性別研究推動者。

著作《帝國》《諸眾》

哈德論述世界上的人們串連成網絡，一起解決問題的「諸眾」之可能性。

以全球規模實現民主的可能性逐漸浮現。

1960～

在著作《諸眾》中談論對抗全球的「帝國」，以及全球民主主義的興盛。

麥可・哈德

MICHAEL HARDT

▶P260～262（帝國、諸眾）

美國哲學家、比較文學家。曾在南加州大學任教，後來成為杜克大學的教授。翻譯納格利評論史賓諾沙的《野性的異常》時，結識了納格利，一九九四年發表首本共同著作。之後的共同著作《帝國》及《諸眾》使兩人廣為人知，二〇〇九年出版最後的共同著作《大同世界》。

標籤理論

Labeling Theory

貝克爾 ▶180

意　義　偏差是因為社會貼上標籤而產生的。

文　獻　《局外人》

備　註　根據莫頓自我實現的預言（P137）等發展而成的想法。對日後的建構論（P209）造成影響。

自我與
互動

思考犯罪等等**偏差行為**時，關注的不是行為者，而是周圍對該行為者貼上「那個人行為異常」標籤的**過程**（**貼標籤**），這種想法稱為**標籤理論**。首先應該關注的並非事先決定「什麼是偏差」（異常），而是由時代或社會決定這點。

和妻子以外的人發生關係的行為

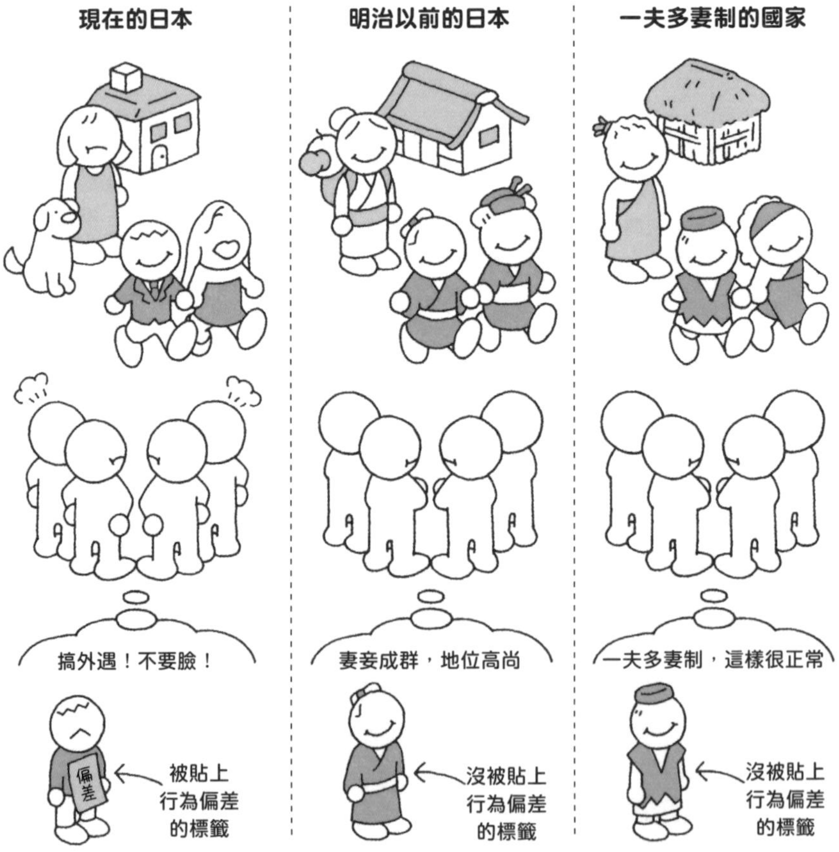

現在的日本

搞外遇！不要臉！

偏差

被貼上行為偏差的標籤

明治以前的日本

妻妾成群，地位高尚

沒被貼上行為偏差的標籤

一夫多妻制的國家

一夫多妻制，這樣很正常

沒被貼上行為偏差的標籤

「偏差」不是附屬於行為，而是存在於周遭旁人的意識之中也就是說，偏差（犯罪或不良）並非附屬於行為，是存在於周圍的人（社會）的意識之中。周圍的人對做出偏差行為的人貼上「偏差」的**標籤**，讓被貼**標籤**的人塑造出行為異常者的身分。於是周圍的人逐漸遠離那個人，使那個人做出更多的偏差行為。人們（社會）訂出一套「只要那麼做就是偏差」的規則，藉由對某人**貼標籤**套用那套規則，偏差自然不斷地產生。

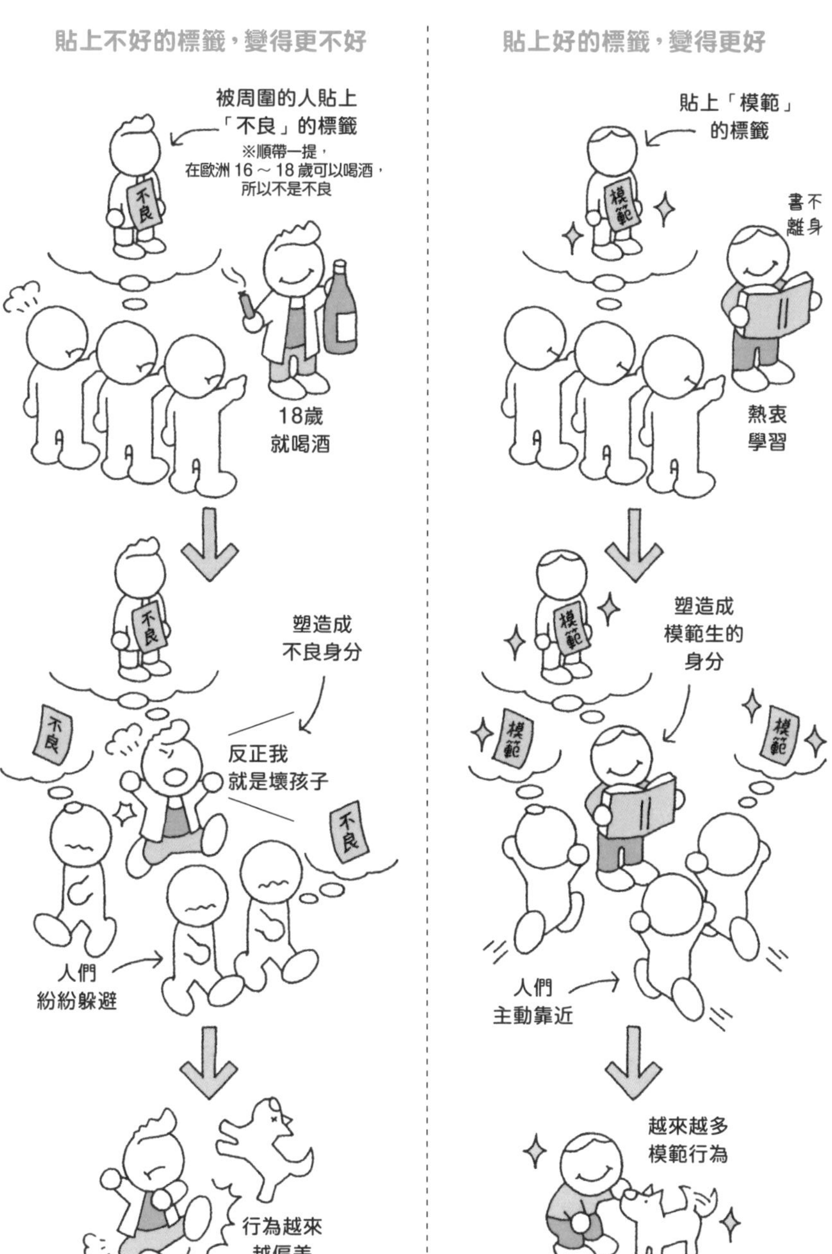

貼上不好的標籤，變得更不好
被周圍的人貼上「不良」的標籤
※順帶一提，在歐洲16～18歲可以喝酒，所以不是不良
不良
18歲就喝酒
塑造成不良身分
反正我就是壞孩子
人們紛紛躲避
行為越來越偏差
貼上好的標籤，變得更好
貼上「模範」的標籤
模範
書不離身
熱衷學習
塑造成模範生的身分
人們主動靠近
越來越多模範行為

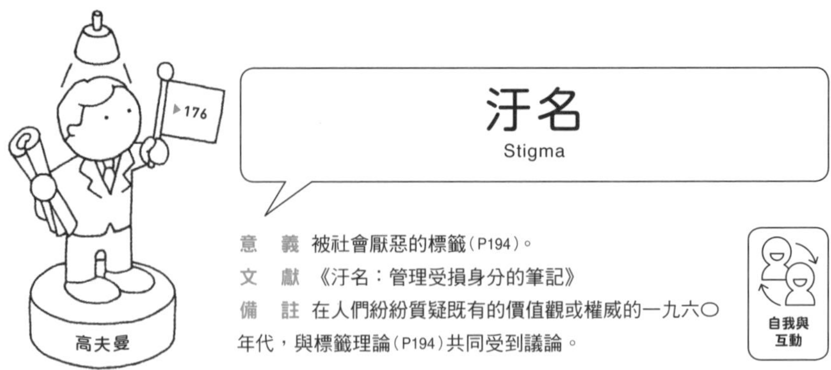

▶176
高夫曼
自我與
互動

汙名

Stigma

意　義　被社會厭惡的標籤（P194）。

文　獻　《汙名：管理受損身分的筆記》

備　註　在人們紛紛質疑既有的價值觀或權威的一九六〇年代，與標籤理論（P194）共同受到議論。

貼標籤（P194）分為好印象的**標籤**與壞印象的**標籤**。被社會厭惡的壞印象**標籤**，**高夫曼**稱其為**汙名**（烙印）。

好人
很認真！
誠實！
好印象
的標籤
可怕！
吊兒郎當！
壞人

汙名

被社會貼上行為偏差的標籤稱為汙名

高夫曼認為，擁有不同於周圍的特徵或屬性的人受到歧視時，該特徵並非**汙名**。因該特徵而產生被人們疏離的社會關係，才是**汙名**。

金髮
沒有汙名
有汙名
不良
歐美
日本

屬性或特徵並非汙名，
因此沒有「擁有汙名的人」。
「汙名化」是指在某個社會中，對某種屬性或特徵的歧視

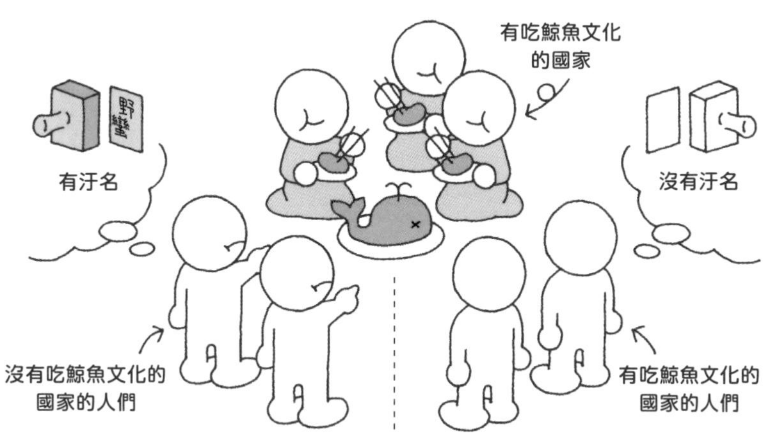
有吃鯨魚文化
的國家
有汙名
野蠻
沒有汙名
沒有吃鯨魚文化的
國家的人們
有吃鯨魚文化的
國家的人們

197

汙名是由社會產生。因此，針對被汙名化的人或團體的偏見，就經常被社會正當化。

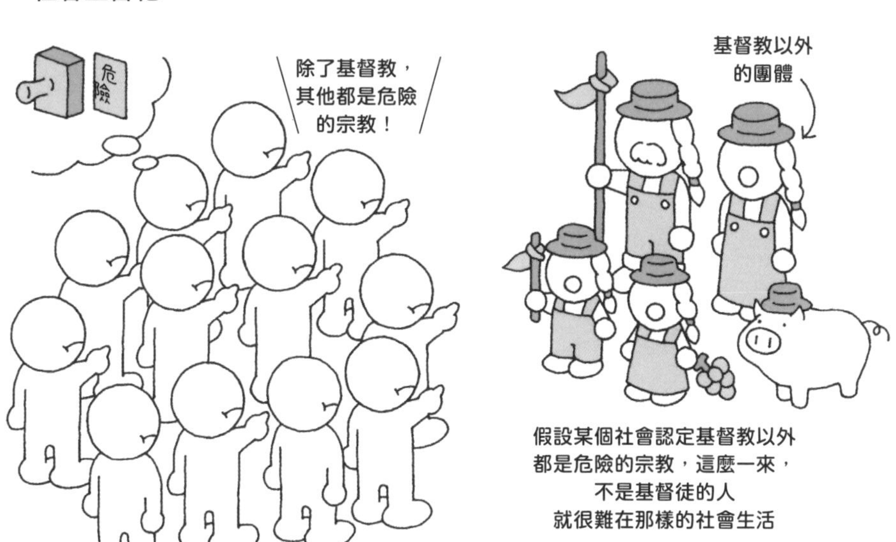
危險
除了基督教，
其他都是危險
的宗教！
基督教以外
的團體

假設某個社會認定基督教以外
都是危險的宗教，這麼一來，
不是基督徒的人
就很難在那樣的社會生活

▶176
高夫曼

劇場理論

Dramaturgy

意　義　以「人在社會中像演員一樣表演」的觀點，觀察、考察人們的方法。

文　獻　《日常生活中的自我表演》

備　註　高夫曼也被列入詮釋學派（P141）。

自我與
互動

我們經常刻意做出讓他人留下好印象的行為，這樣的行為稱為自我表演或印象管理。**高夫曼**的劇場理論將這種行為視為**演技**，並考察把日常生活當作舞臺，**化身為演員的人們**。

從劇場理論觀點檢視學校

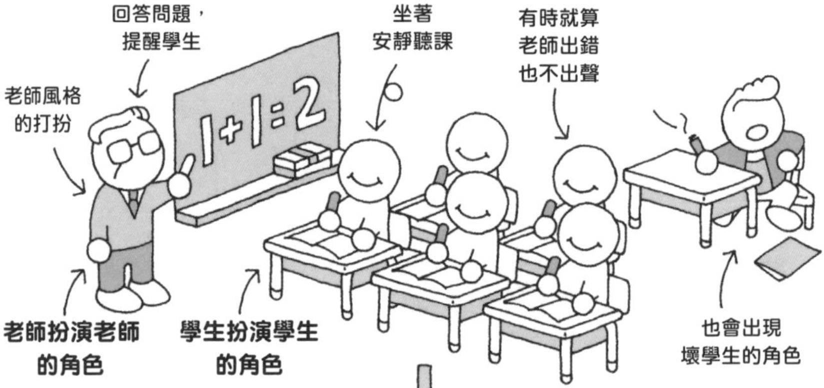

回答問題，
提醒學生

坐著
安靜聽課

有時就算
老師出錯
也不出聲

老師風格
的打扮

1+1=2

老師扮演老師
的角色

學生扮演學生
的角色

也會出現
壞學生的角色

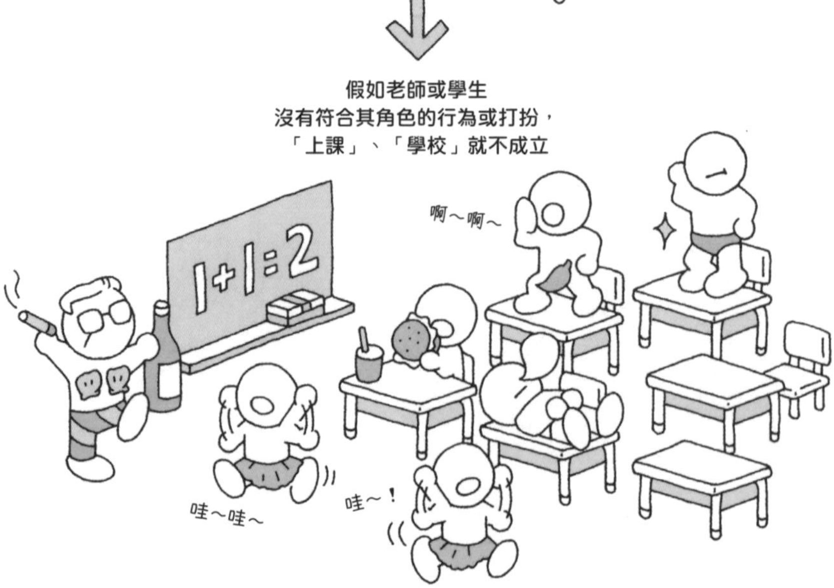

假如老師或學生
沒有符合其角色的行為或打扮，
「上課」、「學校」就不成立

1+1=2

啊～啊～

哇～哇～

哇～！

日常生活中在他人面前的**演技**，不只是為了展現自己好的一面的個人欲求。上司與部下、老師與學生等彼此做出符合自身角色的行為，維持「職場」或「課堂」等所處環境的秩序。我們既是**演員**也是**觀眾**，透過共同合作讓社會得以成立。

禮儀的漠視
遇到搭電梯那樣不自然的狀況，彼此扮演「不在意他人」的樣子，維持現場氣氛的平靜

角色距離
意思是就像孩子離家出走那樣，抗拒自己的角色

199

我們經常在擁擠的電車或電梯內扮演不在意他人的樣子。這種禮儀的漠視也是維持日常秩序的互動之一。

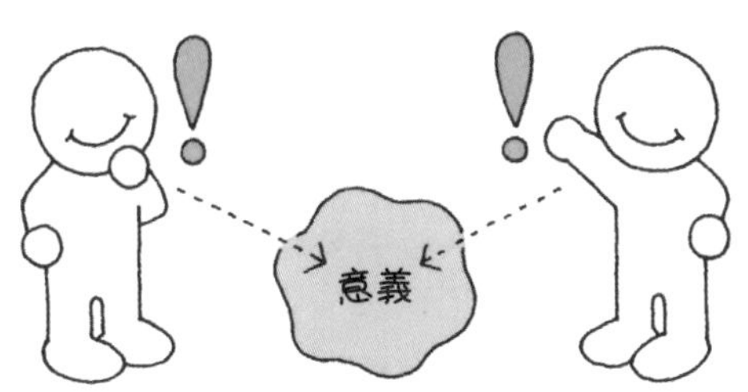
意義

劇場理論的觀點是解釋事物的意義，根據意義的互動形成社會，這是承襲布魯默的符號互動論。

當人們扮演**角色**，社會才得以成立，這便是劇場理論的觀點。**布魯默**（P119）的**符號互動論**（P143）主張，人們的互動讓社會得以成立，劇場理論也是由此發展而來。

哈伯瑪斯

▶182

公共領域

Public Sphere

意　義　市民進行公共討論的場所。

文　獻　《公共領域的結構轉型》

備　註　哈伯瑪斯於一九六二年出版了《公共領域的結構轉型》，一九八九年出版英譯本，在全球具有很大影響力。

公共領域
與共同體

哈伯瑪斯關注十八世紀在英國、法國等都市普及的**咖啡館**。**咖啡館**內誕生出讓不同階層的人們以對等立場進行議論的**公共領域（市民的公共領域）**。

下一任的大臣……

說不停

現在的財政……

現在的政權……

侃侃而談

滔滔不絕

說不停

這～樣

那～樣

公眾在咖啡館裡議論時事

咖啡館內談論的內容被刊登在報章雜誌

公眾看過之後又在咖啡館內進行議論

公眾擁有批判公權力的力量

咖啡館內的議論被報紙等**印刷媒體**報導，人們又根據印刷媒體的報導在咖啡館內累積議論，透過這樣的過程形成批判公權力的意見，這就是**公共領域**。無力對抗公權力的公眾藉由**公共領域**的成立，產生了對抗公權力的力量。

然而，當主流媒體從活字變成**電視**後，狀況就完全改變了。

本黨的主張
是……
嗯嗯

公共媒體單方面播放政治思想

公共媒體單方面播放政府的政治宣傳，民間媒體只提供有利於贊助企業的資訊。**哈伯瑪斯**說，大眾只會感謝媒體提供了那些資訊。隨著電視的普及，產生公共討論的**公共領域**被廢除。

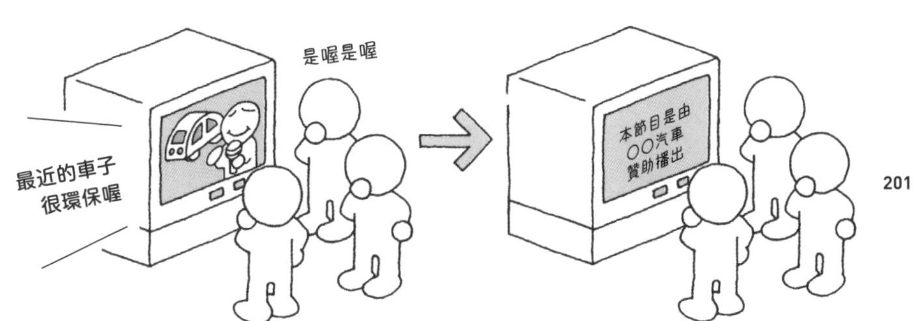

最近的車子
很環保喔
是喔是喔
本節目是由
○○汽車
贊助播出

民間媒體只會單方面播放對贊助商有利的資訊

近年因為**網路**的普及，類似**公共領域**的勢力復活。但也有人主張，網路上充斥著一群看不到臉的人們無責任的發言，不能說是公共討論的場所。

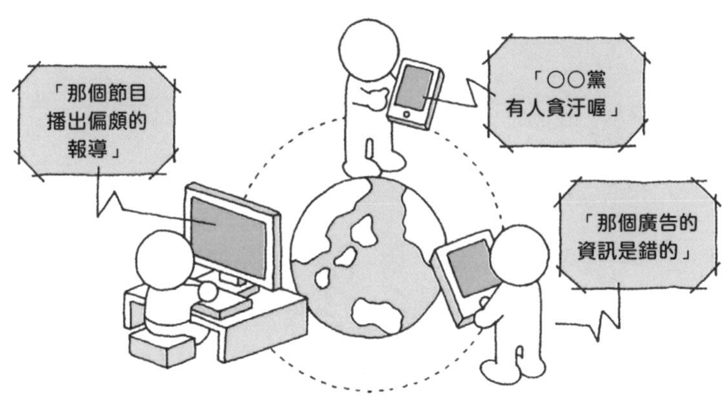

「那個節目
播出偏頗的
報導」
「○○黨
有人貪汙喔」
「那個廣告的
資訊是錯的」

網路讓公共領域復活？

▶182
哈伯瑪斯

溝通理性

Communicative Rationality

意　義　從對等立場的對話創造共識的力量。

文　獻　《現代性的哲學論述》

備　註　基於共識的行動稱為溝通行動。

公共領域
與共同體

初期的**法蘭克福學派**（P100）認為**理性**只是支配自然或人類的**工具**（工具理性 P101）。但**法蘭克福學派**第二代的**哈伯瑪斯**卻主張，**理性**還有**溝通理性（對話的理性）**。

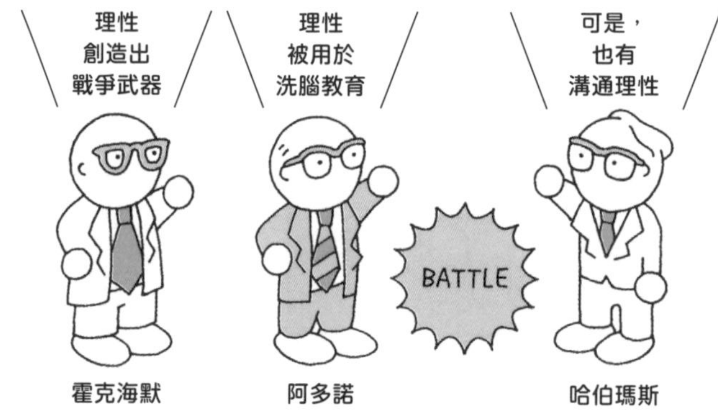
理性
創造出
戰爭武器
理性
被用於
洗腦教育
可是，
也有
溝通理性
BATTLE
霍克海默
阿多諾
哈伯瑪斯

哈伯瑪斯認為**理性**不是向對方強行灌輸自己意見的**工具**，還有透過**對話**達成彼此**共識**的**理性**。不過，這樣的對話必須在發言機會平等的**公共領域**（P200）的狀況下進行。

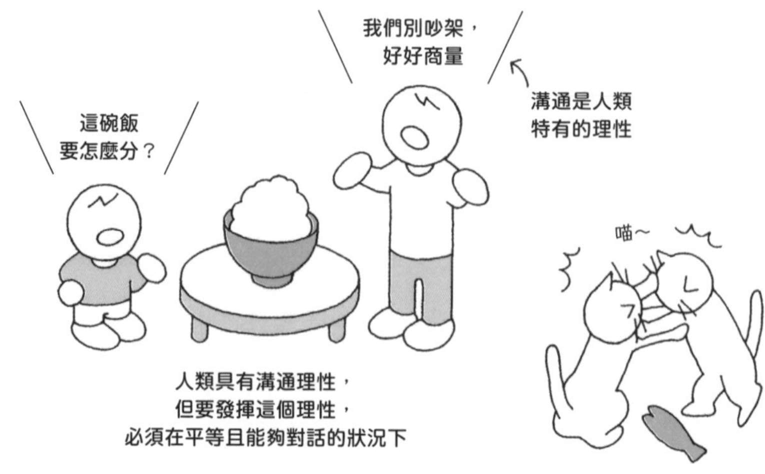
這碗飯
要怎麼分？
我們別吵架，
好好商量
溝通是人類
特有的理性
喵～
人類具有溝通理性，
但要發揮這個理性，
必須在平等且能夠對話的狀況下

▶182
哈伯瑪斯

生活世界的殖民化

Colonization of Lifeworld

公共領域
與共同體

意　義　透過對話產生共識的世界（生活世界），被政治或經濟系統侵蝕。

文　獻　《溝通行動理論》

備　註　生活世界的殖民化是現代的特徵

哈伯瑪斯認為**溝通**（P202）是最理想的行為。他把日常**溝通**所需的發言機會平等的世界命名為**生活世界**。

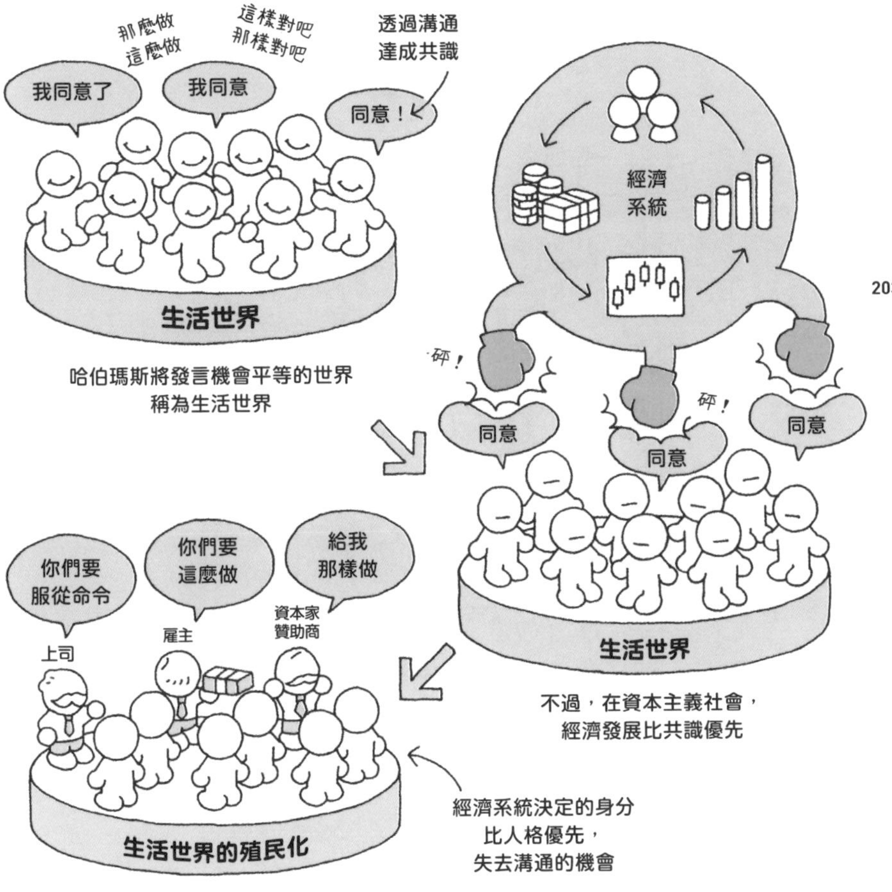

那麼做
這麼做
這樣對吧
那樣對吧
透過溝通
達成共識
我同意了
我同意
同意！
生活世界
哈伯瑪斯將發言機會平等的世界
稱為生活世界
經濟
系統
砰！
砰！
同意
同意
同意
生活世界
不過，在資本主義社會，
經濟發展比共識優先
你們要
服從命令
你們要
這麼做
給我
那樣做
上司
雇主
資本家
贊助商
生活世界的殖民化
經濟系統決定的身分
比人格優先，
失去溝通的機會

然而，在資本主義社會的現代，經濟的**結構（系統）**自動決定人們的行動或地位，透過**溝通**達成**共識**決定事物的機會變得微乎其微。**哈伯瑪斯**將這樣的狀況稱為**（經濟）系統**造成的**生活世界的殖民化**。

▶176
阿圖塞

意識形態國家機器

Ideological State Apparatus

文　獻　《再生產》

備　註　國家機器是由壓制機器（軍隊、警察等）與意識形態（學校、宗教、媒體等）組成。

國家與
全球化

阿圖塞認為，學校、社福、媒體、宗教等制度是用來培養適合國家的個人思想或**意識形態**（P45）的**意識形態國家機器**。**意識形態國家機器**塑造而成的個人，最終會主動服從國家，然後靠向**意識形態**的製造方。

意識形態國家機器

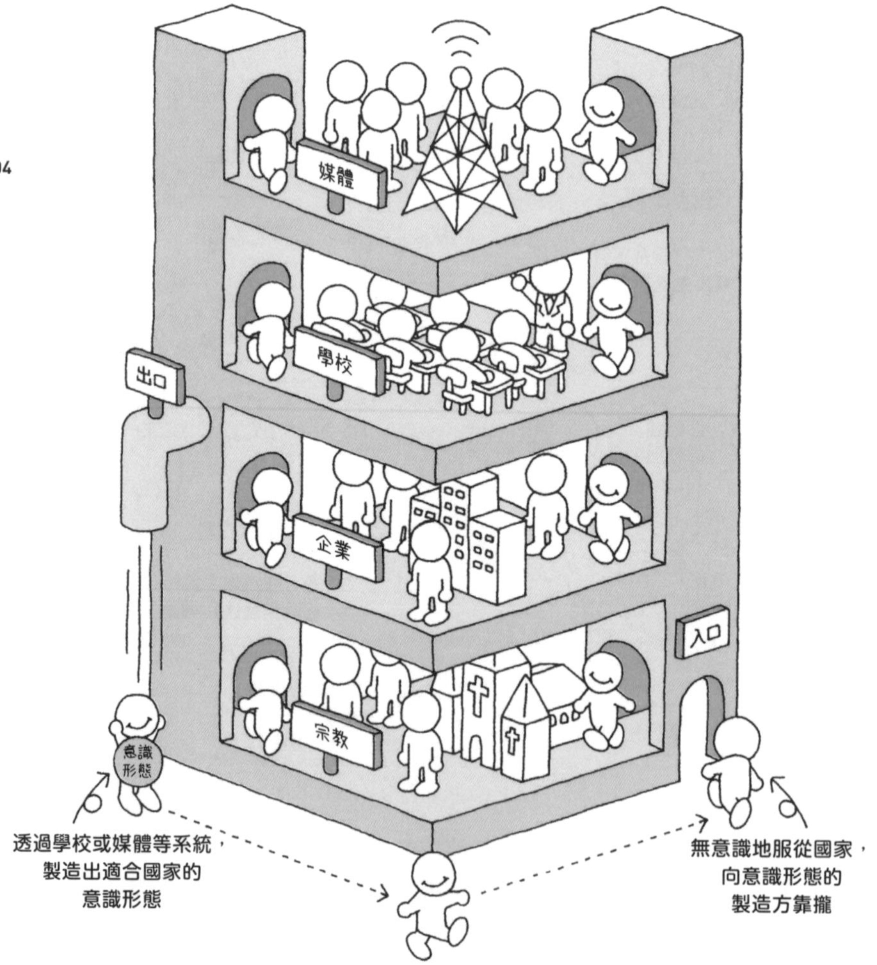

媒體
學校
出口
企業
入口
宗教
意識形態

透過學校或媒體等系統，製造出適合國家的意識形態

無意識地服從國家，向意識形態的製造方靠攏

179
傅柯

生命權力

Biopower

意　義　介入人們的生命，試圖進行管理的現代權力。

文　獻　《性史》《規訓與懲罰：監獄的誕生》

備　註　傅柯提出在生命權力成立的十九世紀後，出現許多戰爭或大量殺戮的悖論。

秩序與
權力

十八世紀之前・死亡權力

擁有絕對權力者利用人們對死刑的恐懼統治民眾

十九世紀之後・生命權力

以活用人們為方針行使權力。乍看之下似乎對人們很好，其實是有效率地讓人們變得適合資本主義社會的管理體制

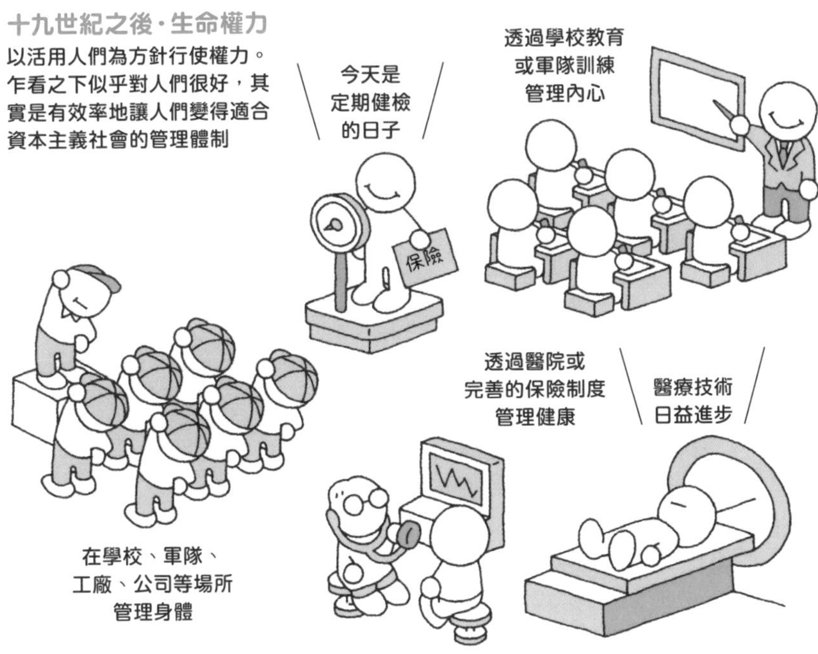
今天是
定期健檢
的日子
保險
透過學校教育
或軍隊訓練
管理內心
在學校、軍隊、
工廠、公司等場所
管理身體
透過醫院或
完善的保險制度
管理健康
醫療技術
日益進步

中世紀的君主以**給予人們死亡的權力**（死亡權力）達成支配。但**傅柯**說**現代**（資本主義）的權力反而是讓人們生存的**生命權力（生的權力）**。**生命權力**是透過學校教育或軍隊訓練將人們規訓得有效率，或是利用完善的醫療或保險等制度讓人們活得更健康安全，以「活用」人們的身體與生命為方針來行使權力。

▶179
傅柯

全景敞視監獄
Panopticon

意　義　用於監獄，可全面監視的構造。
文　獻　《規訓與懲罰：監獄的誕生》
備　註　全景敞視監獄是為了改善監獄的惡劣環境，由傑瑞米．邊沁（一七四八～一八三二）構思出來的系統。

秩序與
權力

傅柯認為**現代社會**（資本主義社會）的**權力**並非支配者向下施壓的結構，而是人們在社會生活中主動遵從規則的結構。他將這樣的權力形態稱為**全景敞視監獄**（全面監視裝置）。

全景敞視監獄

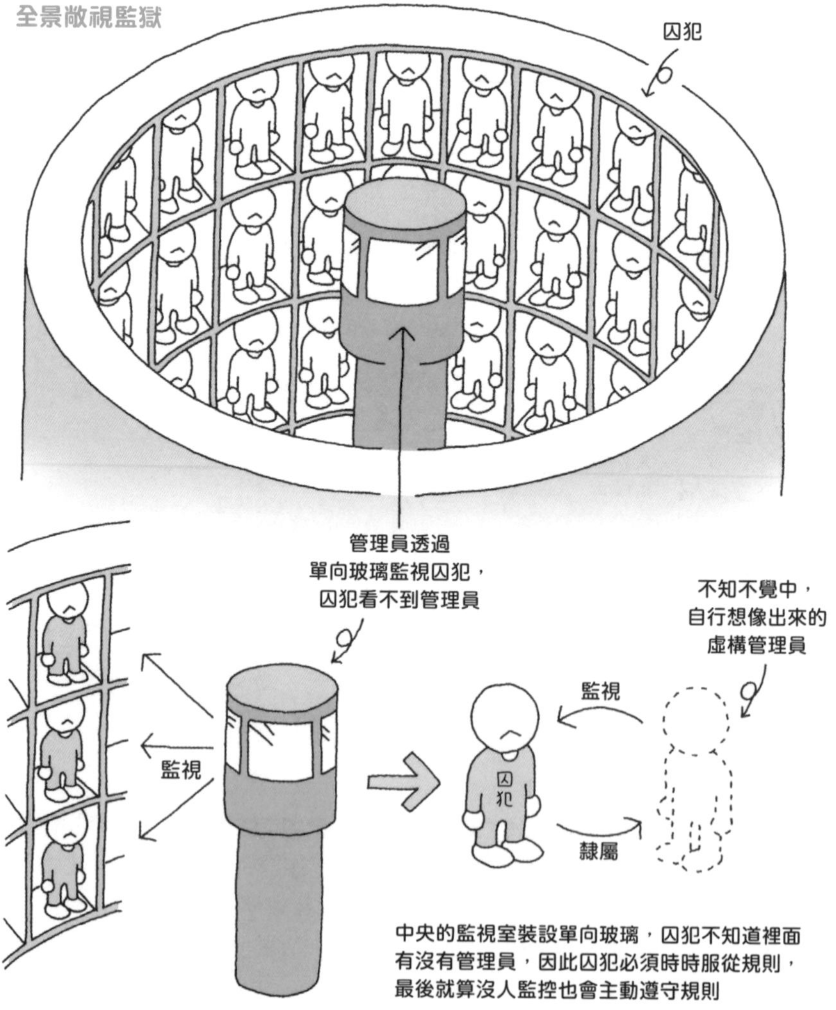

囚犯

管理員透過單向玻璃監視囚犯，囚犯看不到管理員

不知不覺中，自行想像出來的虛構管理員

監視

監視

囚犯

隸屬

中央的監視室裝設單向玻璃，囚犯不知道裡面有沒有管理員，因此囚犯必須時時服從規則，最後就算沒人監控也會主動遵守規則

像**全景敞視監獄**那樣，讓人覺得隨時受到監視，變得主動遵從規則的結構，除了監獄以外，也廣泛出現在公司或學校、醫院等日常生活的各個場所。

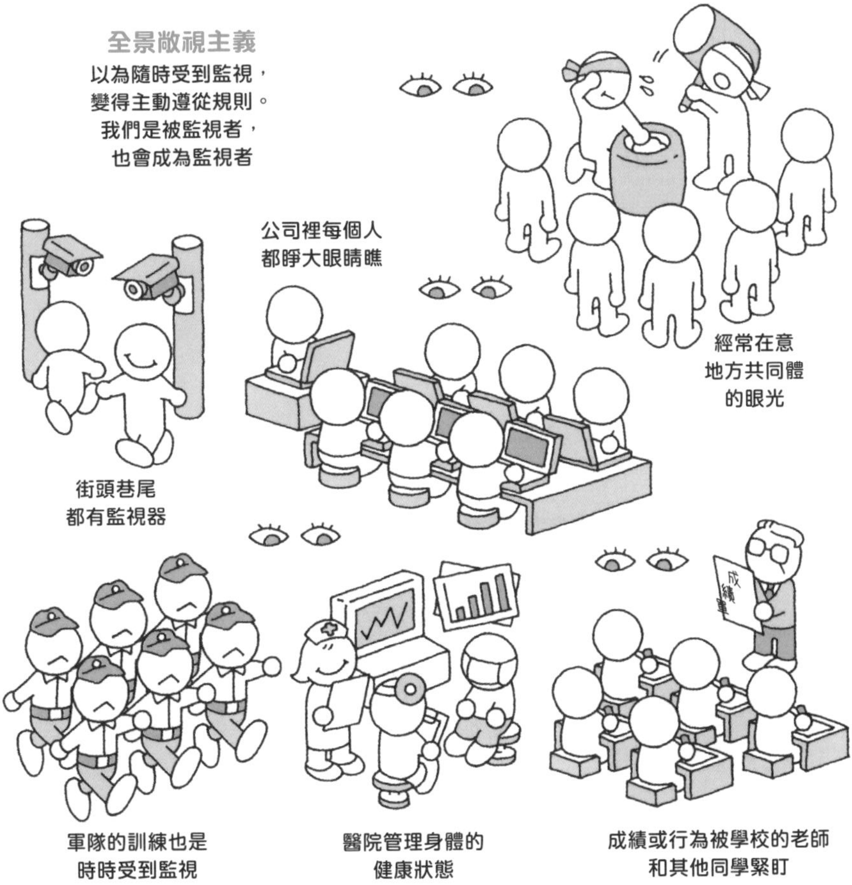

全景敞視主義

以為隨時受到監視，
變得主動遵從規則。
我們是被監視者，
也會成為監視者

公司裡每個人
都睜大眼睛瞧

經常在意
地方共同體
的眼光

街頭巷尾
都有監視器

成
績
單

軍隊的訓練也是
時時受到監視

醫院管理身體的
健康狀態

成績或行為被學校的老師
和其他同學緊盯

傅柯說，透過**全景敞視**，人們最終不再對資本主義社會的矛盾感到質疑，然後將價值觀和自己不同的人視為異物試圖排除。

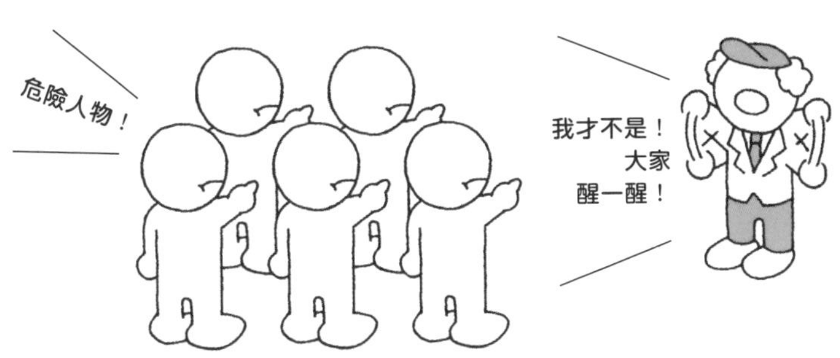
危險人物！
我才不是！
大家
醒一醒！

人們不知不覺成為管理、監視他人的人

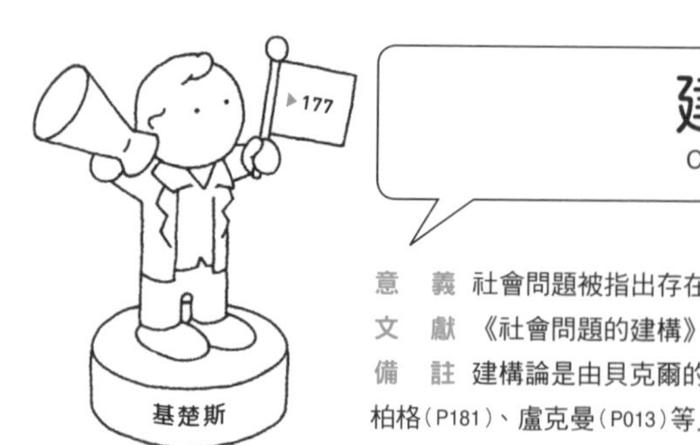
▶177
基楚斯

建構論

Constructivism

意　義 社會問題被指出存在後，成為事實的想法。
文　獻 《社會問題的建構》（斯佩克特／基楚斯）
備　註 建構論是由貝克爾的標籤理論（P194）發展而成。柏格（P181）、盧克曼（P013）等人也有採納建構論。

社會理論

現在，虐待兒童、家暴、性騷擾等已成為社會問題。但在五十多年前，這些問題並不存在。因為沒有人認為那些是問題。

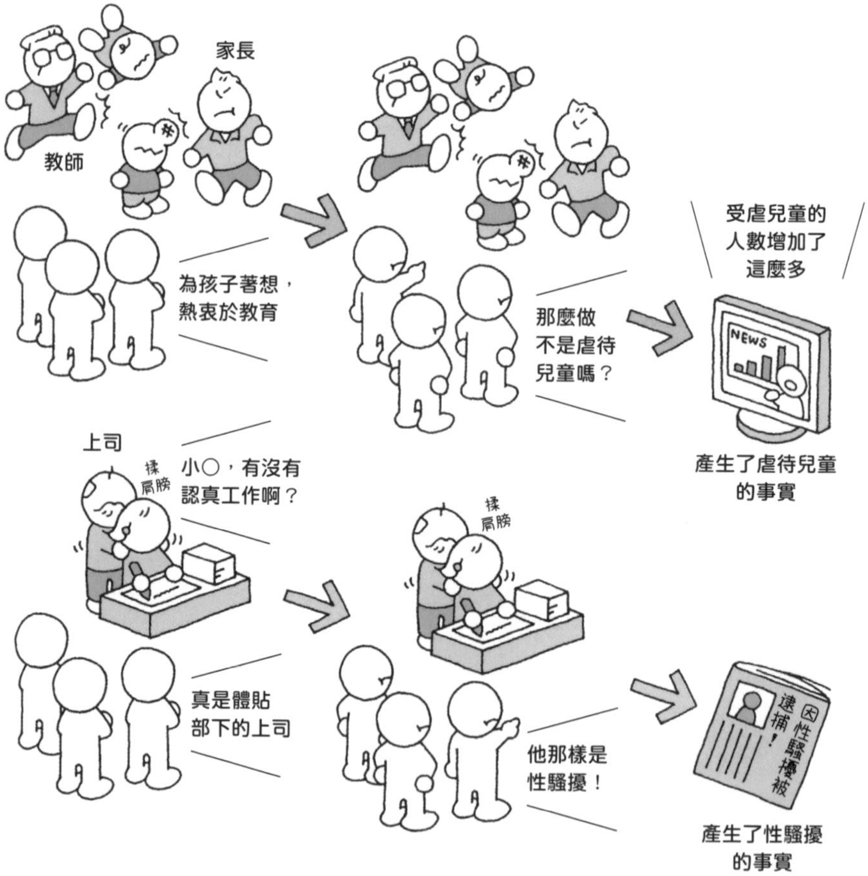

家長
教師
為孩子著想，熱衷於教育
那麼做不是虐待兒童嗎？
受虐兒童的人數增加了這麼多
NEWS
產生了虐待兒童的事實

上司
揉肩膀
小〇，有沒有認真工作啊？
真是體貼部下的上司
揉肩膀
他那樣是性騷擾！
因性騷擾被逮捕！
產生了性騷擾的事實

存在於社會中的問題，並非事先已經客觀存在。**斯佩克特**（1943～）和**基楚斯**認為，當人們用**語言**說出那個「是問題」的時候，才會產生**事實**。

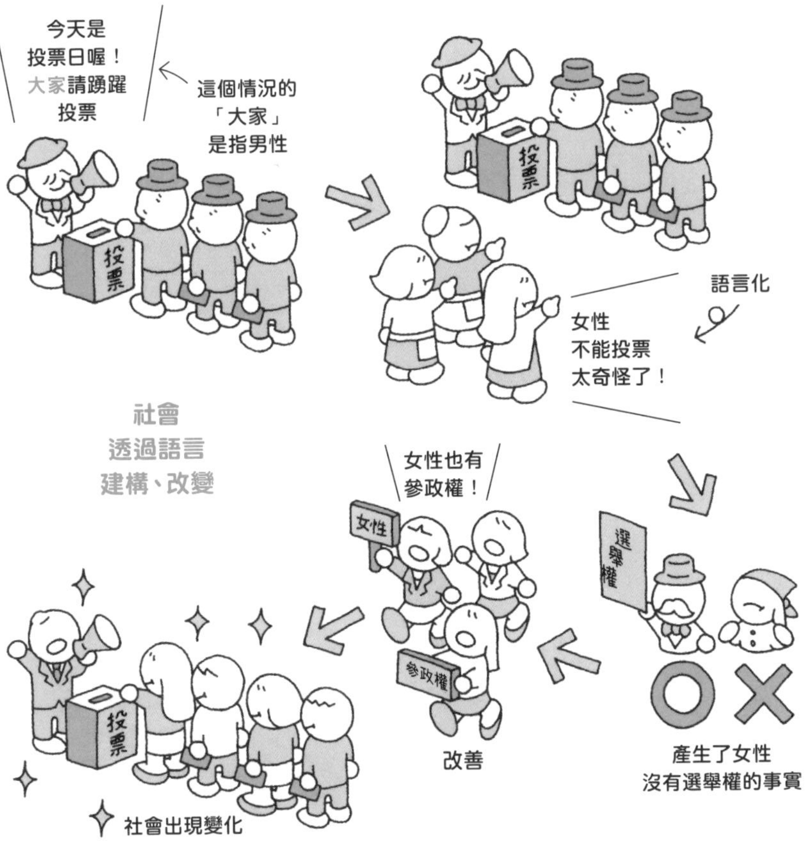

今天是
投票日喔！
大家請踴躍
投票

這個情況的
「大家」
是指男性

投票

語言化

女性
不能投票
太奇怪了！

社會
透過語言
建構、改變

女性也有
參政權！

女性

選舉權

參政權

投票

改善

產生了女性
沒有選舉權的事實

社會出現變化

像**基楚斯**等人那樣，認為事實是透過語言表達後，**建構**而成的立場稱為**（社會）建構論**。假設發生了什麼問題，只要沒人說出口就不是**事實**。

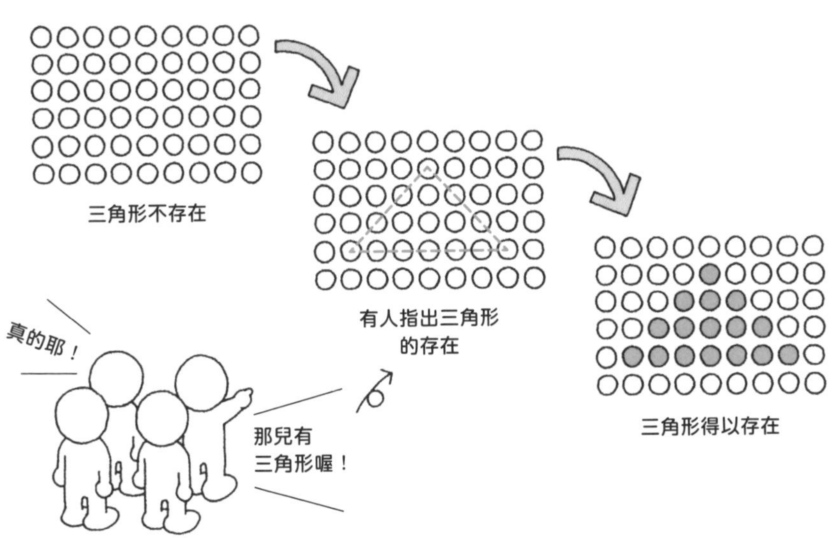

三角形不存在
有人指出三角形
的存在
三角形得以存在
真的耶！
那兒有
三角形喔！

▶188
柯司特

集體消費

Collective Consumption

意　義　被視為生活基礎，讓團體持續消費的服務。
文　獻　《都市問題》
備　註　反義詞是**個人消費**（個人購買、消費後就消失的服務）。

公共領域
與共同體

隨著人口增加、都市化的發展，必須加快整備道路、公園、學校、醫院等設施。這些**基礎設施**即使不付費也能持續使用（消費），無法只靠市場持續供給，要由**國家**負擔。

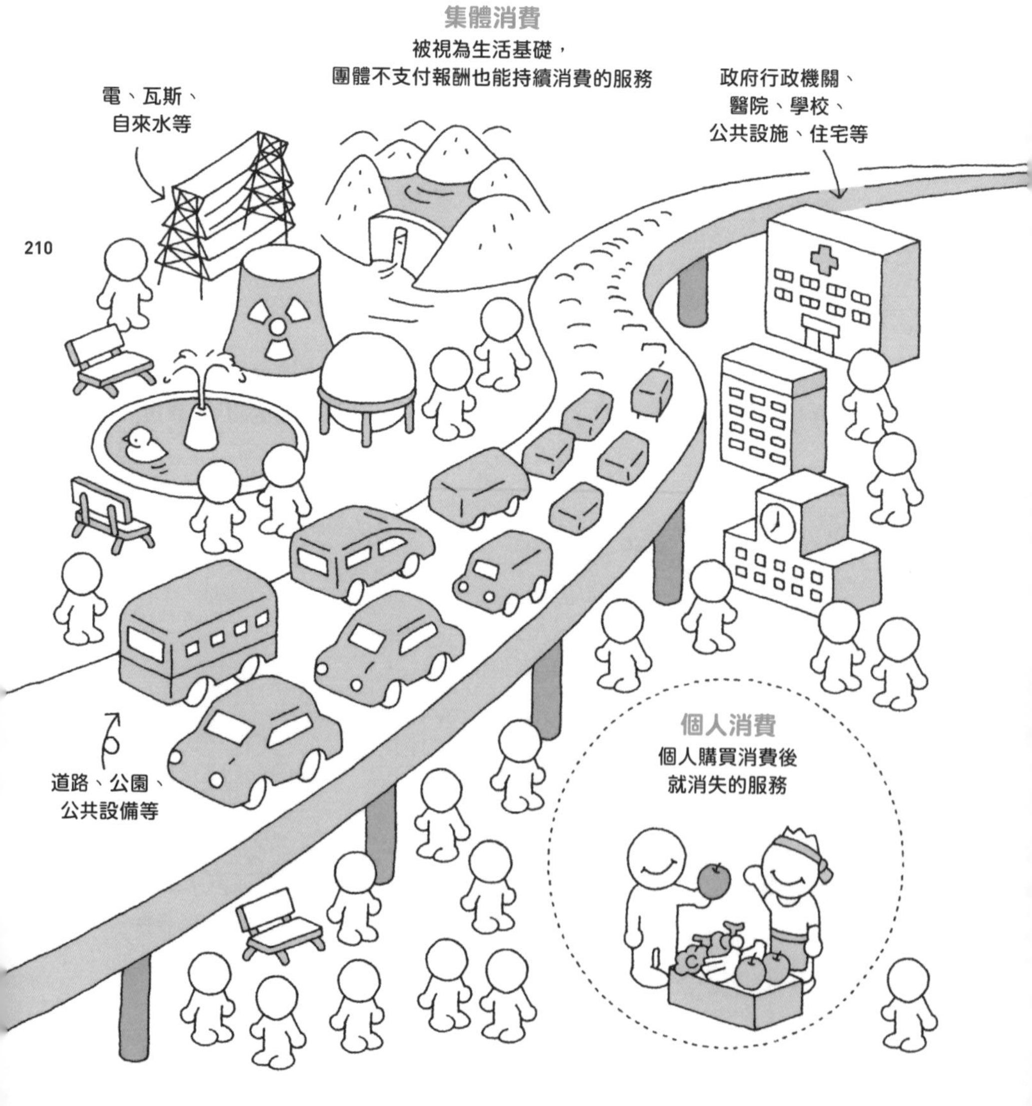

集體消費
被視為生活基礎，
團體不支付報酬也能持續消費的服務

電、瓦斯、
自來水等

政府行政機關、
醫院、學校、
公共設施、住宅等

道路、公園、
公共設備等

個人消費
個人購買消費後
就消失的服務

這樣的服務形態稱為**集體消費**。**柯司特**認為，**都市化**是消費中心從**個人消費**變成**集體消費**的過程。**集體消費**增加，負擔**集體消費**的**國家**就能**單方面管理**、**支配市民**的日常生活。

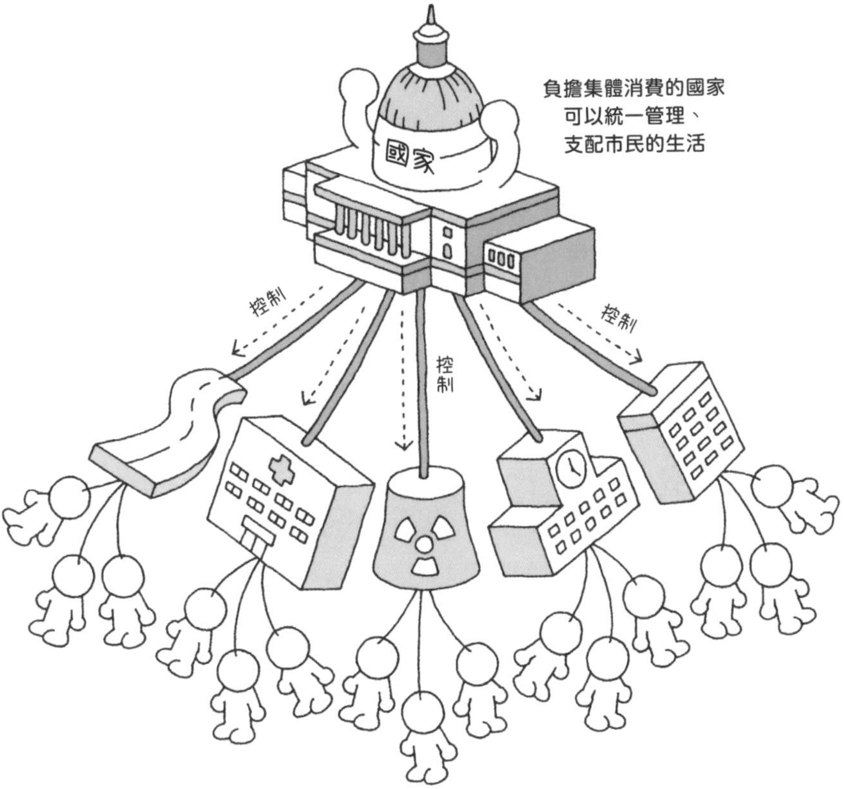

負擔集體消費的國家
可以統一管理、
支配市民的生活
國家
控制
控制
控制

柯司特主張，當這樣的國家權力失控時，必須由**草根階層**（一般市民）積極發起**社會運動**（**都市社會運動**）。

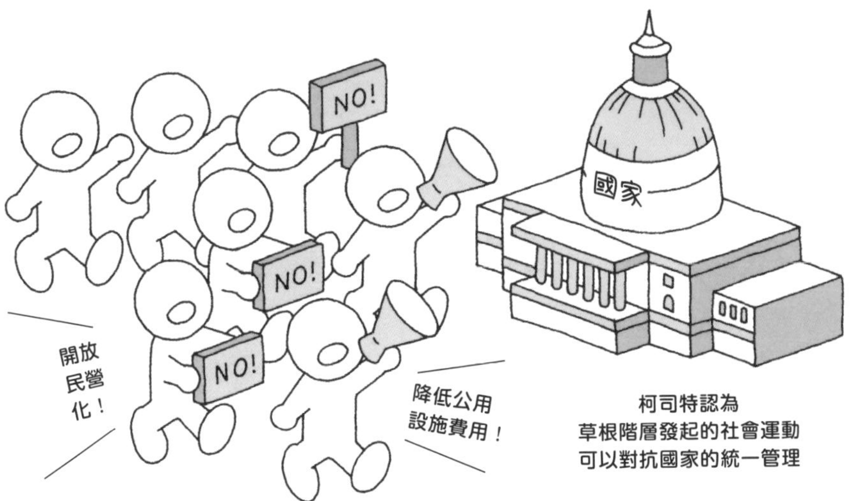
NO!
NO!
NO!
開放民營化！
降低公用設施費用！
國家
柯司特認為
草根階層發起的社會運動
可以對抗國家的統一管理

▶185
薩伊德

東方主義

Orientalism

意　義 認為「東方」很落後的「西方」中心主義的看法。
文　獻 《東方主義》
備　註 有別於東方主義，對西方抱持著「無人性」等看法的是西方主義。

國家與
全球化

現代西方社會將**東方**社會視為不同於自己的存在。那樣的觀點把**西方**當作文明的中心，**東方**是支配的對象。**薩伊德**將這種**西方中心主義**的態度稱為**東方主義**。

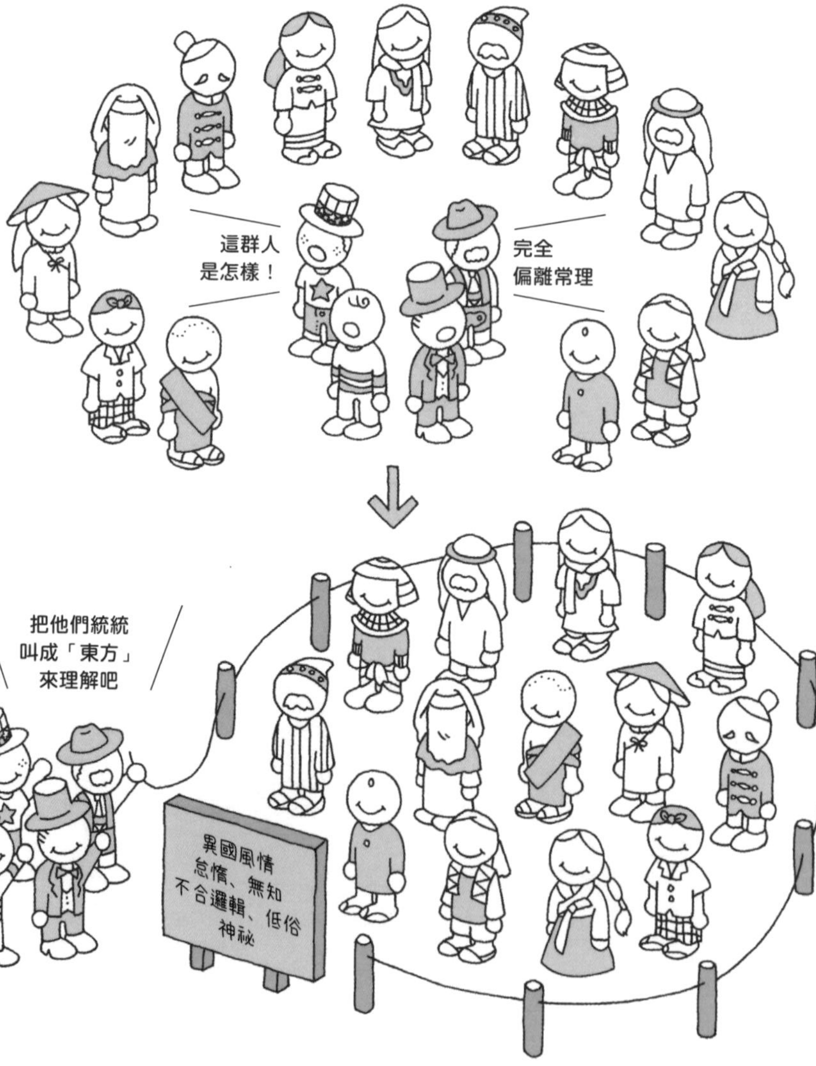

這群人
是怎樣！

完全
偏離常理

把他們統統
叫成「東方」
來理解吧

異國風情
怠惰、無知
不合邏輯、低俗
神祕

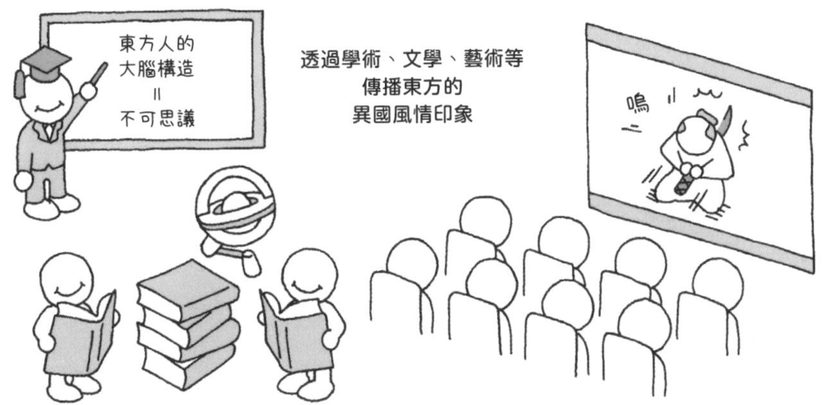
東方人的
大腦構造
॥
不可思議
透過學術、文學、藝術等
傳播東方的
異國風情印象
嗚

東方主義的觀點是以怠惰好色、沒有邏輯等印象理解**東方**。那樣的看法造成只有西方能夠正確理解世界，並對**東方**的一切也瞭若指掌的想法，讓**東方**的殖民地支配變得正當化。

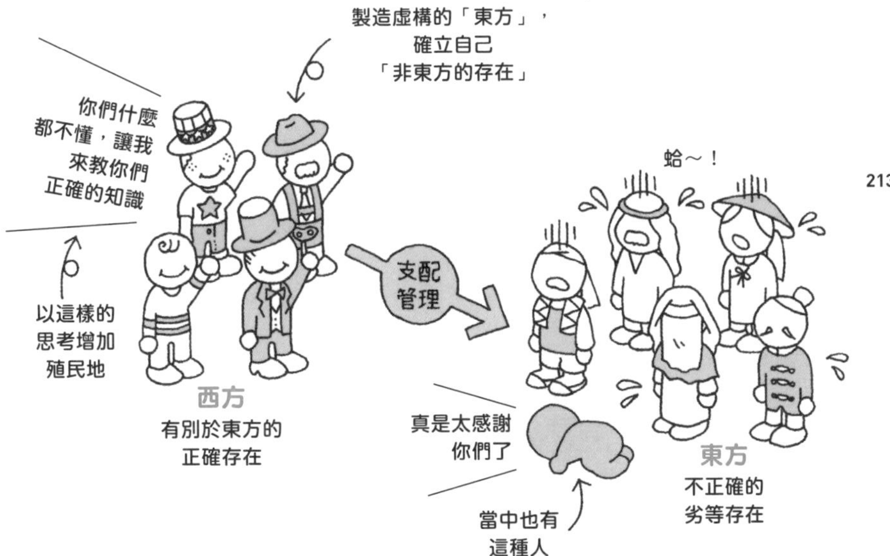
製造虛構的「東方」，
確立自己
「非東方的存在」
你們什麼
都不懂，讓我
來教你們
正確的知識
以這樣的
思考增加
殖民地
支配
管理
蛤～！
西方
有別於東方的
正確存在
真是太感謝
你們了
當中也有
這種人
東方
不正確的
劣等存在

西方與**東方**不是以自然區分，而是**西方**以自己的文化或價值觀為中心擅自劃分。

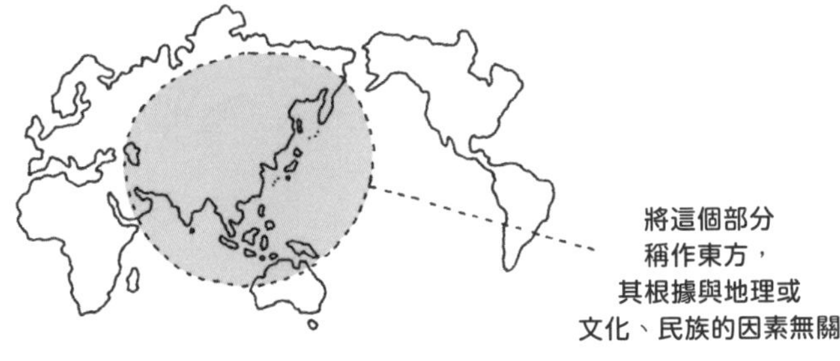
將這個部分
稱作東方，
其根據與地理或
文化、民族的因素無關

182
布赫迪厄

文化資本

Cultural Capital

文化與
消費社會

意　義　對社會地位有利或不利，金錢以外的資本。

文　獻　《秀異：品味判斷的社會批判》

備　註　布赫迪厄提出現代是階級分化的社會，興趣嗜好也會與出身階級有所連結。

說到**資本**，通常會想到金錢。不過，對人類的社會生活有益的不只金錢。知識、習慣、人際關係、興趣等也是對我們的地位有利或不利的**資本**。**布赫迪厄**將這些金錢以外的**資本**稱為**文化資本**。

文化資本的例子

知識
興趣
人際關係
習慣

舉例來說，古典樂被視為正統的文化，在社會上獲得高度評價，而且欣賞古典樂必須具備一定程度的素養。假如文化資本是興趣，父母是否有那樣的興趣（能否自然接觸那些興趣），對於本人會不會產生興趣有很大的影響。**文化資本**的有無，與其說是本人的努力，不如說受到生長環境的影響更大。

每週去聽一次
古典音樂會
是A君家的習慣
A君變得喜歡古典樂，
開始學小提琴

人們獲得的**文化資本**有**三種具體的形式**：❶客體化文化資本、❷身體化文化資本、❸制度化文化資本，在我們的社會生活有效地發揮作用。

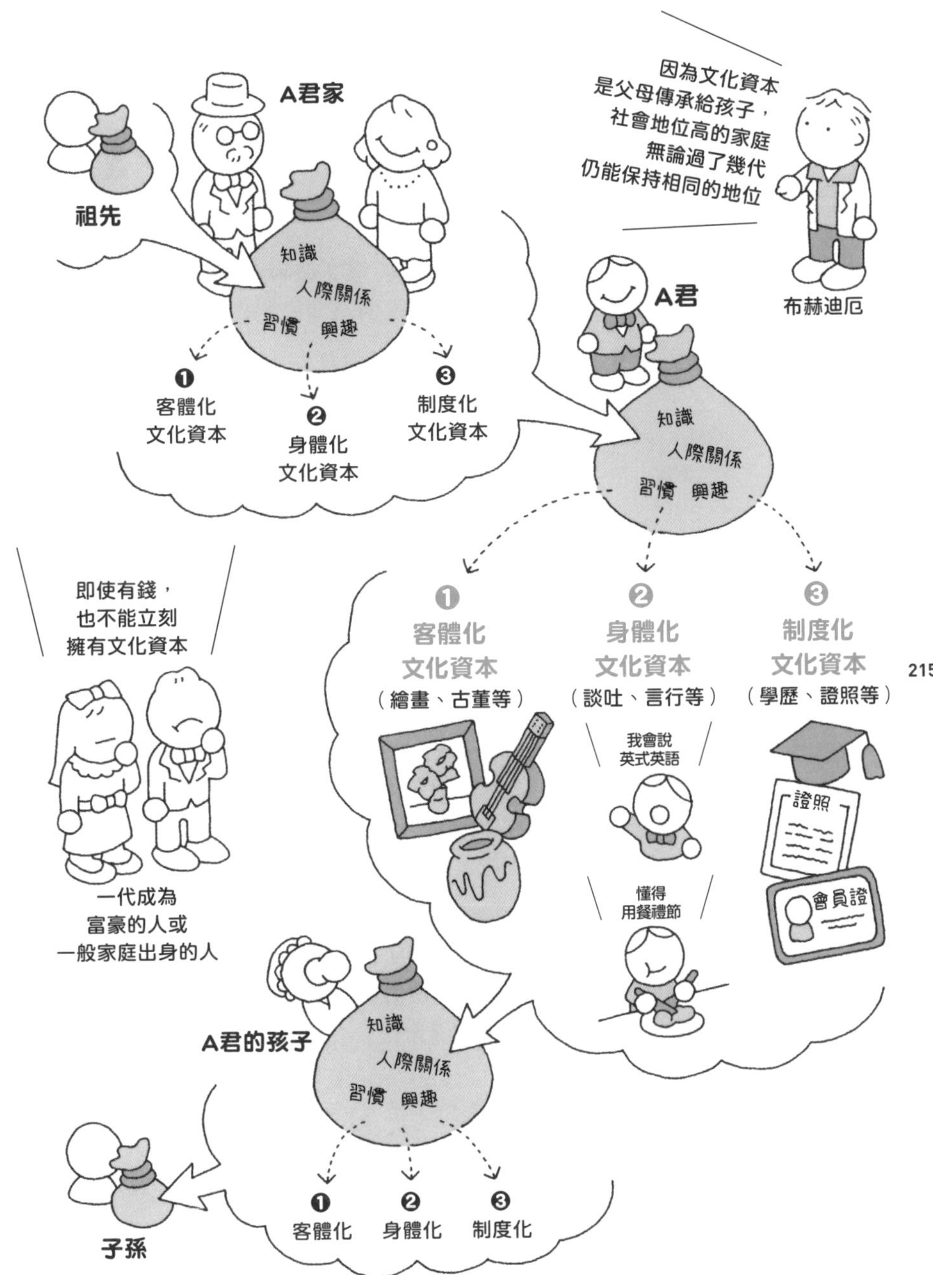

A君家
祖先
知識
人際關係
習慣 興趣
❶
客體化
文化資本
❷
身體化
文化資本
❸
制度化
文化資本
因為文化資本
是父母傳承給孩子，
社會地位高的家庭
無論過了幾代
仍能保持相同的地位
布赫迪厄
A君
知識
人際關係
習慣 興趣
即使有錢，
也不能立刻
擁有文化資本
一代成為
富豪的人或
一般家庭出身的人
❶
客體化
文化資本
（繪畫、古董等）
❷
身體化
文化資本
（談吐、言行等）
我會說
英式英語
懂得
用餐禮節
❸
制度化
文化資本
（學歷、證照等）
證照
會員證
A君的孩子
知識
人際關係
習慣 興趣
❶
客體化
❷
身體化
❸
制度化
子孫

文化資本藉由父母傳承給孩子，即使世代交替，社會地位仍會重生，這稱為文化再製。現代社會表面上主張平等的能力主義，其實持續傳承著只靠個人能力很難獲得的「正統文化」的隱藏性**資本**。

182
布赫迪厄

慣習

Habitus

意　義　人在日常生活中養成的習性。

文　獻　《秀異：品味判斷的社會批判》

備　註　慣習關注於文化資本（P214）的習性，經常與結構主義（P159）的習性做比較。

文化與
消費社會

人們會在日常生活中不知不覺地培養自己的用字遣詞或想法、品味或行為舉止等。**布赫迪厄**將這種內在形成的**習性**稱為**慣習**。

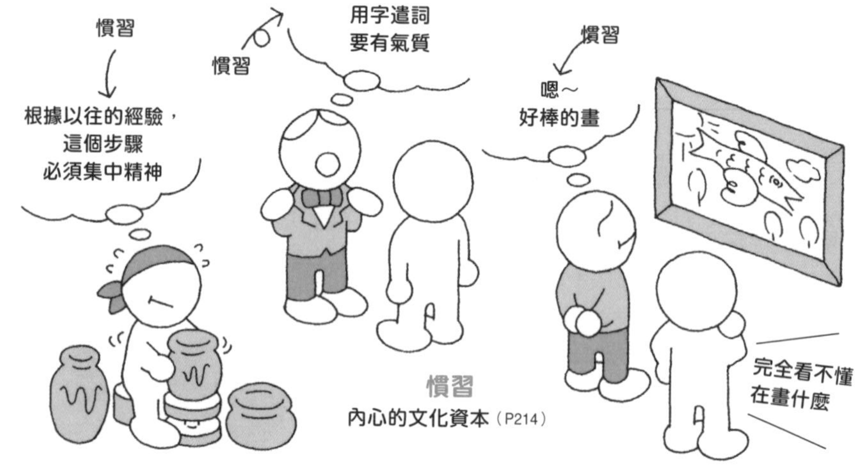
慣習
根據以往的經驗，
這個步驟
必須集中精神
慣習
用字遣詞
要有氣質
慣習
嗯～
好棒的畫
完全看不懂
在畫什麼
慣習
內心的文化資本（P214）

人們長期在無意識的狀態下養成**慣習**。為了融入某個社會階級或特定場所，必須培養出與他人共有的**慣習**。付出努力就能賺到錢，但慣習並非如此，像是**「貴族的慣習」**只有貴族才能獲得。

一出生
就是貴族
只有打扮
像貴族
嗯～就算學得再像，
還是看得出來
兩者的差異啊

189
格蘭諾維特

弱聯繫

意　義　有助於個人發展，非親密的人際關係。
文　獻　《找工作》
備　註　這和布赫迪厄主張從父母或親戚承接文化資本（P214）就能產生連鎖財富的觀點有很大的差異。

公共領域
與共同體

格蘭諾維特對勞工如何獲得現職的方法進行調查，結果發現比起父母或**親戚**（強聯繫），從**關係薄弱**（弱聯繫）的人得到的資訊對求職比較有利。

只在派對上
見過一次的人
幫我找到了
工作
只交換過
名片的人
為我介紹了
現在的工作
朋友的
朋友的朋友
為我
介紹工作

讓自己有所成長的人不是父母或親戚，而是弱聯繫

強聯繫關係的人，通常和自己擁有相同的資訊或交際範圍，**弱聯繫關係**的人容易獲得和自己不同的資訊。獲得未知的資訊能夠促進自我成長，所以**弱聯繫**的存在很重要。

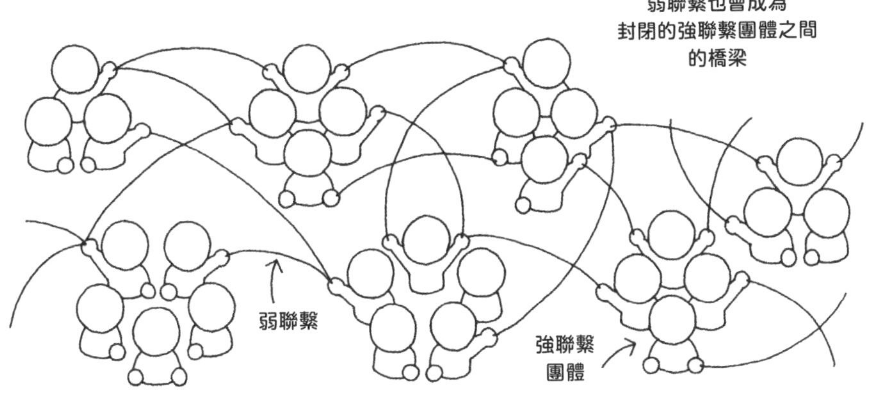

弱聯繫也會成為
封閉的強聯繫團體之間
的橋梁
弱聯繫
強聯繫
團體

▶185
安德森

想像的共同體
Imagined Community

意　義　「國家」或「國民」的意識是透過資本主義與活字印刷文化產生。

備　註　十九世紀的支配者利用這個國民的意識，建立使自己正統化的官方民族主義。

國家與
全球化

安德森考察國家與國民的概念。例如「日本人」，具有什麼條件才是「日本人」？

鈴木先生
是住在美國的
日本人
生長在美國的
鈴木先生

喬治
變成
日本人了
取得日本國籍，
出生於美國的喬治

擁有英國國籍的
石黑先生
獲得
諾貝爾獎
同樣身為
日本人，
覺得
很開心
日裔英籍的
石黑先生

成為「日本人」的條件與人種、居住地、出生地或國籍無關？

據**安德森**所言，**國家**與**國民**的概念並非古時就已經存在。

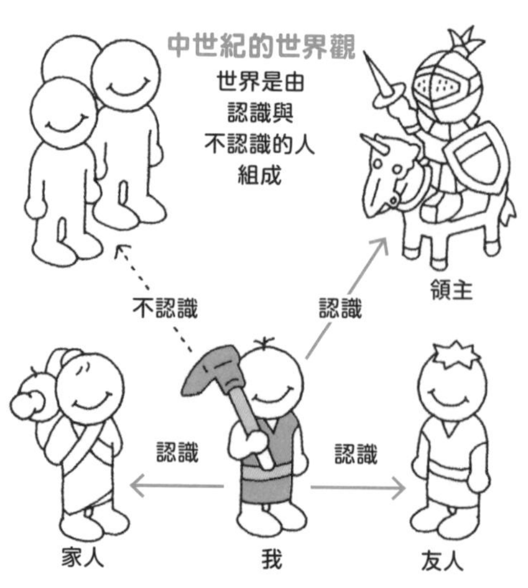
中世紀的世界觀
世界是由
認識與
不認識的人
組成
不認識
認識
領主
認識
認識
家人
我
友人

現代的世界觀
即使是不認識的人，
也存在著同為國民的認知
我們是
同一國的
國民
我
Nation

中世紀以前的人們即使認識自己的領主，卻不會認知到是受領主中央管理，形成了國家。

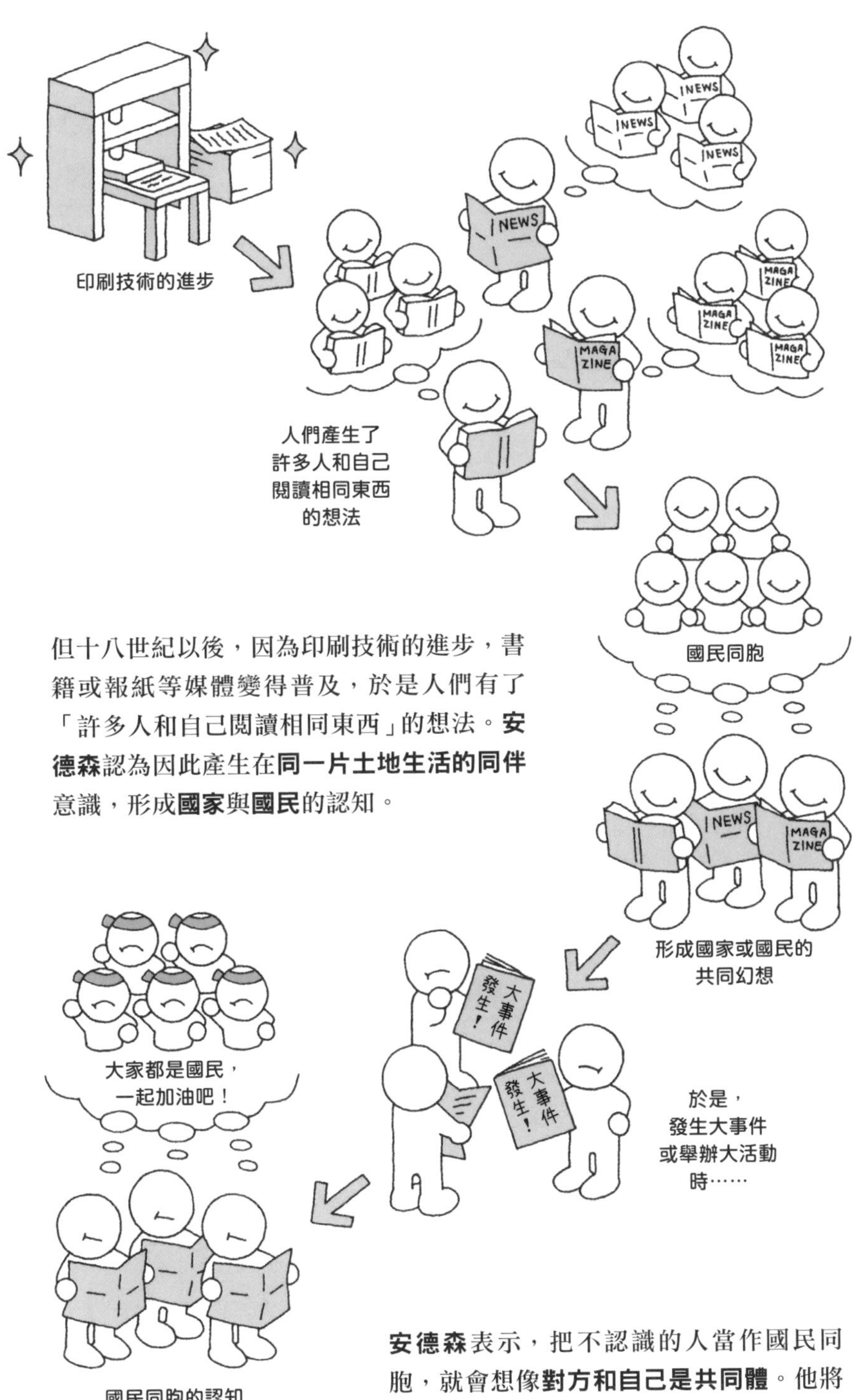

印刷技術的進步
NEWS
MAGA ZINE
人們產生了
許多人和自己
閱讀相同東西
的想法
國民同胞
形成國家或國民的
共同幻想
大事件
發生！
於是，
發生大事件
或舉辦大活動
時……
大家都是國民，
一起加油吧！
國民同胞的認知
更加強化

但十八世紀以後，因為印刷技術的進步，書籍或報紙等媒體變得普及，於是人們有了「許多人和自己閱讀相同東西」的想法。**安德森**認為因此產生在**同一片土地生活的同伴**意識，形成**國家**與**國民**的認知。

安德森表示，把不認識的人當作國民同胞，就會想像**對方和自己是共同體**。他將**國民**或**國家**稱為**想像的共同體**。

▶183
華勒斯坦

世界體系理論

The Theory of World System

意　義 從全球規模的分工體制掌握貧富差距的歷史理論。

備　註 根據世界體系理論，處於極大優勢的情況稱為「主導霸權」（P095）。

國家與
全球化

先進國家與**開發中國家**的**貧富差距**稱為**南北問題**。要理解這樣的問題，必須用全世界是一個大**系統**的觀點，而非國家單位來看。華勒斯坦將全球規模的**世界體系**分為**核心**、**半邊陲**、**邊陲**三個地區進行考察。

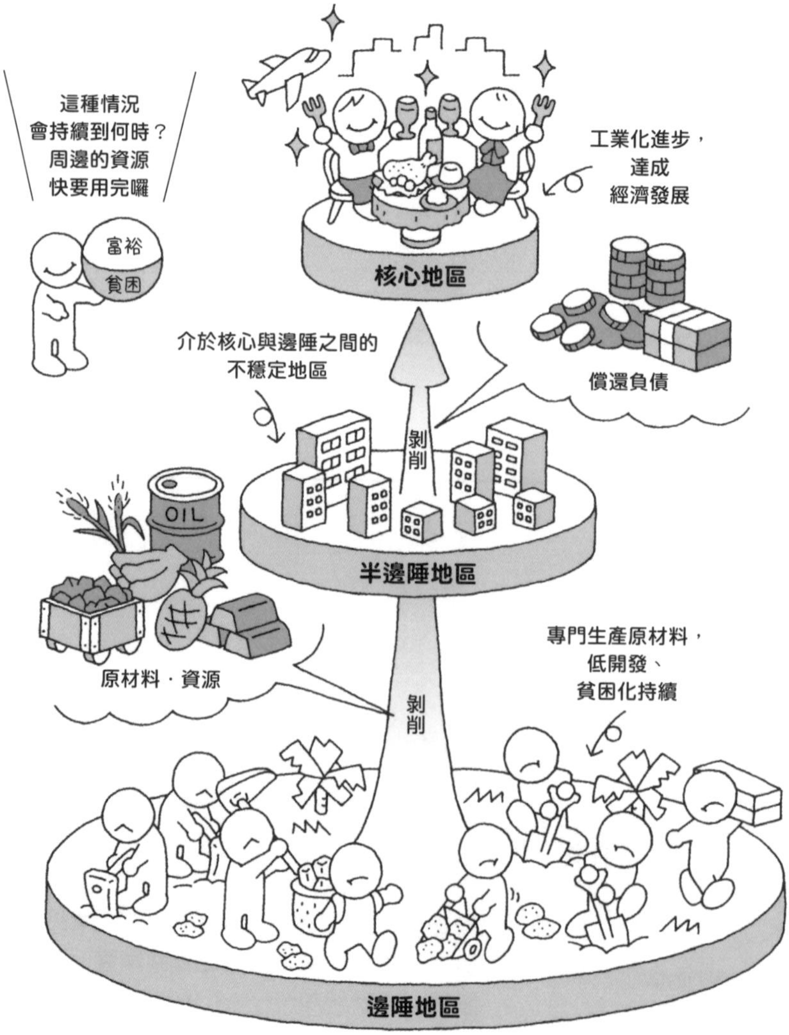

這種情況
會持續到何時？
周邊的資源
快要用完囉

富裕
貧困

工業化進步，
達成
經濟發展

核心地區

償還負債

介於核心與邊陲之間的
不穩定地區

剝削

OIL

半邊陲地區

原材料．資源

專門生產原材料，
低開發、
貧困化持續

剝削

邊陲地區

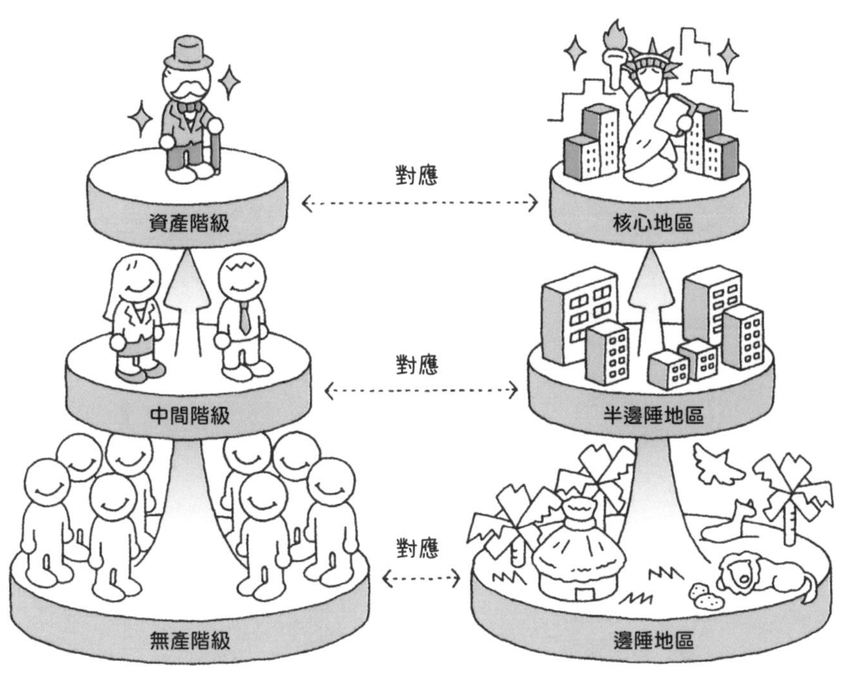
對應
資產階級
核心地區
對應
中間階級
半邊陲地區
對應
無產階級
邊陲地區

核心地區剝削邊陲地區生產的原材料，藉此獲得財富。也就是說，**核心**、**半邊陲**、**邊陲**相當於**資產階級**、**中間階級**、**無產階級**。**華勒斯坦**將世界視為**國際的分工體制**，稱其為**世界體系**（**世界體系理論**）。資本主義的運作並非國家單位，而是世界規模，如此一來就能看出開發中國家的貧困與先進國家經濟發展的關係。

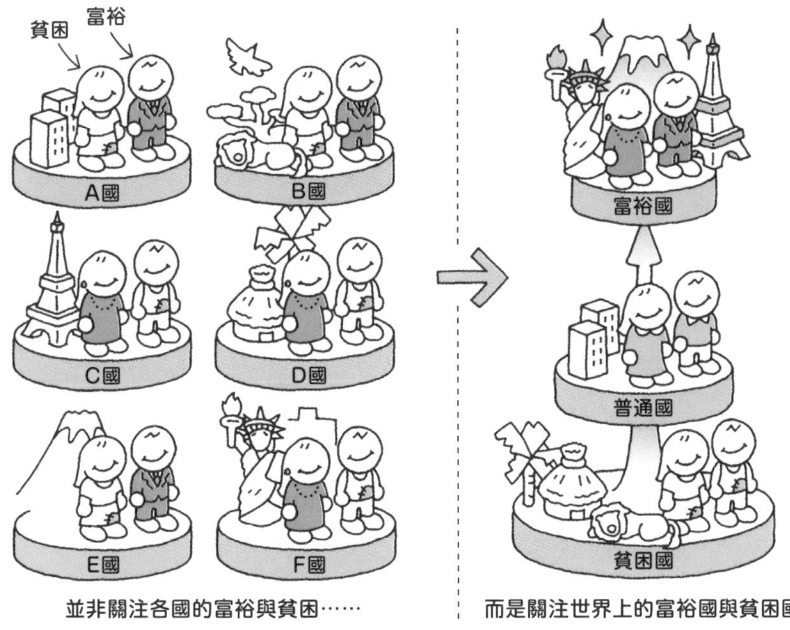
貧困
富裕
A國
B國
C國
D國
E國
F國
富裕國
普通國
貧困國
並非關注各國的富裕與貧困……
而是關注世界上的富裕國與貧困國

MAP
▶191
厄里

觀光客的凝視

The Tourist Gaze

文化與
消費社會

意　義　觀光客造訪旅遊地時的特有行為模式。

文　獻　《觀光客的凝視》

備　註　厄里的理論是根據傅柯的凝視論，其主張社會製造出我們對事物的看法（凝視）。

我以前
看過！
日本果然
就是這樣！

觀光客到了**旅遊地**會試圖尋找心中對當地的既有印象，**厄里**稱其為觀光客的凝視。接待觀光客的當地人也因為察覺到**觀光客的凝視**，必須重新認識自己的傳統或文化。於是，持續產生**觀光客的凝視**尋求的對象物。

旅
館
KYOTO
HOTEL
日本人
果然是
穿和服
嗯～很有
傳統味
要不要試試
這裡的名產
手裡劍餅乾啊？
手裡劍餅乾
建造
日本風格
的建築物

當旅遊地變得**全球化**，為了配合**觀光客的凝視**，新增了當地原本沒有的建築物或風景。旅遊地的過度加工，不僅改變了傳統或文化，也改變了當地住民的認知。

買臺壽司
造型的機車
吧！
你怎麼
不綁髮髻！
這樣還算是
日本人嗎！
日本變成
適合觀光客
來的國家
了～
忍者服的
下一波流行應該是
狐狸裝喔

日本也在加速推動觀光立國，今後日本人的認知會產生怎樣的變化呢？

▶186
雷瑟

麥當勞化

McDonaldization

文化與
消費社會

意　義　標準化讓社會變得理性化。

文　獻　《社會的麥當勞化》

備　註　二十世紀後半的麥當勞化也讓「美國化」浸透全球。

麥當勞是追求**高效率**且**理性化**系統的速食店。**雷瑟**將這種**規格化**、**標準化**的傾向稱為**麥當勞化**，現今社會的各種領域都出現了**麥當勞化**。

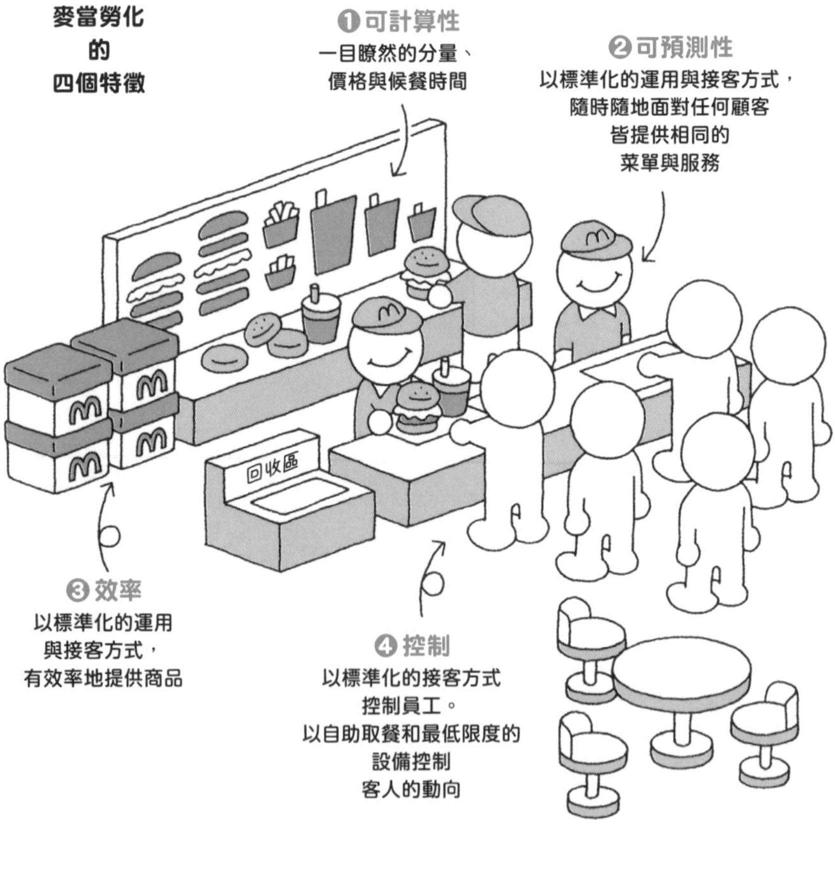

麥當勞化
的
四個特徵

❶可計算性
一目瞭然的分量、
價格與候餐時間

❷可預測性
以標準化的運用與接客方式，
隨時隨地面對任何顧客
皆提供相同的
菜單與服務

回收區

❸效率
以標準化的運用
與接客方式，
有效率地提供商品

❹控制
以標準化的接客方式
控制員工。
以自助取餐和最低限度的
設備控制
客人的動向

透過**麥當勞化**，隨時隨地都能獲得均一的服務，方便性大幅提升。另一方面**雷瑟**也提出警告，這麼一來不但會產生**理性的非理性**（理性反而產生非理性），人們也會失去豐富的人性。

雷瑟認為，**麥當勞化**與其說是新的變化，不如說是工業革命之後**持續理性化**的一環。過去**韋伯**（P022）曾主張無法避免社會的**理性化**（P069）。倘若如此，社會的**麥當勞化**也無法避免。

社會上廣泛出現
醫療、教育、經濟、政治、休閒等領域的麥當勞化

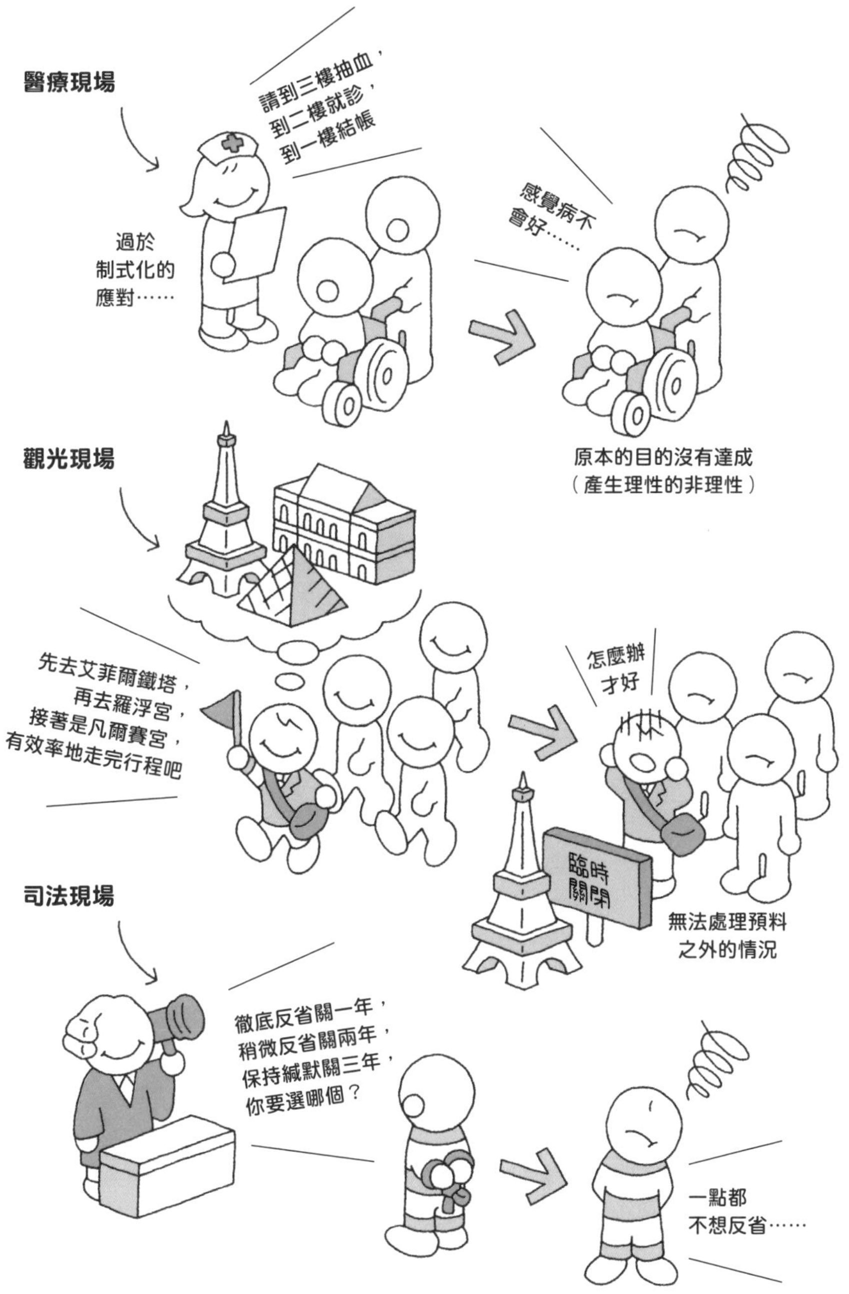

醫療現場

請到三樓抽血，
到二樓就診，
到一樓結帳

過於
制式化的
應對……

感覺病不
會好……

原本的目的沒有達成
（產生理性的非理性）

觀光現場

先去艾菲爾鐵塔，
再去羅浮宮，
接著是凡爾賽宮，
有效率地走完行程吧

怎麼辦
才好

臨時
關閉

無法處理預料
之外的情況

司法現場

徹底反省關一年，
稍微反省關兩年，
保持緘默關三年，
你要選哪個？

一點都
不想反省……

189
DE RRI DA
史碧華克

從屬階層

Suballtern

意　義　被權力結構異化的人們（不光是勞工或少數民族，而是無法參與的人們）。

文　獻　《從屬階層能夠發聲嗎？》

備　註　原本是出現在葛蘭西（P027）《獄中札記》的詞彙。

性與性別

從屬階層（從屬的社會團體）是用來表示殖民統治下的人們。印度出身的史碧華克在那些人之中特別關注**女性**，使用了**從屬階層**一詞。

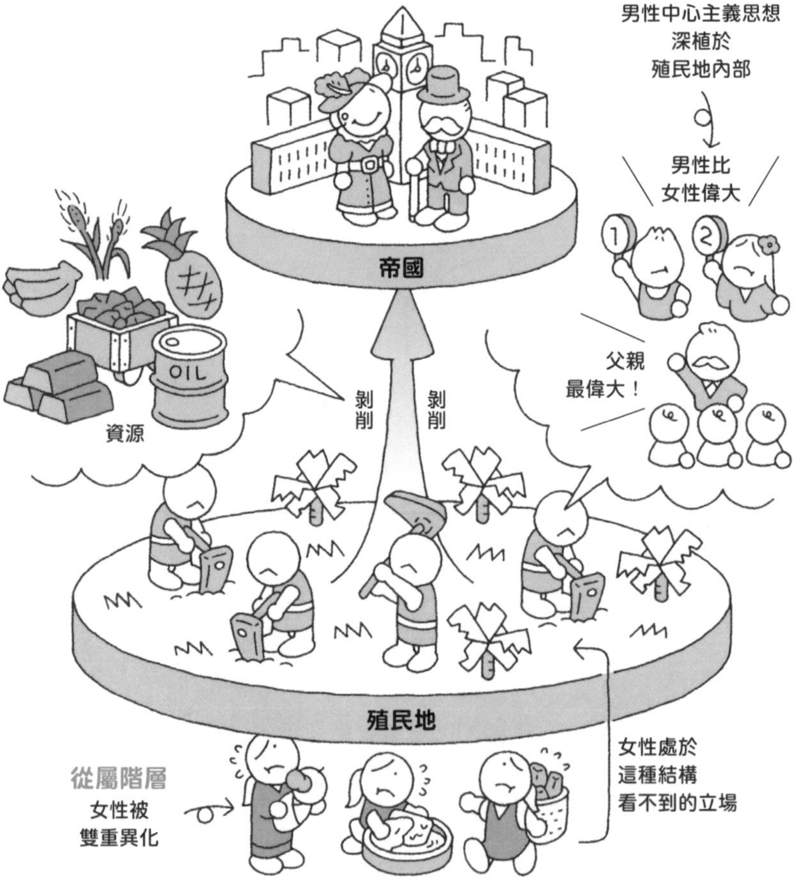

男性中心主義思想
深植於
殖民地內部

男性比
女性偉大

帝國

父親
最偉大！

資源

OIL

剝削

剝削

殖民地

從屬階層
女性被
雙重異化

女性處於
這種結構
看不到的立場

殖民地的人們在**世界體系**（P121）的結構中一直處於被剝削狀態。然而，男性中心主義卻也深植於殖民地內部。**從屬階層**的女性成為被**雙重異化**的存在。

不要
施工

懶惰
鬼！

不要
施工

印度女性

給我
好好工作

英國人

印度男性

印度女性以環保為由，
反抗縮減河川的工程，
卻被說成是偷懶不做事。
從屬階層的女性即使反抗
也不被當成一回事

這種舊習應該廢除，
必須救援
印度的女性！

沒人在乎
我的心聲？

印度女性
就要遵守
傳統啊！

英國人

娑提

印度男性

非當事者的他人
不能放任自己的感情，
沒有考慮從屬階層的感受，
強迫對方接受自己的
善意或關愛

一旦丈夫過世，
妻子要和丈夫的遺體一起自焚，
這項印度習俗稱為娑提。
英國人打算廢除這個習俗時，
對他們而言，是協助印度女性脫離舊習；
但對印度男性而言，
遵守娑提的女性是在反抗大英帝國主義。
無論哪個立場都沒有反映女性的心聲

史碧華克

她們無法接近客觀掌握自身立場的地方。即使用自己的方法反抗，那樣的行為也不被當作反抗。**史碧華克**指出非**從屬階層**的他人，很難不是為了自我滿足去支援**從屬階層**的人，為其發聲。

179
伊利希

影子勞動
Shadow Work

意　義　家庭主婦做的家事等未獲報酬的勞動（無薪工作），在雇傭勞動的生活或社會是不可或缺的存在。
文　獻　《影子勞動》

性與性別

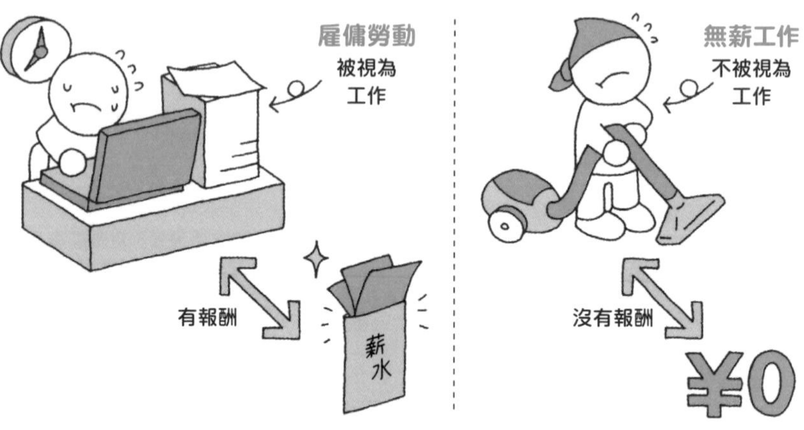
雇傭勞動
被視為
工作
無薪工作
不被視為
工作
有報酬
薪水
沒有報酬
¥0

在資本主義社會，未獲薪水的工作不會被視為工作

工作的報酬是獲得薪水，這是資本主義社會的基本。因此，在資本主義社會**未獲報酬的勞動**（無薪工作）不被視為工作。**伊利希**將這種**無薪**工作稱為影子勞動。

路上小心
我出門了
影子
勞動
現代的家庭
是男性外出工作，
女性負責家務的形式

現代的家庭是男性外出工作賺錢，女性在家負責家務，但這樣的性別角色分工讓女性被置於從屬的地位。

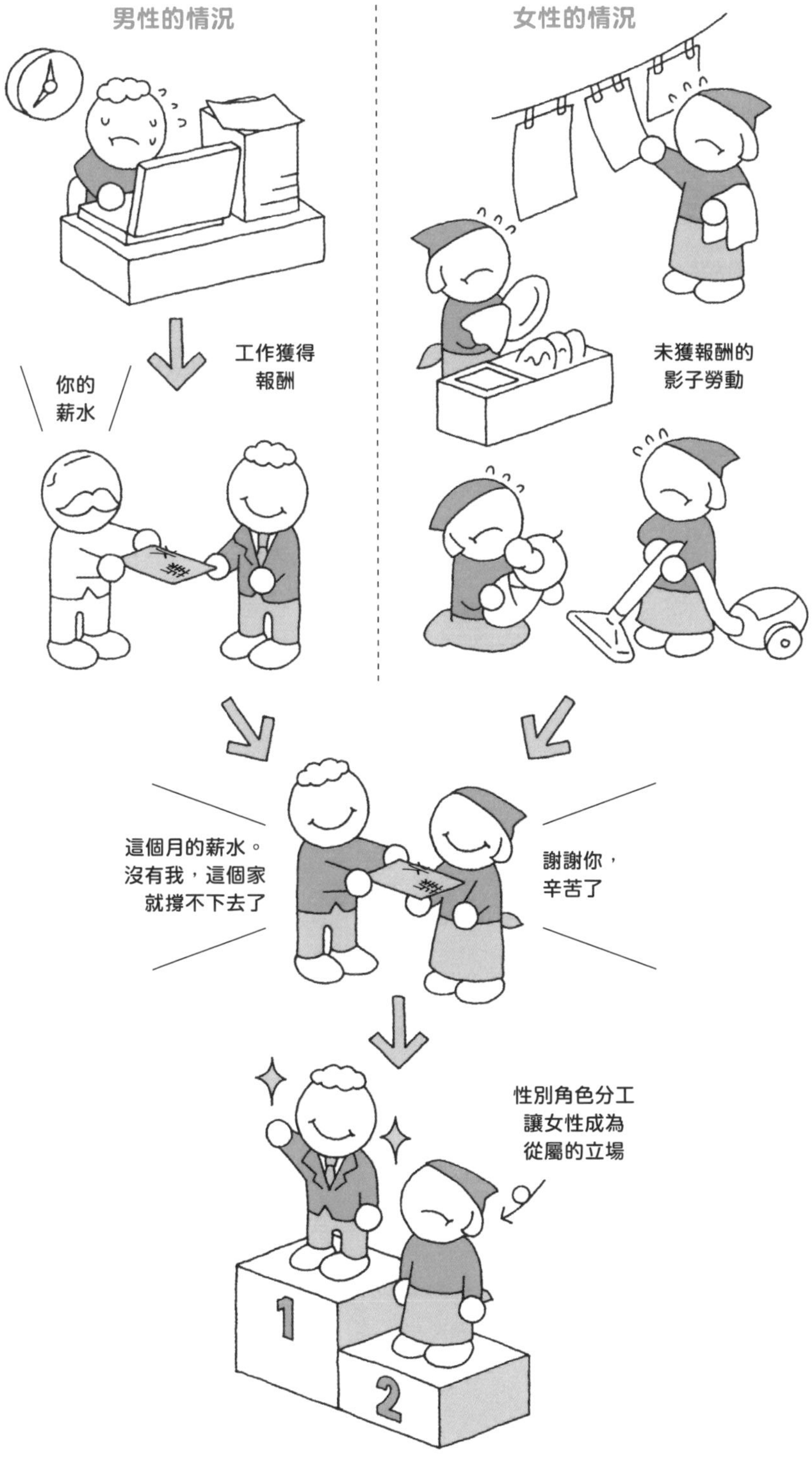

男性的情況

女性的情況

工作獲得報酬

你的薪水

未獲報酬的影子勞動

這個月的薪水。沒有我，這個家就撐不下去了

謝謝你，辛苦了

性別角色分工讓女性成為從屬的立場

伊利希用**影子勞動**的概念暴露了男女的不平等。

第二輪班

The Second Shift

187

霍希爾德

意　義　即使是雙薪家庭，工作結束回到家後，也只有女性在做家事。

文　獻　《第二輪班》

備　註　職業勞動是第一輪班。

性與性別

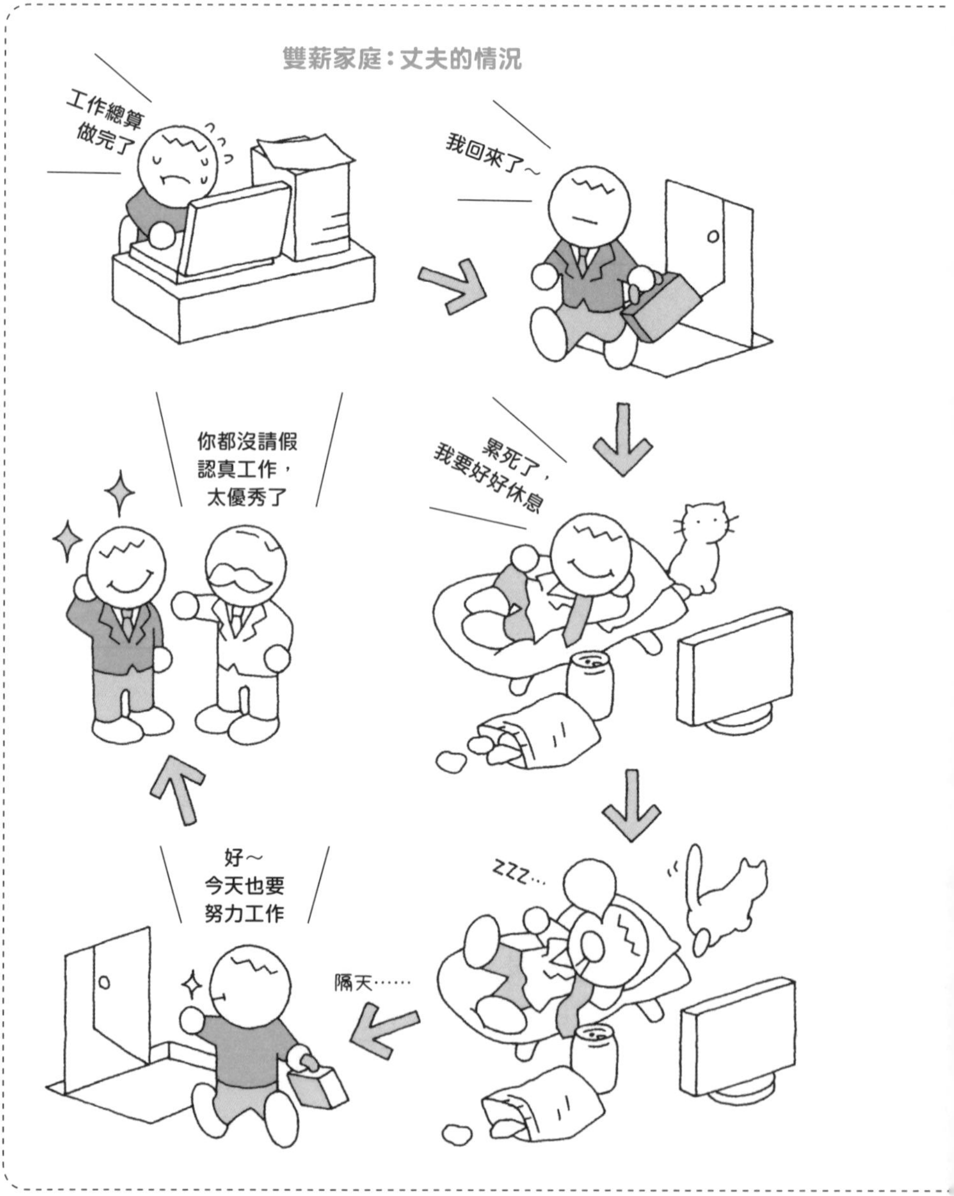

雙薪家庭：丈夫的情況

工作總算做完了

我回來了～

累死了，我要好好休息

ZZZ…

隔天……

好～今天也要努力工作

你都沒請假認真工作，太優秀了

現代家庭是男性從事**雇傭勞動**，女性負擔**家務勞動**的形式，但這樣的**性別角色分工**下，即使是雙薪家庭，女性下班回到家，還是得做家事。女性結束了**有報酬勞動**的第一輪班後，馬上又要從事家務勞動的第二輪班。**霍希爾德**表示這樣的現狀讓雇主覺得女性不適合工作，導致男女雇傭的不平等。

雙薪家庭：妻子的情況
工作總算做完了
我回來了～
第二輪班
一堆家事等著做
丈夫
隔天……
小孩發燒了，我今天要請假
真是沒用的傢伙。不只今天，她老是很累的樣子……
女性很吃虧
你要多加油

▶187
霍希爾德

情緒勞動

Emotional Labor

意　義　必須控制自身情緒的勞動。

文　獻　《情緒管理的探索》

備　註　情緒勞動分為表層演出（只有表面的周到）與深層演出（投入感情的言行）兩種。

自我與
互動

商家接待客人、教育機關、醫療等，當代社會充斥著**服務他人**的職業。**服務他人**的職業除了肉體的勞動外，也得**控制情緒**。**霍希爾德**將這樣的勞動稱為情緒勞動。

表層演出的情緒勞動

笑容0元
歡迎
光臨～♪

深層演出的情緒勞動

我們一起
加油吧！

232

情緒勞動有時是只有表面的周到，有時必須投入感情。尤其是對於對方要有深切同感的醫療或看護等專門工作，勞動者會因為過度的壓力出現**身心俱疲**（過勞）的情況。要特別記住，**情緒勞動**有**真正的充實感**與**過度的壓力**。

真正的
充實感
我對這份工作
感到驕傲
造成過勞
壓力好大
為了避免過勞，
記住情緒勞動的
這兩點
謝謝你，
我會好好
加油的

183
奧爾森

搭便車

Free Rider

意　義　不付費享受公共服務。

文　獻　《集體行動的邏輯》

備　註　原本是經濟學用語，成為社會學基礎概念。

秩序與
權力

未付出**成本**卻享受公共服務的狀態稱為**搭便車**。換言之，這種狀態就是免費利用他人付出的成本。就算瞭解該服務的重要性，因為人類會**追求眼前的理性**，最終做出只利於自己的選擇。

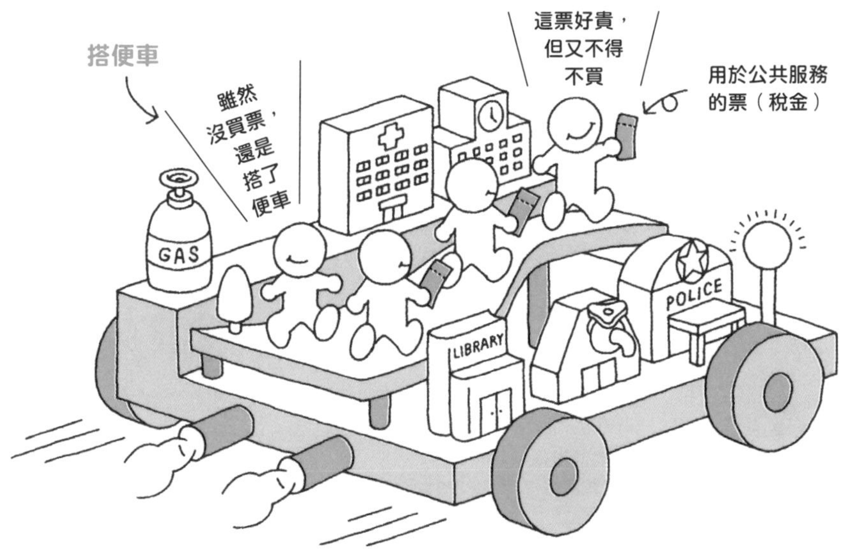
搭便車
雖然沒買票，還是搭了便車
這票好貴，但又不得不買
用於公共服務的票（稅金）
GAS
LIBRARY
POLICE

假如個人只追求自己的利益，無法成為社會整體的利益。為避免造成私人利益與團體利益起衝突的**社會兩難處境**，如何建立讓人們想要負擔成本的系統是關鍵。

互助稅
把公共稅改名為「互助稅」吧！
繳納稅金的人
未繳納稅金的人
讓搭便車的情況「顯而易見」

▶178
李歐塔

後現代

Postmodern

意　義 post＝後、modern＝現代，意指「現代之後」。

文　獻 《後現代狀態》

備　註 紀登斯和貝克認為，當代或現代的結構中存在著後現代（反身現代性 P276）

秩序與
權力

因為**資本主義經濟**的發達和**科技**的進步、**民主主義**的穩固，世界迎向**現代性（modernity）**的時代。持續推動**現代化**就能改寫封建的古老秩序，使人相信將為世界帶來普遍的（全人類共通的）正義與幸福。

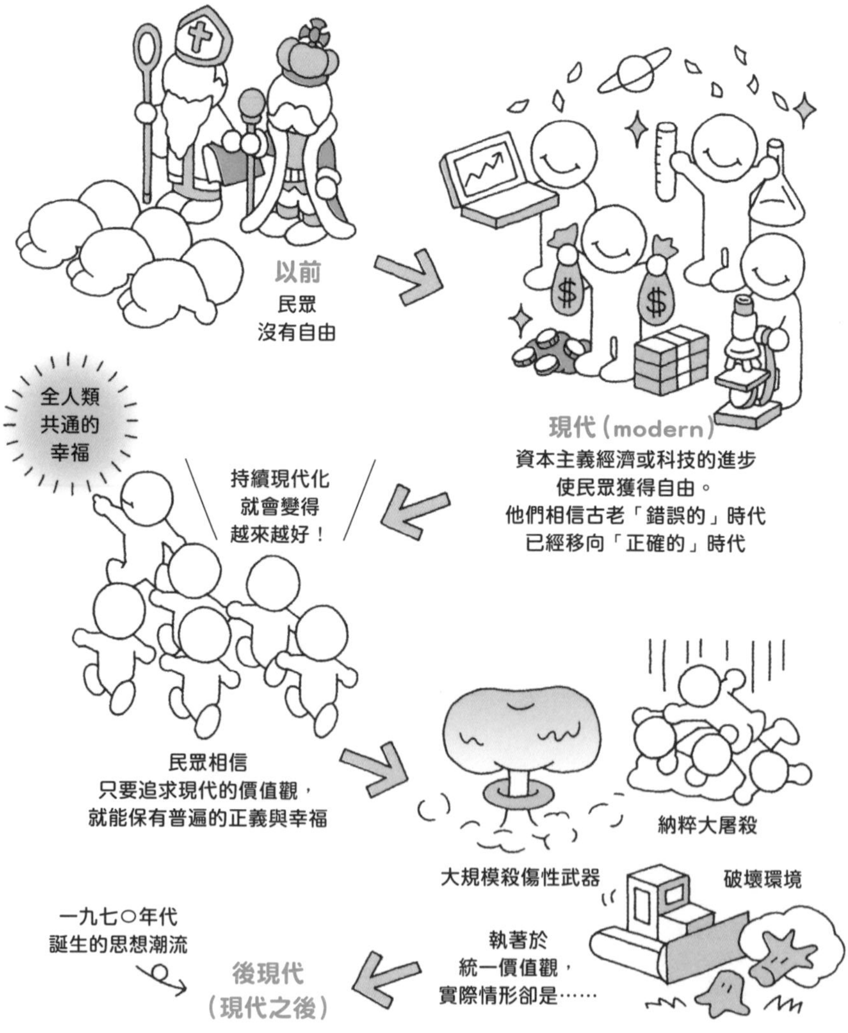

以前
民眾
沒有自由

現代（modern）
資本主義經濟或科技的進步
使民眾獲得自由。
他們相信古老「錯誤的」時代
已經移向「正確的」時代

全人類
共通的
幸福

持續現代化
就會變得
越來越好！

民眾相信
只要追求現代的價值觀，
就能保有普遍的正義與幸福

納粹大屠殺

大規模殺傷性武器

破壞環境

執著於
統一價值觀，
實際情形卻是……

一九七〇年代
誕生的思想潮流

後現代
（現代之後）

然而，隨著核武開發、大規模環境破壞等發展，現代化的底線變得明確，人們對現代化寄予的普遍價值感到質疑。**李歐塔**稱其為**大敘事的終結**。他說，當代是彼此認同**差異**或**多樣性**，對不確定的事物表示肯定，摸索共存之道的**後現代（現代之後）**時代。

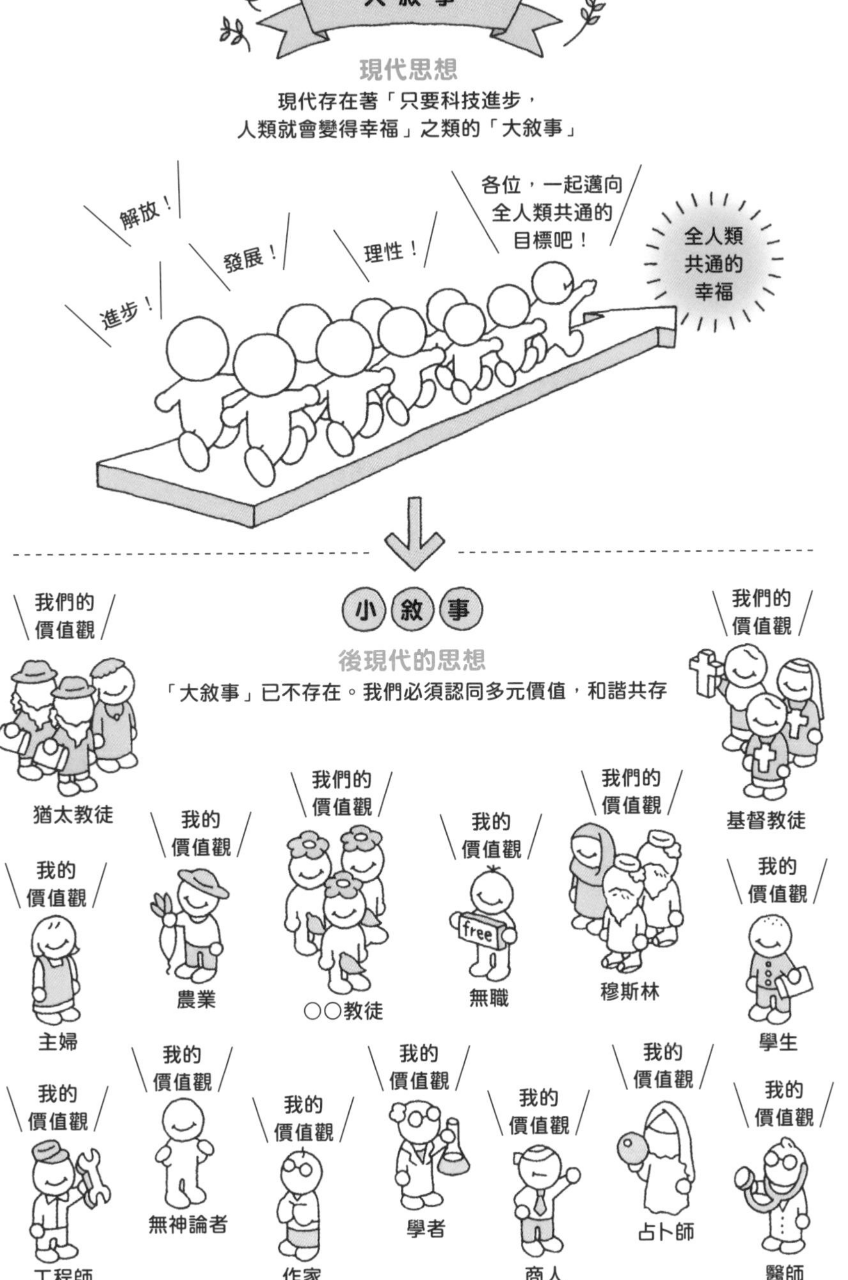
大敘事
現代思想
現代存在著「只要科技進步，
人類就會變得幸福」之類的「大敘事」
解放！
發展！
理性！
進步！
各位，一起邁向
全人類共通的
目標吧！
全人類
共通的
幸福
小敘事
後現代的思想
「大敘事」已不存在。我們必須認同多元價值，和諧共存
我們的
價值觀
猶太教徒
我們的
價值觀
基督教徒
我的
價值觀
主婦
我的
價值觀
農業
我們的
價值觀
○○教徒
我的
價值觀
free
無職
我們的
價值觀
穆斯林
我的
價值觀
學生
我的
價值觀
工程師
我的
價值觀
無神論者
我的
價值觀
作家
我的
價值觀
學者
我的
價值觀
商人
我的
價值觀
占卜師
我的
價值觀
醫師

賽菊克

▶192

同性情誼

Homosociality

意　義　同性之間，非性關係的關係或情感。

文　獻　《男人之間》

備　註　這是延續李維史陀主張的交換女性是為了維持體制的亂倫禁忌（P156）。

性與性別

同性戀一詞是用來表示**同性之間的性關係**，**同性情誼**則是表示**同性之間非性關係的情感**。**賽菊克**發現，男性之間的**同性情誼**並非只是有無性關係的含意。

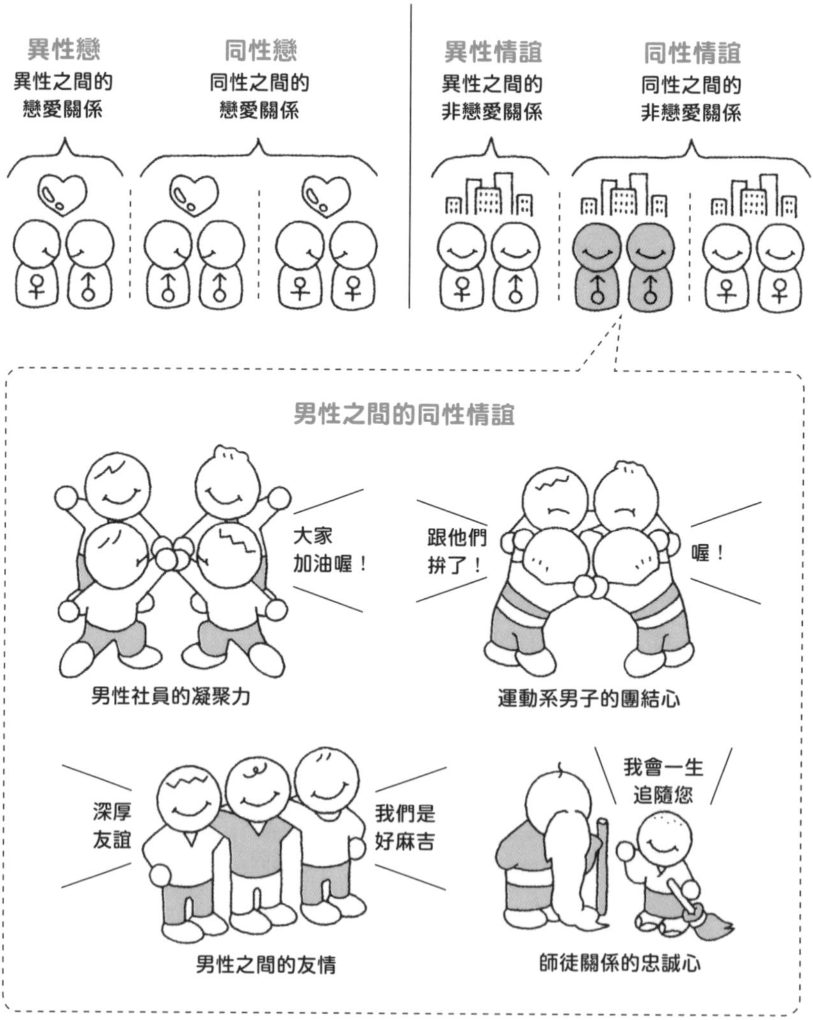

異性戀
異性之間的
戀愛關係

同性戀
同性之間的
戀愛關係

異性情誼
異性之間的
非戀愛關係

同性情誼
同性之間的
非戀愛關係

男性之間的同性情誼

大家
加油喔！

男性社員的凝聚力

跟他們
拚了！

喔！

運動系男子的團結心

深厚
友誼

我們是
好麻吉

男性之間的友情

我會一生
追隨您

師徒關係的忠誠心

男性之間建立**同性情誼**的關係時，經常只把女性當作戀愛對象。**賽菊克**指出在那樣的**同性情誼**之中，包含了**厭女**、**恐同**、**父權主義**的女性支配意圖。

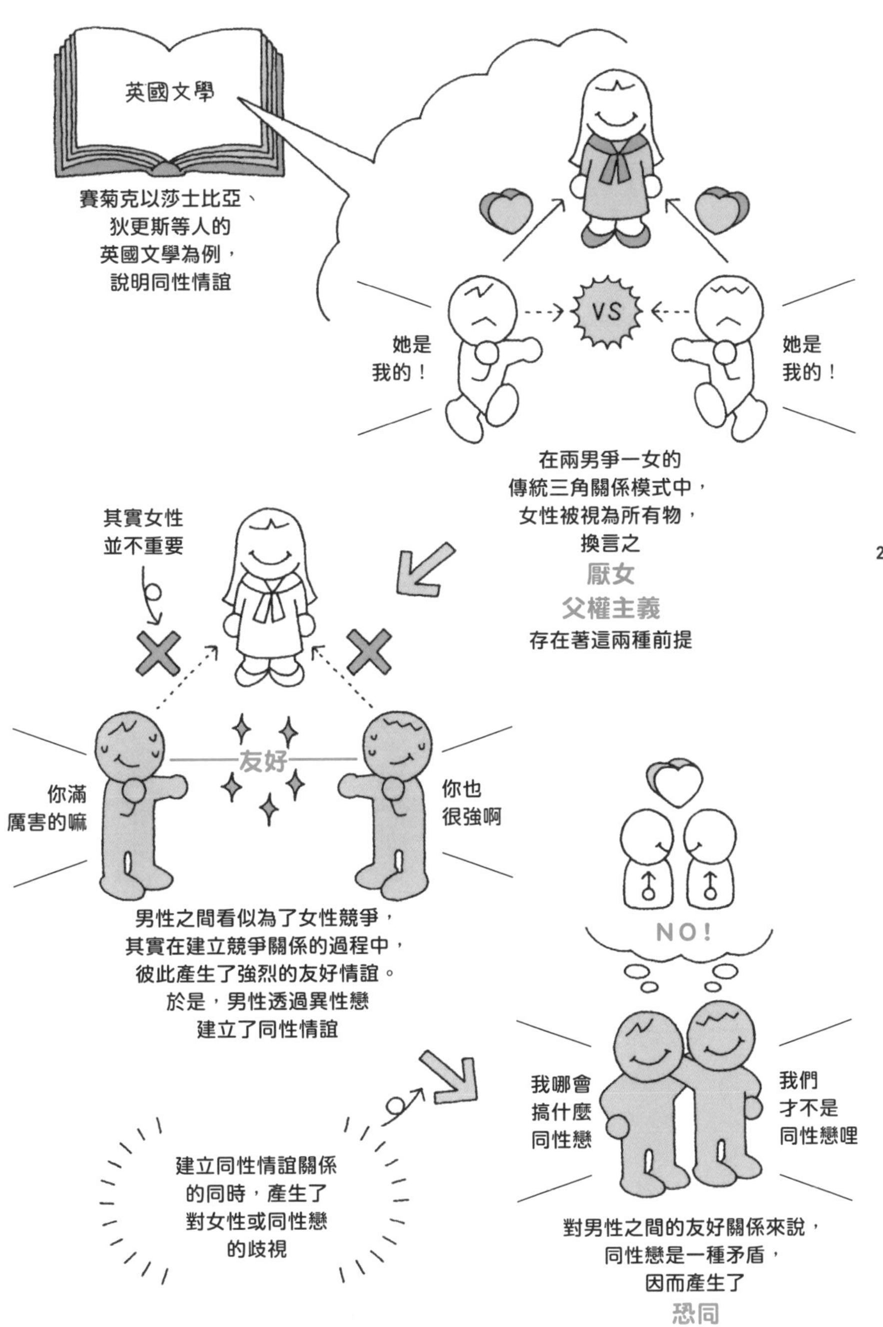
英國文學
賽菊克以莎士比亞、
狄更斯等人的
英國文學為例，
說明同性情誼
VS
她是
我的！
她是
我的！
在兩男爭一女的
傳統三角關係模式中，
女性被視為所有物，
換言之
厭女
父權主義
存在著這兩種前提
其實女性
並不重要
友好
你滿
厲害的嘛
你也
很強啊
男性之間看似為了女性競爭，
其實在建立競爭關係的過程中，
彼此產生了強烈的友好情誼。
於是，男性透過異性戀
建立了同性情誼
NO！
我哪會
搞什麼
同性戀
我們
才不是
同性戀哩
建立同性情誼關係
的同時，產生了
對女性或同性戀
的歧視
對男性之間的友好關係來說，
同性戀是一種矛盾，
因而產生了
恐同

▶193
巴特勒

社會性別

Gender

意　義　社會與文化形成的性別。
文　獻　《性／別惑亂：女性主義與身分顛覆》
備　註　巴特勒的社會性別論是根據傅柯（P179）在《性史》提出的理論。

性與性別

生理性別 Sex
自然界先天存在，
生物學、科學的性別

社會性別 Gender
人為製造非先天的
社會、文化的性別

社會性別背後的意義

女性擅長育兒、做家事

（背後的意義）
女性不應該
出社會

女性很溫柔

請帶我
回家

（背後的意義）
女性不應該
反抗男性

女性很感性

（背後的意義）
女性
不理性

這些都是社會上製造出來的觀念

生物學的性別稱為生理性別，**社會、文化形成的性別**是社會性別。**社會性別**通常含有「女性不能出社會」的社會訊息。瞭解**社會性別**的概念，就會發現「女人味」、「女性擅長做家事」之類的想法只是男性優勢社會捏造出來的說詞。

生物學的**生理性別**也帶有社會觀點的成份，例如**生理性別**的「男／女」這種單純的二分法，就沒有把性少數族群列入考量。

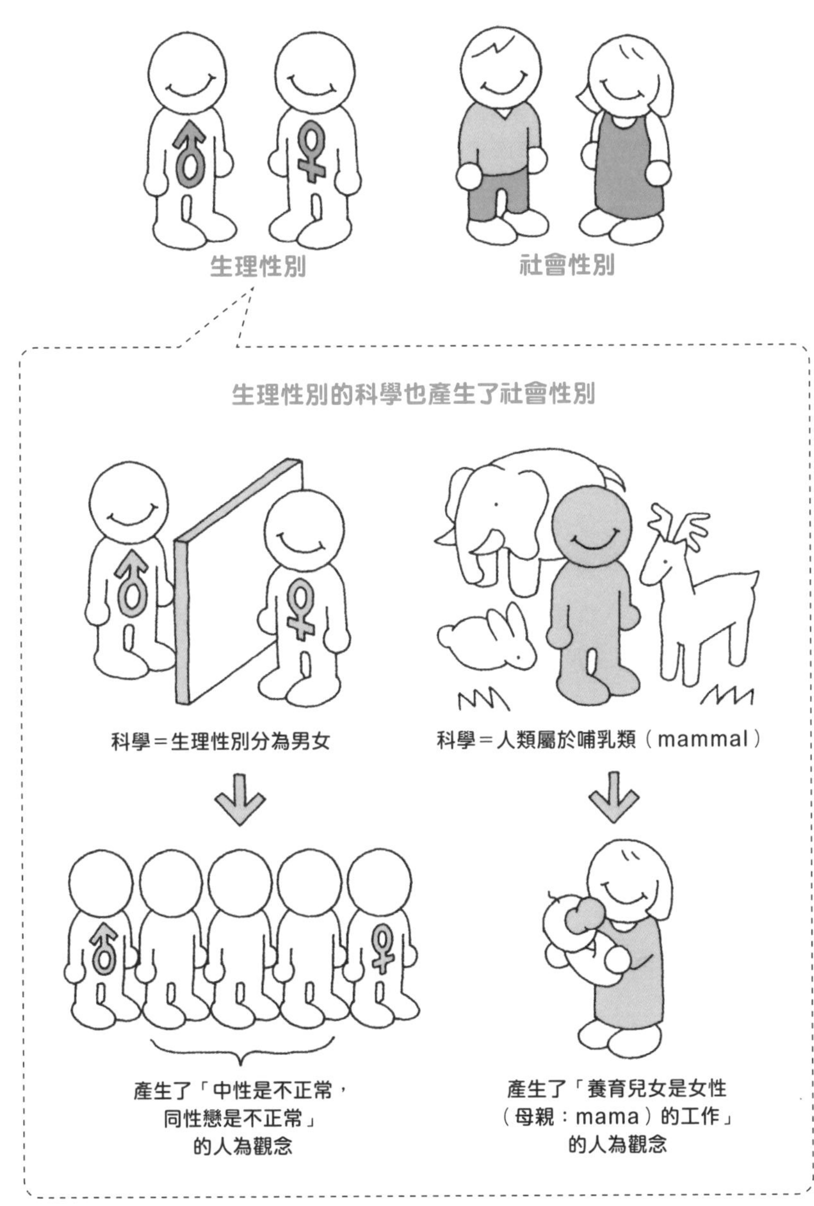
生理性別
社會性別
生理性別的科學也產生了社會性別
科學＝生理性別分為男女
科學＝人類屬於哺乳類（mammal）
產生了「中性是不正常，
同性戀是不正常」
的人為觀念
產生了「養育兒女是女性
（母親：mama）的工作」
的人為觀念

此外，相較於鳥類或爬蟲類，其名稱並未突顯雌雄的區別，人類屬性的「哺乳類」卻採用令人感受到母性的用詞。生物學、科學用語也暗自連結女性的社會立場。**巴特勒**表示，**社會性別**是讓人們注意到這種情況的重要概念。

▶192
Sex Pistols
何柏第

次文化

Subculture

意　義　有別於社會主流價值觀的文化。

文　獻　《次文化》

備　註　何柏第將服裝或音樂、言行舉止等稱為風格，次文化是針對風格的反抗。

文化與
消費社會

價值觀與自己所屬的社會多數不同的文化，稱為次文化。

摩德文化

夜店文化

各式各樣的次文化

雷鬼文化

龐克文化

嘻哈文化

嬉皮文化

中文的「次文化」有時是指個人自由選擇的特殊興趣嗜好，社會學家**何柏第**主張**次文化**是「**非社會多數的人們集結創造的文化**」。

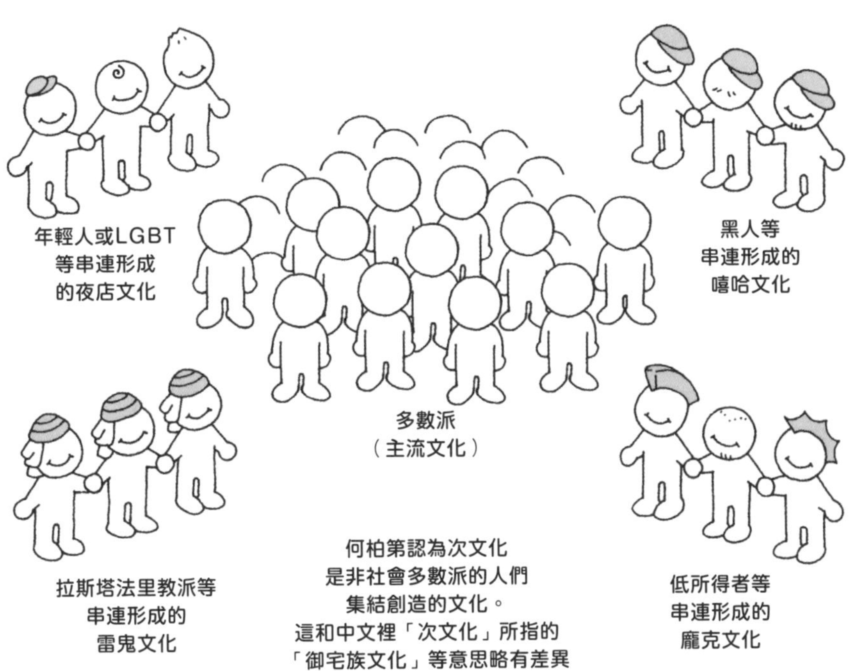
年輕人或LGBT
等串連形成
的夜店文化
黑人等
串連形成的
嘻哈文化
多數派
（主流文化）
拉斯塔法里教派等
串連形成的
雷鬼文化
何柏第認為次文化
是非社會多數派的人們
集結創造的文化。
這和中文裡「次文化」所指的
「御宅族文化」等意思略有差異
低所得者等
串連形成的
龐克文化

何柏第主張**次文化**能夠向人們證明，社會上存在著不同於多數人贊同的**高雅（高級）**文化或**流行文化（大眾文化）**等**主流文化**的價值觀。

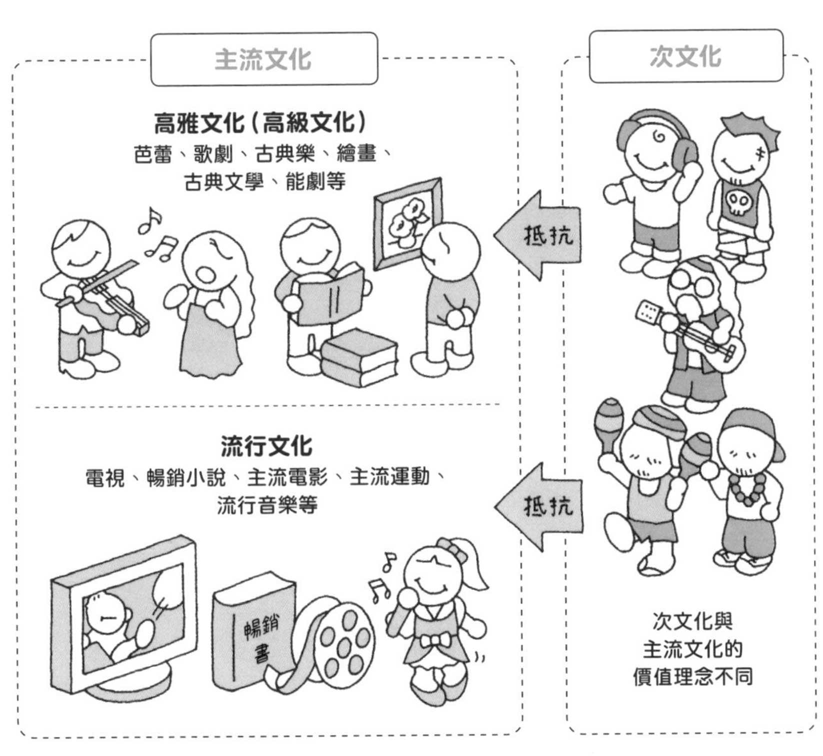
主流文化
次文化
高雅文化（高級文化）
芭蕾、歌劇、古典樂、繪畫、
古典文學、能劇等
抵抗
流行文化
電視、暢銷小說、主流電影、主流運動、
流行音樂等
抵抗
暢銷
書
次文化與
主流文化的
價值理念不同

▶184
霍爾

編碼 | 解碼

Encoding | Decoding

文　獻　《編碼／解碼》

備　註　編碼也被譯為符號化，解碼也被譯為解讀符號。

媒介與媒體

新聞、報紙等資訊多半會包含資訊傳送者的價值觀或意識形態。因為**傳送者傳送資訊或製作報導的過程**（編碼）中會無意識地加入自己的價值觀。另外，**接收者接收資訊的過程**（解碼）中，接收者的價值觀也會發揮作用。若傳送者的資訊與接收者的資訊不同，就會變成各自獨立存在的情況。

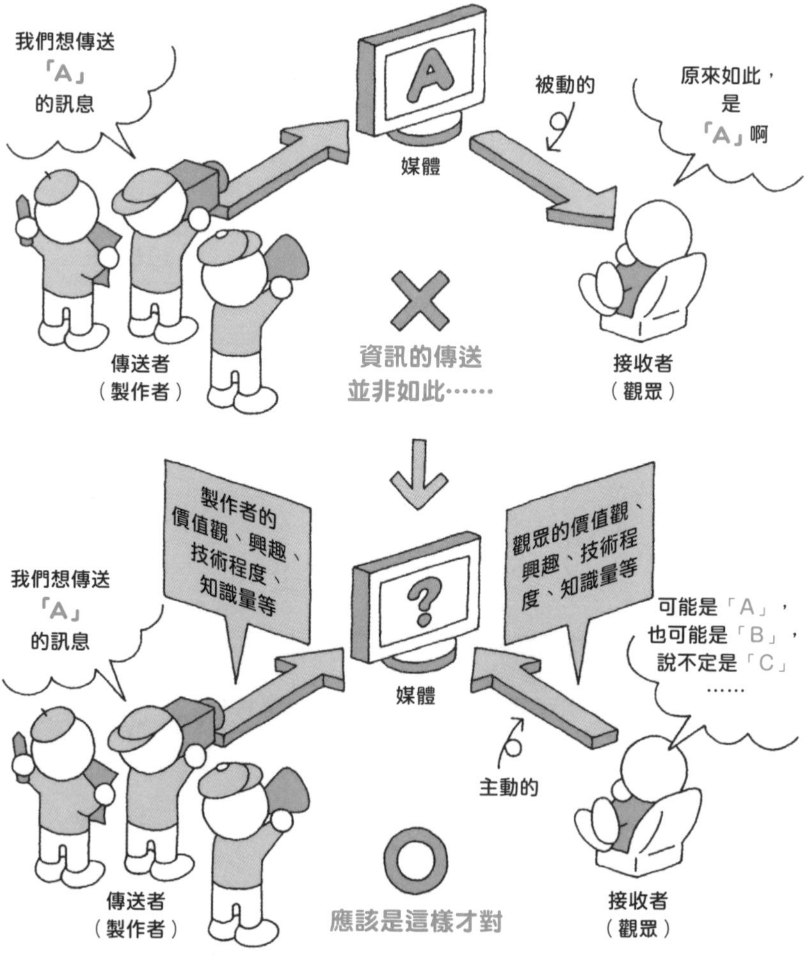

我們想傳送「A」的訊息
媒體
被動的
原來如此，是「A」啊
傳送者（製作者）
資訊的傳送並非如此……
接收者（觀眾）

製作者的價值觀、興趣、技術程度、知識量等
觀眾的價值觀、興趣、技術程度、知識量等
我們想傳送「A」的訊息
媒體
可能是「A」，也可能是「B」，說不定是「C」……
主動的
傳送者（製作者）
應該是這樣才對
接收者（觀眾）

解碼的三種立場

霍爾將資訊接收者的立場分為三種。
由上而下，與傳送者的距離越來越遠

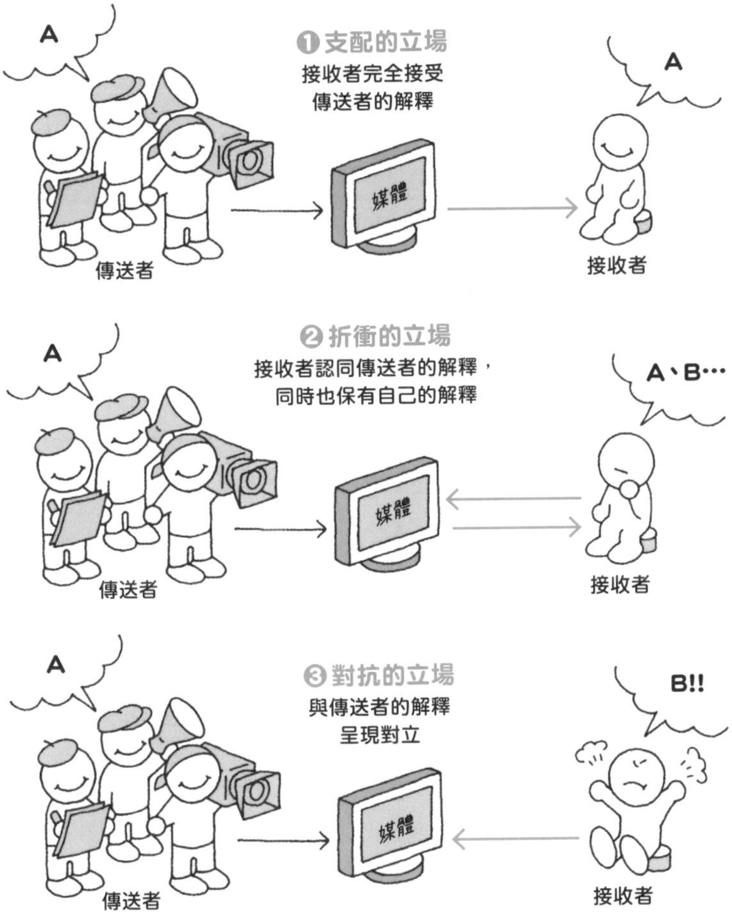

A

❶支配的立場
接收者完全接受
傳送者的解釋

A

媒體

傳送者

接收者

A

❷折衝的立場
接收者認同傳送者的解釋，
同時也保有自己的解釋

A、B…

媒體

傳送者

接收者

A

❸對抗的立場
與傳送者的解釋
呈現對立

B!!

媒體

傳送者

接收者

霍爾表示，接觸新聞或報紙等媒體的行為，並非完全順從媒體傳送者的被動行為，而應是更主動且自由的行為。

資訊
不必在意
媒體背後的
製作者意圖
應該自由
接收資訊

181
布希亞

符號消費

Symbolic Consumption

意　義　人們的消費不是為了商品的功能，而是為了符號。
文　獻　《消費社會》
備　註　因為重點是追求與他人的差異，與炫耀性消費（P049）不同。

文化與
消費社會

儘管生活必需品變得相當普及，商品也不會滯銷，進入**消費社會**後，人們購買某些商品時，購買的不是商品的實質功能，而是為了追求**與他人的差異化**的**符號**（資訊），這稱為**符號消費**。消費行為開始發揮顯示個性或品味的作用。

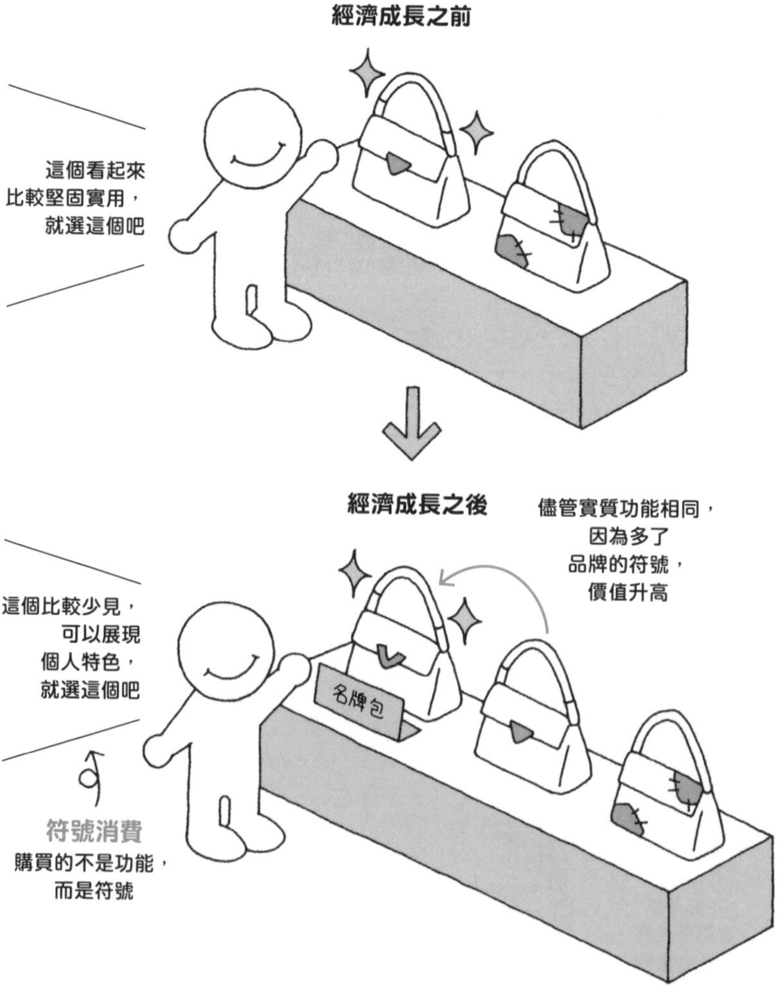

經濟成長之前

這個看起來
比較堅固實用，
就選這個吧

經濟成長之後

儘管實質功能相同，
因為多了
品牌的符號，
價值升高

這個比較少見，
可以展現
個人特色，
就選這個吧

名牌包

符號消費
購買的不是功能，
而是符號

高度消費社會的當代，不斷推出商品產生新的**符號**，持續產生與其他**符號**（商品）之間的**差異**。因為人們持續追求差異，這樣的消費行為不會結束（**差異原理**）。人們的欲求不再是出自於個人的自主性，而是受到這種符號**系統**的驅使。

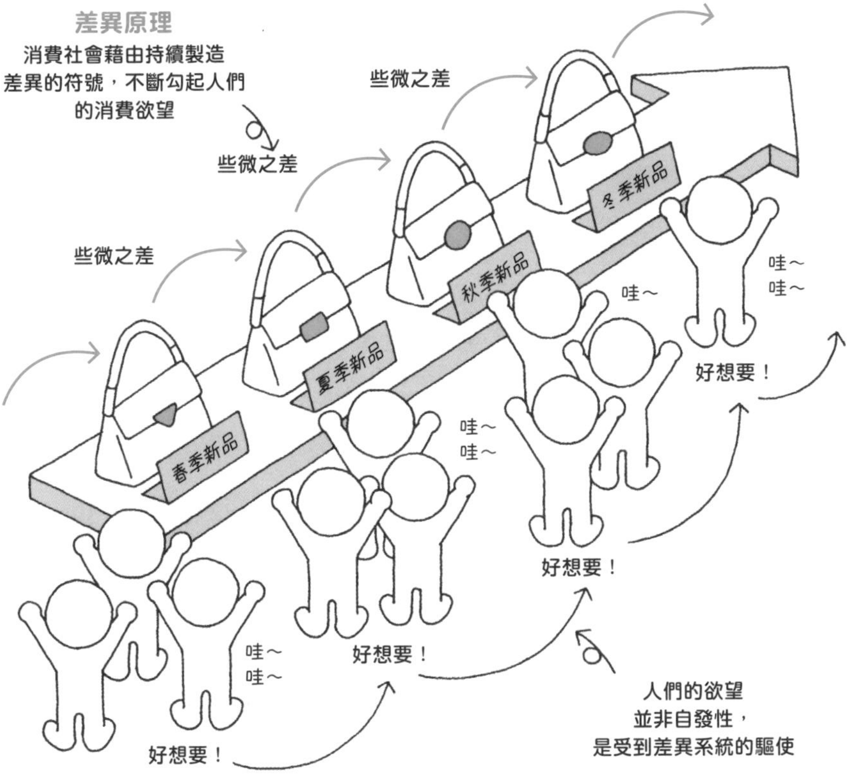

差異原理
消費社會藉由持續製造差異的符號，不斷勾起人們的消費欲望

些微之差
些微之差
些微之差
春季新品
夏季新品
秋季新品
冬季新品
哇～哇～
哇～
好想要！
人們的欲望並非自發性，是受到差異系統的驅使

現在產生差異的符號除了時尚品牌，也出現在多種領域，像是「商品序號」、「節能環保車」、「名人愛用品」、「古董」、「會員制／限量制」、「商品擁有的歷史或故事」等。

健康食品
兒茶素
Cola
無農藥
節能環保車
限量制
會員限定動態資訊
會員證
偶像明星穿過的衣服等，商品擁有的歷史或故事
產生差異的符號無以計數
商品序號

▶181
布希亞

擬像

Simulacra

意　義 不具原創的模型。

文　獻 《擬像與模擬》

備　註 布希亞的思想對電影《駭客任務》的世界觀也造成影響。

媒介與媒體

布希亞認為，當代是消費**符號**的時代（符號消費 P244）。符號原本是**模仿**真實存在的**原創模型**，但在製作**模型**的過程中，也做出了數個非**原創**的模型。

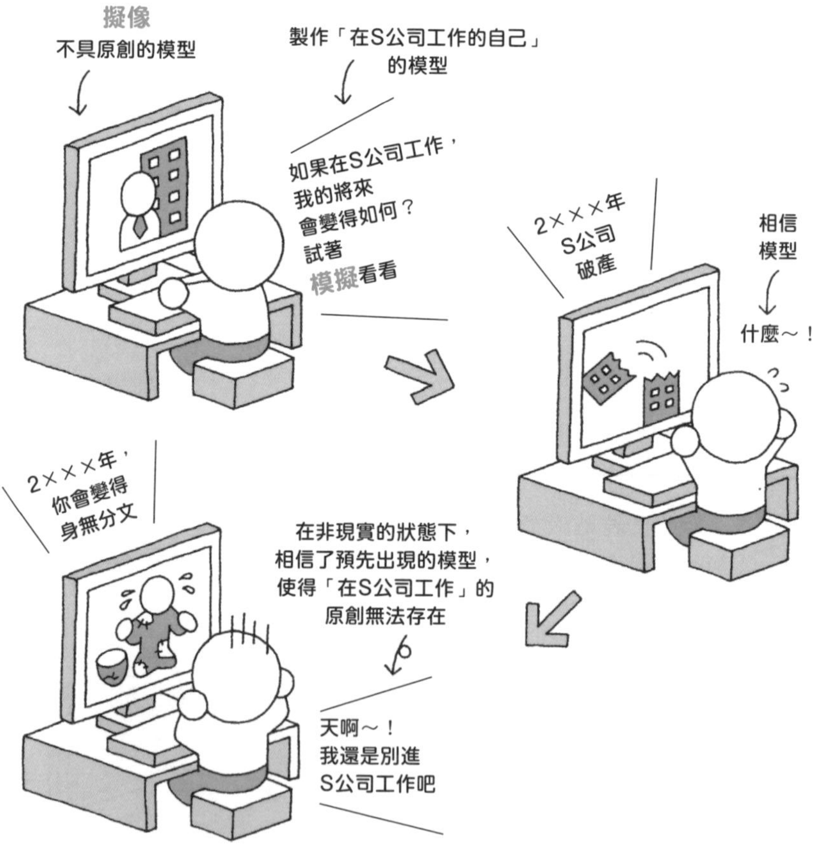

擬像
不具原創的模型
製作「在S公司工作的自己」的模型
如果在S公司工作，我的將來會變得如何？試著模擬看看
2×××年 S公司 破產
相信模型
什麼～！
2×××年，你會變得身無分文
在非現實的狀態下，相信了預先出現的模型，使得「在S公司工作」的原創無法存在
天啊～！我還是別進S公司工作吧

例如以假想世界設定而成的電腦資料，就算有替代現實的替代品，當作**模仿**來源的**原創**並不存在。**布希亞**將不具**原創**的**模型**稱為**擬像**，製作**擬像**這件事稱為**模擬（simulation）**。

※模擬，也譯為「擬仿」。

原創
原創

原本模型具有原創，就像風景畫的原創是真實的風景。
不過，擬像並沒有原創

當非**原創**的**模型**出現於現實，使人分不清什麼是**原創**（現實），什麼是**模型**（非現實）。當代社會正陷入那樣的處境。**布希亞**將這種狀態稱為**超現實**。

鼠來寶樂園
就是我的
安身之處

超現實
當代社會已無法區分
原創和模型

TOKYO ASIAN
RESTAURANT
東京的
婆羅洲真不
錯呢～
隨時和你
在一起喔

▶187
普特南

社會資本

Social Capital

意　義　基於人脈或信任關係，讓社會富足的財產。
文　獻　《獨自打保齡球》
備　註　社會資本分為強化團體內部關係的**結合型**，以及連接不同團體的**橋接型**。

公共領域
與共同體

普特南認為只要加深鄰里交流，讓地區網絡變得緊密，治安就會改善，犯罪自然減少，統治效率也會變好。據他所言，**個人之間**基於善意或同感建立的**信任關係**不只有利於自己，更會成為**社會整體**的**資本（財產）**。這就是**社會資本**的概念。

※社會關係＝人際關係

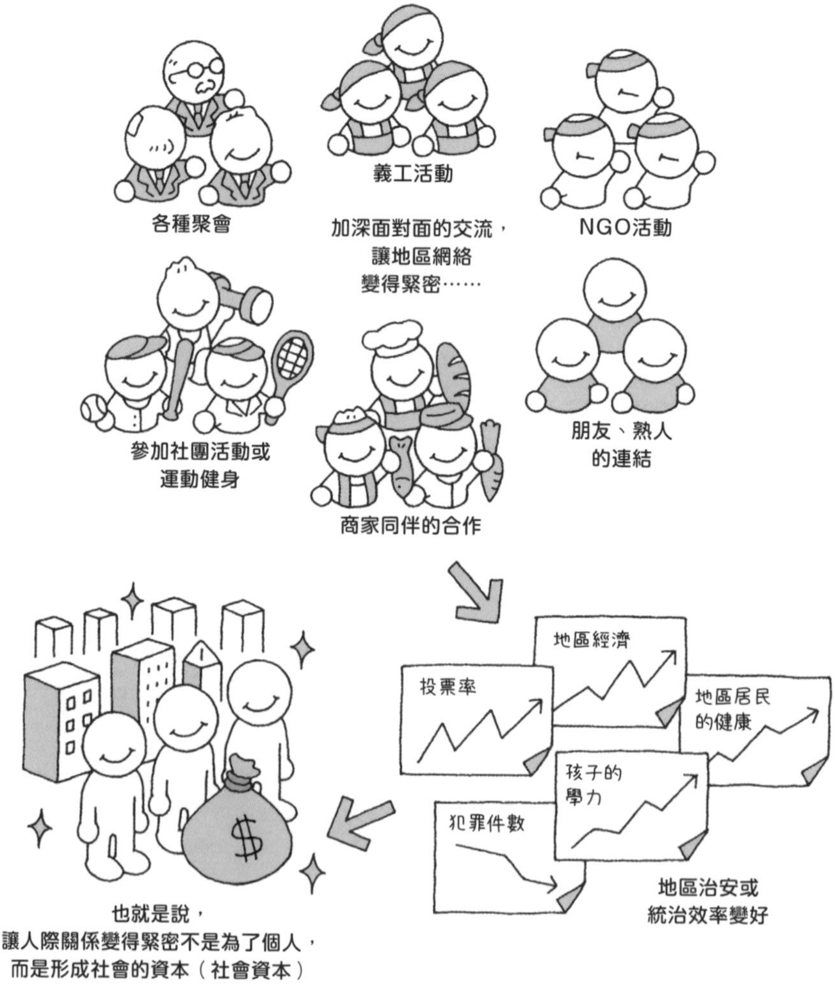

各種聚會

義工活動

NGO活動

加深面對面的交流，
讓地區網絡
變得緊密……

參加社團活動或
運動健身

商家同伴的合作

朋友、熟人
的連結

地區經濟

投票率

地區居民
的健康

孩子的
學力

犯罪件數

地區治安或
統治效率變好

也就是說，
讓人際關係變得緊密不是為了個人，
而是形成社會的資本（社會資本）

普特南將**社會資本**整理成三個要素：**❶網絡**、**❷信任**、**❸規範**，這些要素會提升社會。

產生社會資本的三個要素

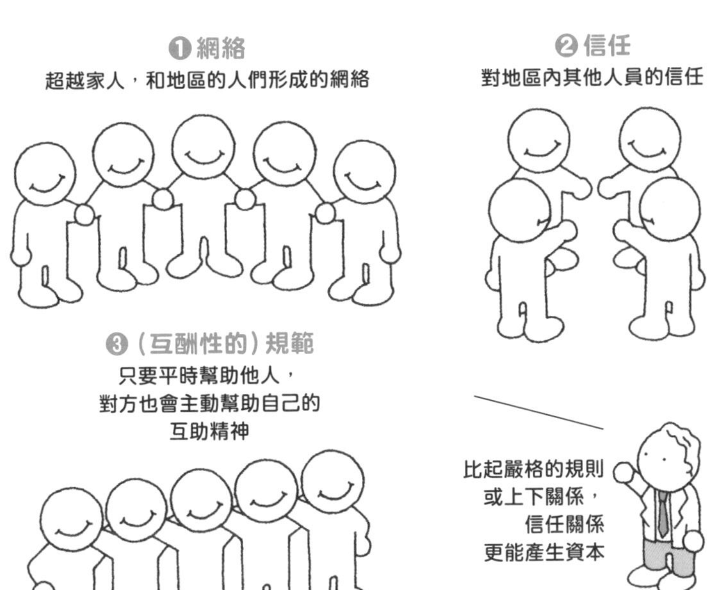

❶網絡
超越家人，和地區的人們形成的網絡
❷信任
對地區內其他人員的信任
❸（互酬性的）規範
只要平時幫助他人，
對方也會主動幫助自己的
互助精神
比起嚴格的規則
或上下關係，
信任關係
更能產生資本
普特南

過去**布赫迪厄**（P182）將**社會資本**視為依附於個人的**文化資本**（P214）的一部分。對**布赫迪厄**而言，**社會資本**意指「個人的人脈」。相較之下，普特南則是關注於「社會的資本」這個層面。

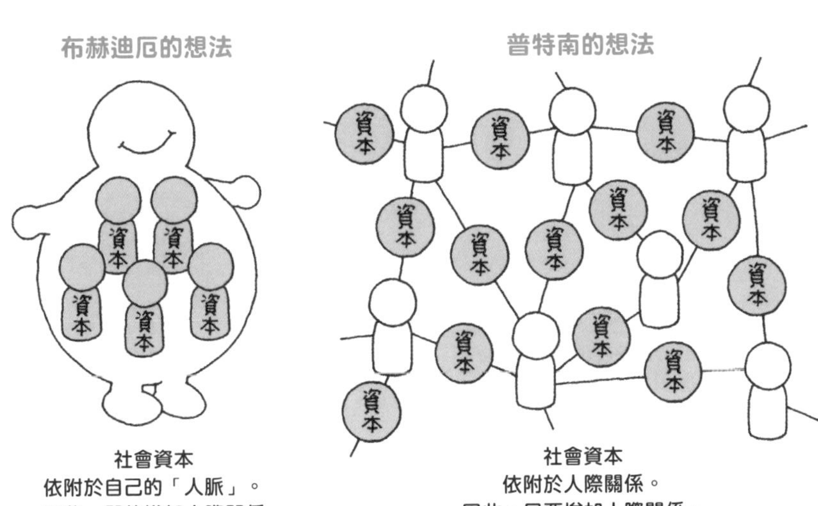

布赫迪厄的想法
普特南的想法
資本
社會資本
依附於自己的「人脈」。
因此，即使增加人際關係
也是對自己有利
社會資本
依附於人際關係。
因此，只要增加人際關係，
社會整體就會變好

▶180
魯曼

雙重偶連性

Double Contingency

意　義　兩者之間互相依對方的行為採取行動的狀態。
文　獻　《社會系統理論》

社會理論

在**現代社會**（資本主義社會），每個人基本上都很自由。因此，任何人都會採取實現自我欲求的行動。於是，發生了自己和對方互相依彼此行為來採取行動的狀況。這樣的狀態稱為**雙重偶連性（DC）**。既然世上都是 **DC** 的狀態，為何我們能與他人持續互動，一切順利進行呢？

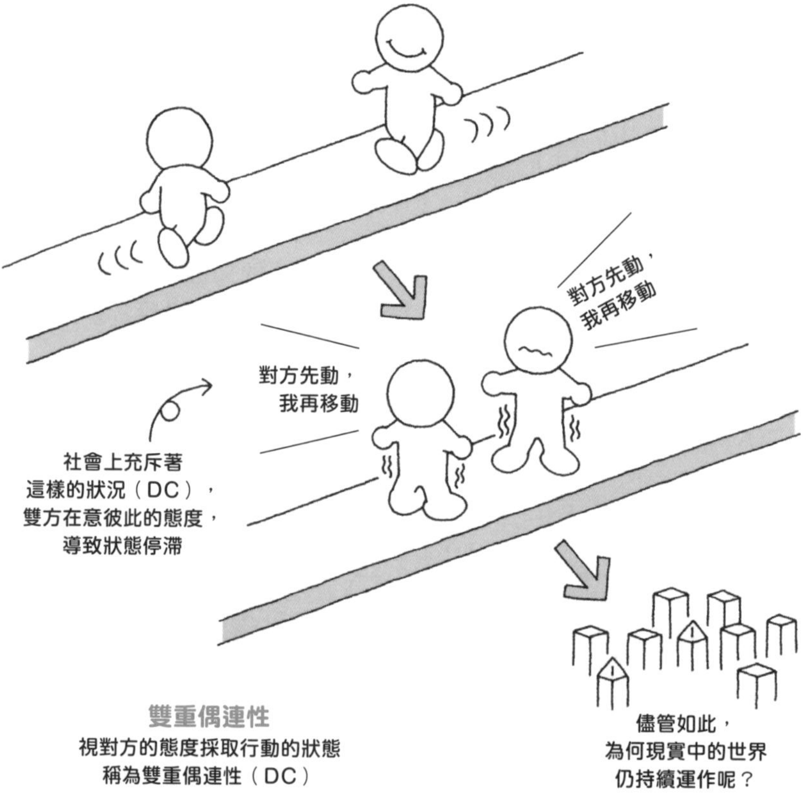

對方先動，
我再移動

對方先動，
我再移動

社會上充斥著
這樣的狀況（DC），
雙方在意彼此的態度，
導致狀態停滯

雙重偶連性
視對方的態度採取行動的狀態
稱為雙重偶連性（DC）

儘管如此，
為何現實中的世界
仍持續運作呢？

帕森斯（P120）認為，進行互動的兩者之間，事先已有共同的**價值觀**（社會秩序），可以預測彼此的期待，所以能夠避免 **DC** 的狀態**（期待的互補性）**。

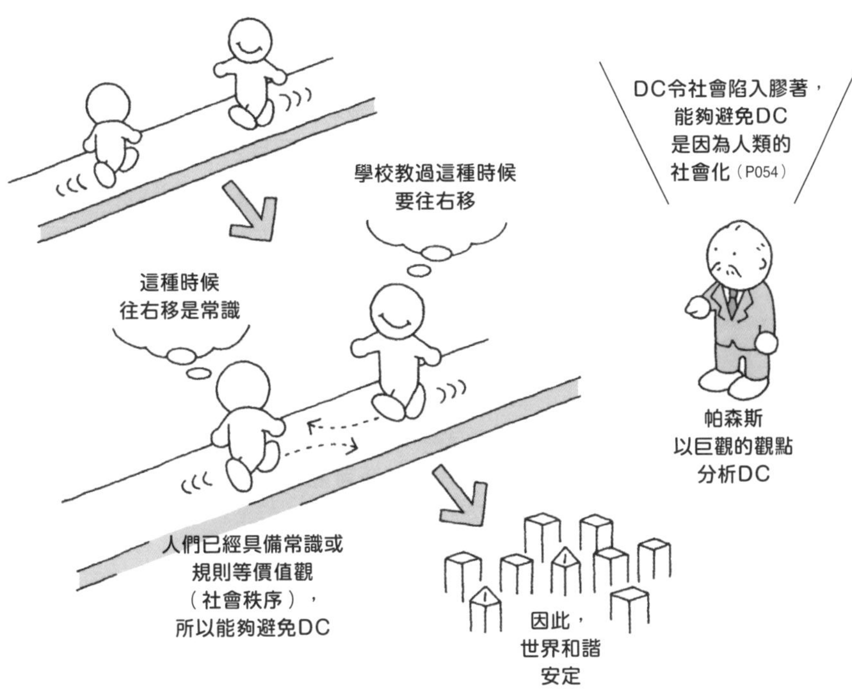
DC令社會陷入膠著，
能夠避免DC
是因為人類的
社會化（P054）
學校教過這種時候
要往右移
這種時候
往右移是常識
帕森斯
以巨觀的觀點
分析DC
人們已經具備常識或
規則等價值觀
（社會秩序），
所以能夠避免DC
因此，
世界和諧
安定

對此**魯曼**則是表示，進行互動的兩者之間不必先有共同的價值觀。因為觀察對方的動作或反應就能找出互動的時機。而且，發生像 **DC** 這樣秩序未成立的狀況，人們為了解決狀況就會進行**溝通**，持續產生新的社會秩序（**雜音的秩序形成**）。

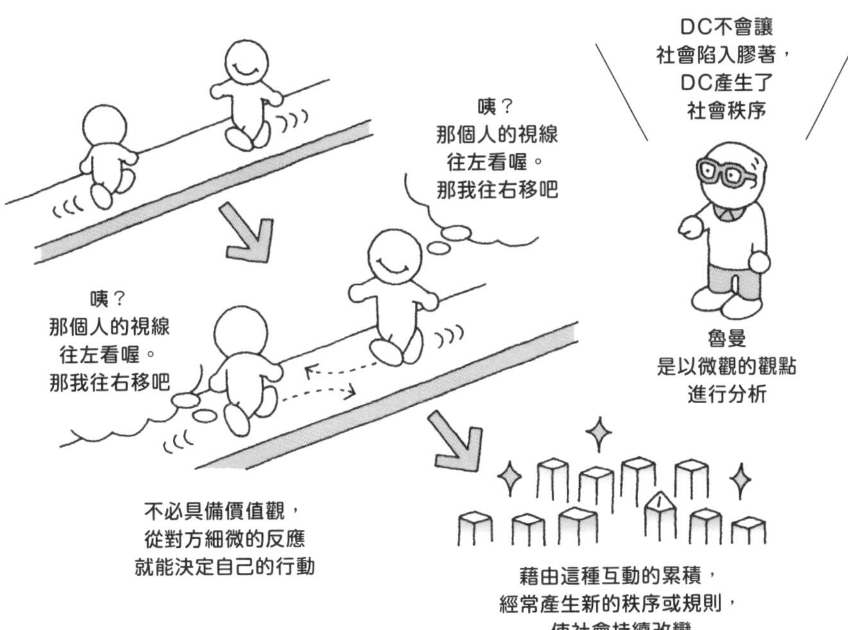
DC不會讓
社會陷入膠著，
DC產生了
社會秩序
咦？
那個人的視線
往左看喔。
那我往右移吧
咦？
那個人的視線
往左看喔。
那我往右移吧
魯曼
是以微觀的觀點
進行分析
不必具備價值觀，
從對方細微的反應
就能決定自己的行動
藉由這種互動的累積，
經常產生新的秩序或規則，
使社會持續改變

▶180
魯曼

複雜性化約

Reduction of Complexity

意　義　限制（化約）具有無限可能性的世界複雜性的作用（維持秩序的作用）。

文　獻　《信任》

備　註　魯曼的學說讓「複合性增大」受到法律支持。

秩序與
權力

在**現代社會**，每個人基本上都很自由。可是，當我們做出實現自我欲求的行動時，無法得知對方是否會採取符合我們預期的行動。即便如此，我們通常不會意識到對方也許會有的**所有可能性**（複雜性），因此可以放心進行**交流（溝通）**，魯曼稱之為**複雜性化約**。

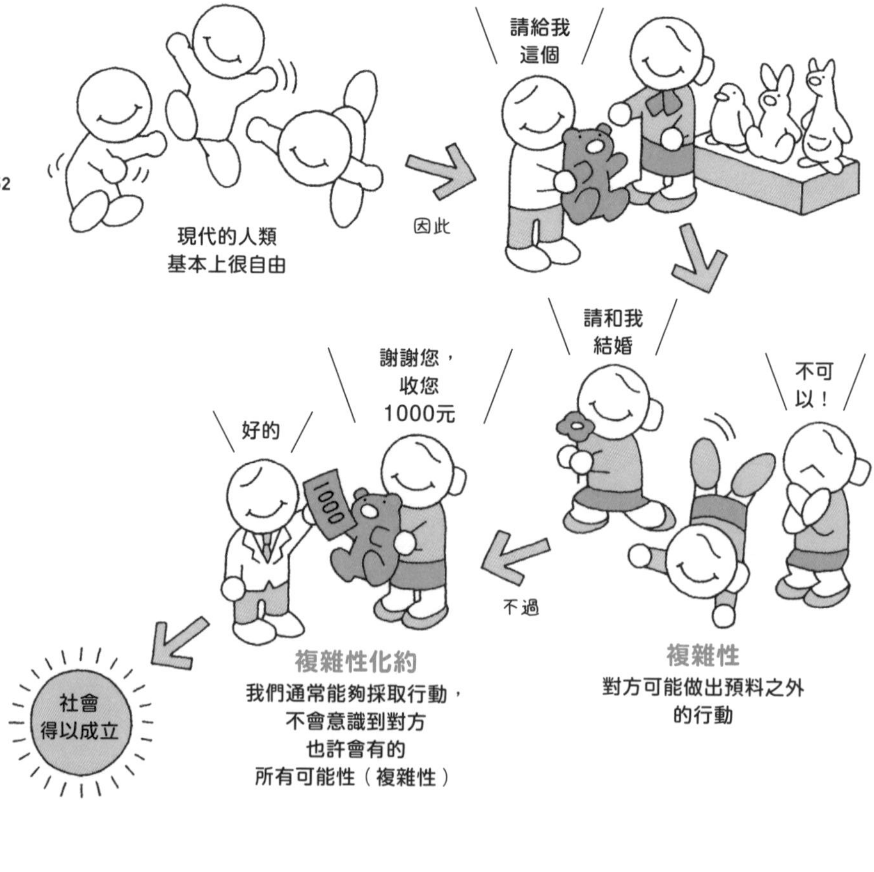

現代的人類
基本上很自由

因此

請給我
這個

請和我
結婚

不可
以！

複雜性
對方可能做出預料之外
的行動

不過

謝謝您，
收您
1000元

好的

1000

複雜性化約
我們通常能夠採取行動，
不會意識到對方
也許會有的
所有可能性（複雜性）

社會
得以成立

「這時候就要這麼做」，像這樣貫徹**複雜性化約**的社會，就算是陌生人也能放心預測對方的行動進行交流，這稱為**複合性增大**。

有別於生活在小型共同體的過去，現代社會經常要和陌生人交流。因此在現代社會，必須信任**規範**，而非個人的人格。**魯曼**對於那樣的**規範**如何產生、如何遵守，以**複雜性化約**這個概念為線索進行探究。

複雜性
化約
1000
規則A
對方這樣做，
我就這樣做
複雜性
化約
1000
複雜性
複雜性

透過個人與個人的溝通（理解對方行動的交流），
達到複雜性化約，構成「規則A」

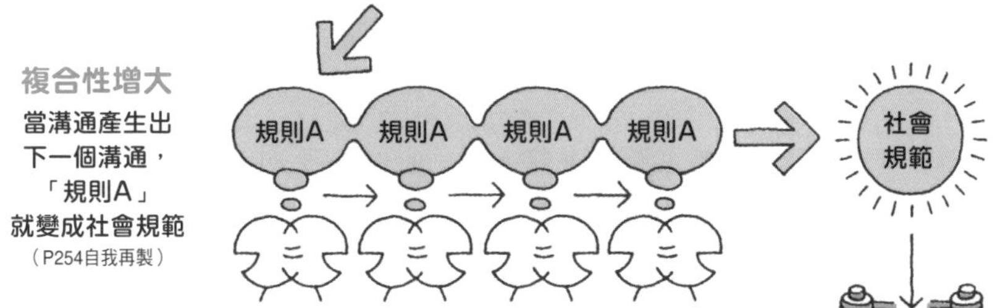

複合性增大
當溝通產生出
下一個溝通，
「規則A」
就變成社會規範
（P254自我再製）

規則A 規則A 規則A 規則A

社會
規範

法律

魯曼的**社會學**將**複雜性化約**當作關鍵，說明**社會**（規範）成立的結構，當中採納**巨觀社會學**（P140）的觀點與**微觀社會學**（P141）的觀點。

因為有法律，
就算沒見到對方
也能安心購物

魯曼認為
規範終究會
成為法律

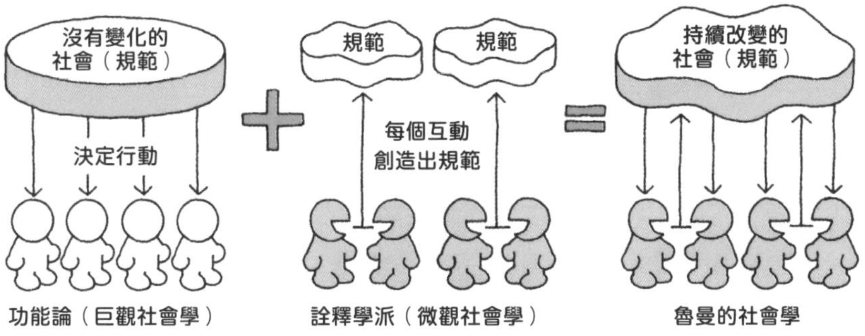

沒有變化的
社會（規範）

決定行動

功能論（巨觀社會學）

規範

規範

每個互動
創造出規範

詮釋學派（微觀社會學）

持續改變的
社會（規範）

魯曼的社會學

▶180
魯曼

自我再製

Autopoiesis

意　義 構成社會的要素並非人類，而是溝通的社會系統論（P140）。

文　獻 《社會系統理論》

備　註 自我再製原本是出自生物學的用語。

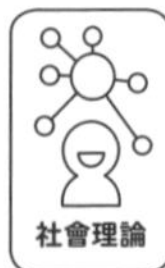
社會理論

溝通

溝通能夠產生連結，所以溝通是構成社會的要素。這裡所說的社會是指經濟、政治、教育制度等

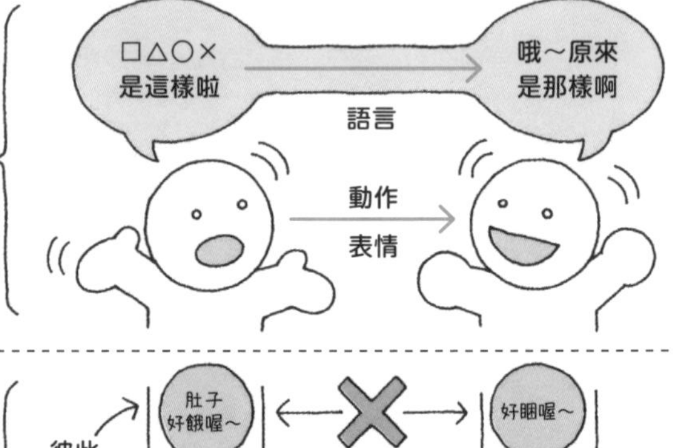
□△○×
是這樣啦
哦～原來
是那樣啊
語言
動作
表情

人類（意識）

人類（內心、意識、思考）無法產生連結。因此，人類不是構成社會的要素

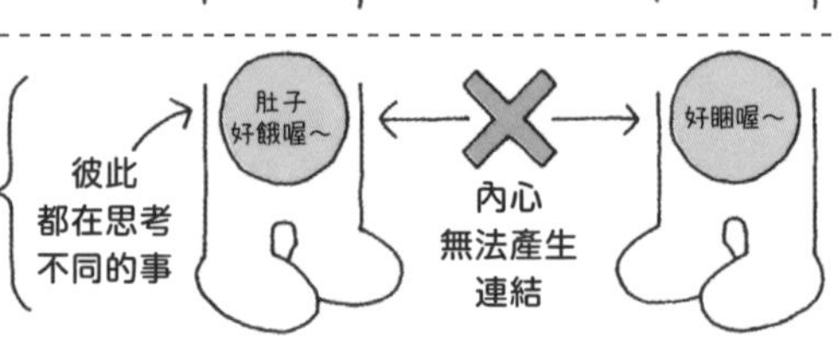
彼此
都在思考
不同的事
肚子
好餓喔～
好睏喔～
內心
無法產生
連結

魯曼認為，構成**社會**的**要素並非人類**，而是**溝通**。因為**溝通**會**自動**產生新的**溝通**，將**溝通**當作**構成要素**的社會得以存續。讓社會成立的**要素**（溝通）由社會產生，這樣的性質稱為**自我再製**。

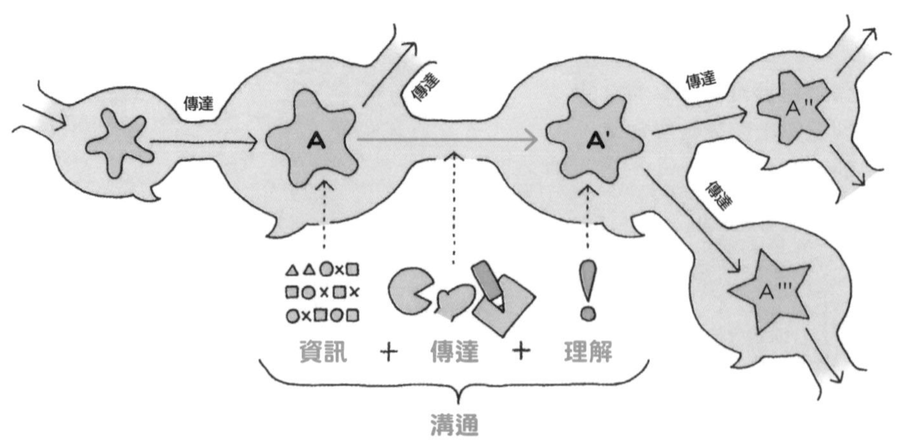
傳達
A
傳達
A'
傳達
A''
傳達
A'''
資訊 + 傳達 + 理解
溝通
溝通是構成社會的要素。
溝通是由資訊、傳達資訊的行為與理解所組成

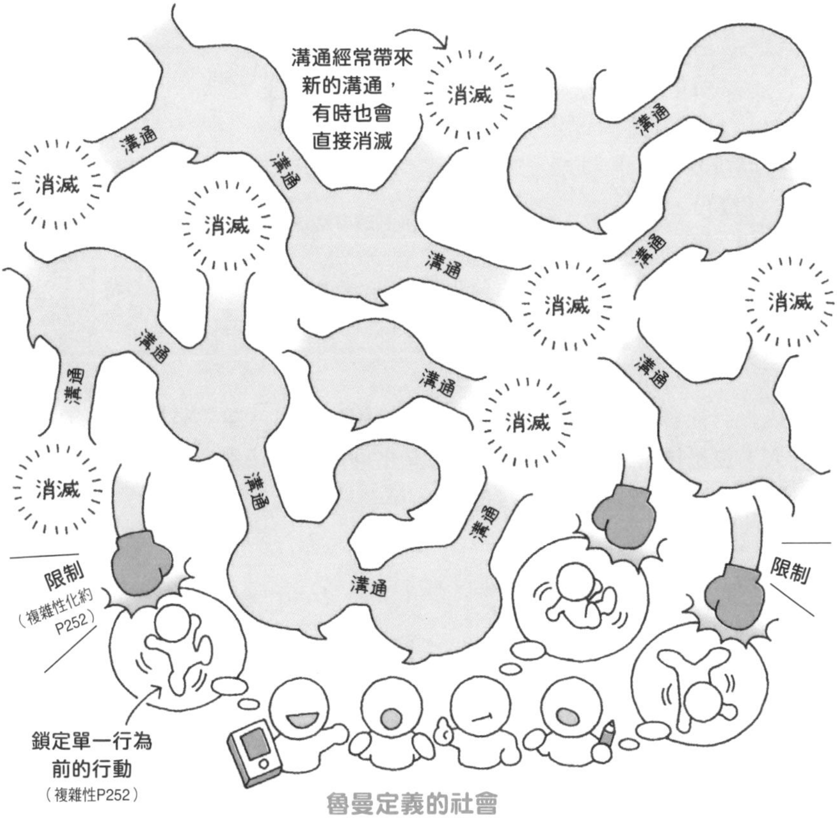

魯曼定義的社會

就像分子連結構成物體，
溝通（資訊＋傳達＋理解）的分子產生新的溝通，
藉由連結構成社會（制度、規範）。
然後，社會限制我們的行動

沒有**社會**（規範），人類無法生活，但**魯曼**認為個人的**意識**（內心）不會有效地併入社會系統中。因此對他而言，**人類不是社會系統的構成要素**。

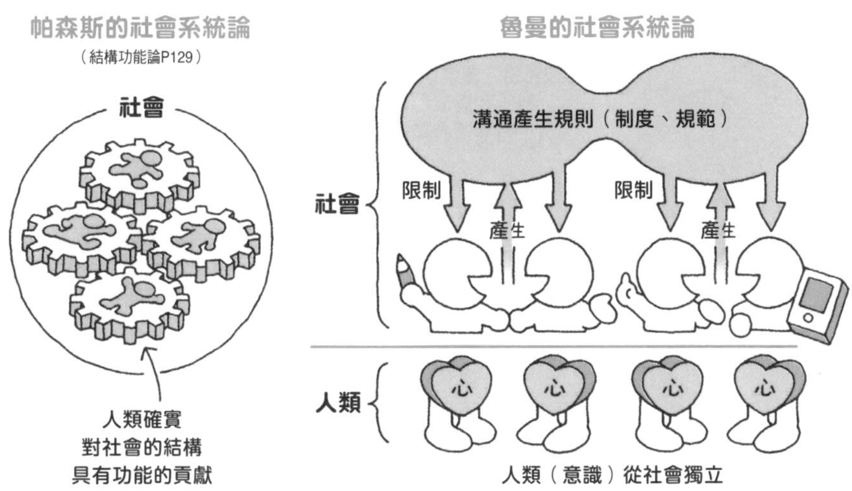
帕森斯的社會系統論
（結構功能論P129）
社會
人類確實
對社會的結構
具有功能的貢獻
魯曼的社會系統論
溝通產生規則（制度、規範）
限制
產生
限制
產生
社會
人類
心
心
心
心
人類（意識）從社會獨立

▶177
格萊澤

族群

Ethnicity

意　義　擁有獨自的文化或歸屬意識的團體之存在或性質。

文　獻　《熔爐之上》

備　註　美國的民權運動等社會運動對族群概念的普及也發揮作用。

國家與
全球化

構成一個社會或國家的人們，並非都是相同性質。雖然是構成社會的一群人，也是擁有獨自的**歸屬意識**或**文化**的團體，這稱為**族群團體**。**族群團體**存在的狀況或**族群團體**的性質，稱為**族群**。

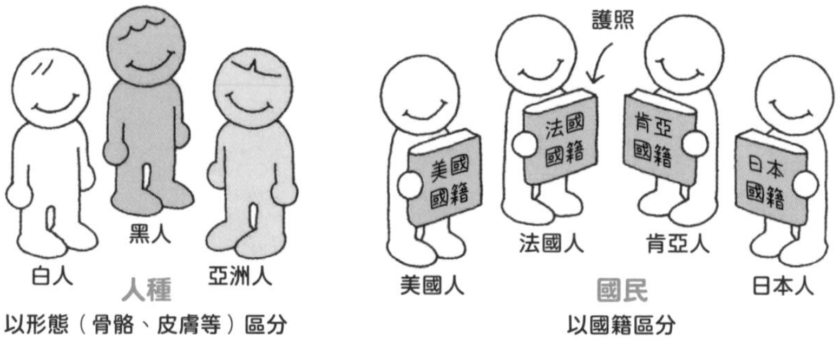

白人
黑人
亞洲人
人種
以形態（骨骼、皮膚等）區分

護照
美國國籍
法國國籍
肯亞國籍
日本國籍
美國人
法國人
肯亞人
日本人
國民
以國籍區分

我是猶太人
我是澳洲原住民
我是北海道原住民
我是羅姆人

族群
不是以形態或國籍區分，
而是以語言、習慣、宗教等文化的差異區分。
即「我屬於○○的族群團體」
這類帶有個人主觀的詞彙

地區之間的移動變得普遍後，人們因為移民、到外地工作、逃難、成為難民等各種因素，許多國家成為多民族國家，產生了**族群**的概念。

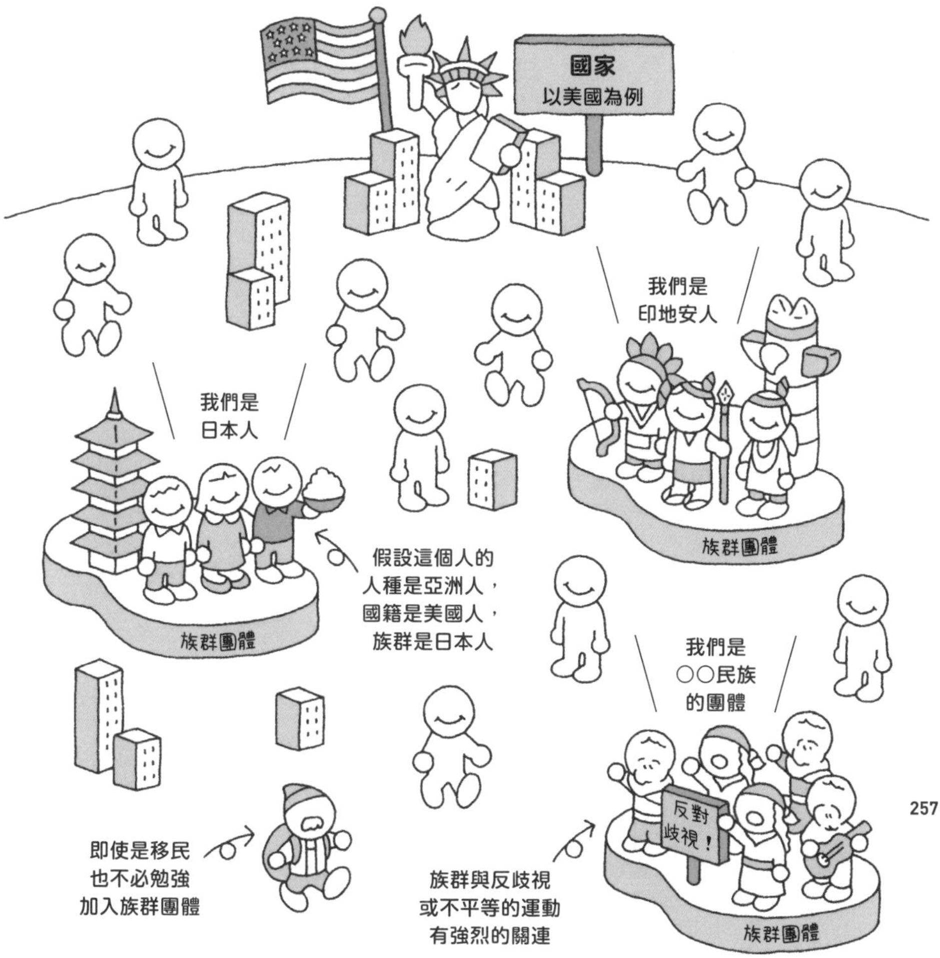

國家
以美國為例
我們是
印地安人
我們是
日本人
族群團體
假設這個人的
人種是亞洲人，
國籍是美國人，
族群是日本人
族群團體
我們是
○○民族
的團體
反對
歧視！
即使是移民
也不必勉強
加入族群團體
族群與反歧視
或不平等的運動
有強烈的關連
族群團體

如今，人們會談論多元文化主義或文化相對論，和**族群**概念的廣泛滲透有強烈的關聯。

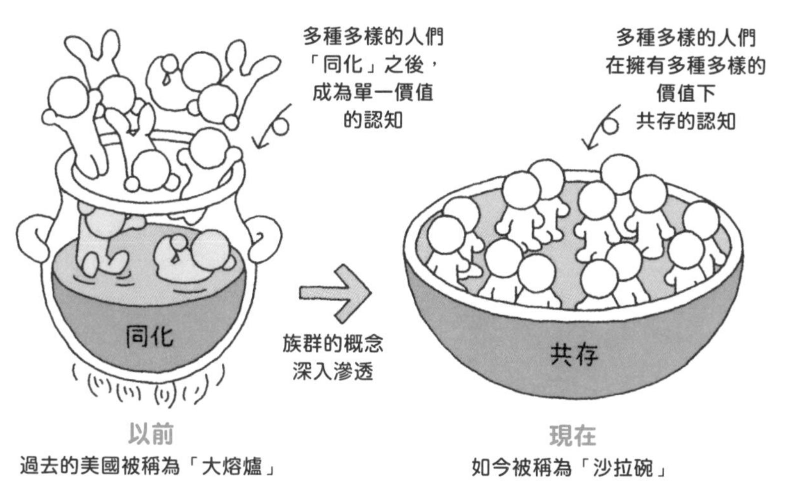
多種多樣的人們
「同化」之後，
成為單一價值
的認知
多種多樣的人們
在擁有多種多樣的
價值下
共存的認知
同化
族群的概念
深入滲透
共存
以前
過去的美國被稱為「大熔爐」
現在
如今被稱為「沙拉碗」

▶190
桑內特

再會吧！公共人

The Fall of Public Man

意　義　公共生活衰退，重視私人感情。
文　獻　《再會吧！公共人》
備　註　和黎士曼主張的從內在導向型轉移至他人導向型（P150）的順序正好相反。

公共領域
與共同體

許多政治家不是因為政策受到評價，而是因為人品或私生活的言行。**桑內特**將這種以私人**感情**評價公共事務的當代社會趨勢稱為**公共領域的喪失**。據他所言，**公共領域**誕生於十八世紀的都市，隨著資本進步的發展而逐漸消失。

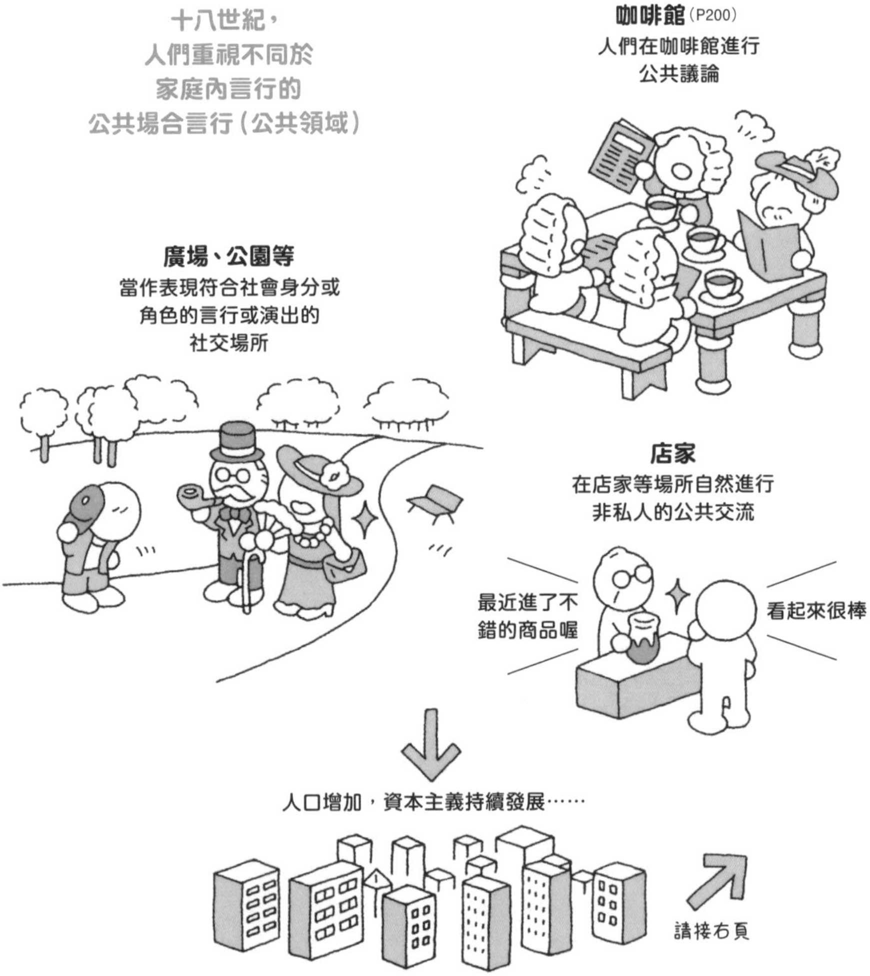

十八世紀，人們重視不同於家庭內言行的公共場合言行（公共領域）

咖啡館（P200）
人們在咖啡館進行公共議論

廣場、公園等
當作表現符合社會身分或角色的言行或演出的社交場所

店家
在店家等場所自然進行非私人的公共交流

最近進了不錯的商品喔

看起來很棒

人口增加，資本主義持續發展……

請接右頁

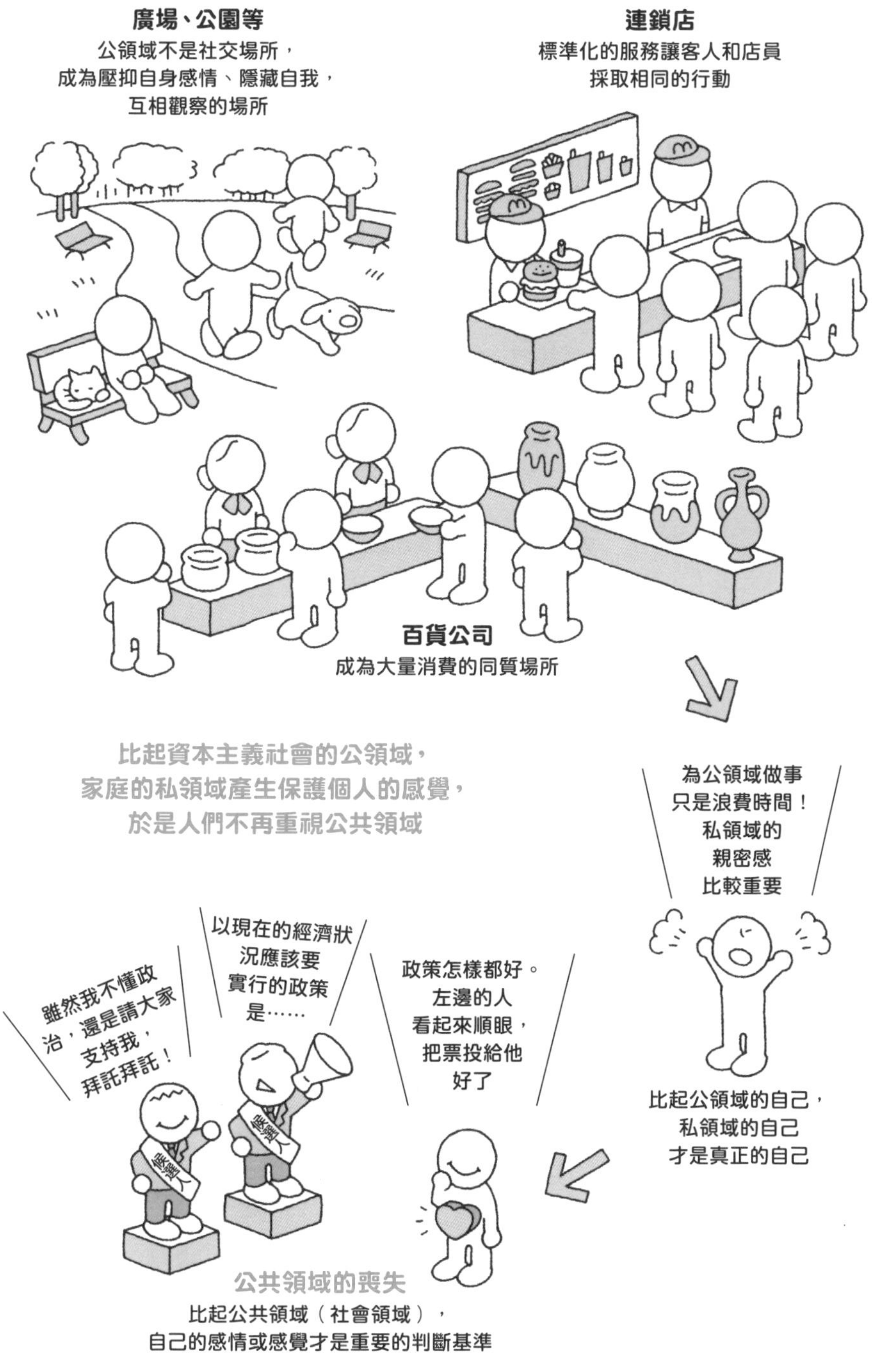

廣場、公園等

公領域不是社交場所，
成為壓抑自身感情、隱藏自我，
互相觀察的場所

連鎖店

標準化的服務讓客人和店員
採取相同的行動

百貨公司

成為大量消費的同質場所

**比起資本主義社會的公領域，
家庭的私領域產生保護個人的感覺，
於是人們不再重視公共領域**

為公領域做事
只是浪費時間！
私領域的
親密感
比較重要

比起公領域的自己，
私領域的自己
才是真正的自己

雖然我不懂政
治，還是請大家
支持我，
拜託拜託！

以現在的經濟狀
況應該要
實行的政策
是……

政策怎樣都好。
左邊的人
看起來順眼，
把票投給他
好了

公共領域的喪失

比起公共領域（社會領域），
自己的感情或感覺才是重要的判斷基準

因為**公共領域的喪失**，當代人無法保持**私人感情**與**公共生活**的平衡。**桑內特**用**自戀**一詞表達當代人這種無法區別**自我欲望**與**社會整體利益**的心態。

納格利

▶184

帝國
Empire

意　義　沒有中心的網絡狀全球化權力。

文　獻　《帝國》（納格利／哈德）

備　註　深入人們生活的「帝國」，也是傅柯所說的生命權力（P205）。

國家與
全球化

大國以軍事力擴張領土至其他小國或地區的政策稱為**帝國主義**。另外，在軍事、經濟、文化等領域具有強烈影響力的美國也被喻為「美帝國主義」。總之，**帝國**就是指強大國家擴大勢力之意。

過去的帝國

某個特定強國以軍事力擴張領土，進而擴大自己的政治、經濟、文化領域

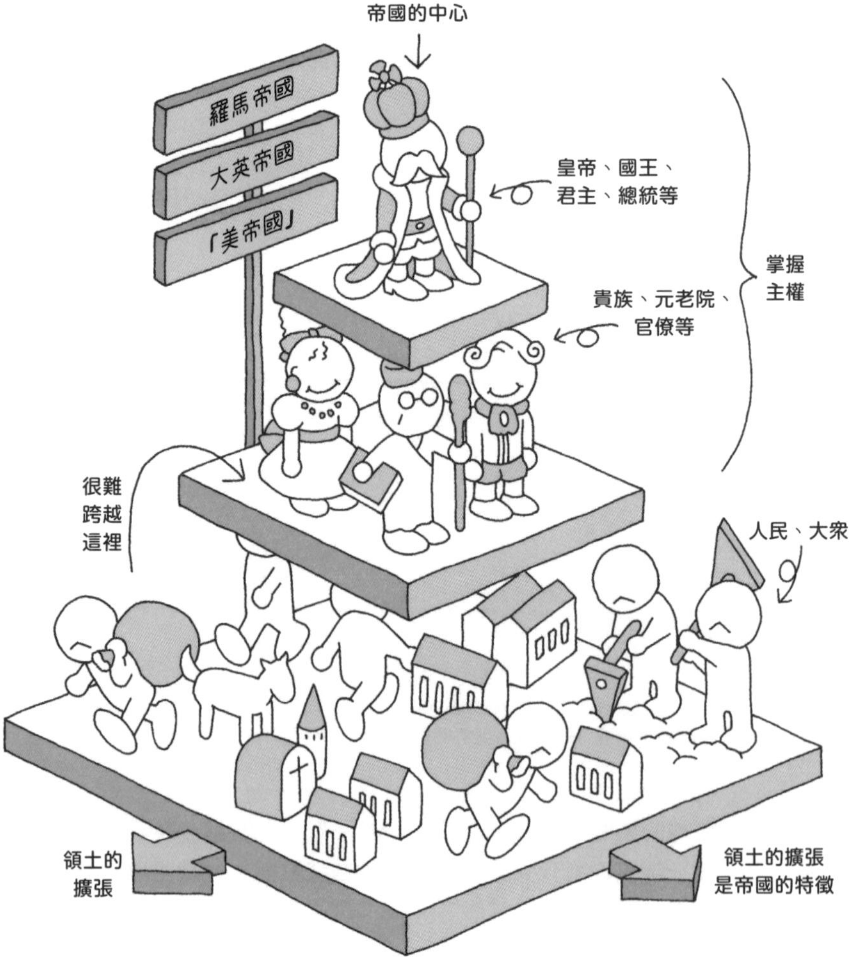

帝國的中心

羅馬帝國

大英帝國

「美帝國」

皇帝、國王、君主、總統等

貴族、元老院、官僚等

掌握主權

很難跨越這裡

人民、大眾

領土的擴張

領土的擴張是帝國的特徵

納格利與**哈德**（P193）以「帝國」這個關鍵字表現**全球化**進展的當代新權力形態。**「帝國」**不像以前的**帝國主義**是以特定的強國為中心，而是基於資本主義，超越國境結合，沒有中心的**網絡狀**權力，像是跨國企業、聯合國、世界銀行等。就連帶動全球化的美國也歸屬於**「帝國」**，而不是其中心。

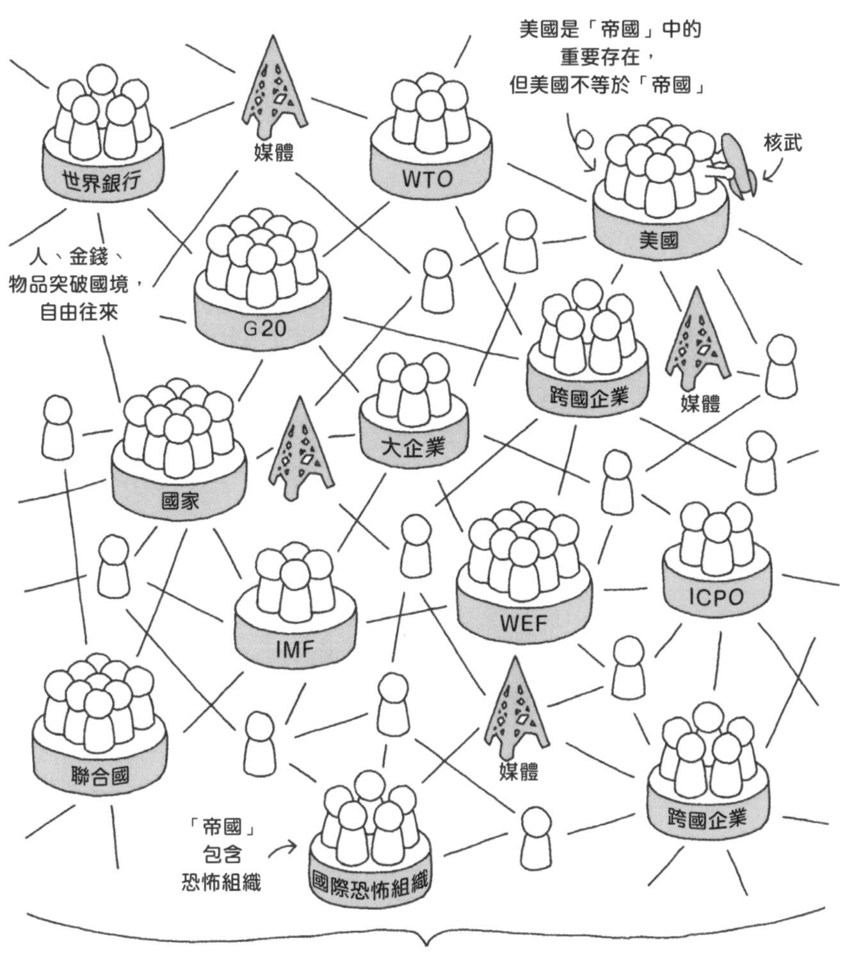
當代的「帝國」
網絡狀連結而成的權力系統。
沒有中心也沒有領土，從所在地讓民眾順應資本主義
美國是「帝國」中的
重要存在，
但美國不等於「帝國」
核武
世界銀行
媒體
WTO
美國
人、金錢、
物品突破國境，
自由往來
G20
跨國企業
媒體
國家
大企業
ICPO
IMF
WEF
聯合國
媒體
跨國企業
「帝國」
包含
恐怖組織
國際恐怖組織
「帝國」是我們的欲望，也就是資本主義創造的系統

「帝國」為了讓人們順應資本主義，於是管理、教育人們，滲透至日常生活的一切。但在**「帝國」**內部也產生了反抗**「帝國」**的民眾力量，**納格利**與**哈德**稱其為**諸眾**（P263）。

▶184
納格利

諸眾

Multitude

意　義　對抗《帝國》的民眾。

文　獻　《帝國》（納格利／哈德）

備　註　諸眾並不是指特定的社會階級或屬性的人們。

國家與
全球化

網絡狀的全球化權力**「帝國」**（P261）管理人們，讓人們順應資本主義。不過**「帝國」**的**網絡**特性也可能串連起世界上的人。**納格利**與**哈德**認為既然如此，世界上多種多樣的民眾只要利用這個**網絡**連結起來，就能反抗**「帝國」**。

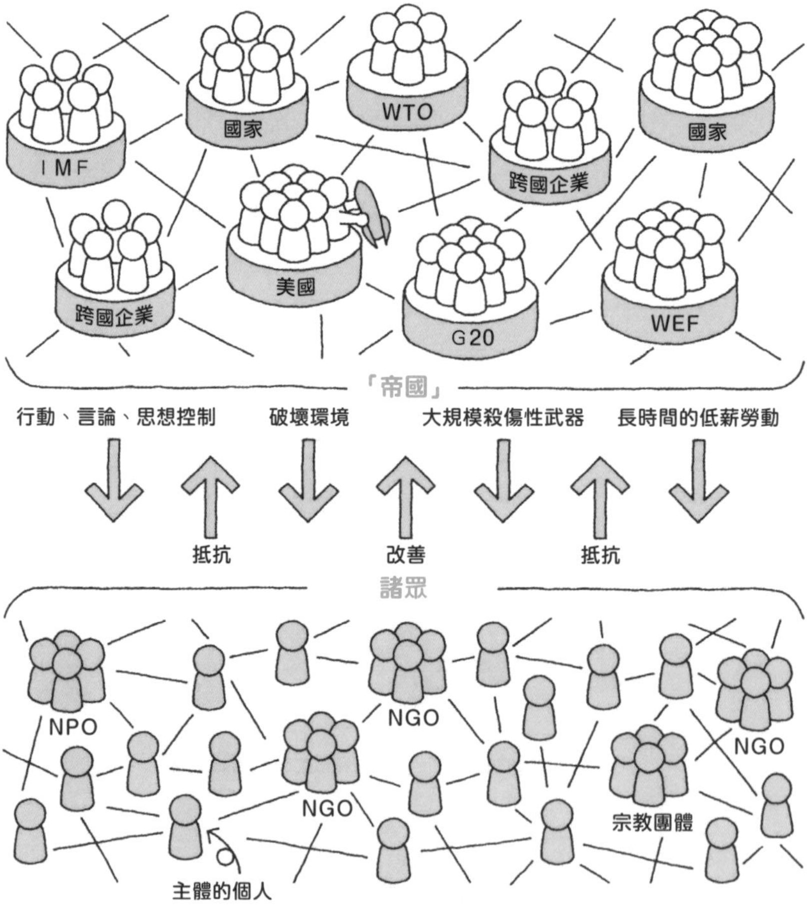

IMF　國家　WTO　跨國企業　國家

跨國企業　美國　G20　WEF

「帝國」

行動、言論、思想控制　破壞環境　大規模殺傷性武器　長時間的低薪勞動

抵抗　改善　抵抗

諸眾

NPO　NGO　NGO　NGO　宗教團體

主體的個人

如果「帝國」是網絡狀連結而成，
民眾利用該系統串連成網絡狀，就能產生對抗力量

這些多種多樣的民眾被**納格利**與**哈德**稱為**諸眾**。跨越居住地或性別、職業、宗教等藩籬的人們連結成**網絡狀**，試圖逐一解決資本主義引發的問題點，這樣的力量就是**諸眾**。

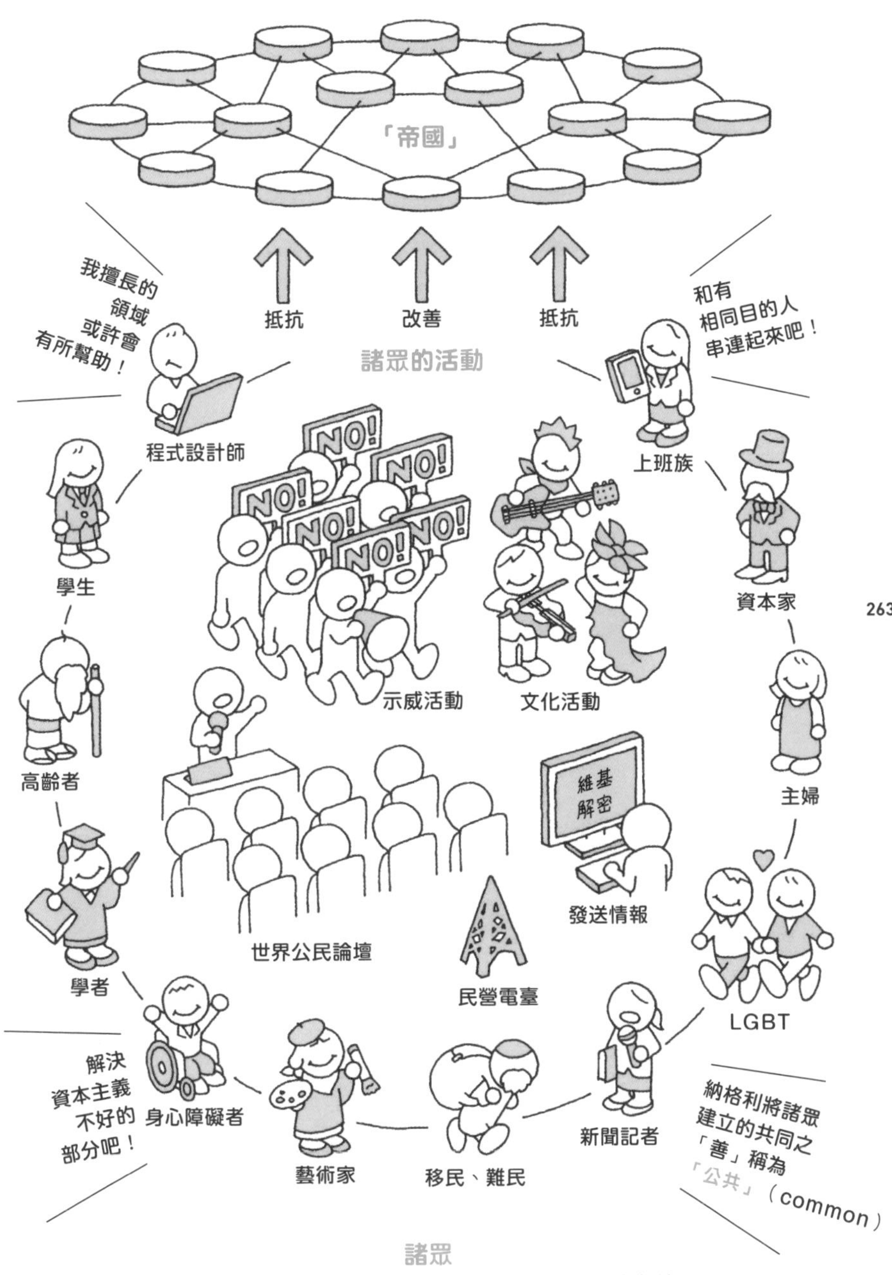

「帝國」
抵抗
改善
抵抗
諸眾的活動
我擅長的
領域
或許會
有所幫助！
和有
相同目的人
串連起來吧！
程式設計師
上班族
NO!
學生
資本家
示威活動
文化活動
高齡者
主婦
維基
解密
發送情報
世界公民論壇
學者
民營電臺
LGBT
解決
資本主義
不好的
部分吧！
身心障礙者
藝術家
移民、難民
新聞記者
納格利將諸眾
建立的共同之
「善」稱為
「公共」（common）

諸眾

納格利與哈德認為，多種多樣的民眾利用「帝國」的本質，
也就是最強力的武器——網絡，
串連起來就能對抗「帝國」，此為資本主義的矛盾。
像這樣從「帝國」內部產生對抗帝國的多種多樣的民眾，稱為諸眾

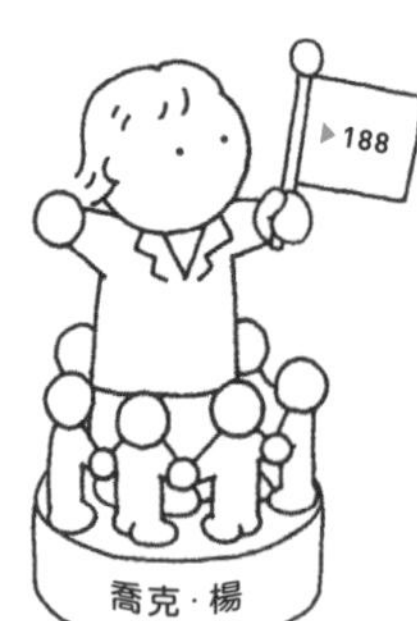
▶188
喬克·楊

包容社會｜排斥社會

Inclusive Society｜Exclusive Society

文　獻　《排斥社會》

備　註　包容社會移轉至排斥社會，相當於福特主義（P094）至後福特主義的時代。

公共領域
與共同體

直到一九六〇年代左右，社會上相當注重**勞動**與**家庭**這兩個領域。以這兩個領域為主軸，人人共有相同的生活方式或價值觀。因此，就算出現行為偏差的人，社會傾向通常是將那樣的人**包容**為共通的價值觀（**包容社會**）。

家庭

工作

一九六〇年之前，人們注重工作與家庭，
大家都是相同的生活方式

包容社會

在這樣的社會中，
各式各樣的人被併入相同的文化

早上起床晚上睡覺，
假日一起去看
棒球比賽吧！

別再那樣穿了，
一起成為
上班族吧！

然而，到了一九七〇年代，人們的生活方式和價值觀變得多樣化。失去共同的價值後，很難相信社會的多數派會認同少數派的價值。因此**喬克・楊**認為社會變成以**排斥**、**否定**異質的他人來提升（相信）自己或自己所屬團體的價值（**排斥社會**）。

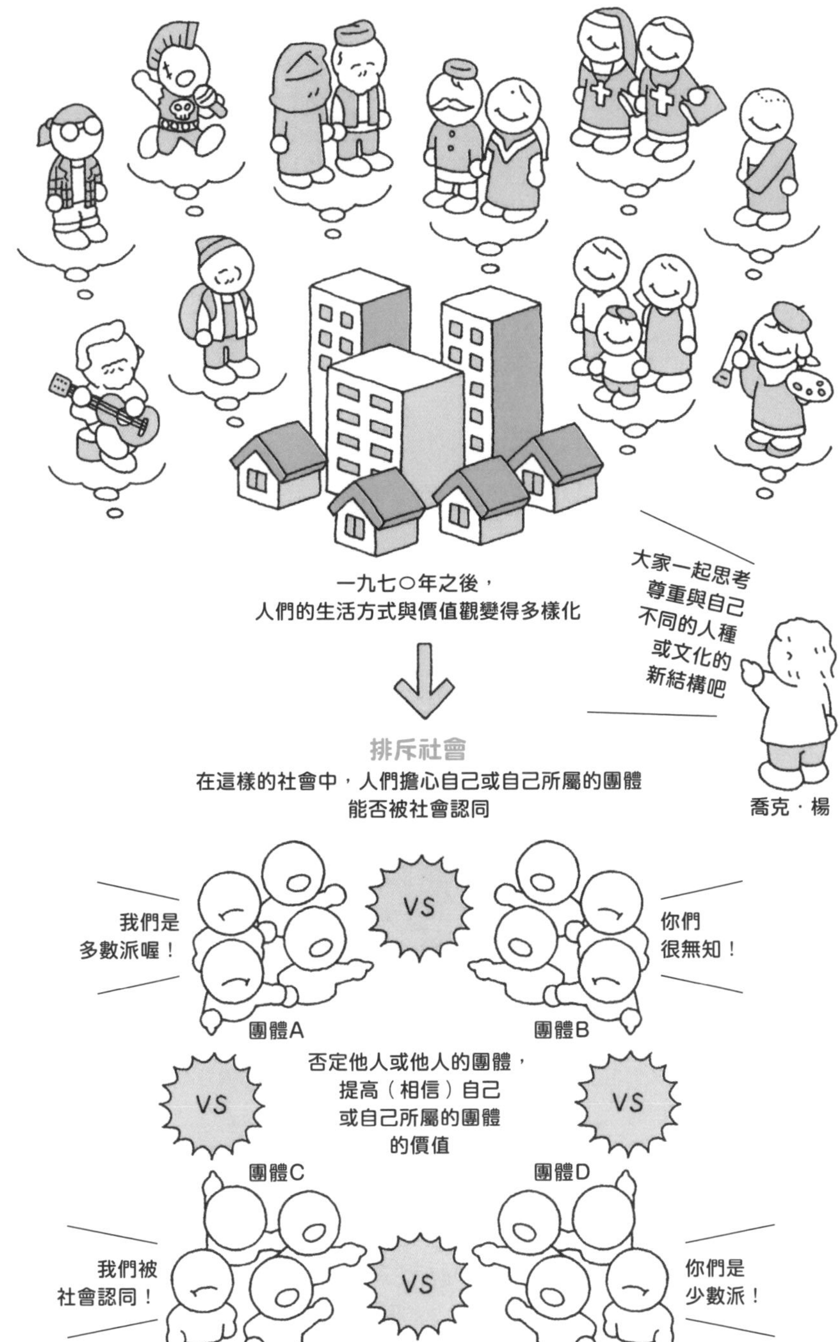
一九七〇年之後，
人們的生活方式與價值觀變得多樣化
大家一起思考
尊重與自己
不同的人種
或文化的
新結構吧
喬克・楊
排斥社會
在這樣的社會中，人們擔心自己或自己所屬的團體
能否被社會認同
VS
我們是
多數派喔！
你們
很無知！
團體A
團體B
否定他人或他人的團體，
提高（相信）自己
或自己所屬的團體
的價值
VS
VS
團體C
團體D
我們被
社會認同！
VS
你們是
少數派！

188
包曼

液態現代性

Liquid Modernity

文　獻　《液態現代性》
備　註　包曼將現今並非全景敞視監獄（P206）般的巨大權力，而是人們主動彼此監視的資訊環境，稱為**後全景敞視監獄**。

秩序與
權力

進入**現代**（資本主義社會）後，人們擺脫傳統的秩序，**包曼**將前期的**現代性**稱為**固態現代性（solid modernity）**。在**固態現代性**時期，人們破壞傳統的秩序，建立適合的新結構。然而隨著**現代化**的發展，固定的結構崩壞，**流動的液態現代性**的時代到來。

現代初期

固態現代性的特徵

❶破壞古老的傳統或習慣，建立現代化的新社會團體

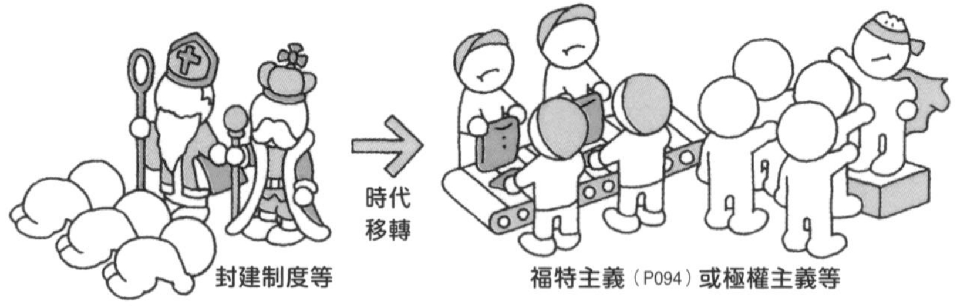
時代
移轉
封建制度等
福特主義（P094）或極權主義等

❷新的社會團體管理人們，同時保障一定程度的地位或生活

公司和國家
保障我們
每天的生活

❸人們相信「未來將會解決所有問題，朝更好的方向發展」

繼續往前衝
吧！
未來

雖然**液態現代性**的時代為人們帶來多樣的選擇，但一切責任由個人承擔。當代是未保障個人容身之處，不安定且不確實的時代。

我的幸福是
大家的幸福
大家一起思考
如何將個人的幸福
連結到公眾的幸福
包曼

包曼認為，今後人們不會受到習慣或常識、家庭或公司、地區或國家的管理束縛，反而是被強迫要有自由的言行。於是，人們變得不關心自己以外的他人

往後的現代

液態現代性的特徵

❶雖然現代初期的秩序崩壞，卻沒有可以替代的秩序

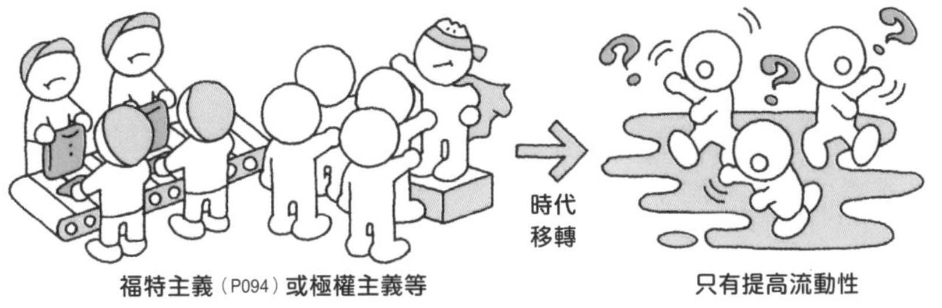
時代
移轉

福特主義（P094）或極權主義等　　只有提高流動性

❷超過可以得到自由的程度，變成被強迫自由

無法像
以前那樣
依靠公司或國家
責任
責任
責任
責任
責任
必須全部
自己決定，
全部自己負責

❸看不到對將來的展望，難以規劃人生，對未來感到不安

以後會變得
怎麼樣？
不安

▶191
萊昂

監控社會

Surveillance Society

意　義　個人的言行被資料化，並受到監視。

文　獻　《監控社會》

備　註　新的監控社會並非限制人們的行動，反倒是讓人們的行動變得自由。

秩序與權力

我們在日常生活中各種情況下的言行被記錄為個人資料，那些被收集的資料何時何地會被誰以怎樣的目的使用，我們無從得知。**萊昂**表示，收集對本人造成影響的個人資料，這種行為都是**監控**。他在當代發現了有別於以往的**監控社會**（全景敞視監獄 P206）的新**監控社會**。

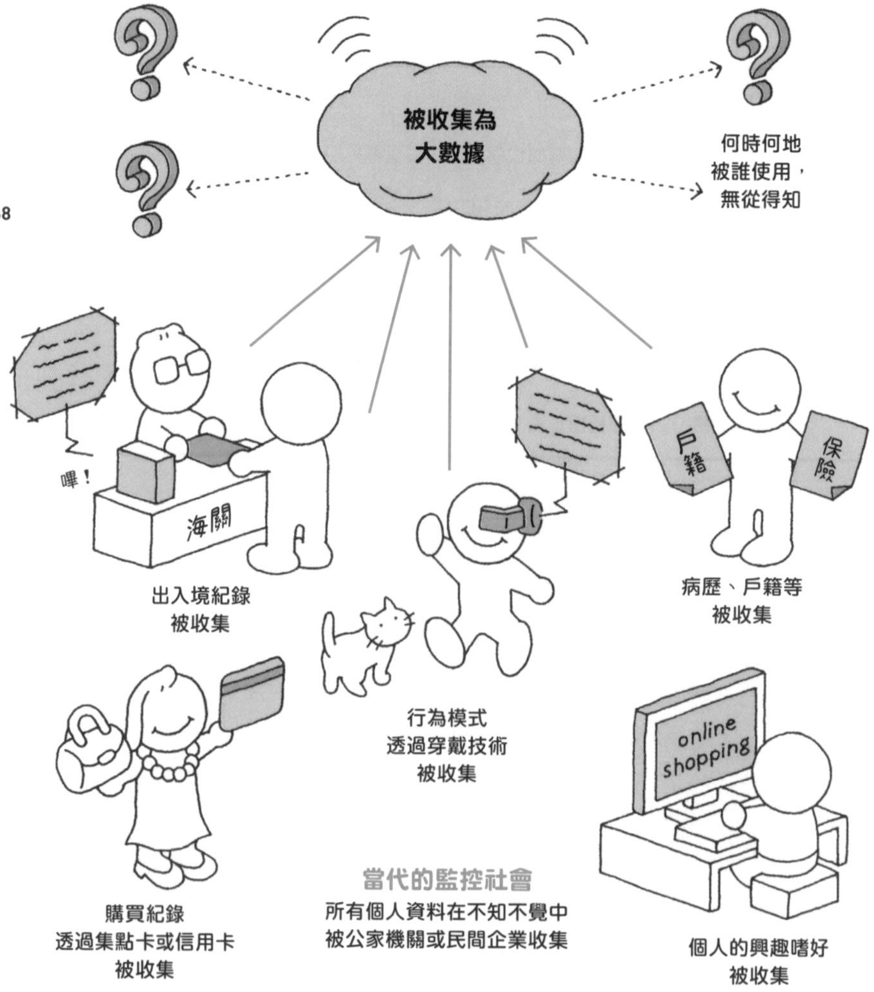

被收集為大數據

何時何地被誰使用，無從得知

嗶！

海關

出入境紀錄被收集

戶籍

保險

病歷、戶籍等被收集

行為模式透過穿戴技術被收集

online shopping

購買紀錄透過集點卡或信用卡被收集

當代的監控社會

所有個人資料在不知不覺中被公家機關或民間企業收集

個人的興趣嗜好被收集

監控的對象並非人類的身體，而是人類的零碎事實。在新的**監控社會**，A 君不是指 A 君的**身體**，而是與 A 君有關的**整合資訊（資料）**（身體的消失）。

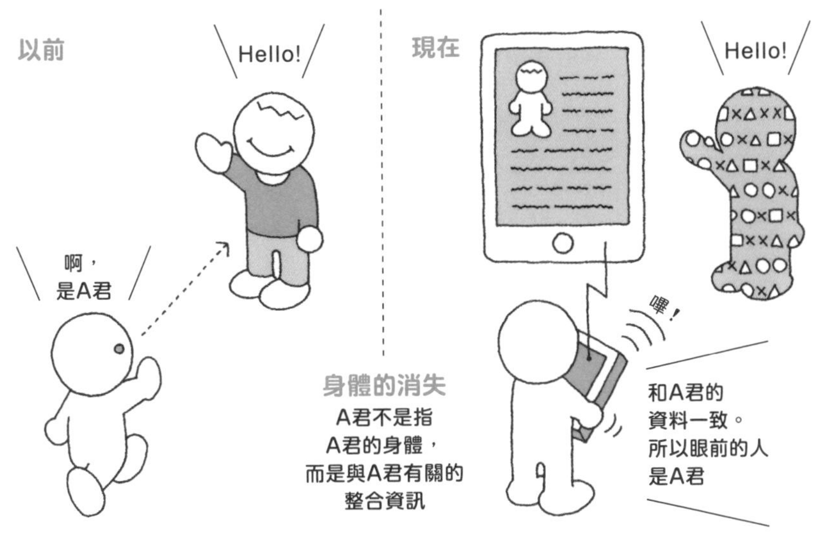
以前
Hello!
啊，
是A君
現在
Hello!
嗶！
身體的消失
A君不是指
A君的身體，
而是與A君有關的
整合資訊
和A君的
資料一致。
所以眼前的人
是A君

這樣的**監控**除了管理人們，同時也守護人們的生活。正因為有透過**監控**累積的資料，我們在醫院才能快速接受適當的治療。

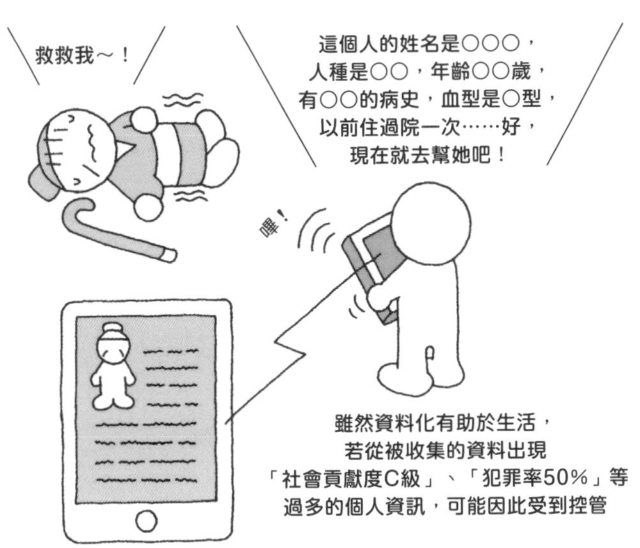
救救我～！
這個人的姓名是○○○，
人種是○○，年齡○○歲，
有○○的病史，血型是○型，
以前住過院一次……好，
現在就去幫她吧！
嗶！
雖然資料化有助於生活，
若從被收集的資料出現
「社會貢獻度C級」、「犯罪率50％」等
過多的個人資訊，可能因此受到控管

萊昂認為，既然人們追求效率化或安全，**監控社會**將隨著科技的進步加速發展。

186
紀登斯

去鑲嵌
Disembedding

意　義　在有限的時間與空間中，將人們置於擺脫時間與空間的關係。

文　獻　《現代性的後果》

備　註　去鑲嵌帶來反身性(P272)的徹底化。

空間與
都市

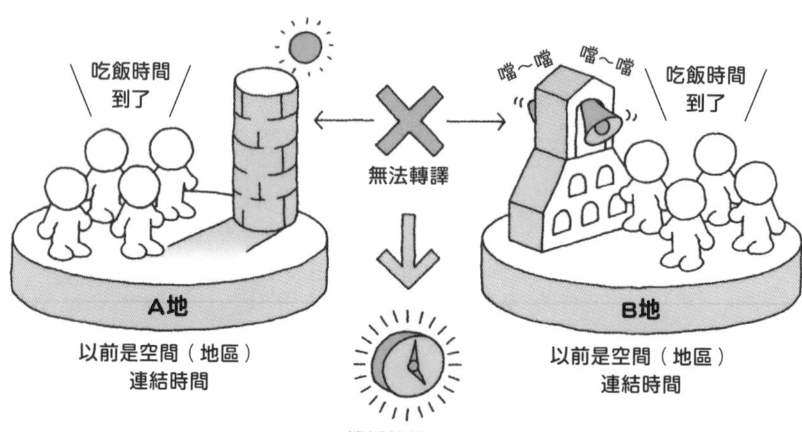
吃飯時間
到了
無法轉譯
噹～噹　噹～噹
吃飯時間
到了
A地
B地
以前是空間（地區）
連結時間
以前是空間（地區）
連結時間

機械鐘的誕生

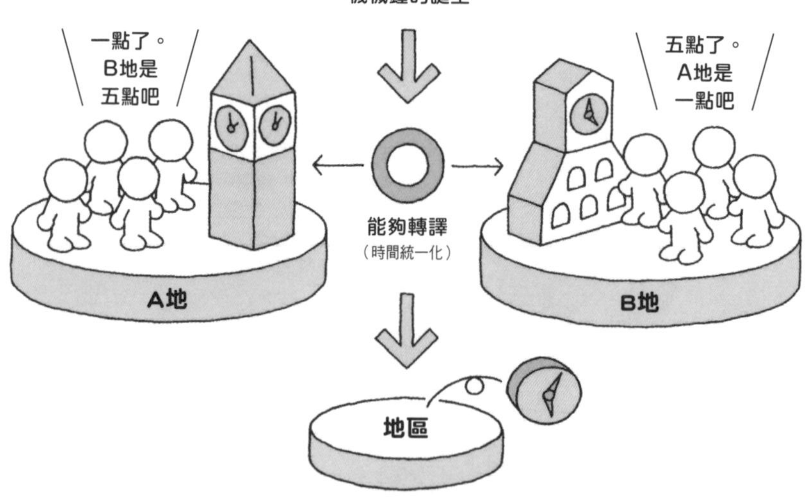
一點了。
B地是
五點吧
五點了。
A地是
一點吧
能夠轉譯
（時間統一化）
A地
B地
地區

時空分離

不再需要連結時間與空間

現代以前的人們生活在**有限範圍的空間**，發展出只有當地通用的**時間**計算方式。人們的居住場所依自己的**時間感**而成立，形成局部地區的共同體。但隨著技術的進步，產生了全世界共通的**時間**，導致以往相互連結的時空分離。

此外，因為通訊技術與運輸技術的進步，讓相隔遙遠的人們增加互動，也就是**全球化**。

像這樣，在**有限的時間與空間**的人們脫離在地的關係，被置入無限的空間之中，**紀登斯**稱其為**去鑲嵌**。

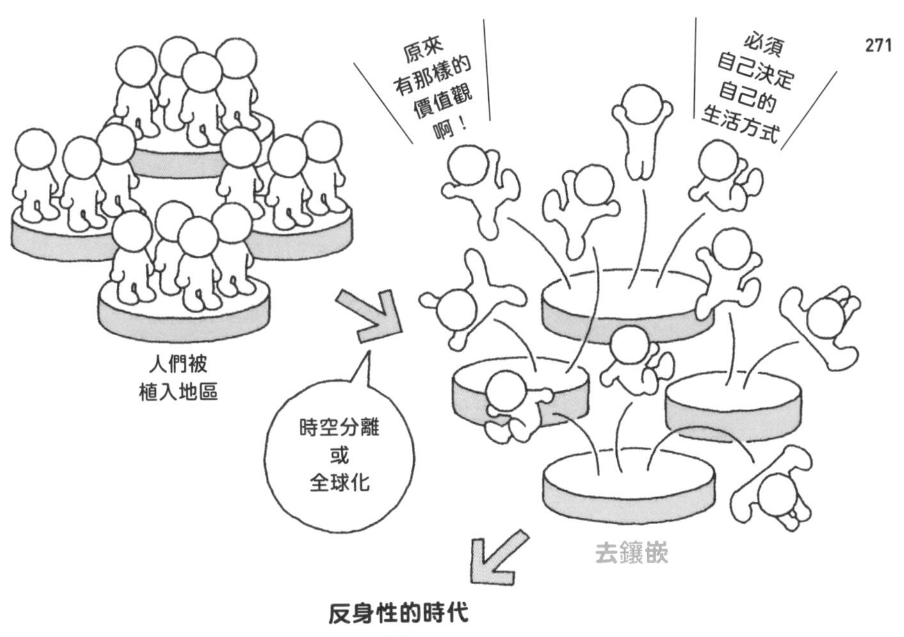
原來
有那樣的
價值觀
啊！
必須
自己決定
自己的
生活方式
人們被
植入地區
時空分離
或
全球化
去鑲嵌
反身性的時代
P272

當人們被置入無限的空間之中，以往作為自身行動依據的在地習慣、規範，以及價值觀便失去絕對性。因此，**自己**必須**不斷更新自己**。於是，現代變成**反身性**（P272）的時代

▶186
紀登斯

反身性

Reflexivity

意　義　省思自己過去的言行，反映在自身行為，使自己改變。

文　獻　《現代性的後果》

備　註　去鑲嵌（P271）帶來反身性的徹底化。

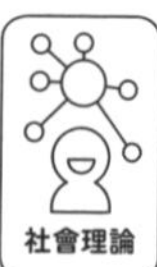
社會理論

我們回顧自己過去的行為，基於獲得的知識，決定之後的行為。像這樣，省思過去的行為，反映在自身行為的性質稱為**反身性**。**紀登斯**認為**反身性**正是**現代社會**（資本主義社會）的特性；**現代以前**的人們只要遵從外界的**習慣**採取行動即可。

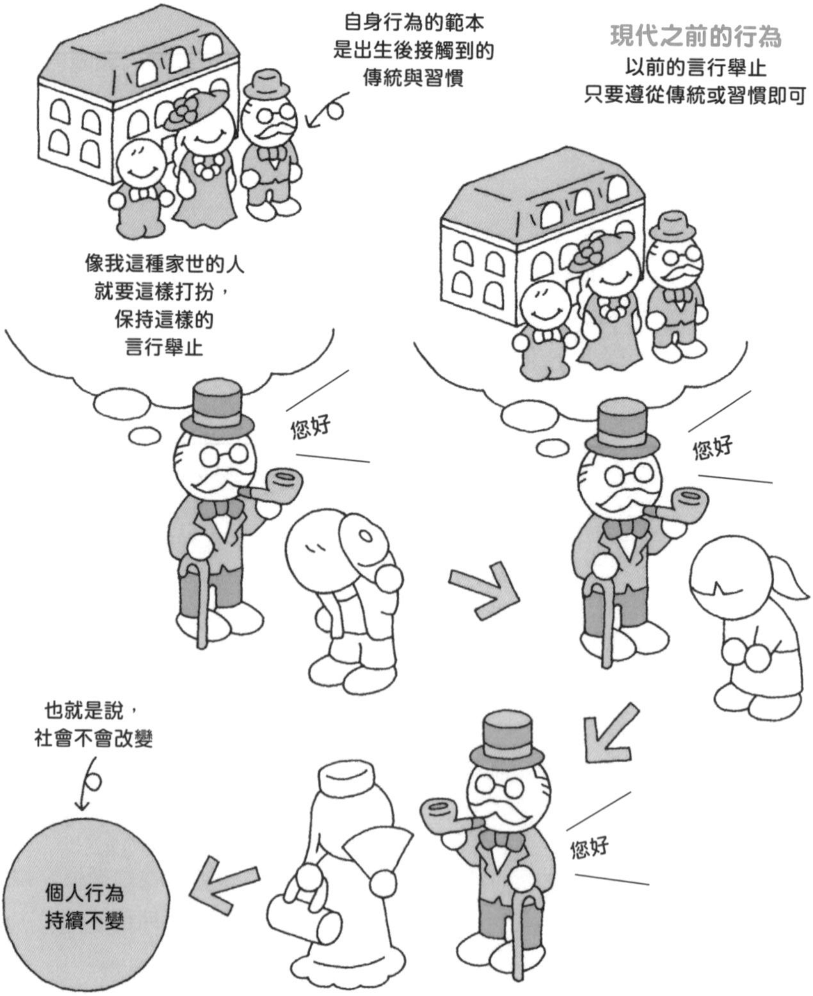

自身行為的範本
是出生後接觸到的
傳統與習慣

現代之前的行為
以前的言行舉止
只要遵從傳統或習慣即可

像我這種家世的人
就要這樣打扮，
保持這樣的
言行舉止

您好

您好

您好

也就是說，
社會不會改變

個人行為
持續不變

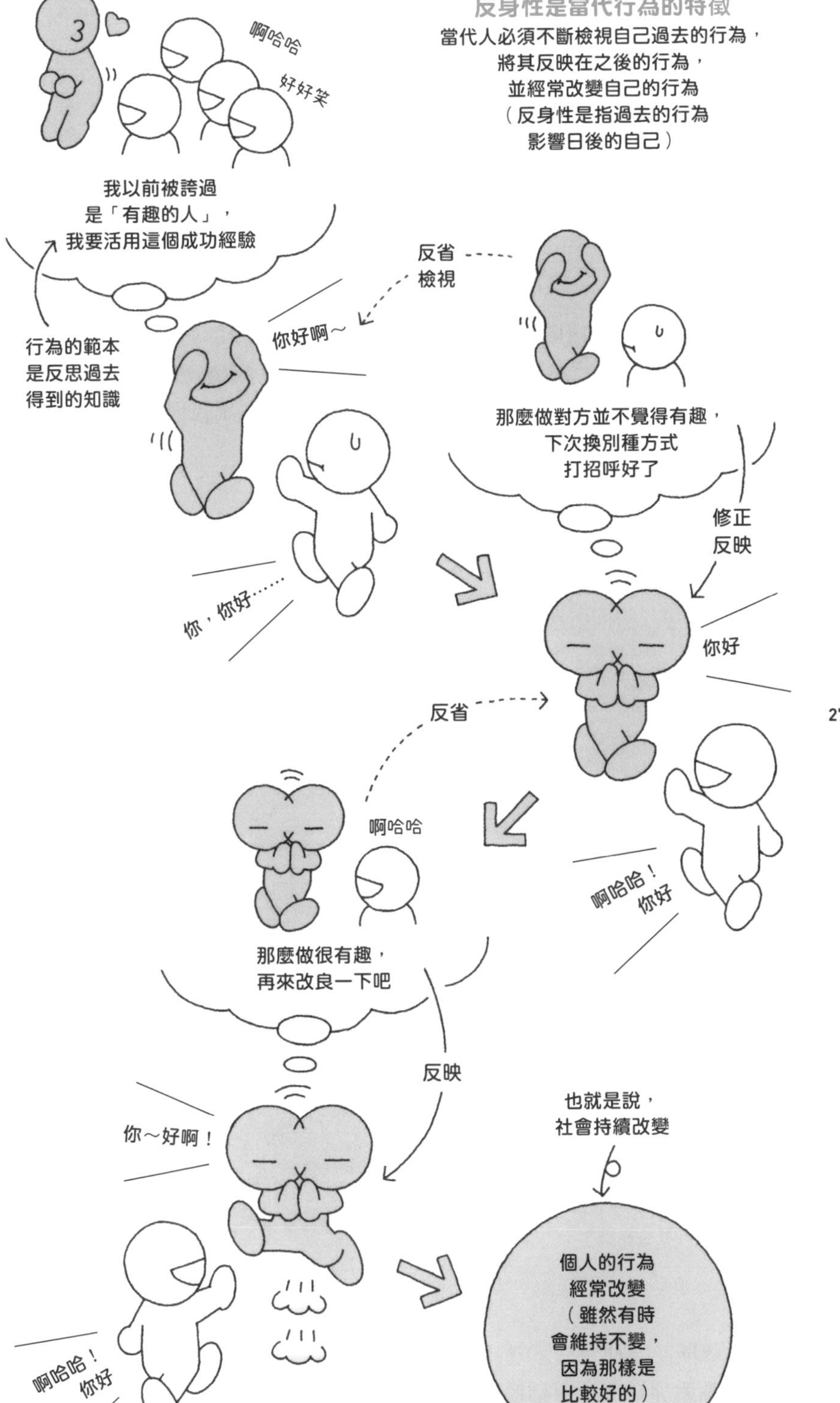

反身性是當代行為的特徵
當代人必須不斷檢視自己過去的行為，
將其反映在之後的行為，
並經常改變自己的行為
（反身性是指過去的行為
影響日後的自己）
啊哈哈
好好笑
我以前被誇過
是「有趣的人」，
我要活用這個成功經驗
行為的範本
是反思過去
得到的知識
反省
檢視
你好啊～
你，你好……
那麼做對方並不覺得有趣，
下次換別種方式
打招呼好了
修正
反映
你好
反省
啊哈哈！
你好
啊哈哈
那麼做很有趣，
再來改良一下吧
反映
你～好啊！
啊哈哈！
你好
也就是說，
社會持續改變
個人的行為
經常改變
（雖然有時
會維持不變，
因為那樣是
比較好的）

186
紀登斯

結構化理論

The Theory of Structuration

意　義　主張社會學的目的是掌握社會結構（規則）產生過程。

文　獻　《社會學方法的新規則》

備　註　這與涂爾幹主張社會是物體（P052）的想法不同。

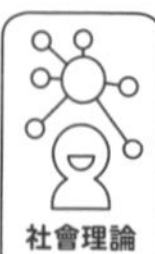
社會理論

社會有應該遵從的**規則**（規範），像是倫理上應該遵從的言行或習慣，或是語言的文法等，**紀登斯**將那些用**結構**一詞表示。**結構**（應該遵從的規則）是人類做出行為時的前提條件，但**紀登斯**說此**結構**在現代逐漸改變。

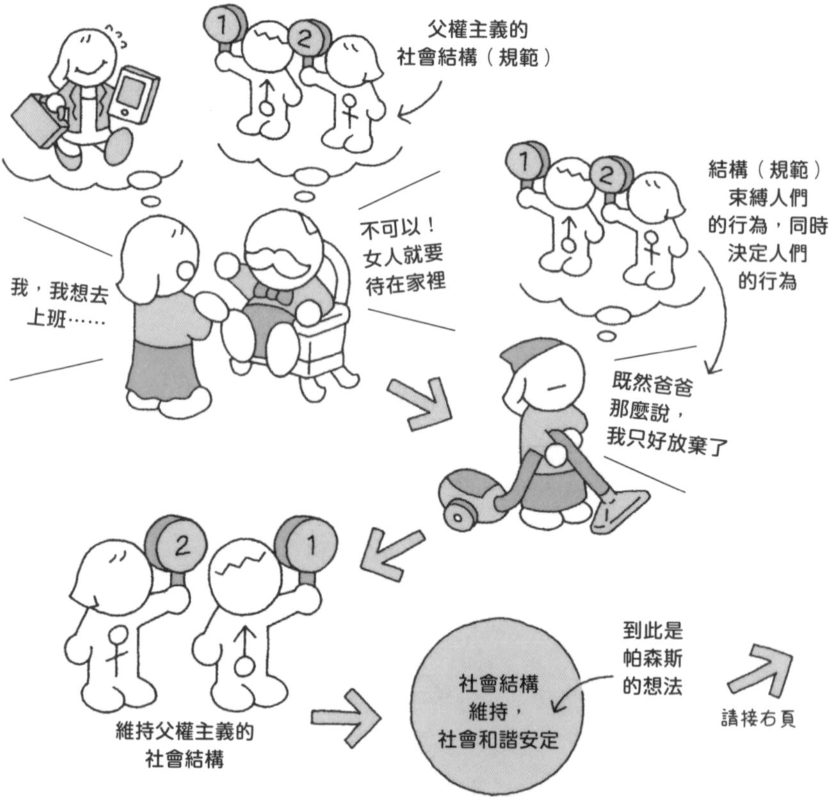

父權主義的
社會結構（規範）

我，我想去
上班……

不可以！
女人就要
待在家裡

結構（規範）
束縛人們
的行為，同時
決定人們
的行為

既然爸爸
那麼說，
我只好放棄了

維持父權主義的
社會結構

社會結構
維持，
社會和諧安定

到此是
帕森斯
的想法

請接右頁

過去**帕森斯**認為社會有不變的普遍性**結構**（AGIL 模式 P126）。不過**紀登斯**並未像**帕森斯**那樣把社會**結構**（應該遵從的規則）視為固定的存在，他認為人們做出行為，決定行為的**結構**就會重新**再生**。

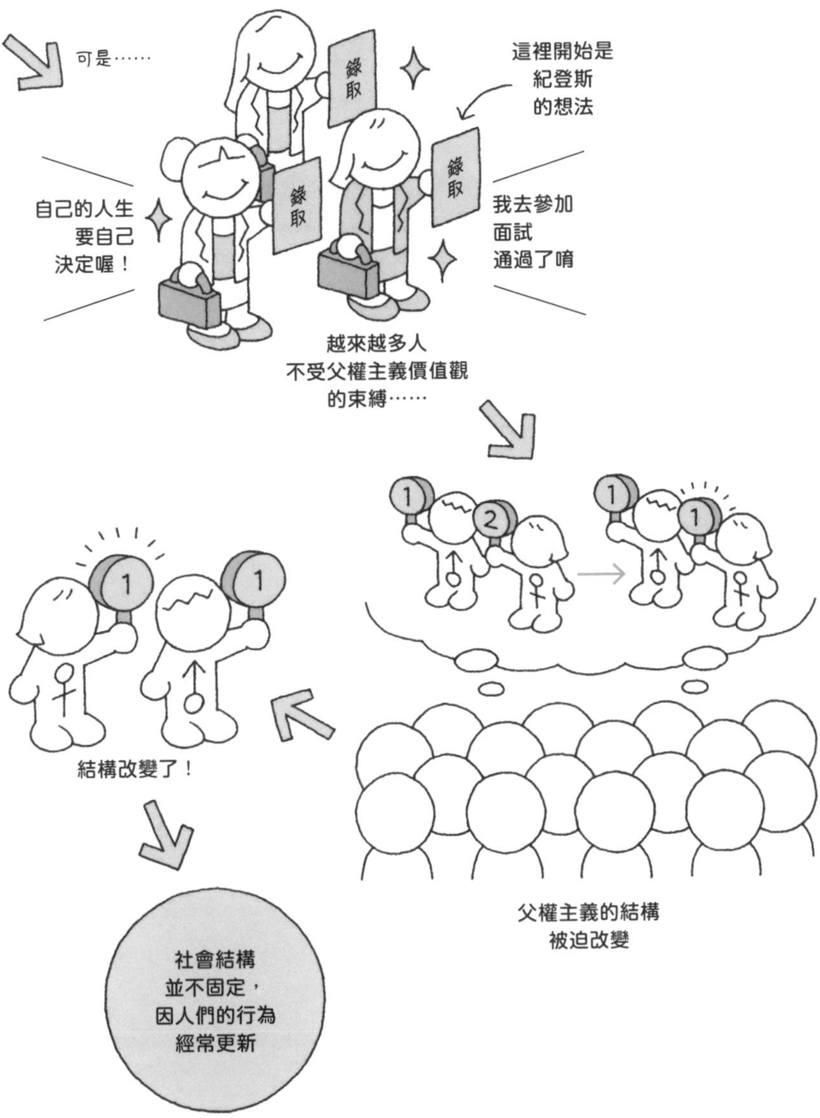

可是……

這裡開始是
紀登斯
的想法

錄取

自己的人生
要自己
決定喔！

我去參加
面試
通過了唷

越來越多人
不受父權主義價值觀
的束縛……

結構改變了！

父權主義的結構
被迫改變

社會結構
並不固定，
因人們的行為
經常更新

紀登斯認為，掌握新**結構**（規則）的產生過程才是**社會學**的課題，這樣的立場稱為**結構化理論**。

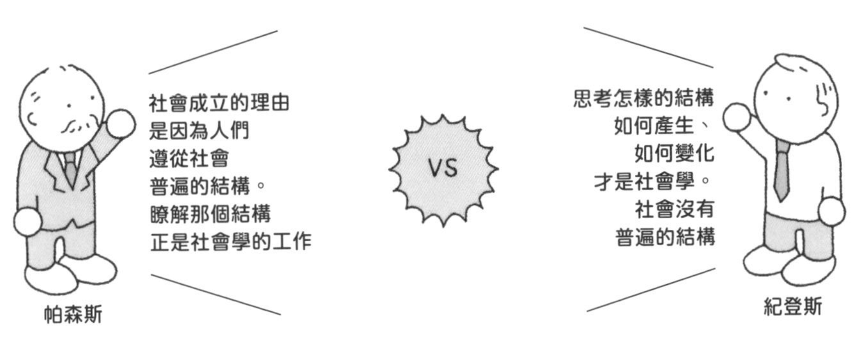
社會成立的理由
是因為人們
遵從社會
普遍的結構。
瞭解那個結構
正是社會學的工作
帕森斯
VS
思考怎樣的結構
如何產生、
如何變化
才是社會學。
社會沒有
普遍的結構
紀登斯

▶186
紀登斯等人

反身現代性

Reflexive Modernity

意　義　反身性(P272)徹底化的現代(自行變化的現代)。

備　註　紀登斯認為當代還在現代的結構之中。當代並非後現代性(P235),而是**高度現代性**(high modernity,更徹底的現代性)。

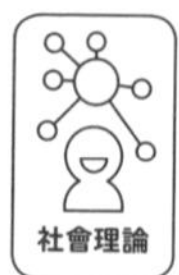
社會理論

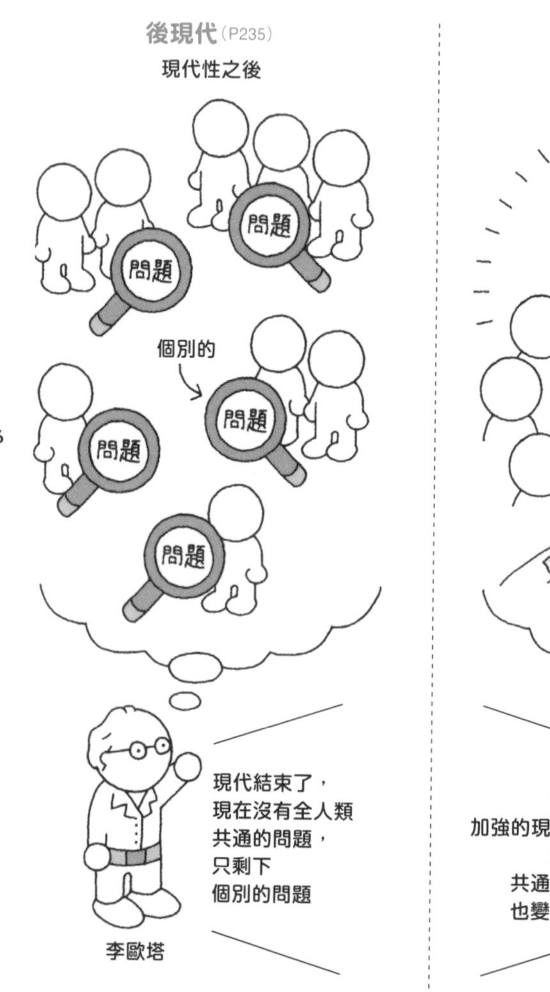
後現代(P235)
現代性之後
問題
個別的
現代結束了,現在沒有全人類共通的問題,只剩下個別的問題
李歐塔

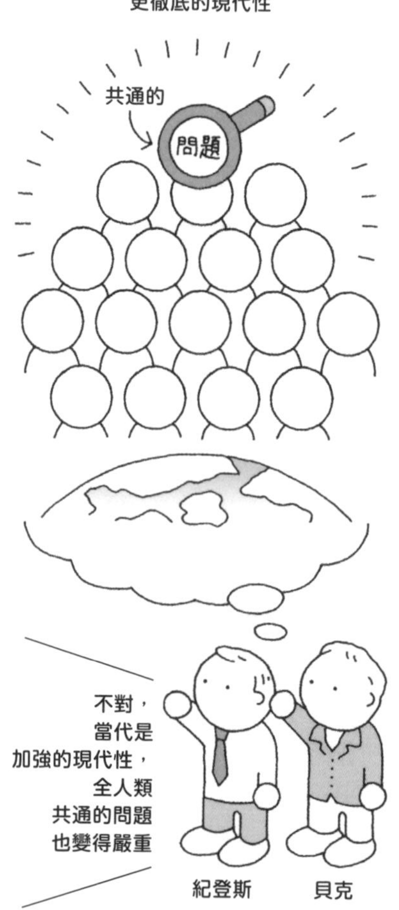
高度現代性
更徹底的現代性
共通的
問題
不對,當代是加強的現代性,全人類共通的問題也變得嚴重
紀登斯
貝克

李歐塔(P178)將當代視為**後現代**(P235),認為**現代**已經結束。不過,**紀登斯**與**貝克**(P190)認為**現代**尚未結束。對他們而言,當代是有**現代**特性的**反身性**(過去的行為影響之後的自己 P272)更徹底化的時代(現代是現代化的時代)。他們將以**反身性**為特性的**現代**,稱為**反身現代性**。

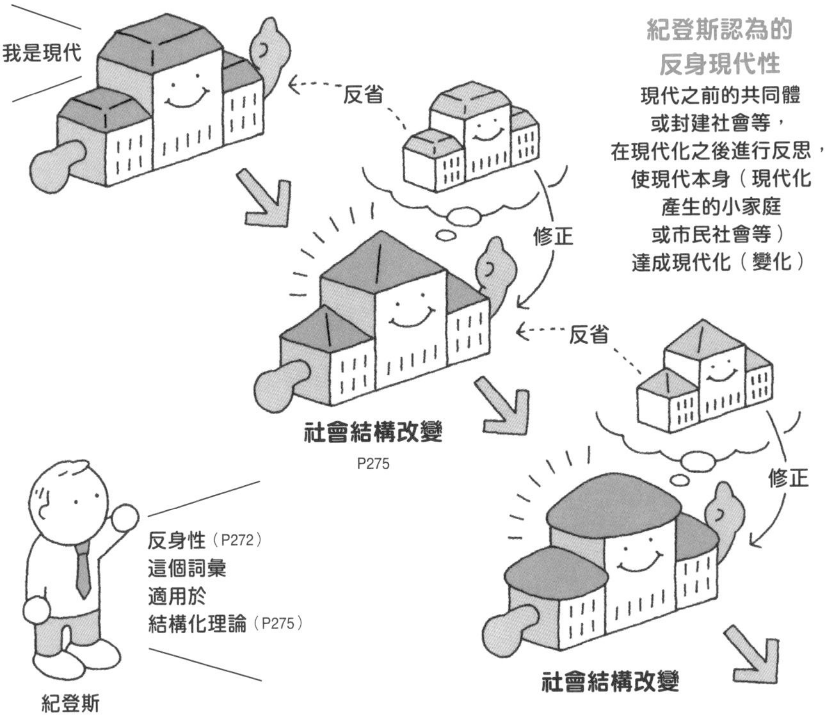

紀登斯認為的反身現代性

現代之前的共同體或封建社會等，在現代化之後進行反思，使現代本身（現代化產生的小家庭或市民社會等）達成現代化（變化）

我是現代

反省

修正

社會結構改變

P275

反省

修正

社會結構改變

反身性（P272）這個詞彙適用於結構化理論（P275）

紀登斯

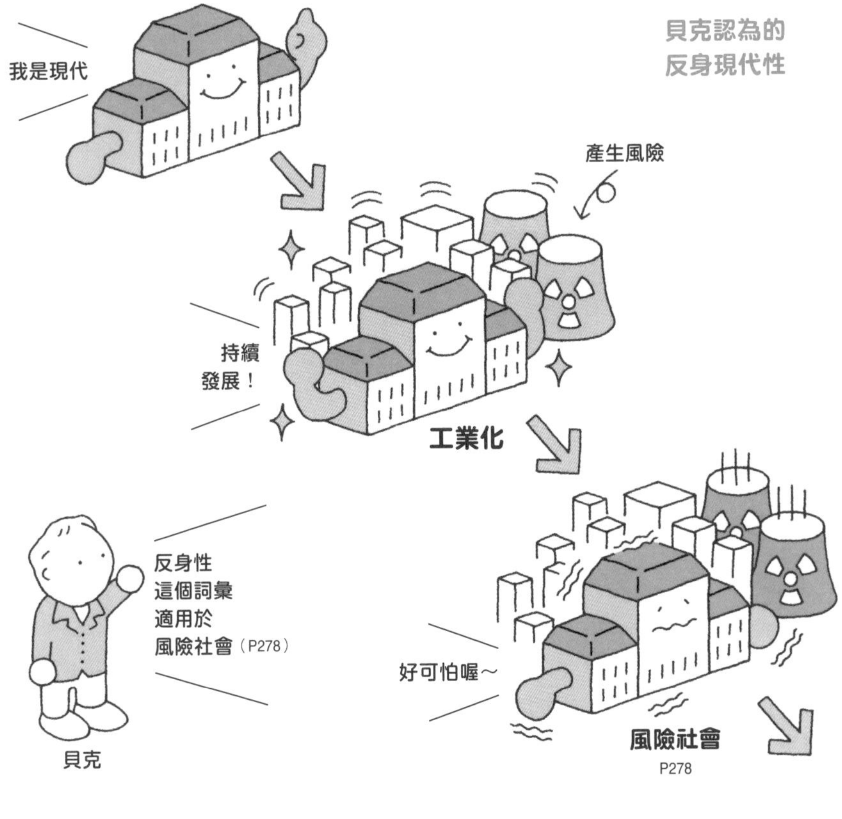

貝克認為的反身現代性

我是現代

產生風險

持續發展！

工業化

好可怕喔～

風險社會

P278

反身性這個詞彙適用於風險社會（P278）

貝克

▶190
貝克

風險社會

Risk Society

文化與消費社會

意　義　全人類暴露在無法預測的風險之下的社會。
文　獻　《風險社會》
備　註　貝克表示，今後的風險並非現代科學的失敗，而是成功的結果所產生之物（請一併參閱 P277）。

高度的科技帶來的**風險**好比核災，實際上很難**察覺**危險的程度，無法預測何時會降臨在誰身上。即使是社會階級較高或特定地區的人，面對當代型的**風險**未必就會安全無虞。**貝克**主張隨著現代化的發展，**所有人都暴露在無形的風險**之中。

危險勞動或
不衛生等

我們
很安全

以前是社會階級低的人們
或環境不好的國家、
地區的人們承受風險

科技
的進步

輻射
環境荷爾蒙
狂牛症
地球暖化
恐攻

我們無法察覺
科技產生的風險

貝克

當代是不管社會階級或地區，
所有人都暴露在無形的風險之中

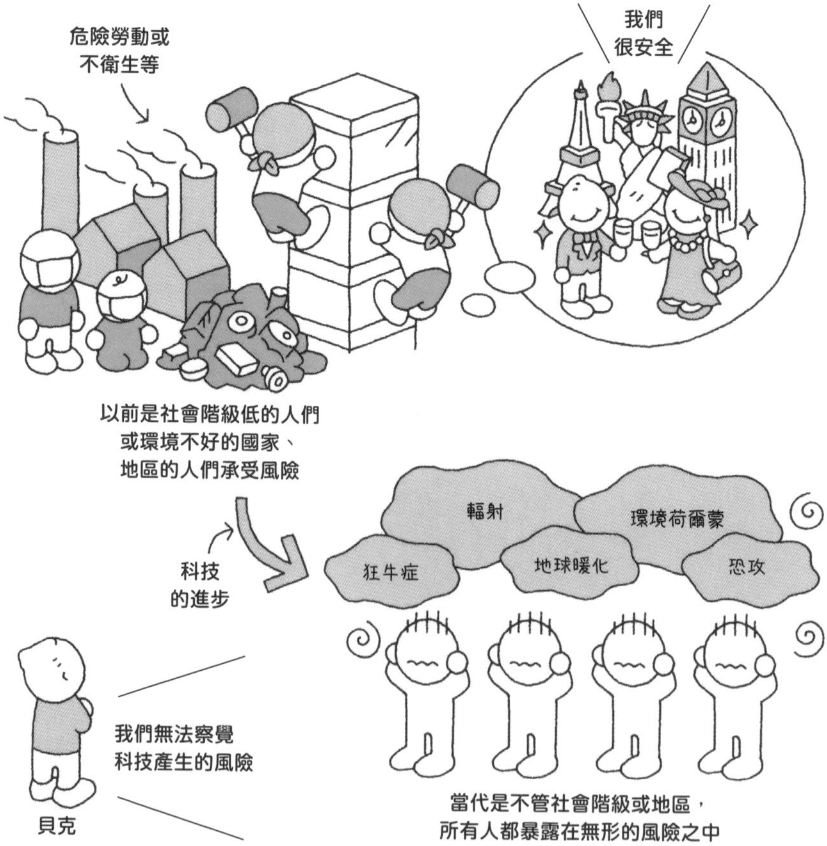

為了應對這樣的**風險社會**，人們化被動為主動，不再將一切交給中央政府，且提高對科學或技術的意識，在各種現場展開尋求解決問題的行動。**貝克**稱之為**次政治**。

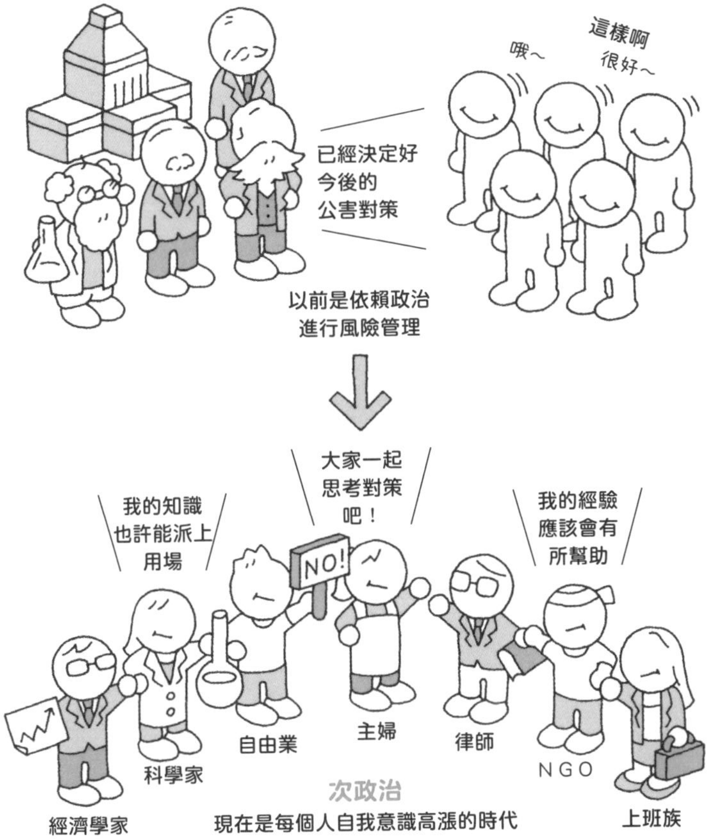

這樣啊
哦～
很好～
已經決定好
今後的
公害對策
以前是依賴政治
進行風險管理
大家一起
思考對策
吧！
我的知識
也許能派上
用場
我的經驗
應該會有
所幫助
NO!
經濟學家
科學家
自由業
主婦
律師
NGO
上班族
次政治
現在是每個人自我意識高漲的時代

把未來託付給中央政府或特定專家的時代已經結束，往後我們必須思考怎樣的世界才是「好的世界」。**貝克**說，每個人的價值觀與今後的世界形態有著很大的關連。

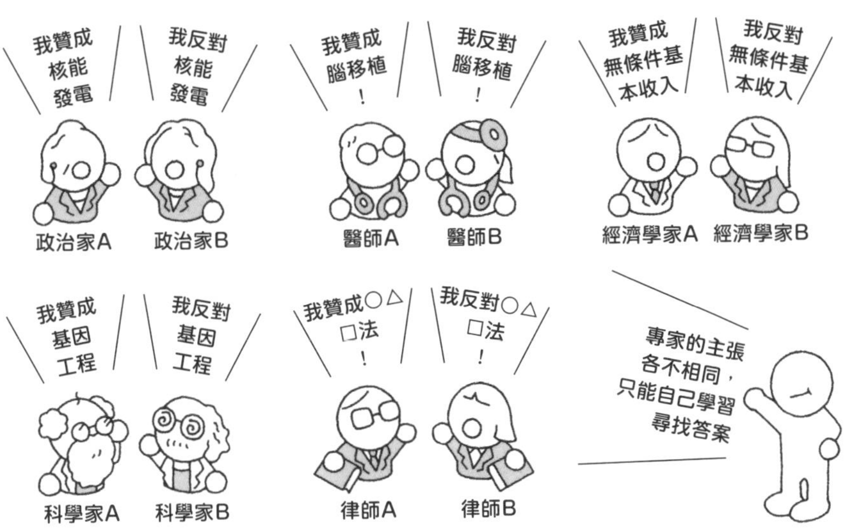
我贊成
核能
發電
我反對
核能
發電
我贊成
腦移植
！
我反對
腦移植
！
我贊成
無條件基
本收入
我反對
無條件基
本收入
政治家A
政治家B
醫師A
醫師B
經濟學家A
經濟學家B
我贊成
基因
工程
我反對
基因
工程
我贊成○△
□法
！
我反對○△
□法
！
專家的主張
各不相同，
只能自己學習
尋找答案
科學家A
科學家B
律師A
律師B

後記

本書是關於「社會學」的書，書中經常出現「社會」一詞，這個詞彙通常意味著「規則」(規範)，因此本書中的「社會」多半可替換成「規則」。這裡的「規則」除了法律，亦指潛規則或常識、傳統、習慣、禮節等。人們習以為常地遵守這些規則，使世界變得安定。為了度過共同生活，我們必須遵守規則，同時不能忘記，規則是由我們制定，因此，平時自然而然遵守的規則可能會「出錯」。在封建時代或戰爭時期，應該有需要反省的規則。英國社會學家紀登斯曾說，我們無意識遵從的規則是在何時何地，由誰(怎樣的團體)以怎樣的方式產生並固定，而且那個規則有利於誰、不利於誰，瞭解這些事情就是社會學的使命。過去美國社會學家帕森斯主張，能夠持續的社會具有穩固的結構，那個結構不會隨著時代而改變。但紀登斯並不認同，他認為社會(規則)是反省自己過去的行動，不斷地自我更新。與紀登斯共同出版《反身現代性》的德國社會學家貝克表示，今後想創造怎樣的社會(規則)，並不是託付給中央政府或特定專家，而是每個人獨自思考的時代。也就是說，**我們必須自己想像怎樣的社會是「好的社會」。沒有想像就無法實現。**

本書的共同作者香月孝史先生也負責了大部分的監修，本書能夠順利完成，可以說是香月先生的功勞，在此向他致上深切的謝意。另外，也由衷感謝 PRESIDENT 社的中嶋愛小姐給予出版機會。同時再次感謝促成本書出版的前兩本著作《哲學超圖解》、《哲學超圖解 2》的監修者齋藤哲也先生。

各位閱讀完本書後，若能從中獲得新的啟發，我將感到無比榮幸。

田中正人

主要參考文獻 ※學者原典除外

齊格蒙・包曼《社會學動動腦》朱道凱譯 群學出版
彼得・柏格《社會學導引》黃樹仁・劉雅靈譯 巨流出版
C・萊特・米爾斯《社會學的想像》張君玫・劉鈐佑譯 巨流出版

クリスティアン・ボルフ『ニクラス・ルーマン入門　社会システム理論とは何か』庄司信訳 新泉社
アンソニー・ギデンズ『社会学　第五版』　松尾精文・西岡八郎・藤井達也・小幡正敏・立松隆介・内田健訳　而立書房

塩原勉・松原治郎・大橋幸編『社会学の基礎知識』　有斐閣
友枝敏雄・竹沢尚一郎・正村俊之・坂本佳鶴恵『社会学のエッセンス　新版補訂版 世の中のしくみを見ぬく』　有斐閣
新睦人・大村英昭・宝月誠・中野正大・中野秀一郎『社会学のあゆみ』　有斐閣
新睦人・中野秀一郎編『社会学のあゆみ　パートII　新しい社会学の展開』　有斐閣
今田高俊・友枝敏雄編『社会学の基礎』　有斐閣
新睦人編『新しい社会学のあゆみ』　有斐閣
長谷川公一・浜日出夫・藤村正之・町村敬志『社会学』　有斐閣
奥村隆『社会学の歴史Ｉ　社会という謎の系譜』　有斐閣
那須壽『クロニクル社会学　人と理論の魅力を語る』　有斐閣
盛山和夫・土場学・野宮大志郎・織田輝哉編著『〈社会〉への知／現代社会学の理論と方法（上）　理論知の現在』　勁草書房
盛山和夫・土場学・野宮大志郎・織田輝哉編著『〈社会〉への知／現代社会学の理論と方法（下）　経験知の現在』　勁草書房
上野千鶴子編『構築主義とは何か』　勁草書房
内田隆三『社会学を学ぶ』　筑摩書房
竹内洋『社会学の名著 30』　筑摩書房
作田啓一・井上俊編『命題コレクション 社会学』　筑摩書房
上野俊哉・毛利嘉孝『カルチュラル・スタディーズ入門』　筑摩書房
奥井智之『社会学』　東京大学出版会
奥井智之『社会学の歴史』　東京大学出版会
船津衛・山田真茂留・浅川達人編著『21 世紀社会とは何か　「現代社会学」入門』 恒星社厚生閣
佐藤勉編『コミュニケーションと社会システム　パーソンズ・ハーバーマス・ルーマン』 恒星社厚生閣
山之内靖・村上淳一・二宮宏之・佐々木毅・塩沢由典・杉山光信・姜尚中・須藤修編『岩波講座　社会科学の方法X　社会システムと自己組織性』　岩波書店
新明正道・鈴木幸壽監修『現代社会学のエッセンス　社会学理論の歴史と展開［改訂版］』 ぺりかん社
富永健一『思想としての社会学　産業主義から社会システム理論まで』　新曜社
玉野和志編『ブリッジブック社会学〔第２版〕』　信山社
吉見俊哉・水越伸『メディア論』　放送大学教育振興会
本田由紀『多元化する「能力」と日本社会』　NTT 出版
宮台真司・熊坂賢次・公文俊平・井庭崇編著『社会システム理論：不透明な社会を捉える

知の技法』　慶應義塾大学出版会
奥村隆編『社会学になにができるか』　八千代出版

盛山和夫『叢書・現代社会学③　社会学とは何か　意味世界への探究』　ミネルヴァ書房
厚東洋輔『叢書・現代社会学④　グローバリゼーション・インパクト　同時代認識のための社会学理論』　ミネルヴァ書房
佐藤俊樹『叢書・現代社会学⑤　社会学の方法　その歴史と構造』　ミネルヴァ書房
三隅一人『叢書・現代社会学⑥　社会関係資本　理論統合の挑戦』　ミネルヴァ書房

井上俊・伊藤公雄編『社会学ベーシックス１　自己・他者・関係』　世界思想社
井上俊・伊藤公雄編『社会学ベーシックス２　社会の構造と変動』　世界思想社
井上俊・伊藤公雄編『社会学ベーシックス３　文化の社会学』　世界思想社
井上俊・伊藤公雄編『社会学ベーシックス４　都市的世界』　世界思想社
井上俊・伊藤公雄編『社会学ベーシックス５　近代家族とジェンダー』　世界思想社
井上俊・伊藤公雄編『社会学ベーシックス６　メディア・情報・消費社会』　世界思想社
井上俊・伊藤公雄編『社会学ベーシックス７　ポピュラー文化』　世界思想社
井上俊・伊藤公雄編『社会学ベーシックス８　身体・セクシュアリティ・スポーツ』　世界思想社
井上俊・伊藤公雄編『社会学ベーシックス９　政治・権力・公共性』　世界思想社
井上俊・伊藤公雄編『社会学ベーシックス別巻　社会学的思考』　世界思想社

井上俊・上野千鶴子・大澤真幸・見田宗介・吉見俊哉編『岩波講座　現代社会学１　現代社会の社会学』　岩波書店
井上俊・上野千鶴子・大澤真幸・見田宗介・吉見俊哉編『岩波講座　現代社会学 11　ジェンダーの社会学』　岩波書店
井上俊・上野千鶴子・大澤真幸・見田宗介・吉見俊哉編『岩波講座　現代社会学 21　デザイン・モード・ファッション』　岩波書店
井上俊・上野千鶴子・大澤真幸・見田宗介・吉見俊哉編『岩波講座　現代社会学 24　民族・国家・エスニシティ』　岩波書店

現代位相研究所編『フシギなくらい見えてくる!　本当にわかる社会学』　日本実業出版社
岡本裕一朗著『本当にわかる現代思想』　日本実業出版社
森下伸也『社会学がわかる事典』　日本実業出版社
栗田宣義『図解雑学　社会学』　ナツメ社
浅野智彦『図解　社会学のことが面白いほどわかる本』　中経出版

濱嶋朗・竹内郁郎・石川晃弘編『社会学小辞典』　有斐閣
廣松渉編『岩波哲学・思想事典 』　岩波書店
宮島喬編『岩波小辞典　社会学』　岩波書店
今村仁司・三島憲一・川崎修編『岩波 社会思想事典』　岩波書店
大澤真幸・吉見俊哉・鷲田清一編集委員・見田宗介編集顧問『現代社会学事典』　弘文堂

TAC 公務員講座編『公務員 V テキスト〈14〉社会学』　TAC 出版
濱井修監修・小寺聡編『倫理用語集』　山川出版社
高等学校公民科倫理教科書　東京書籍／清水書院／山川出版社／数研出版

索引

▶七劃

▶八劃

▶九劃

▶十劃

▶十一劃

▶十七劃

▶十八劃～

國家圖書館出版品預行編目 (CIP) 資料

社會學超圖解：古今 76 名家 x135 概念 ,400 幅可愛漫畫秒懂社會學 , 活出獨一無二的自我 / 田中正人 , 香月孝史著 ; 連雪雅譯 . -- 初版 . -- 新北市 : 野人文化出版 : 遠足文化發行 , 2020.03
面 ; 公分 . -- (Graphic times ; 15)
ISBN 978-986-384-411-2(平裝)

1. 社會學 2. 漫畫

540 108022719

野人文化
官方網頁

野人文化
讀者回函

社會學超圖解
古今76名家×135概念，
400幅可愛漫畫秒懂社會學，
活出獨一無二的自我

線上讀者回函專用 QR CODE，你的寶貴意見，將是我們進步的最大動力。

社會學超圖解

GRAPHIC TIMES 015

古今76名家×135概念
400幅可愛漫畫秒懂社會學
活出獨一無二的自我

作者 田中正人（編著），香月孝史（著）
中文版審定 戴伯芬
譯者 連雪雅

野人文化股份有限公司
社長 張瑩瑩
總編輯 蔡麗真
主編 蔡欣育
編輯 王智群
校對 魏秋綢
行銷企畫 林麗紅
封面設計 劉孟宗
內頁排版 洪素貞

出版 野人文化股份有限公司
發行 遠足文化事業股份有限公司(讀書共和國出版集團)
地址：231 新北市新店區民權路 108-2 號 9 樓
電話：（02）2218-1417 傳真：（02）8667-1851
電子信箱：service@bookrep.com.tw
網址：www.bookrep.com.tw
郵撥帳號：19504465 遠足文化事業股份有限公司
客服專線：0800-221-029
法律顧問 華洋法律事務所 蘇文生律師
印製 凱林彩印股份有限公司
初版 2020 年 3 月 初版 7刷 2024 年 3 月

歡迎團體訂購，另有優惠，請洽業務部（02）22181417 分機 1124

野人
野人文化
讀者回函卡

書　名

姓　名　　　　　　　　　　　□女 □男　　年齡

地　址

電　話　　　　　　　　　　　手機

Email

□同意 □不同意　　收到野人文化新書電子報

學　歷 □國中(含以下) □高中職　　□大專　　□研究所以上
職　業 □生產/製造 □金融/商業 □傳播/廣告 □軍警/公務員
□教育/文化 □旅遊/運輸 □醫療/保健 □仲介/服務
□學生 □自由/家管 □其他

◆你從何處知道此書？
□書店：名稱 ______________　　□網路：名稱 ______________
□量販店：名稱 ______________　　□其他 ______________

◆你以何種方式購買本書？
□誠品書店 □誠品網路書店 □金石堂書店 □金石堂網路書店
□博客來網路書店 □其他 ______________

◆你的閱讀習慣：
□親子教養 □文學 □翻譯小說 □日文小說 □華文小說 □藝術設計
□人文社科 □自然科學 □商業理財 □宗教哲學 □心理勵志
□休閒生活（旅遊、瘦身、美容、園藝等） □手工藝／DIY □飲食／食譜
□健康養生 □兩性 □圖文書／漫畫 □其他 ________

◆你對本書的評價：（請填代號，1. 非常滿意　2. 滿意　3. 尚可　4. 待改進）
書名 _____ 封面設計 _____ 版面編排 _____ 印刷 _____ 內容 _____
整體評價 _____

◆你對本書的建議：

野人文化部落格 http://yeren.pixnet.net/blog
野人文化粉絲專頁 http://www.facebook.com/yerenpublish

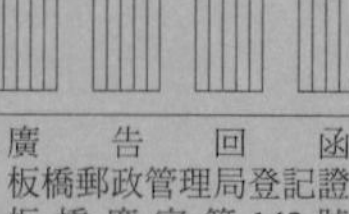

廣　告　回　函
板橋郵政管理局登記證
板 橋 廣 字 第 143 號

郵資已付　免貼郵票

23141
新北市新店區民權路108-2號9樓
野人文化股份有限公司 收

請沿線撕下對折寄回

書號：0NGT0015